Teoria e valor cultural

TEMAS DE ATUALIDADE

1. A cultura pós-moderna, *Steven Connor*
2. A condição pós-moderna, *David Harvey*, 2ª ed.
3. O encantamento do humano, *Nancy M. Unger*
4. Fundamentos filosóficos do pensamento ecológico, *Nancy M. Unger*
5. Teoria e valor cultural, *Steven Connor*

Steven Connor

Teoria e valor cultural

Tradução:
Adail Ubirajara Sobral
Maria Stela Gonçalves

Edições Loyola

Título original
Theory and Cultural Value

Blackwell Publishers
108 Cowley Road
Oxford OX41JF, UK
ISBN 0-631-18281-0

Edições Loyola
Rua 1822 nº 347 — Ipiranga
04216-000 São Paulo — SP
Caixa Postal 42.335
04299-970 São Paulo — SP
✆ (011) 914-1922
Fax.: (011) 63-4275

ISBN: 85-15-00986-2

Índice

Agradecimentos 7

Abreviaturas 9

1. Introdução 11

2. A necessidade do valor 17

3. Valor do prazer, prazer do valor 43
  Sublimação: Valor Contra Prazer 45
  Dessublimação: Prazer contra Valor 54

4. Absoluto Absurdo: **Economias Culturais da Perda em Freud, Bataille e Beckett** 65
  Além do Princípio do Prazer 69
  Battaile e o Gasto Absoluto 79
  Worstward Ho 89
  Desperdiçando Tempo 99
  Valor Cultural 105

5. A Ética do Discurso: **Habermas, Lyotard e Rorty** 109

6. Trocando Utopia: **Marxismo, Estética e Valor** 139
  Eagleton e o Sublime Marxista 141
  Jameson e a Utopia 153

7. Feminismo e Valor: **Ética, Diferença, Discurso** 163
  Feminismo, Pós-Modernismo e Iluminismo 168
  Irigaray e a Ética da Diferença 175
  Feminismo e a Ética do Discurso 187

8. Ética sem Ethos: **Levinas, Derrida, Joyce** 193
  Ética contra Ética 198
  Ulisses Judeu-grego 207
  Em Performance: Guerra e Paz 224

9. Além do Valor Cultural: **A Escritura do Outro** 233
  Clifford Geertz: O Descobrir na Tradução 238
  James Clifford: Arte-Valor, Cultura-Valor 249

Bibliografia 261

Índice Remissivo 273

Agradecimentos

Versões precedentes de seções dos capítulos 2 e 4 apareceram em *Textual Practice and Paragraph*; agradeço em ambos os casos a permissão de reprodução. O esquema da p. 256 foi reproduzido com a permissão dos editores de *The Predicament of Culture: Twentieth-Century Ethnography, Literature, and Art,* de James Clifford, Cambridge, Mass., Harvard University Press, Copyright© 1988 by The President and Fellows of Harvard College. A maioria das idéias deste livro foi formada, corrigida e renovada em discussões com colegas e alunos da minha própria instituição e de outros lugares. Pensei a primeira vez em escrever este livro enquanto organizava o encontro sobre "Valor Cultural" do Birkbeck College em 1988 e desejo agradecer profundamente às minhas companheiras de organização, Lynda Nead e Claire Buck, bem como a todos os participantes, especialmente a Barbara Herrnstein Smith, Gayatri Spivak e Terry Eagleton. Quero igualmente agradecer a ajuda dos organizadores e participantes dos eventos relacionados a seguir no que se refere à reflexão acerca dos argumentos deste livro e à sua freqüente insistência para elaborá-los: os cursos de pós-graduação de teoria política das universidades de Sussex e Oxford, o curso de pós-graduação em literatura do século XX da Universidade de Oxford, o simpósio sobre "Modernismo da Perspectiva da Modernidade" e o curso de pós-graduação do Departamento de Inglês da Universidade de Southampton, o curso de teoria crítica do Departamento de Francês do Birkbeck College e o simpósio sobre "Estudos Literários num Mundo Pós-Moderno" da Universidade Lancaster. Também gostaria de agradecer em particular a William Outhwaite, Peter Middleton, Christopher Butler e Tony Pinkney. Sou grato ao Departamento de Inglês da Universidade de Alberta, Edmonton, e à Falmouth School of Art, que me convidaram para falar acerca de aspectos da questão do valor. Os argumentos sobre valor intercultural desenvolvidos no capítulo 9 foram elaborados no decorrer do Simpósio Internacional da English Literature and Language Association of Korea, em 1990; desejo registrar a minha gratidão aos organizadores da ELLAK por me convidarem e por me darem uma acolhida tão calorosa, bem como ao British Council, por ter tornado possível o meu comparecimento. Obtive imensos benefícios com a energia, a sabedoria e a generosidade, individual e coletiva, dos meus colegas do Departamento de Inglês e do Centro de Pesquisas Interdisciplinares em Cultura e Humanidades do Birkbeck, e em especial a Laura Marcus, Annie Coombes, Jo Labanyi, Eddie Hughes,

Lynda Nead, Tom Healy e Isobel Armstrong. Barbara Hardy me forneceu, em algumas conversas, a centelha a partir da qual o livro inteiro incandesceu. Jacqueline Harvey leu o texto com olhos agudos e perspicazes, evitando que eu cometesse inúmeras tolices. Talvez o maior valor de um trabalho intelectual desse gênero esteja em nos deixar mergulhados numa condição de ruína ética em função dos inúmeros débitos intelectuais em que incorremos, muitos dos quais jamais serão pagos. O maior e mais difícil de saldar contraí com minha querida Lynda Nead. O livro é dedicado ao nosso garoto, Sam, que nasceu enquanto ele estava sendo escrito.

Abreviaturas

ATVM	Jacques Derrida, "At This Very Moment in This Work Here I Am"
BPP	Sigmund Freud, *Beyond the Pleasure Principle*
CI	Terry Eagleton, *Criticism and Ideology*
CIS	Richard Rorty, *Contingency, Irony, and Solidarity*
CP	David Harvey, *A condição pós-moderna*
CPES	Jean Baudrillard, *For a Critique of the Political Economy of the Sign*
CV	Barbara Herrnstein Smith, *Contingencies of Value*
D	Jean-François Lyotard, *The Differend*
DE	Theodor Adorno e Max Horkheimer, *Dialectic of Enlightenment*
DP	Clifford Geertz, "Deep Play: Notes on a Balinese Cockfight"
EDS	Luce Irigaray, *Ethique de la différence sexuelle*
FC	Seyla Benhabib e Drucilla Cornell (eds.), *Feminism as Critique*
FW	Kate Fullbrook, *Free Women*
G/E	Mary Daly, *Gyn/Ecology*
HD	Vincent Crapanzano, "Hermes' Dilemma: The Masking of Subversion in Ethnographic Description"
IA	Terry Eagleton, *The Ideology of the Aeshetic*
IE	Georges Bataille, *Inner Experience*
JL	Sigmund Freud, *Jenseits des Lustprinzips*
LE	Georges Bataille, *Literature and Evil*
LK	Clifford Geertz, *Local Knowledge*
PA	Christine Delphy, "Protofeminism and Antifeminism"
PC	James Clifford, *The Predicament of Culture*
PD	Jürgen Habermas, *The Philosophical Discourse of Modernity*
"Pleasure"	Fredric Jameson, "Pleasure: A Political Issue"
PT	Roland Barthes, *The Pleasure of the Text*
PU	Fredric Jameson, *The Political Unconscious*
QLV	Antony Easthope, "The Question of Literary Value"
TS	Luce Irigaray, *This Sex which is Not One*
TSF	Jacques Derrida, "To Speculate — on 'Freud'", in *The Post-Card*
TWJ	Jacques Derrida, "Two Words for Joyce"
U	James Joyce, *Ulysses*
UP	Jürgen Habermas, "What is Universal Pragmatics?"
VE	Georges Bataille, *Visions of Excess*
VM	Jacques Derrida, "Violence and Metaphysics: An Essay on the Thought of Emmanuel Levinas"
WH	Samuel Beckett, *Worstward Ho*
WL	Clifford Geertz, *Works and Lives*

1

Introdução

Nenhuma discussão séria sobre a questão do valor pode ir muito longe sem deparar com uma forma ou outra de conflito entre valor absoluto e relativo, conflito tradicionalmente polarizado por aqueles que, de um lado, acreditam na necessidade e na possibilidade de normas e valores incondicionais, objetivos e absolutos, e aqueles que, de outro, aceitam a historicidade, a heterogeneidade e a relatividade cultural indomáveis de todos os valores. Uma das características dessa oposição entre o absoluto e o relativo reside no fato de ela não oferecer um quadro comum a partir do qual avaliar as duas alegações, visto que cada posição deriva a própria identidade do caráter de repúdio da outra. Toda tentativa de sintetizar as alegações rivais do absolutista e do relativista sempre está sujeita a ser concebida e condenada por um dos lados como sendo ela mesma tiranicamente absolutista ou, por outro, como estando insuficientemente acautelada da força corruptora do relativismo. Isso poderia qualificar a oposição em tela como um "diferendo", tal como o define Jean-François Lyotard em *The Differend: Phrases in Dispute* (1998), um desacordo que não pode ser levado ao julgamento de nenhuma autoridade argumentativa superior.

Pouco promissora como pode parecer, a proposta deste livro é que deveríamos tentar realizar a difícil proeza de pensar o absolutismo e o relativismo antes juntos do que apartados e antagônicos. O relato do valor que ofereço é simplesmente que deveríamos nos recusar a nos entregar quer à orientação para o valor universal, absoluto e transcendente quer ao compromisso com a pluralidade, com a relatividade e com a contingência. A motivação para isso não é um desejo de ganhar de qualquer maneira nem a falta de inclinação para tomar uma posição, porque de modo algum subestimo o antagonismo absoluto entre esses relatos opostos das coisas. Ela surge, em vez disso, da apreensão da implicação mútua das várias versões das teses absolutista e relativista, do fato de que, ao mesmo tempo em que se contradizem um ao outro, cada lado da discussão também requer, confirma e regenera o outro.

Portanto, não ofereço a seguir nenhum gênero de visão conciliatória nem de acordo. Recomendo em vez disso que se aceite a autocontradição radical e o paradoxo invencível do valor. Enquanto os relatos tradicionais do valor se mostram horrorizados diante da inconsistência e da aporia, tentando resolvê-los tão logo emergem, sugiro que essas resoluções de questões avaliativas são sempre inautênticas, parciais e talvez até violentas. Se tal relato do valor parecer de início demasiado teórico e cerebralmente remoto com relação aos assuntos práticos da vida social e política, desejo sugerir que é tanto o desejo de um enraizamento absoluto da prática política como a tentativa de imaginar uma prática política inteiramente desarraigada que são irremediavelmente abstratos e incapazes de responder à complexidade prática envolvidas pelas questões do valor. Quase toda circunstância atual da vida política que se pode imaginar implica a necessidade de sustentar, em vez de resolver prematuramente, a oposição absolutismo/relativismo, em muitos dos seus diferentes alótropos, tais como: universalismo/particularismo, essencialismo/historicismo, valor intrínseco/contingência, valor intransitivo/valor transitivo, valor de uso/valor de troca. Todos esses pares contraditórios têm de ser pensados juntos, em vez de resolvidos, seja em favor de um dos seus termos ou de alguma síntese imaginada dos dois.

Considero que o imperativo que determina isso é a necessidade, ou valor, do valor mesmo. É mais fácil sentir a força desse imperativo do que localizar sua moradia e dar-lhe um nome. O valor, em seu sentido imperativo, é a orientação irredutível para o melhor e a repulsa ao pior; ou então é o que vai ser descrito no capítulo 4 como o princípio irredutível da positividade generalizada, a pressão inevitável de identificar e de identificar-se com o que quer que tenha valor, em lugar daquilo que não o tem. O imperativo do valor poderia ser identificado com o princípio do prazer, que sempre busca incrementar a quantidade de prazer e evitar todas as formas de desprazer; ele poderia identificar-se alternativamente com a base biológica do nosso ser, na nossa necessidade ao que parece inerente de preservar a vida e resistir à morte. Mas esses mesmos impulsos são na verdade meras manifestações secundárias do imperativo do valor, visto poderem ser submetidos a avaliação e ser objetos de resistência ou de inversão. Nem o suicida que acredita ser a aniquilação individual preferível à continuidade da existência, nem o filósofo que afirma que seria melhor que a raça humana e até a própria vida nunca tivessem existido podem resistir ao imperativo do valor, mesmo na aparente negação de todos os valores em particular, visto que um e outro depende da afirmação e da preferência pelo melhor, ainda que, como em autores da estirpe de Freud, Bataille e Beckett, a rota para o melhor possa parecer passar pelo pior.

A dimensão imperativa do valor não só se distingue da operação de valores específicos como a ela se opõe. Isso decorre do fato de essa dimensão ordenar que continuemos a emitir juízos de valor diante de todo valor aparentemente estável e particularmente abrangente. Pode ser difícil discordar do desejo de liberdade universal, mas esta última (como todas as coisas universais) tem de incluir em seu âmbito a liberdade de questionar e criticar a sua própria natureza. Poderia uma forma de liberdade que proibisse a escolha voluntária da escravidão ser uma real liberdade? Os valores que prezamos vêm a ser por causa de atos de enérgica e dolorosa avaliação; os valores constituem os depósitos sedimentais do imperativo do valor. Mas todos os valores têm de permanecer continuamente vulneráveis à avaliação. Logo, o imperativo do valor revela envolver uma reflexividade extrema, visto ser um imperativo não somente de continuar a atribuir valor como de avaliar os próprios valores, ou o próprio valor. E também é necessariamente um imperativo de continuar avaliando o imperativo do valor.

Assim descrito, é evidente que esse imperativo não deve ser entendido como fonte de um conjunto de essências objetivas; logo, o que venho chamando de imperativo do valor não equivale ao valor intrínseco nem absoluto. Com efeito, jamais seria possível denominar esse imperativo, nem isolá-lo de modo confiável para inspeção, sem congelá-lo numa condição de objeto. Pode-se portanto pensar o imperativo do valor como a *différance* derridiana do valor, não somente porque ela difere, adia, a chegada do valor último (se bem que sempre se oriente para ele) assim como a *différance* difere a chegada do sentido, mas também por causa da estrutura reflexiva que acabei de especificar, na qual cada valor está ele mesmo sujeito à força da avaliação.

Vivemos, como dizemos constantemente a nós mesmos, num mundo em pluralização. Muitas obras recentes no campo da teoria crítica têm apresentado a tendência de supor que o valor está inteiramente do lado da abertura, da expansão, da alteridade e da invenção, e não no da fixidez, da conservação, da tradição, da repetição. Este livro pressupõe que esses não são opostos claros ou contínuos. A estrutura paradoxal do valor se representa a si mesma na arte de vanguarda, que só pode ser verdadeiramente nova por meio de sua recusa a abandonar o que pretende deixar para trás no seu passado, ou numa filosofia desconstrutiva que só pode evitar a representação da tradição mediante um trabalho repetitivo com essa mesma tradição. Somente uma instituição pode dissolver-se a si mesma, apenas uma identidade pode conhecer a pluralidade, só o mesmo é vulnerável à alteridade, apenas um tipo de consciência pode abarcar o impensado, só a tradição pode gerar novidade; em resumo, somente o compromisso com ou o imperativo do valor pode efetuar qualquer gênero de reavaliação em novas bases.

Essa institucionalização do valor no final não é do interesse da instituição nem está do seu lado, e sim do lado do seu oposto, ou seja, do lado da troca e da relatividade. Como sugiro na minha discussão de teorias marxistas do valor no capítulo 6, o mal do valor de troca econômico não está no fato de dissolver a fixidez do valor de uso, mas precisamente em sua ação de submeter todas as formas de troca à força de uma só — a econômica. A corrupção geral de uma época de valor de troca reside no fato de este tornar tudo intercambiável de acordo com esse único padrão ou registro. Unindo a constrição de ferro da lei de mercado com a indeterminação espectral de todo valor sob condições de troca, a esfera do valor de troca econômico representa, ao negar a possibilidade do valor ao mesmo tempo que parece multiplicá-lo, a versão má ou negativa do paradoxo do valor. Dessa perspectiva, o principal imperativo não é resgatar valores nem o valor em geral da “corrupção”, mas fazer vir à tona uma corrupção ou mais geral ou abrangente por meio da multiplicação não somente dos valores como também dos padrões ou registros de valor. A utopia para a qual essa teoria do valor está orientada não é uma utopia de incomparáveis, incomensuráveis nem da perda absoluta, todas elas versões de uma fuga da troca; ela é antes uma utopia da troca *maximizada*, dominada pela produtividade teoricamente infinita de valores, bem como de formas de troca de valor. Logo, não uma utopia da incomensurabilidade, mas de comensurabilidades infinitamente múltiplas. Isso, porém, só pode emergir por meio de uma intensificação positiva do paradoxo do valor, intensificação na qual vários tipos de instituição possibilitam a diversificação antiinstitucional do valor, que se opõe ao mau paradoxo da era do valor de troca — em que a diversidade está a serviço da uniformidade.

O princípio da multiplicação máxima de formas e registros do valor se exprime mediante o imperativo da auto-reflexividade mencionado há pouco, o imperativo que atende aos interesses da maximização do valor de submeter toda forma de valor a uma contínua avaliação. Esse princípio da reflexividade do valor é paradoxal da maneira como as formas de reflexividade costumam ser, pois o próprio imperativo de continuar e estender a investigação do valor é continuamente vulnerável à sua própria força. Em termos práticos, as instituições e procedimentos que empregamos para atualizar a avaliação de valores — escolas, universidades, governos locais e nacionais, organizações políticas de todo tipo — sempre têm propensão a se tornar fixadas pelo desejo de conservar e reproduzir valores particulares. As formas de pluralidade têm portanto de ser tanto protegidas como pluralizadas; e precisamos conceber e instituir maneiras pelas quais a proteção do pluralismo seja representada precisamente por meio de sua pluralização, em vez de instituir limites. Mas não há pluralismo absolutamente sem limites, sem formas nem instituições, visto ser exatamente isso o que torna o pluralismo possível e concreto.

Eis por que o imperativo de submeter o valor a um contínuo questionamento não se opõe a um discurso político da emancipação e tampouco dele se afasta. Com efeito, ele mesmo é, em sua essência, tal discurso de emancipação. Porque, em primeiro lugar — um primeiro lugar que parece estar bem distante para boa parte do mundo —, somente por meio da emancipação da fome, da pobreza, da exploração, da autonomização, da degradação e da exclusão de todo gênero pode alguém ter condições de encetar o questionamento do valor que recomendo. Além disso, sendo-lhe negada a possibilidade de intercâmbio racional com a maior pluralidade possível de sujeitos emancipados, nenhum indivíduo singular, por mais livre que aparente ser, pode ter acesso ao máximo de transação livre do valor. Mas ao mesmo tempo é importante não permitir um adiamento infinito do questionamento do valor, devendo-se agora, estratégica, institucional e politicamente, bem como em sonhos, desejos, escritos e na filosofia, começar a instititir instâncias dessa avaliação do valor, começar a tornar concreta a "comunidade do questionamento da possibilidade do questionamento" (VM, 80).

Defendo de diversas formas nos capítulos o seguir o entrelaçamento necessário e inevitável do (que tem sido conhecido como) valor ético e estético nesse processo. Tradicionalmente, relatos do relacionamento entre o ético e o estético tendem a subordiná-los ou assimilá-los um ao outro, seja estetizando a ética, como foi o caso da injunção nietzschiana de uma incessante transvaloração estética de todos os valores da ética falsa e repressivamente fixados, ou, como em muitas correntes críticas de Nietzsche e do pós-estruturalismo nietzschiano advindas da esquerda política, na demonstração da natureza repressiva ou ideológica do estético, em sua capacidade de distorcer e escamotear fatos e valores políticos. Tipicamente, a escolha entre a assimilação do ético ao estético ou vice-versa tem se apresentado como opção entre estabilidade e distúrbio — embora também se tenha de reconhecer que, em diferentes momentos, os valores relativos agregados aos domínios abertos sob os rótulos do ético e do estético possam se intercambiar e se inverter. Devemos nos lembrar, por exemplo, de que o estético pode aparecer e de fato aparece historicamente tanto como a garantia de certas formas de valor absoluto e eterno como a própria força do Vir-a-Ser que é o nome que se dá à relatividade. Logo, se o ético e o estético personificam a oposição entre valor estável e relatividade cambiante, eles só o fazem enquanto efeitos de um processo historicamente dinâmico que produz a estabilidade e o fluxo mesmo do valor justamente por meio das formas cambiantes e instáveis do valor ético e estético. As divisões e trocas entre o ético e o estético, portanto, não somente regulam o jogo do valor como também são produzidas por ele e a partir dele.

Esses são os motivos que não me levam a defender, nas páginas a seguir, formas de reconciliação entre o ético e o estético, nem qualquer espécie de escolha entre eles, e sim um engajamento ativo com as maneiras pelas quais o ético e o estético transacionam interminavelmente um com o outro e contra o outro, produzindo e ampliando infinitamente suas respectivas formas mediante esse mesmo antagonismo. Por vezes isso vai equivaler a argumentar, como ocorre na minha discussão da ética habermasiana do discurso, no capítulo 5, em favor do autêntico propósito ético das formas de discurso poético ou não-sério comumente constituídos como marginais ou excessivos ante o discurso racional e político sérios. Outras vezes, como na análise da ética da desconstrução, no capítulo 8, isso vai envolver a acentuação dos modos pelos quais a própria ética tem de ser imaginada e constituída não na constância do valor fundamental, idêntico a si mesmo, mas por intermédio da dinâmica que pode ser representada pelas formas do literário e do estético.

Mas, em muitos momentos, será necessário submeter essas formas de troca e de transação de valor conhecidas pela crítica ética como o estético, fazendo implacáveis perguntas sobre os propósitos idealizadores, reificadores ou deslocadores do estético, bem como insistindo nas equivalências sociais e políticas de toda modalidade de valor estético. Vai ser preciso suspeitar de toda tentativa de autoprojeção para fora ou para além do campo do valor socialmente constituído por meio das várias teorias do estético, do desinteresse fraudulento de Kant pelo estético à reivindicação da transcendência da lógica acumulativa do econômico através de processos de dissipação estética em Bataille ou ao ideal estético da totalidade subjacente a algumas modalidades de utopia marxista. E por certo vai implicar a recusa ou o questionamento do valor de toda espécie de experiência ou forma estética que não comece implicitamente o trabalho de submeter o ideal e a identidade do estético à crítica auto-reflexiva.

Este estudo explora as formas pelas quais a questão do valor tem sido encoberta ou silenciada em boa parte da teoria contemporânea, defendendo a necessidade de repropor essa questão à consciência teórica. Mas há aqui um perigo. Pois não seria verdade que, no passado, a questão do valor ficou por tempo demais e com demasiada ênfase nas garras conscientes da teoria? Não seria verdade que a teoria e o discurso acadêmicos do valor, que na realidade se tornaram deveras desenvolvidos no século XX — com sua história de debates, sua genealogia de conceitos, seu glossário de termos, suas personificações e sua rede de tensões e afiliações institucionais —, constituem um único mecanismo ou meio de troca, um método de discorrer sobre o valor que, tal como a forma-dinheiro na esfera econômica, na realidade achata e serializa, em vez de atualizar, o valor? Vista assim, a institucionalização da teoria do valor é uma restrição ao valor. Se esse for o caso, o que é lamentado nas páginas seguintes como o aparente fracasso de algumas (talvez muitas) áreas da teoria crítica contemporânea no sentido de articular a questão do valor pode, na verdade, ser um reflexo afastado desse sistema de troca, uma negatividade concebida para ampliar o campo do valor ou para atrair para a troca o próprio meio de troca em que as discussões acadêmicas do valor têm sido efetuadas. Essa aparente rejeição do valor seria então vista como uma volta na direção do valor, e o relato que este livro oferece desse retorno representaria um empobrecimento, uma tradução do que já é um processo de tradução errônea num sistema generalizado de valor, o esperanto do valor.

Mas a metáfora da tradução avança em várias direções. Porque, se a crítica filosófica e cultural contemporânea se dedica a elaborar formas de incomensurabilidade, a articular o que tem sido preciosamente perdido na tradução, seja a incoerência do pensamento ou o *logos*, ou na experiência e na identidade das mulheres ou de outros despossuídos dos saberes do Ocidente, e por eles expropriados só mediante um ato de tradução, com toda a imperfeição e contaminação que traz consigo, poderia essa intraduzibilidade ser conhecida ou mostrada. Meu capítulo final sugere que, num mundo em que a questão da cultura é proeminentemente uma questão de tradução, há de ser descoberta uma nova forma do paradoxo do valor. Adaptando as palavras de Clifford Geertz, o valor que sempre se perde na tradução só pode ser encontrado na própria tradução. Valor e cultura têm de se conhecer mutuamente, a fim de começar a saber o que lhes escapa. Se a teoria do século XX tem posto valorosamente em vigor a consciência da excessividade do valor, a interminável superação, em fatos e em possibilidades, dos valores e da temática dominantes do valor na cultura ocidental, é igualmente necessário tentar constituir um discurso político capaz de assegurar e nutrir a possibilidade dessa superação reflexiva do valor.

2

A necessidade do valor

O valor é inescapável. Não se tome isso como uma defesa da existência objetiva ou força categórica de quaisquer valores ou imperativos em particular, e sim a constatação do fato de que os processos de avaliação, atribuição, modificação, afirmação e até de negação do valor, em suma, os processos de *valoração*, possam ser negados em algum momento. Somos interpelados, sempre e em toda parte, pela necessidade do valor nesse sentido ativo, transacional. A tese deste livro é a de que deveríamos reconhecer que o valor e a valoração são necessários como uma espécie de lei da natureza e da condição humana, mediante a qual não podemos nos recusar a entrar no jogo do valor, mesmo em ocasiões em que gostaríamos de nos furtar a ele ou suspendê-lo. A necessidade do valor é, nesse sentido, mais semelhante à necessidade de respirar do que, digamos, a de ganhar a vida. Há sempre maneiras de viver enquanto ser humano sem esta última, mas não sem a primeira.

A valoração e o jogo do valor envolvem aqui toda ação factual ou concebível de estimação, comparação, valorização ou preferência relativa. Visto assim, o jogo do valor mantém íntimos vínculos com motivações e propósitos de todo gênero. Ninguém o formulou mais enfaticamente nos últimos anos do que John Fekete, de quem tomo, agradecidamente, as palavras:

> Sem pretender dizê-lo com demasiada elegância, vivemos, respiramos e excretamos valores. Todo aspecto da vida humana está vinculado a valores, avaliações e validações. As orientações e as relações de valor saturam as nossas experiências e práticas de vida das mais ínfimas microestruturas estabelecidas do sentimento, do pensamento e do comportamento às mais amplas macroestruturas estabelecidas das organizações e instituições. A história das culturas e das formações sociais é ininteligível fora do âmbito da relação com uma história de orientações de valor, ideais de valor, bons valores, respostas em termos de valor e juízos de valor, bem como de suas objetivações, de sua interação e de suas transformações[1].

1. John Fekete, "Introductory Notes for a Postmodern Value Agenda", in *Life after Postmodernism: Essays on Value and Culture*, ed. por John Fekete, Londres, Macmillan, 1988, p. i.

Tradicionalmente, questões referentes ao valor têm ocupado um lugar central nas disciplinas designadas como ciências humanas e sociais e não nas disciplinas científicas. Supõe-se com freqüência que essa separação reflita certa divisão em termos de objeto de estudo e das condições de cognoscibilidade deste. Enquanto o cientista busca conhecimento acerca de objetos e de processos considerados independentes dos seus procedimentos de observação, as investigações das humanidades e das ciências sociais dirigem-se a objetos e processos culturais que só podem ser compreendidos em termos sociais e culturais. Essa distinção tem sido empregada tradicionalmente para diferenciar pesquisa valorativa de pesquisa não-valorativa, se bem que, com a crescente consciência das maneiras pelas quais as pesquisas científicas sempre são culturalmente condicionadas e condicionais, ela tem passado ultimamente a ser considerada bastante frágil. Mas a real força da objeção à idéia da objetividade científica não vem do vigor descritivo de sua caracterização do modo como a ciência é inevitavelmente afetada por opções e pressupostos valorativos — porque tal relato das coisas pode ainda ocultar uma aspiração à objetividade por trás do seu melancólico reconhecimento de que tal objetividade é difícil de alcançar. Essa força reside, na realidade, no princípio paradoxal segundo o qual a própria noção de liberdade com respeito à valoração deve ela mesma incorporar sempre uma força avaliativa; como se sabe, os cientistas e outros indivíduos valorizam muito um trabalho que possa ser considerado totalmente liberto dos valores. Na verdade, toda e qualquer alegação de se estar imune à necessidade do valor deve terminar por demonstrar essa mesma necessidade simplesmente por ser uma alegação. O não-valorativo ou valor independente sempre será uma província específica da esfera do valor, e nunca um espaço exterior a ela[2].

Todavia, mesmo que se rejeitasse a idéia de uma distinção entre disciplinas saturadas de valor e disciplinas livres de valor, ainda haveria um uso para ela em termos das autodesignações dessas disciplinas. Está claro que existe uma diferenciação utilizável, ainda que temporária, a ser feita entre disciplinas orientadas para o ideal da libertação com respeito ao valor e disciplinas conscientemente voltadas para a proposição ou afirmação de valores. E esses são precisamente os termos de acordo com os quais poder-se-á querer distinguir entre as ciências naturais, físicas e da vida e as ciências sociais e humanidades. Enquanto aquelas buscam minimizar a força das opções de valor, estas últimas se empenham em aprofundar essas mesmas opções. Isso não significa que as humanidades e ciências sociais sempre tenham aceito de bom grado essa saturação com questões de valor. Pelo contrário, muitos dos melhores esforços de sociό-

2. Vamos deparar com outra versão dessa necessidade do valor na discussão do capítulo 4 acerca do princípio da positividade generalizada, que contraria toda reivindicação de negar o valor.

logos, economistas, historiadores e críticos literários têm sido dedicados ao estabelecimento de teorias, regras e procedimentos que lhes permitissem falar de uma maneira infensa aos valores das operações e efeitos da escolha valorativa (na filosofia da escolha moral, por exemplo, ou nas tentativas de formular uma teoria científica da literatura). Mas parece importante admitir que essas disciplinas jamais podem aspirar a escapar definitivamente à necessidade do valor, tendo em vista que se definem em parte em termos do fato de que nunca tomam simplesmente o campo do valor como seu objeto, mas também participam sempre dele, o que significa estender ou prolongar o jogo do valor.

De fato, tradicionalmente — e designo com o termo até mais ou menos a metade deste século —, as disciplinas das humanidades se mostravam demasiado dispostas a reconhecer a prioridade das questões valorativas. Se o modernismo cultural assume a forma de uma extrema diferenciação do valor da cultura e das artes, ao lado de uma alegação gradualmente consolidada (e cada vez mais inaceitável) de que o valor artístico é idêntico ao valor *como tal*, o estudo acadêmico das práticas culturais e artísticas tem proporcionado a essa diferenciação um arcabouço institucional. Se a alegação kantiana de que a arte e a literatura são dotadas de um tipo especial e intrínseco de valor só fosse medida segundo os seus próprios parâmetros, a proposição de disciplinas cada vez mais especializadas como a literatura, a história da arte e até a filosofia foi a de que somente elas poderiam oferecer a competência necessária a reconhecer e reproduzir essas formas de valor intrínseco. Há algo paradoxal na idéia de semelhante acesso institucionalizado à esfera diferenciada do estético, pois isso representa a particularização e a inclusão interessada, na troca social e econômica, de valores tidos como desinteressados e radicalmente intransferíveis. A inculcação de sensibilidade e tato avaliativo, que foi a meta declarada da pedagogia leavisiana e da Nova Crítica pode ter tido formas transferíveis de valor na vida social em geral — pois as declarações éticas feitas em defesa do formalismo são sempre bem marcadas —, mas sua alegação sempre foi, paradoxalmente, a de que somente por meio de uma cuidadosa atenção aos elementos específicos do próprio valor do texto, bem como uma rigorosa rejeição de formas mais gerais de valoração ética, seria possível garantir essas qualidades gerais ou transferíveis. A doutrina da leitura atenta não permitia que se investigasse *para que* o texto era bom, mas sim quão bom ele era *como*... Naturalmente, a conseqüência de tal organização foi a fixação de cânones e critérios de qualidade e de avaliação, de modo que a atividade de valoração tornou-se idêntica ao reconhecimento e à reprodução ritualizados do valor de textos e formas culturais particulares predeterminados.

De modo gradual a partir dos anos 60 e com mais rapidez a partir da década de 70, as ciências humanas foram se afastando desse relacionamento. No decorrer desse período, uma prática — e, por vezes, uma teoria — do valor e da avaliação cultural foi cedendo espaço a uma preocupação com a interpretação. Seria impreciso sugerir que essa mudança de ênfase foi inteiramente sem precedentes neste século, já que, com efeito, as ciências humanas, e talvez em especial a literatura, tentaram ao longo do século negociar as alegações rivais da erudição e do julgamento, do fato e do valor. Mas a ascensão da teoria literária e crítica a partir dos anos 70 promoveu um afastamento decisivo de uma preocupação com o julgamento e a sua substituição pela preocupação com o significado e a interpretação. É esta última preocupação que proporciona unidade e fornece uma identidade institucional à diversidade de outro modo perturbadora das formas da teoria crítica contemporânea. O que a hermenêutica, a crítica centrada na recepção, a análise semiótica, a teoria do discurso, a teoria psicanalítica, a nova história, o desconstrucionismo e todas as variedades de crítica de tendência política que se apóiam nessas perspectivas, o marxismo, o feminismo e o discurso crítico homossexual e étnico têm em comum é o seu foco nas atividades do conhecimento, da compreensão, da decodificação e da interpretação. Mesmo formas de crítica das quais era de esperar que formulassem outros tipos de questões em vez de "o que isso significa?" ou "como sabemos o que isso significa?", e outras na mesma linha e que, na verdade, proclamassem a sua independência desse gênero de interrogações, vêem-se atraídas pela força do paradigma interpretativo.

A teoria centrada na recepção, por exemplo, como o demonstra o trabalho de Stanley Fish e Wolfgang Iser, apresentou a tendência de concentrar-se apenas numa estreita faixa do espectro de coisas que os leitores fazem com os textos e que os textos fazem com os leitores, na atenção que dá às tentativas do leitor de compreender o texto, de testar hipóteses, reconciliar contradições, preencher lacunas etc. A teoria psicanalítica, embora prometa uma atenção intensificada às estruturas afetivas e relações de identificação, de absorção, cisão, subordinação, bem como às preocupações éticas por elas personificadas, na realidade fixou-se antes na hermenêutica do que na ética do eu, concentrando-se como resultado no que se poderia denominar processos "psicotextuais" como o ocultamento, o deslocamento, a ambigüidade, a decodificação e a descoberta. As várias ênfases da teoria e da crítica pós-estruturalista poderiam ter representado um passo além, ou, na frase de Susan Sontag, "contra", a interpretação, mas o ceticismo extremo e em geral festivo quanto à possibilidade de fixar ou de atribuir sentido que caracteriza boa parte da crítica pós-estruturalista moderna teve mais uma vez o efeito de concentrar a atenção exclusivamente em questões de sentido, de leitura e de interpretação. A forma mais representativa de pensamento pós-estruturalista é, no tocante a isso, o desconstrucionismo. Embora as obras de Jacques Derrida estejam ponteadas de questões de valor e de ética, é impressionante que as técnicas críticas desconstrucionistas que se desenvolveram em seu nome tenham recorrido quase inteiramente ao seu trabalho sobre aspectos lingüísticos e interpretativos, parecendo ignorar largamente a preocupação com a questão ética demonstrada desde o começo de sua carreira em seu trabalho sobre Levinas, Heidegger e Nietzsche. Mesmo o atual interesse pela questão do discurso e pelas relações de poder nele personificadas e representadas, interesse derivado em larga medida da obra de Bakhtin e Foucault, elegeu como foco o empreendimento da codificação, da classificação e da regularização das operações do poder e das concentrações de poder e de valor por ele promovidas, contentando-se portanto com atividades de mapeamento que imitam os processos "neutros" de mapeamento em que o poder e o valor são dissimulados no mundo moderno, em vez de dedicar-se à tarefa de valorar (ou à consideração da questão de como se poderia ou deveria valorar) essas concentrações de valores elas mesmas.

Barbara Herrnstein Smith atribui esse "exílio da valoração" no âmbito da academia literária especialmente à predominância de modelos lingüísticos e à falta de familiaridade com disciplinas como socologia e economia, nas quais questões de valor continuam a ocupar um lugar central (*CV*, 17-18). Contudo, deixando de lado a dúbia precisão desse juízo (a associação entre literatura e sociologia tem sido forte, se bem que intermitente, nas últimas décadas), isso não explica adequadamente o exílio da valoração nas disciplinas das humanidades, visto não explicar de fato por que teorias e modelos lingüísticos passaram a exercer o seu predomínio. Creio que a razão disso reside na profissionalização e na institucionalização das disciplinas das humanidades e, de modo mais geral, na consolidação e multiplicação das formas pelas quais a cultura é socialmente administrada e mediada. Nas universidades e outras instituições de ensino, essa profissionalização foi estimulada de início pela expansão do ensino superior nas sociedades do Ocidente desenvolvido no curso da década de 60 e subseqüentemente reforçada e, o que causa surpresa, até acelerada pelos ataques às humanidades feitos por sucessivos governos na Inglaterra e nos EUA ao longo dos anos 80[3]. Porque esses ataques equivaleram a uma rejeição do conceito de disciplina valorativa em favor de um modelo positivista e instrumentalista de educação como treinamento, modelo por sua vez derivado de uma versão estreitamente idealizada da educação científica e técnica em que os fatos, o conhecimento e a interpretação têm ascendência sobre os valores e os processos de juízo de valor. Visto assim, o afastamento da valoração por parte das ciências humanas é uma espécie de coloração protetora, uma tentativa de conformar-se a um paradigma recém-dominante de pesquisa

---

3. Tenho um pouco mais a dizer sobre esse processo de institucionalização e sobre os seus efeitos sobre a teoria em meu livro *Postmodernist Culture: An Introduction to Theories of the Contemporary*, Oxford, Basil Blackwell, 1989, pp. 14-21 [*Cultura Pós-Moderna: Introdução às Teorias do Contemporâneo*, São Paulo, Loyola, 1992, pp. 11-26, trad. Adail Sobral e Maria Stela Gonçalves].

e de educação. E, é claro, alinhado com o princípio paradoxal instituído há pouco tempo, esse desprezo da valoração e da preferência em favor das formas positivas e aparentemente mais demonstráveis de conhecimento e de competência é em si não uma recusa à valoração, mas uma forte e influente ação valorativa.

Isso, no entanto, está longe de ser o mais marcante paradoxo relativo à situação. Porque, se o domínio da teoria crítica interpretativa durante as duas últimas décadas foi alcançado à custa do exílio da valoração, também foi evidentemente o caso de ter esse sido um período em que a força do valor nas humanidades foi sentido perceptível e ubiquamente, um período que Fredric Jameson pode declarar com justiça ter tido como modalidade prevalecente de crítica, na realidade, o ético (*PU*, 59). Com efeito, quando se consideram os tipos de questões que dirigiram a prática e a teoria crítica ao longo dos anos 70 e da década que passou desde essa avaliação jamesoniana — a preocupação com a política da interpretação e da representação, com a representação preconceituosa das minorias na literatura e na arte, com os violentos efeitos do discurso e com a questão dos efeitos e funções sociais de toda espécie de práticas culturais —, é-se obrigado a reconhecer ter havido antes uma intensificação do que uma redução das preocupações éticas e valorativas.

Como, então, poderemos reconciliar isso com o juízo inflexível de Smith de que "fugiu-se a toda a problemática do valor e da valoração, exilando-a explicitamente" na teoria contemporânea (*CV*, 17)? Uma explicação pode ser a de que a teoria crítica, em especial a do tipo oposicionista como o feminismo, o marxismo ou as variedades de desconstrução de acento político, afastou-se daquilo que fora recém-vivenciado como concepções inaceitavelmente estreitas e inaceitáveis do valor das obras artísticas e culturais, e em particular daquela visão associada com o modernismo artístico que sugere ter a arte como único valor real o seu valor intrínseco. Desse ponto de vista, a teoria crítica não teria rejeitado a idéia do valor como tal, e sim a noção do valor estético como autotélico e autodeterminante. As mais sofisticadas e convincentes objeções políticas a essa noção de valor estético alegam não tanto ser ela imprecisa quanto mascarar e perpetuar certas relações bem definidas de poder, que a noção de valor estético puro e inegociável sempre tem um valor de troca não-estético em termos políticos e econômicos. Por conseguinte, a crítica resultante da ideologia estética não é, estritamente falando, uma crítica à noção de valor, nem uma negação da possibilidade da valoração em geral; ela é antes uma rejeição das formas injustamente limitadoras que a valoração estética assumira[4]. Devolvendo o estético ao político, esses críticos

---

4. Dois importantes portadores da crítica da ideologia estética são *Distinction: A Social Critique of the Judgement of Taste* (1979; trad. de Richard Nice, Londres e Nova Iorque, Routledge & Kegan Paul, 1984), de Pierre Bourdieu, que conclama à reintegração do estético e do sociopolítico com uma leitura do capital

estão restaurando a autoridade da pergunta "*para que* este texto/artefato/prática é bom?" em oposição à questão modernista "quão bom ele é *como*...?"e dando margem a que a interrogação "*de que maneira* isto é bom?" se somasse a "*quão* bom isto é?"

Mas se aceitarmos que a ascensão da teoria pós-moderna envolve tal mudança de uma economia restrita do valor para uma economia expandida do valor, ainda temos de explicar a relutância de boa parte da teoria em falar da questão do valor ou fazer dela objeto de teorizações. Não há carência de valorações nem posições ou compromissos valorativos nessa teoria, mas continua a haver a falta de uma abertura da teoria à questão do valor em seus próprios termos ou do tratamento dessa questão de modo não implícito nem indireto. Dada a força detectável em toda parte das motivações éticas e valorativas na teoria contemporânea, é de fato espantosa a fragilidade das tentativas de submeter essa força à investigação. Diante disso, poderíamos oferecer um aperfeiçoamento do juízo de Smith, sugerindo que o valor e a avaliação não foram tanto exilados quanto jogados no inconsciente crítico, onde continuam a exercer pressão, se bem que sem estar disponíveis ao escrutínio analítico.

A evidência disso pode ser encontrada na forma assumida por muitos dos recorrentes debates no âmbito da teoria crítica oposicionista. Para o feminismo, o problema mais complexo e renitente dos últimos anos tem sido por certo como reconciliar uma política de oposição fundada na idéia de uma identidade feminina distintiva e vitimizada com uma política que critica a noção fetichista e opressiva da identidade tal como tradicionalmente constituída. Um problema semelhante se repete nos debates marxistas contemporâneos, em que a crítica às falsas totalizações e absolutismos deve encontrar um meio de parar antes de dissolver as suas próprias pretensões de fornecer uma narrativa total ou abrangente da opressão e da emancipação. As várias formas de estudo cultural, e em especial a teoria crítica étnica e pós-colonial, que se apóiam na crítica foucaultiana das noções universalistas do humano, têm do mesmo modo de descobrir uma maneira de equilibrar um anti-humanismo liberal e progressista com as formas regressivas de humanismo tão predominantes no mundo de hoje. Todos esses problemas envolvem uma interessante falta de vontade ou incapacidade de um engajamento teórico com o problema do valor, o que talvez explique em parte a recalcitrância dos problemas. Em cada um deles, o impulso ético-valorativo está presente na prática da *interpretação crítica*, no impulso de liquefazer certas coagulações violentas ou opressivas do valor (a confusão da cultura branca e masculina com a cultura em geral, a prioridade da cultura de elite sobre a cultura popu-

social e cultural constituído pela competência cultural e estética, e *The Ideology of the Aesthetic* (Oxford, Basil Blackwell, 1990), de Terry Eagleton, que vê a categoria do estético como um meio de deslocar e consolidar relações de poder político a um só tempo.

lar, a centralização da história ao redor de categorias e tópicos estreitamente redutores e assim por diante), que produz uma suspeita do valor e da valoração em geral, como se as operações associadas com as transações do valor sempre estivessem destinadas a levar a uma hierarquia (injusta) e a uma exclusão (violenta). Nessa situação, a noção de valor pode tornar-se objeto de um temor supersticioso e induzir a um estado de dependência neurótica no qual o objeto temido ou desdenhado, seja qual for (a intencionalidade, o sujeito unificado, a noção de sentido fixo, a metafísica, a grande narrativa), é repetida e obsessivamente invocado a fim de ser anulado. Quando começam a fraquejar em seus afetos e a se transformar em meras rotinas supersticiosas, tais processos dão lugar à fixação perigosa do valor precisamente contra o que reagiram no princípio.

O problema é, portanto: para uma teoria que depende da interpretação negativa ou de sua hermenêutica da suspeita, de uma prática essencialmente higiênica de furtar-se ao erro, à delusão e à ideologia, a categoria do valor, ao lado das práticas de valoração, pode parecer contaminada de cabo a rabo. Mas o valor, da mesma maneira que o inconsciente, não tolera a negatividade, visto que cada valoração negativa, ainda que seja da própria prática da valoração, sempre tem de constituir uma espécie de valoração em seus próprios termos, mesmo que isso não implique nem afirme nenhum valor positivo alternativo. Uma teoria de qualquer gênero, mas de modo especial uma teoria impelida por uma ética do desembaraço e personificada na interpretação negativa, sempre depara com o valor e sempre o interroga de maneira particularmente intensa. Um período em que os valores se vêem sujeitos a um profundo questionamento sempre é, igual e correlativamente, um período de uma enérgica formação de valores. Mas uma situação em que a energia da falta de identificação ética não tem por contraparte uma atenção para com a natureza da ética e dos valores em si mesmos é com certeza estranha e perigosa.

Uma resposta a isso poderia ser que não é necessário nem desejável ser explícito no tocante à questão do valor, que essa explicitação cabe não ao crítico, mas ao legislador. Com efeito, a crítica da racionalidade e todos os aparatos psicopolíticos associados que a teoria contemporânea oferece parecem comprometer precisamente a possibilidade de uma apreensão racional da natureza do valor implicada pelo ideal dessa explicitação. As várias versões de semelhante crítica têm de ser levadas de fato muito a sério, mas é justamente a sua força e seriedade, quer dizer, as alegações racionais e éticas que costumam fazer, que revelam sua própria natureza valorativa e prescritiva, de modo tal que elas terminam por retornar à questão do valor de que estratégias da reticência parecem destinadas a fugir.

Esse recursivo emaranhamento da teoria com o valor foi caracterizado por Jürgen Habermas, em *The Philosophical Discourse of Modernity*, como "autocontradição performativa" (*PDM*, 185-6). Para Habermas, entrar no discurso crítico é já aceder à orientação rumo ao consenso implícito em todo intercâmbio racional. Tentar solapar essas normas e valores no próprio discurso, como pensadores como Foucault e Derrida fazem ao ver de Habermas, equivale a colocar-se numa condição de intolerável e enfraquecedora auto-refutação. Vai ficar claro que, embora aceitando a caracterização habermasiana dos problemas de auto-reflexão que surgem em todas as variedades contemporâneas de hermenêutica da suspeita, creio que a autocontradição perfomativa não é um fato acidental nem historicamente contingente, e sim um traço característico de todos os debates sobre o valor. Nessas circunstâncias, o importante não é purgar o paradoxo, quer refreando a crítica cética quer passando a alguma contradição mágica que esteja além do antagonismo da suspeita e da afirmação, mas descobrir modos produtivos de viver e de pensar no interior e por meio desse paradoxo; não, em outras palavras, restringir nem, no sentido oitocentista da palavra, determinar a questão do valor, mas definir a condição que produza sua própria produtividade.

Vimos que a substituição da valoração pela interpretação constitui uma maneira de fazer vigorar essa restrição ao valor e sobre ele. Há também duas outras, que, de modo bastante depressivo, parece caracterizar a maioria das tentativas de retorno à questão dos últimos anos. A primeira é o impulso de apegar-se e de retornar a formas estáveis e absolutas de valor, bem como de orientar-se para elas. A segunda (e pode causar surpresa caracterizar isso como restrição e não expansão do problema do valor) é o desejo relativizador de reconhecer e tolerar o máximo de valores concorrentes. À medida que a primeira atitude com relação ao valor depende da idéia de valores absolutos, que se acham acima e além do jogo da transação e da relatividade, pode-se dizer que ela favorece valores como objetos em vez de processos de valoração, ou, em termos da distinção oferecida por John Dewey, favorecer a "estimação" em detrimento da "estimativa"[5]. Essa visão do valor considera tipicamente como objeto da avaliação escapar do processo valorativo ou superá-lo, "chegar" a resultados valorativos. A segunda atitude, mais pluralista, tende pelo contrário a favorecer a continuação ou viabilização de processos valorativos, opondo-se assim à tentativa de preservar, descobrir ou derivar valores particulares. Essa segunda atitude pode ser personificada, por exemplo, pela noção de Jean-François Lyotard de que a justiça consiste na "possibilidade de continuar a jogar o jogo do justo", sendo o que permite "que a questão do justo e do injusto seja e permaneça levantada"[6]. Uma versão familiar da oposição entre as duas atitudes é o equilíbrio entre metafísica

5. John Dewey, *Theory of Valuation*, in *John Dewey: The Later Works, 1925-1953*, ed. por Jo Ann Boyditon e Barbara Levine (Carbondale e Edwardsville, Southern Illinois University Press, 1988), vol. 13, p. 195.

6. Jean-François Lyotard e Jean-Loup Thébaud, *Just Gaming* (trad. Brian Massumi, Manchester, Manchester University Press, 1985), pp. 66, 67.

versus *différance*, tal como o apresenta Kate Soper: há, de um lado, "uma turma destemida e corpulenta, defendendo denodadamente vários alicerces e fundações por meio de um conjunto de conceitos confiáveis mas flagrantemente mecânicos como 'classe' , 'materialismo', 'humanismo', 'mérito literário', 'transcendência' e assim por diante" e, de outro, "os ironistas e os libertinos felinos do relativismo, dançando tranqüilamente nas águas da *différance*, defletindo todos os golpes defensores das fundações com um raio laser lúdico habilmente dirigido"[7]. Trata-se de uma caricatura confessa; mas, como veremos adiante, é difícil caracterizar a oposição entre essas duas modalidades, a fixação e a relativização do valor, de qualquer maneira que não confirme implicitamente um ou outro relato ou valoração do valor, o metafísico ou o relativista.

Pouco mais do que uma redução ética do que essas duas formas de restrição em si mesmas, portanto, é a exclusividade limitada do binarismo que formam juntas, em que se torna impossível imaginar uma teoria do valor que não proponha quer um fechamento absoluto quer uma abertura, fixação ou diferença absolutas. Mas não há de fato nenhuma escolha, nem possibilidade de escolha, entre essas duas alternativas, entre o papel de legislador e o de crítico. Nenhuma crítica negativa, sequer na forma mais graciosa, irônica, é imaginável sem investimento em valores alternativos ou sem a suposição de sua existência; ao passo que, por outro lado, a asserção do valor absoluto sempre traz consigo uma vulnerabilidade à crítica em termos do valor proposto. O ceticismo com respeito a metanarrativas é impossível se não for instruído pela hipótese de alguma metanarrativa mais justa e mais inclusiva com relação à qual a metanarrativa suspeita deixa a desejar; a asserção de uma metanarrativa deve sempre deixar aberta, em nome de sua própria alegação de total inclusividade, a possibilidade do seu próprio descrédito, do seu fracasso precisamente em narrar a totalidade. Logo, a estrutura do valor é paradoxal, envolvendo o desejo e a necessidade simultâneos de afirmar valores incondicionais e o desejo e a necessidade de submeter esses mesmos valores a um contínuo e corrosivo escrutínio.

Até o momento, discussões do valor na teoria crítica têm simplificado essa estrutura paradoxal num *ou / ou*: *ou* valor absoluto *ou* relativismo; *ou* fixidez *ou* jogo. A tentativa de fixar o jogo do valor pode ser exemplificada de maneiras contrastantes em dois estudos recentes que, afora esse aspecto, estão numa marcada oposição em termos de estilo crítico, *The Company We Keep: An Ethics of Fiction* (1988), de Wayne C. Booth — caracterizável, sem caricatura, como um relato liberal-pragmático do valor —, e *The Ethics of Reading* (1987), de J. Hillis Miller, um relato reconhecidamente desconstrutivo do seu objeto. O objetivo de Booth em *The Company We Keep* não é tanto determinar bases *a priori*

7. Kate Soper, "Postmodernism, Subjectivity and the Question of Value", *New Left Review*, n. 186, 1991, p. 122.

da possibilidade ética ou legitimidade, mas examinar a operação dessas questões na prática, especialmente no funcionamento da narrativa. Para Booth, narrativa é uma categoria genérica ampla capaz de abarcar sem problemas filmes, sonhos e até metáforas, bem como histórias ficcionais. As definições de valor ético oferecidas por Booth ao longo de sua perambulatória e incansável investigação são caracteristicamente abertas e não-dogmáticas; como bem nos lembramos, questões de valor e de valoração são inerentemente complexas, visto nos envolverem invariavelmente em atos de reflexão pessoal enquanto inspecionamos e avaliamos os nosso próprios atos valorativos. O relato de Booth é a um só tempo comprometidamente pluralista e incertamente pragmático. Sua convicção da irredutível pluralidade da experiência humana e das formas de compreendê-la o leva ao longo do trabalho a suspeitar de definições que generalizem prematuramente sobre princípios falsamente universais ou neles se fixem. Diz ele que deveríamos aprender a parar de nos preocupar com *o* valor de textos literários e responder aos seus múltiplos efeitos éticos, bem como articulá-los. Seu pragmatismo parece decorrer docemente desse pluralismo. Se não pudermos conhecer a base única e absoluta do valor de um artefato, é porque não há semelhante base absoluta, nenhum valor que não seja formado e legitimado pelas necessidades e normas de comunidades particulares. Logo, o ponto de partida de Booth é a idéia de que o valor nem precisa ser provado, no sentido lógico forte, nem é suscetível de refutação. O simples fato de algo nos parecer ser valioso é base suficiente para supor que de fato o seja.

Aqui, como é notório, surge um abismo — e o seu nome é relativismo. Booth recua diante desse abismo, desejando asseverar que, apesar das condições que descreve, valores reais são suscetíveis de ser formados e sustentados coletivamente, assim como de sobreviver, e até de ser aprimorados, com o tempo. Alega ele que o valor é gerado por meio de atos de contínua conversação em que os juízos literários são testados por outros juízos e por eles confrontados, bem como por juízos sobre outros textos. O útil termo cunhado por Booth para designar esse processo participativo de raciocínio ético é "codução". Claro que tal procedimento está aberto à objeção de que os valores assim engendrados permanecem inteiramente dependentes do contínuo acordo, ou do acordo de continuar discutindo, entre o grupo de codutores. Booth protege seu argumento dessa contingência radical por meio de velhas manobras. Para falar francamente, não é a opinião de todos que *conta* nesse processo de codução comunitária. Booth parece considerar auto-evidente que as únicas pessoas que poderiam legitimamente ser consultadas e coduzidas acerca de questões de valor são aquelas que, pelo treinamento e pela seleção, já estiverem saturadas pelos valores envolvidos. Não se pode levar a sério, por exemplo, uma pessoa cética quanto ao valor de Shakespeare, visto ser esse valor algo "que toda pessoa que passe por um aprendizado adequado e venha a compreender bastante a cultura de Shakespeare pode discernir"[8]. O raciocínio aqui é imaculadamente autoconfirmador; mas ficamos querendo perguntar: algum "aprendizado" que não produza um sentido do valor de Shakespeare poderia contar para Booth como "adequado"?

Booth também tenta defender a idéia de que certas obras possuem mais valor ou, o que parece dar na mesma, mais potencial para se tornar valiosa do que outras, independentemente do seu público ou cultura receptora. *Rei Lear*, por exemplo, simplesmente tem mais valor do que um grupo de versos como "*To love and hate — / This is my fate / Stanley Fish / Is my dish. / Reading Terry / Makes me merry*" (p. 87)*. "Nenhuma circunstância possível" — declara ele —, "nenhuma comunidade concebível de interpretação, poderia produzir uma gama e uma profundidade de crítica sobre 'To love and hate — / This is my fate' que equiparasse a que já temos sobre *Rei Lear*, para não falar do que ainda pode estar por vir na história dessa obra infinitamente fecunda" (p. 89). Ora, pode não haver muitos que se disponham a querelar com a previsão de Booth, mas isso não implica necessariamente tudo quanto ele diz implicar, que isso tenha alguma relação com as qualidades intrínsecas de *Rei Lear* ou que prove "quanto está, afinal, na própria obra" (p. 89). A incapacidade de Booth em conceber uma cultura ou comunidade interpretativa que não prefira *Rei Lear* a versetos improvisados é antes prova de sua própria noção, sem dúvida cultural, do que são ou devem ser as culturas, pois parece que, para ele, culturas concebíveis são aquelas já constituídas de tal modo que se predispõem a valorizar textos como *Rei Lear*.

Um impulso semelhante de verificar as implicações de uma definição pragmática do valor caracteriza o resto da discussão de *The Company We Keep*. Pode-se considerar essa discussão sustentada ao longo do livro por uma ética da alteridade, do *Sorge* ou cuidado responsável. Para Booth, a experiência da leitura, em especial da leitura de narrativas, envolve uma abertura ética do ego individual circunscrito para outras vidas, experiências e linguagens. Contudo, essa abertura ao outro é restringida de duas maneiras. Em primeiro lugar, o fato de a ética de Booth antes fundamentar-se na pessoa individual e a ela se reportar e não na comunidade e a ela se reportar significa que, no final, ele afirma uma idéia paroquial de cultura do eu, oposta a todo tipo de ideal coletivo ou mais propriamente político. Em segundo, e talvez com maior seriedade, essa ética da alteridade é concebida como um processo primariamente assimilativo, e não desintegrativo, em que o eu somente encontra o(s) seu(s) outro(s) ao se

8. Wayne C. Booth, *The Company We Keep: An Ethics of Fiction* (Berkeley, Los Angeles e Londres, University of California Press, 1988), p. 99. Referências doravante incorporadas ao texto.

* Numa aproximação possível, que tenta preservar o ritmo e a sonoridade, poderíamos ter: "Amar e odiar – / Eis o meu par. / O Juca Pato / É meu prato. / Ler o Luiz / Me deixa feliz." N. dos T.

tornar mais energicamente versátil em sua capacidade de identificação imaginativa, em vez de se tornar em algum momento suscetível de uma radical transformação. "Não é o grau de alteridade que distingue a ficção do tipo ético mais elevado" — sugere ele —, "mas a profundidade de educação que ela produz no *lidar com* o 'outro'" (p. 195). Essa vontade de assimilar também pode se fazer sentir de maneiras desagradavelmente coercitivas no argumento de Booth. Por todo o livro, ele apela à "prova" de várias pesquisas informais e referendos feitos em salas de palestra e de aula para mostrar o tipo de consenso pretensamente existente acerca de coisas como as virtudes técnicas da poesia e para sugerir que é impossível divergir desses valores compartilhados sem perder o direito de ser considerado uma companhia codutiva séria — "Se você como leitor discordar de fato do julgamento, não sei bem o que fazer com você", confessa ele numa nota de rodapé cativantemente atônita (p. 103).

J. Hillis Miller, que provavelmente seria um dos outros que estão além do alcance da sociabilidade de Wayne Booth, tem um foco mais restrito em *The Ethics of Reading*, mas deseja atingir de maneira bem mais profunda as questões do princípio de base. Na realidade, sua meta é nada menos que forjar, com o equipamento da análise desconstrutiva, uma modalidade de imperativo ético. A despeito das imensas diferenças de estilo entre eles, há uma interessante continuidade entre as perspectivas de Miller e Booth, pois ambos os autores vêem as questões do valor como estando inevitavelmente vinculadas a formas de narrativa. A obra de Miller toma impulso a partir de um paradoxo que está no cerne da ética kantiana, o de que, para afirmar ou mesmo imaginar qualquer espécie de lei moral transcendente, incondicionada pelas contingências do tempo, das circunstâncias e do interesse pessoal, sempre é necessário, no final, recorrer a algum tipo de narrativa ou de exemplificação figurativa, com o risco correlato de reintroduzir a contingência no categórico. Nas leituras de Paul de Man, George Elliot, Anthony Trollope, Henry James e Walter Benjamin que compõem o livro de Miller, o foco permanece sendo esse retorno necessário da contingência a todo absoluto moral projetado por meio das ações da exemplificação figurativa.

Até agora, tudo bem. Qualquer leitor dedicado de Paul de Man, como Miller obviamente é, poderia ir até esse ponto sem objeções. A surpresa vem no seu movimento seguinte. Porque o imperativo ético, aparentemente anulado pela leitura desconstrutiva, se imiscui misteriosamente no próprio ato dessa leitura. Essa leitura, diz-nos Miller, é governada por uma "lei implacável" que insiste na idéia de que lemos textos de maneira a permanecer fiéis não apenas à sua aparente coerência, como também ao seus princípios interiores de autocontradição[9]. A leitura é para Miller uma curiosa mistura de obediência e dissidência na compulsão geral de

9. J. Hillis Miller, *The Ethics of Reading: Kant, de Man, Eliot, Trollope, James, and Benjamin*, Nova Iorque, Columbia University Press, 1987, p. 120.

acompanhar os modos peculiares e idiomáticos pelos quais um texto dado exemplifica a compulsão de sua lei interior — mas também se desvia dela. Em conseqüência, vemo-nos submetidos à obrigação ("ética") absoluta de levar a efeito o solapamento de todas as coerências absolutas:

> É a sujeição a esse poder, como a uma lei implacável, que determina tanto a ética da escritura como a ética da leitura dessa escritura. A leitura não incide sobre o texto em si, mas sobre a coisa que se acha latente e coesa em seu interior como uma força para determinar em mim uma revisão daquilo que se configurou como a lei latente do texto que leio[10].

Assim, para Miller, a ética da leitura não é simplesmente uma questão de derivar padrões de comportamento de textos que podem então ser chamados à responsabilidade no mundo real; em vez disso, os textos são uma ética da interpretação, visto que os requisitos éticos próprios ao ato da leitura e dele característicos são paradigmáticos para o comportamento ético no mundo real, à medida que esse comportamento sempre requer formas de interpretação, de julgamento e de narrativa.

Como sempre, as análises de Miller imprimem profundamente em seu leitor um sentido de respeito inabalável pela singularidade dos textos que lê; no tocante a isso, elas exemplificam profusamente sua ética da atenção crítica absoluta. Mas é mesmo assim estranho vê-lo tão dogmático e solene em sua asserção da constrangedora força ética da desconstrução; o céu escurece repetidamente com a evocação de leis implacáveis, absolutos incondicionados e necessidades irresistíveis. É verdade que, para ele, há alguma incerteza constitutiva quanto à natureza do imperativo envolvido na leitura, em parte, supõe-se, porque o imperativo está voltado antes para incitar do que para denunciar a contradição e a incerteza. Assim, Miller confessa: "Não tenho condições de saber se, nessa experiência, estou sujeito a uma necessidade lingüística ou ontológica. Ou melhor, não posso evitar cometer o erro lingüístico de responder a uma necessidade da linguagem como se ela tivesse força e autoridade ontológica"[11]. Mas se a compulsão lógica desses absolutos é cuidadosa e publicamente comprometida pelo argumento de Miller, a compulsão psíquica para essa necessidade parece agir nele de modo tão intenso que não é acessível a análise.

Há muitas diferenças óbvias e importantes entre os relatos da leitura feitos por Miller e Booth, e tenho de admitir que prefiro a compulsão paradoxal de liberdade defendida pela obra de Miller à noção mais agradável, mas no final mais coercitiva, de codução, de Booth. (De fato, como vai se evidenciar, minha proposta acerca da natureza paradoxal do valor e da valoração deve muito à de Miller.) Mas apesar de suas muitas

10. Id., ibid., p. 120.
11. Id., ibid., p. 127.

diferenças, esses dois autores têm em comum certa relutância em levar o que é de outro modo uma pesquisa ceticamente desembaraçada além do ponto em que ameace aquilo que cada autor considera inegociável: a possibilidade, e mesmo a necessidade, do consenso codutivo para Booth, e a lei irresistível da fidelidade ao texto para Miller. É como se o valor só pudesse ser afirmado em alguma cavidade da racionalidade, alguma *epoché* do teórico.

A segunda forma que eu disse que a restrição do valor assume é a pluralização do valor. Como isso pode acontecer? Se a pluralização do valor for exemplificada pela ruptura do cânone, pelo disseminado descrédito da idéia do valor universal e do autotelismo do artefato estético, com uma sensibilidade e uma tolerância correspondentes no tocante à diferença e à diversidade, como poderá isso significar outra coisa além do afrouxamento e da motivação simultâneos da questão do valor? Para compreender de que maneira isso pode ocorrer, talvez seja útil considerar algumas versões contrastantes da posição pluralista.

Em seu ensaio "The Question of Literary Value", Antony Easthope tenta defender o que parece ser uma versão da argumentação sugerida nesta discussão, ou seja, a de que os argumentos acerca da existência do valor literário (e, por extensão, do valor cultural em termos mais gerais) são inutilmente restringidos pelos termos de um binarismo (QLV, 376-89). A maioria das rejeições ao conceito do valor literário, alega Easthope, têm tido como base a recusa da idéia da literatura como categoria absoluta que abarca um corpo textual que partilha de características objetivamente verificáveis e possui certas formas estáveis e trans-históricas de valor. Mas a suspeita com relação à categoria literatura e à idéia do valor literário retira a sua energia da brutal simplicidade da alternativa: o valor literário ou existe (em termos absolutos) ou não existe (mais uma vez, em termos absolutos). Easthope faz a útil recomendação de que quebremos o binarismo essencialismo/anti-essencialismo aqui envolvido e reconheçamos a contingência da categoria literatura, atentando para "a multiplicidade de maneiras pelas quais o valor literário penetrou no discurso, tanto no nosso século como ao longo da história" (QLV, 386). Se quisermos uma definição de literatura ou de boa literatura, teremos de encontrá-la simples e suficientemente no fato do sucesso histórico, em textos que foram lidos e relidos de diferentes modos em distintos períodos: "a literatura", diz-nos Easthope, "consiste simplesmente em textos que são mais funcionalmente polissêmicos do que alguns outros" (QLV, 387).

Ora, um dos problemas do relato de Easthope é a sua infeliz escolha da obra de Terry Eagleton e Stanley Fish para exemplificar a constrição binária *ou...ou* do valor literário. Porque na verdade, de modos diferentes, tanto Eagleton como Fish estão defendendo o que vem a ser a modesta proposta de Easthope, ou seja, a de que, embora não se possa dizer que a literatura e o valor literário existam *em si mesmos*, intransitiva e incondicionalmente, eles têm uma existência contingente ou histórica. Isso equivale a dizer que "literatura" é o mesmo tipo de categoria das categorias "ervas daninhas", "vermes" ou "alienígenas", sendo os ocupantes dessas categorias definidos não pelas qualidades intrínsecas que possuem, mas pelo seu sentido e valor para falantes, grupos ("comunidades interpretativas") ou sociedades particulares para os quais as categorias têm força.

Mas Easthope persiste em sua visão de que, se Eagleton e Fish rejeitam a literatura como categoria absoluta, e dizem que ela não tem valor essencial, então devem estar dizendo que a literatura nem existe nem tem nenhum valor. O *tertium quid* aqui é o que Easthope começa por denominar "análise da literatura-enquanto-construção" (QLV, 377), que significa não que a idéia da literatura apareça simplesmente do nada, mas que a literatura tem uma natureza historicamente relativa e é definida de acordo com as necessidades, crenças de valores de comunidades e formações sociais específicas em épocas específicas. Eis a versão de Easthope dessa alegação:

> O valor literário é uma questão de polissemia funcional, uma função do relacionamento leitor/texto, não podendo ser definida fora das maneiras conhecidas pelas quais os textos — alguns mais do que outros — têm demonstravelmente trabalhado em termos trans-históricos e polissêmicos. Embora a maioria dos termos empregados para definir com mais detalhes o valor literário faça algum sentido em relação ao período em que eles foram sendo variegadamente formulados — tipicamente, representando a natureza geral, a unidade orgânica, a visão imaginativa, o estranhamento, o uso do primeiro plano, a capacidade de evocar fantasias agradáveis e assim por diante — não se pode dizer muito mais sobre ele exceto se supusermos ser ele uma essência. E não se precisa dizer muito mais, pois creio que podemos viver com isso (QLV, 386).

Na concepção aqui proposta, o valor é historicamente contingente. Mesmo obras que não pareçam limitadas a um período histórico particular, sendo antes consideradas valiosas em muitos deles, não podem ser tidas como universal ou essencialmente valiosas em si mesmas; elas são na realidade perenemente valorizadas por causa das circunstâncias históricas específicas e especificáveis que condicionam ou facilitam sua trans-historicidade. A persistência de certos textos na cultura ocidental (Easthope dá como exemplos os de Homero) nunca poderia fundamentar uma previsão de que esses textos seriam necessariamente considerados valiosos por todas ou mesmo por algumas outras culturas. A persistência trans-histórica significa somente que, por várias razões, certos textos vêm a ter uma adaptabilidade perene no âmbito de uma determinada cultura ou de diferentes culturas em diferentes períodos. E, é claro, estão entre essas razões a força inercial da própria persistência do texto e o círculo resultante de confirmação, em que Homero, por exemplo, persiste na cultura ocidental em parte porque uma de suas características distintivas é o caráter central de Homero nela.

Mas é precisamente isso que Eagleton e Fish, entre outros, afirmaram sobre a contingência e a transitividade do valor literário. Chegar a essa visão das coisas, como acho que Easthope chegou no final do seu ensaio, é restaurar a premissa excluída de argumentos que só parecem carecer dela porque o próprio Easthope a exclui em primeiro lugar. Condenando a posição de Eagleton/Fish, ele antes prolonga do que dissolve o binarismo, justamente ao confinar esses autores de modo tão restrito nele. Há na realidade uma interessante recaída, no final do ensaio, no próprio binarismo que Easthope julga tão terrível, quando ele escreve que "como a magia da essência foi a principal razão pela qual a literatura obteve a preferência das formas da alta cultura, com a correspondente desvalorização dos textos da cultura popular, o valor literário perde no meu relato o seu valor" (QLV, 387).

A descrição que Easthope faz da contingência histórica do valor literário lembra a de *Contingencies of Value* (1988), de Smith, uma das mais vigorosamente combativas exposições do que poderia ser denominada a defesa "radical-pragmática" do valor. A forte argumentação de Smith é simples: tudo participa do valor, mas em nenhum lugar do mundo ou fora dele podem ser encontrados quaisquer valores de uso, valores estéticos transcendentes ou bens morais últimos que não possam ser falsificados. Ela acolhe com efusão o princípio que deixa horrorizados quase todos os filósofos morais, o de que não há declarações de valor, ou valorações, que não sejam declarações de necessidades, desejos ou preferências individuais ou de grupo. Isso significa que não faz sentido falar da verdade ou não de declarações morais ou valorativas. *Isso é bom* constitui na verdade uma variante da declaração *Gosto disso* ou *Valorizo isso*. Todos os valores são inteiramente contingentes, sempre no processo de ser negociados nas múltiplas e justapostas economias de necessidades, desejos e vontades que constituem a vida e a história humanas. Embora existam certas formas limitadas de regularidade nos padrões de valoração social de grupos culturais particulares, Smith pede uma concepção da "incoerência" ou heterogeneidade fundamental das necessidades, interesses e metas humanas, que em conseqüência nunca podem ser concentradas nem simplificadas em nenhum princípio unitário do valor:

> Não há... nenhuma maneira de as escolhas, práticas, atividades ou atos, "econômicos" ou não, individuais ou coletivos, serem resumidos, comparados e avaliados em última análise: nem pelo cálculo hedonista de padrão único do utilitarismo clássico nem pelas mais elaboradas fórmulas de padrão múltiplo da economia matemática contemporânea ou por qualquer mera inversão ou suposta transcendência desses dois procedimentos. Não há ne-

nhum modo de avaliar ao mesmo tempo total e final. Não existe Dia do Juízo. Não existe em parte alguma um cômputo final *último*, para quem quer que seja ou para o "homem" (*CV*, 149).

Uma das mais impressionantes manobras empregadas por Smith é o seu ataque ao que ela denomina incisivamente "Falácia igualitária", a crença de que, num sistema, não se pode demonstrar que nenhum valor seja final e objetivamente verdadeiro, tendo todos os valores, por conseguinte, de ser equivalentes, em vez de objeto de uma mera crença forte e ampla. Mas admitir "que nenhum juízo de valor pode ser 'mais válido' do que outro *no sentido de* uma afirmação objetivamente mais verdadeira do valor objetivo de um objeto" de modo algum descarta a possibilidade de se fazerem juízos de valor dotados de sentido. Ocorre precisamente que o valor desses juízos de valor "tem de ser compreendido, valorado e comparado *de modo diverso*, ou seja, como algo distinto de um 'valor de verdade' ou de uma 'validade' no sentido objetivista, essencialista" (*CV*, 98). "Falácia igualitária" é para Smith, portanto, simplesmente o sonho ruim de um objetivismo incapaz de imaginar um mundo além do seu; a falta de valores absolutos já não torna todos os outros valores intercambiáveis, do mesmo modo como a falta de um padrão-ouro aceito não transforma todas as moedas do mundo numa única moeda.

Devemos ser capazes de reconhecer na Falácia igualitária de Smith o binarismo entre valor obsoluto e total ausência de valor condenado por Easthope. Ao defender um sentido da contingência do valor, este último por certo recomenda uma versão do pragmatismo a que Smith nos conclama, que nem confere um *status* aboluto aos juízos de valor nem aceita que isso dissolva toda possibilidade de valoração significativa. Smith dedica o último capítulo de *Contingencies of Value* a uma enérgica defesa do relativismo contra as duas principais objeções que costumam ser-lhe opostas. A primeira delas é que o relativismo refuta-se a si mesmo, já que, se toda verdade é relativa, então isso se aplica à asserção de que toda verdade é relativa, devendo essa asserção fornecer a garantia suicida da sua própria relatividade. Para Smith, isso é na verdade outro efeito da incapacidade do pensamento objetivista ou absolutista no sentido de conceber qualquer outra visão de mundo além da sua. A posição relativista, argumenta ela, não refuta a si mesma, visto não ser uma dedução lógica nem uma afirmação da verdade fundamental das coisas no sentido objetivista forte. Se o tipo de relativismo de Smith "não pode fundar-se, fundamentar-se, nem provar-se a si mesmo, não pode deduzir nem demonstrar sua própria verdade" (*CV*, 183), em outras palavras, não pode provar-se a si mesmo em princípio, ele também não é suscetível de refutação em princípio. Por isso, se a concepção relativista do mundo parece requerer ajustes ou modificações, não se deve tomar isso como prova de sua inverdade no sentido forte. Na realidade, a sua consistência própria é demonstrada pelo fato de que ele "concebe a si mesmo como estando em contínua mudança, todas as concepções do irredutivelmente vário como irredutivelmente várias e o multiplamente configurável como sempre configurável de alguma outra maneira" (ibid.).

A segunda acusação que Smith deseja contestar é a de que, como desencoraja o compromisso com princípios absolutos e com os programas de ação que costumam ser neles fundados, o relativismo encoraja na melhor das hipóteses "uma condição de genial e apático que-será-será" e, na pior, uma completa paralisia moral. Sua resposta à acusação é, de início, que ela deposita demasiada fé no poder do absolutismo moral, que dificilmente tem tido sucesso visível no sentido de afastar "os chacais, o gulag e os campos de morte" (*CV*, 154); e, em segundo lugar, o que é mais importante, que ela caricatura drasticamente a natureza do relativista:

> O desgosto ou a incapacidade de uma pessoa no sentido de apreender noções como "valor absoluto" e "verdade objetiva" não priva por si só essa pessoa de outras características humanas, relevantes para a ação moral, como memória, imaginação, treinamento e exemplo no início da vida, lealdades condicionadas, simpatias e antipatias instintivas e assim por diante. Nem retira dela todo o interesse pelas conseqüências mais sutis, mais difusas e de maior alcance de sua ações e das ações dos outros, nem a obriga mais do que aos outros a ter como única motivação o interesse pessoal (*CV*, 161).

O problema com o relato de Smith reside no fato de, embora constituir uma forte e implacavelmente precisa descrição, a partir de fora, das condições e contingências das escolhas de valor, ele parece não poder teorizar a força do valor a partir de dentro. O mais notável é o fato de ele parecer não se dar conta da vigorosa força avaliativa que o seu próprio argumento exerce e que aparentemente contradiz elementos desse argumento. Nos termos tomados de Habermas um pouco antes, Smith está presa no interior, mas aparentemente incapaz de falar, de uma autocontradição performativa. Vai ficar claro que acredito ser esse o problema de todas as tentativas desse gênero de afirmar a ausência absoluta de absolutos, a regulação do campo do valor por uma regra de não-regulação.

Espanta-nos o fato de que, embora empenhada em demonstrar que o relativismo é perfeitamente capaz de uma vigorosa atividade avaliativa, ela evita explicitamente caracterizar o valor de uma concepção relativista do valor. Com efeito, Smith insiste de modo deveras enfático que "dada apenas essa negação do objetivismo que é suficiente para evocar a objeção quietista, *nenhuma posição moral ou tipos ou modalidades de ação moral particulares decorrem de tudo isso*, nem mesmo os tipicamente atribuídos ao 'relativismo', como liberalismo, tolerância igualitária, passividade ou quaisquer outros" (*CV*, 161). Embora ela pretenda aqui demonstrar que os relativistas não são necessariamente quietistas em termos morais, sua resposta à típica pergunta "de que modo você (como relativista) responderia aos nazistas?" é sobremodo alarmante. Como se poderia esperar de todas as coisas debaixo do sol, ela nos diz que "*depende*" (*CV*, 154) — isto é, depende das circunstâncias e disposições relativas de poder entre os nazistas e o relativista. O que é dito aos nazistas, ou feito em resposta aos nazistas, depende, em outras palavras, das possibilidades pragmáticas que se apresentarem; e de qualquer forma, afirma ela, isso é na verdade o que tende a acontecer em todos os casos. Mas houve uma dramática redução da força da pergunta aqui, o que por certo significa não somente "qual seria sua provável resposta aos nazistas?" como também "como você *deveria* responder aos nazistas?" — não, é claro, em todas as circunstâncias, mas em circunstâncias que não imponham restrições às suas possibilidades de avaliação. Smith aqui parece não ver nenhuma distinção entre circunstâncias contingentes e imperativos que as transcendam, nenhuma possibilidade de que de fato se pudesse, em algumas circunstâncias, nada dizer aos nazistas, e no entanto se arrepender profundamente ou julgar ter isso sido um erro ou falha.

Smith termina por sugerir que, seja como for, enganamo-nos em pensar que responder aos nazistas seja primordialmente uma questão de "pôr nossos próprios argumentos éticos/epistemológicos em boa ordem axiológica" e sugere que o que de fato se exige é "uma análise teoricamente sutil e sólida das condições e, o que é ainda mais importante, da *dinâmica* da emergência e do acesso ao poder do nazismo e, de acordo com isso, uma especificação de ações políticas e de outras espécies que possam tornar essa emergência e esse acesso menos prováveis, tanto perto de nós como em outros lugares" (*CV*, 154-5). Aqui, mais uma vez, a questão do valor foi incorporada à questão estratégica e predominantemente interpretativa de como extrair sentido dos fatores contingentes que estimularam e sustentaram o nazismo. A questão de como descrever o nazismo foi substituída pela questão de como avaliá-lo (no sentido forte que abarcaria, por exemplo, questão de como justificar, se for possível, a tentativa de suprimi-lo ou destruí-lo). A valoração desapareceu misteriosamente do relato de Smith, ou, para ser mais preciso, não é exposta à análise, nem sujeita ela mesma à avaliação. Porque é claro que aqui há uma forma de pressuposto valorativo presente — tentamos compreender o nazismo, diz Smith, a fim de tornar menos provável a sua emergência no nosso ambiente. Por que, quer-se perguntar, se deveria, em primeiro lugar, tornar o nazismo menos provável no nosso ambiente? A resposta de Smith, ou incapacidade de responder, parece indicar não ser esse o tipo de pergunta com que um relativista pode lidar, e talvez tenhamos simplesmente de aceitar que nunca há um "primeiro lugar", não mais do que uma última análise, e que as contingências de "onde os nazistas e eu — dada, naturalmente, a minha identidade particular — estamos" vão determinar inteiramente se adoto ou não o nazismo. Mas a posição relativista tem ela mesma de ser considerada um argumento contra os nazistas, já que o nazismo representou (e representa) a restrição violenta e mistificatória dos processos da avaliação livre, participativa. Se a relutância em articular essa posição avaliativa está num certo sentido precisamente de acordo com a desinclinação relativista a depositar sua fé em absolutos, ela é, em outro, profundamente autocontraditória, ao ameaçar a base com a qual poderia continuar a ser ou agir como relativista.

A principal objeção que desejo fazer sobre essa reveladora passagem exemplificadora não é aquela da qual Smith se preocupa em se defender, a de que esse tipo de relativismo não permite que se façam juízos ou avaliações. Na realidade, tal passagem faz escolhas valorativas (em geral as dos outros) parecerem quer inteiramente determinadas, totalmente resultantes de suas circunstâncias contingentes, quer (de modo geral quando se trata dos nossos próprios valores admitidos ou não) inteiramente espontâneas, e além do alcance de todo tipo de escrutínio valorativo que possa ser chamado de racional. Como vimos, uma das mais sérias conseqüências disso é o fato de a sutil análise de Smith permanecer alienada de sua própria força avaliativa. Essa força pode ser detectada em determinados momentos em sua crítica do pensamento objetivista que sustenta a idéia da existência de valores absolutos no mundo em vez de os considerar resultado das transações humanas com o mundo e sobre o mundo. O pensamento objetivista, alega ela, tipicamente não somente atribui um valor e uma distinção absolutos ao que são de fato valores contingentes de grupos poderosos particulares, como também opera no sentido de desvalorizar os prazeres e valores alheios. Ela dá a isso o nome de "efeito veneno-para-o-outro", que explica como "não apenas o fato de a comida de uma pessoa ser por vezes o veneno da outra, como também o de que uma pessoa pode de vez em quando adoecer apenas *observando* a outra comer a sua comida e, além disso, o de que, se uma dessas pessoas for um teórico cultural (esquerdista, conservador ou qualquer outra coisa), pode-se esperar que produza um relato de como a outra é concretadamente envenada até mesmo pela comida de que gosta e que come" (*CV*, 26). Isso se une a uma sensibilidade mais generalizada ao longo de *Contingencies of Value* às formas de violência e exclusão praticadas em conseqüência de noções objetivistas de valor absoluto, bem como à "isenção da autoridade da interrogação e do risco" (*CV*, 161) que a manutenção de padrões absolutos pode parecer trazer consigo. Contra esses efeitos, Smith sugere que "poder-se-ia pensar que houvesse algum valor comunitário como garantia de que a autoridade *sempre* esteja sujeita à interrogação e *sempre* em risco. *Toda e qualquer* autoridade, o que tem de significar a dos pais, dos professores e dos missionários, bem como a do tirano, do papa e dos lacaios do Estado" (*CV*, 161).

Há aqui uma surpreendente força imperativa (*toda e qualquer* autoridade, insiste ela), mesmo que a razão oferecida por Smith possa parecer modesta e pragmática ("poder-se-ia pensar que houvesse algum valor comunitário" nisso). Mas em outros pontos de sua argumentação ela mostra uma profunda suspeita com respeito à noção de que a comunidade, no sentido amplo ou estrito, possa fornecer uma justificativa moral última, e critica, por exemplo, os resíduos de teleologia e idealismo nas recentes proposições de Richard Rorty segundo as quais deveríamos preferir a solidariedade à verdade (*CV*, 166-73). Contudo, a suspeita smithiana com relação aos valores da comunidade faz que ela termine não no atomismo moral, um sentido de impossibilidade de todo horizonte comunitário diante da diversidade e incomensurabilidade irredutíveis de padrões de fidelidade, de identificação e de investimento, mas a uma articulação da necessidade, *à luz* dessa diversidade, do "contínuo desenvolvimento e aprimoramento de relatos não-objetivistas ricamente articulados, amplamente responsivos e sutilmente diferenciados de, entre outros, elementos como a 'verdade', a 'crença', a 'escolha', a 'justificação' e a 'comunidade'" (*CV*, 172). Porém o ceticismo com relação à comunidade e à solidariedade nunca pode ser, aqui, total, ao menos porque parece baseada num desejo de não violentar a irredutível diversidade dos seres humanos e de suas formas de organização social e interação — em outras palavras, baseada em alguma forma de valor comunitário. Quanto mais insiste na necessidade de não impor relatos universalistas falsa ou prematuramente, quanto maior o compromisso que Smith exibe com a idéia de um sentido de comunidade ampliado e mais ricamente diversificado. Esse valor parece ser antes absoluto do que relativo, visto ser expressão do princípio do desejo da melhoria geral. Para demonstrar que o relativismo pode de fato fazer escolhas de valor dotadas de sentido, Smith tem de revelar o seu compromisso com essa melhoria geral, voltada não para alguma modalidade de utopia positiva, mas para o melhor que se pode alcançar, aquele "ótimo geral" que consiste no "conjunto de condições que permite e estimula precisamente a *valoração*, e, especificamente, o processo contínuo descrito aqui com relação às atividades científica e artística: ou seja, a avaliação/verificação local que nós podemos heterogeneamente fazer do que parece funcionar antes melhor do que pior" (*CV*, 179).

É difícil ver como é possível conceber ou recomendar o alcance de um "ótimo geral" baseado inteiramente num raciocínio caso-a-caso, ou "avaliação/verificação local", visto que isso deve envolver a projeção e orientação rumo a alguma perspectiva avaliativa e moral geral, mesmo que a força dessa orientação se exprima num refrear-se consciente e vigilante da intervenção absolutista na disputa local. Porque o tipo de valoração que Smith recomenda aqui não é o simples abandono ou inconsciência do horizonte do valor absoluto, mas sim um evitar instruído, sensível e fundamentado da violência do objetivismo, educado pelo seu próprio relato ricamente diversificado e, portanto, poderosamente inclusivo do valor.

O compromisso com o alcance de um ótimo geral implica um compromisso com outra forma de valor inegociável. Pois poderíamos querer perguntar por que deveríamos "nós", heterogeneamente ou não (e é difícil imaginar o que um "nós" completamente heterogêneo poderia possivelmente ser), nos incomodar? Por que não recomendar o conflito, a tirania ou a degeneração em vez de estimular as perspectivas aqui apresentadas? Pode-se replicar: porque essas coisas são menos desejáveis para a maioria das pessoas e porque é não apenas mais sensível, mas também melhor, buscar o que parece melhor do que o que parece pior. Mas nesse caso estaremos sem dúvida afirmando aqui um valor não-contingente, ainda que ele seja de um tipo bem abstrato, ou seja, o valor da escolha e da ação valorativas, na verdade, o valor irredutível do próprio valor.

Parece não haver, pois, possibilidade de Smith admitir e examinar a contingência de sua própria concepção da contingência de todo valor. Entre a contingência e o absolutismo, como ela mesma acentua em muitos pontos de *Contingencies of Value*, só pode haver uma indefinição, sem possibilidade de negociação, ou de "avaliação/verificação local". Na maior parte do tempo, Smith apresenta isso como defeito do absolutista, que se recusa a acreditar na possibilidade do valor afora o valor absoluto e que por isso só pode mesmo caricaturar a causa relativista. Para um absolutista, compreender as alegações relativistas equivale a já ter abandonado o absolutismo. Mas há uma intratabilidade também do outro lado, visto que, para o relativista, também não há possibilidade de acomodação limitada ao pensamento absolutista. O absolutismo tem de ser absolutamente rejeitado, visto que a idéia de um absolutismo parcial ou limitado é, na verdade, ridícula; só se pode ser parcialmente absolutista no sentido em que se pode estar ligeiramente grávida. Para ser justo, Smith de fato tenta em certo momento demonstrar precisamente tal ajustamento parcial ao absolutismo, ao afirmar que "não seria mais logicamente incoerente um não-objetivista falar, sob *certas* condições, de direitos fundamentais e fatos objetivos do que um húngaro pedir o almoço em Paris em francês" (*CV*, 158). Mas não se poderia dizer que o relativista flexível estivesse falando de fato de verdades fundamentais e fatos objetivos a não ser como uma espécie de estratégia ou impostura. Claro que a observação de Smith poderia ser interpretada como sentido de que todo pensamento fundamentalista e objetivista é na realidade estratégico dessa maneira, conscientemente ou não, mas isso demonstraria mais uma vez não a mútua acomodação de relativismo e absolutismo, mas precisamente o triunfo (absoluto) do relativista. Novamente, chegamos a um impasse no "jogo do puro não-engajamento, que termina num empate à revelia" (*CV*, 156).

Smith afirma que esse mesmo impasse, ou a sua percepção como tal, é uma evidência adicional da inflexibilidade do objetivista, visto que "a idéia de que as conceptualizações são radicalmente contingentes e de que os impasses conceptual/discursivos são intratáveis será para o objetivista uma marca de relativismo" (*CV*, 156). Mas não será essa situação "uma marca de relativismo" também para o relativista e, de certo modo, uma demonstração de que é preferível o relativismo ao absolutismo? E não é isso uma imagem especular da agressiva anexação pelo absolutista, aos termos de sua visão de mundo, de tudo quanto se oponha a ele? O absolutista diz: "O fato de não podermos chegar a um acordo prova o caos advindo do abandono da fé em absolutos", ao passo que o relativista afirma: "O fato de não podermos chegar a um acordo prova o caráter insustentável da posição absolutista". Ou seja, o impasse resulta da intratabilidade de ambos os lados da discussão, e não apenas da recusa do absolutista em compreender a perspectiva do relativista. Parece não haver meio de o relativista tolerar o absolutismo como uma mera diferença de estilo conceptual ou de idioma filosófico, pois essa mesma tolerância é letal para o absolutismo. Essa situação é belamente ilustrada pela anedota sobre o recém-chegado ao céu a quem são mostrados os membros de várias denominações e religiões do mundo fruindo sua bem-aventurança póstuma; notando a ausência de católicos, o novo recruta da felicidade recebe a informação de que eles têm de ser mantidos num compartimento separado porque, como explica São Pedro, "eles pensam que são os únicos aqui". Trata-se de uma piada que pode ser usada para desacreditar todo credo absolutista, porque seu objetivo é mostrar que tolerar o absolutismo é na verdade confundi-lo intelectualmente.

A meu ver, em todos esses aspectos, no compromisso inabalável com a noção de melhoria geral, no valor coletivo do valor e em seu compromisso absoluto com a contingência de todos os absolutos, o relato de Smith é paradoxal e deficiente. Pode parecer que a minha objeção é na realidade apenas uma versão do argumento clássico da auto-refutação, que costuma ser dirigido ao relativismo, e que Smith afirma ser contestado pelo contra-argumento de que o relativismo não faz reivindicações de verdade fortes o bastante para torná-lo vulnerável à refutação. Mas não me preocupo em argumentar aqui que o relativismo de Smith refuta a si mesmo, ou que sua argumentação é deficiente *porque* paradoxal. Sua deficiência não reside na incapacidade de afastar o paradoxo ou a autocontradição, mas na incapacidade de reconhecer sua própria estrutura paradoxal (na realidade, a estrutura paradoxal de todos os sistemas de valor), bem como de buscar articulá-la e explorá-la.

Creio que seria possível mostrar de maneira semelhante que os atuais relativismos ou pretensos relativismos se apóiam na realidade em certos valores que não são considerados relativos. O objetivo disso não seria, porém, restabelecer a autoridade da tese absolutista na quase-kantiana "crítica do valor puro" sugerida por Kate Soper, crítica voltada para "adquirir um melhor sentido dos compromissos mínimos com valores essenciais à força crítica da teoria social e cultural"[12]. A meta seria demonstrar o fato de não haver na realidade nenhuma escolha absoluta possível entre a recuperação e a crítica de valores, mínimos ou não: nenhuma escolha possível entre absolutismo e relativismo, entre valores transcen-

12. Soper, "Postmodernism, Subjectivity and the Question of Value", p. 128.

dentes e contingentes, entre essências e a história. Porque é impossível escolher a pluralidade sem fazer um compromisso não-contingente com o valor da pluralidade, do mesmo modo como é impossível imaginar algum valor absoluto — beleza, liberdade universal, igualdade, justiça absolutas — que não seja em princípio vulnerável ao tipo de crítica relativizante com o qual o último par de décadas nos familiarizou. Se a crítica das formas absolutas de valor parecem afirmar os princípios da relatividade e da contingência contra eles, então também essa crítica pode ser vista como determinada e movida pelo desejo teórico de total domínio dos valores absolutos que ela procura contrariar. Os absolutos são, por sua própria natureza, tanto paranóicos como imperialistas, provocando incessantemente o terror do inassimilavelmente particular que negam.

A questão do valor não pode ser resolvida de uma vez nem de modo integral, visto que o valor absoluto e o valor relativo não são as metades opostas de uma totalidade. Do mesmo modo, a diferença entre absolutismo e relativismo não é um problema de divisão prudente, visto que as otimizações prudentes dessa espécie sempre são governadas precisamente pelo desejo de maximizar o valor e simplesmente reinstalar a questão paradoxal do valor num nível superior (haveria um imperativo absoluto para o caminho do meio pragmático ou apenas um imperativo pragmático?). Como acontece com todos os paradoxos (e não com as contradições), os opostos absolutos do relativismo e do absolutismo tanto decorrem um do outro como estão implicados um pelo outro. Mesmo reconhecer essa estrutura paradoxal do valor, embora esteja longe de nada significar, não é tornar a questão do valor cognoscível nem dominável como um todo ou estrutura inteira. Se isso está bem distante da asserção da possibilidade de valores fixos, então não se trata nem de uma asserção do "jogo" ou da pura relatividade contra essa fixidez; talvez seja antes a afirmação de que o que nos parece fixidez está estreitamente ligado com o que nos parece jogo. Essas contorções peculiares na questão do valor permitem que nos seja imposto um estranho tipo de exigência, porque nunca podemos estar inteiramente apartados da questão do valor, nunca escapar de todo de sua atração gravitacional, nem, jamais, habitá-lo plenamente como nossa casa ou *ethos*. A questão do valor sempre vai exercer uma força imperativa que nos perturba em nossa segura instalação em nós mesmos, impelindo-nos a questionar crenças, certezas e valores com vistas não somente à sua potencial melhoria, como também para reavaliar as próprias noções de melhor e pior. Em conseqüência, a necessidade do valor deve valorar e revalorar interminavelmente os nossos próprios valores. Mas é absurdo pensar esse imperativo como vindo de fora de nós, mesmo que a sua vigência nos expulse da complacente posse dessa primeira pessoa do plural. A estrutura paradoxal do valor como transcendência imanente é o que nos permite e exige reconhecer que somente ao colocar o absoluto "nós" em risco realizamos as possibilidades da nossa humanidade. Nenhum lado do paradoxo, quer do risco quer da realização, é definitivo ou pode diminuir a necessidade do outro.

3
Valor do prazer, prazer do valor

Do mesmo modo como a questão do valor tem requerido da teoria econômica e filosófica uma reversão periódica à questão das necessidades, as várias tentativas feitas ao longo dos séculos XIX e XX de determinar as condições objetivas e universais do valor estético têm tido íntimas relações, se bem que igualmente de maneira diferencial, com a questão do prazer. Para Kant, se o estético devia ser caracterizado inteira e exclusivamente em termos do prazer, fazê-lo equivaleria a reduzir o estético a algo pertinente ao interesse ou favor puramente privados. Portanto, para ter valor, o prazer estético deveria ser desinteressado e, em conseqüência, prazer universal, ou seja, prazer sem lucro, vantagem ou gratificação individual. Uma corrente contemporânea de pensamento antikantiano veria esse relato do prazer estético como simples negação ou abolição do prazer sensual em benefício de um "prazer [estético] purificado do prazer", como o diz Pierre Bourdieu, que nada mais tem de prazer[1]. Outra visão talvez mais nuançada é a sugerida por Terry Eagleton em *The Ideology of the Aesthetic* (1990), que vê a emergência da esfera autolegitimadora do prazer estético depois de Kant como instruída pela necessidade política de mediar a experiência e a autoridade: o artefato autogerido, que reúne em si desejo e lei, prazer sensual e estrutura abstrata, submete-se ao princípio externo da restrição ou regulação, mas, por isso mesmo, se torna ainda mais eficaz como modelo da interiorização da autoridade na sociedade burguesa. A combinação estética de prazer e valor é necessária precisamente por causa do sentido da nova autonomia do corpo e de todo o domínio do afetivo, que ameaçavam apartar-se da esfera do julgamento moral. Claro que esse relato exige de nós a aceitação da existência prévia de um vínculo entre o libidinoso e o legislativo, ou ao menos anterior à ascensão do estético no sentido moderno, aceitar, por exemplo, a afirmação sobremodo dúbia de que "para Samuel Johnson, não havia absolutamente nenhum problema em fruir 'esteticamente' uma obra que causasse desgosto moral. Era simplesmente impossível fazê-lo. Johnson teria sido incapaz de obter prazer de um texto cuja ideologia moral fundamentalmente lhe fosse antípoda"[2].

---

1. Bourdieu, *Distinction*, p. 6.

2. Terry Eagleton, "Poetry, Pleasure and Politics", in *Against the Grain: Selected Essays 1975-1985*, Londres, Verso, 1986, p. 179.

Eagleton sugere de modo valioso a duplicidade do prazer estético autotélico, o fato de que ele pode representar um desafio a modalidades dominadoras e instrumentalistas de pensar, muito embora produza uma resolução minimizadora e reacionária de tensões e problemas políticos. Atendo-se a essa dualidade, o trabalho de Eagleton é incomum. Os relatos da questão do prazer na teoria estética dos séculos XIX e XX e na prática cultural contemporânea tendem a ser mais estritamente bifurcados entre, de um lado, a desaprovação do prazer e, de outro, a asserção de que o prazer é tudo. Não se trata de maneira alguma de uma questão confinada ao estético. A filosofia moral anglo-americana recente também tem se voltado para o problema de determinar se o valor é no final redutível apenas à satisfação de necessidades e desejos ou se é possível modificar ou criar desejos à luz da reflexão racional[3]. Essa bifurcação está relacionada a uma divisão mais fundamental no tocante ao vínculo entre prazer e valor; uma divisão entre uma concepção utilitária ou hedonista que afirma que, no final, toda forma de valor deve tanto fundar-se nas necessidades e desejos humanos como refleti-los, e uma visão moralista segundo a qual, embora o prazer possa ou deva levar ao valor moral ou ético, ou ser educado para conformar-se a eles, prazer e valor são distintos. Dito de modo simples, para o hedonista prazer e valor são idênticos, e para o moralista, são distintos. Enquanto o moralista tenta caracteristicamente medir o valor do prazer convertendo-o em alguma outra moeda, tal como o "bem" ou a "justiça", o hedonista obtém prazer do próprio meio de troca, por assim dizer, a forma-dinheiro do valor; o moralista tem como alvo converter o prazer em valor, ao passo que o hedonista quer converter todo valor outra vez em prazer. Tal como no impassse entre o absolutista e o relativista discutido no capítulo 2, cujas posições são análogas às concepções do moralista e do hedonista acerca do prazer, parece não haver um meio de negociar o desacordo sem na verdade resolver a questão em favor de um ou do outro lado.

Mas, com efeito, é também apenas por intermédio de uma implacável redução lógica que esse problema pode ser apresentado segundo as alternativas acima apresentadas: o prazer e o valor ou são idênticos ou distintos. Tal como no impasse absolutista/relativista, a própria investigação do relacionamento e da oposição entre prazer e valor induz a cisões, deslocamentos e transferências dos seus respectivos sentidos; assim, por exemplo, tentativas de diferenciar prazer e valor tendem a terminar com uma distinção entre formas fundamentalmente distintas de prazer, ao passo que tentativas de identificar valor e prazer podem depender de

3. A primeira posição é sustentada por Bernard Williams, in *Ethics and the Limits of Philosophy*, Cambridge, Massachussets, Harvard University Press, 1985; a segunda, exemplificada por E. J. Bond, que tenta mostrar em *Reason and Value*, Cambridge, Cambridge University Press, 1983, que é possível conceber formas objetivas de valor que não sejam marcadas pela "sombra do desejo".

distinções similares entre formas diferentes de valor no prazer. De igual forma, também sucede na maioria dos casos de o movimento voltado para concentrar, generalizar e hipostasiar as alternativas do valor e do prazer ser solapado pela própria mobilidade dos termos tal como empregados na discussão. Em nenhum lugar isso é mais verdadeiro do que nas versões políticas da teoria estética, que produzem uma conjunção particularmente intensa de questões de prazer com questões de valor; e, conseqüentemente, em nenhum outro plano é mais importante resistir ao binarismo redutor de prazer ou valor.

SUBLIMAÇÃO: VALOR CONTRA PRAZER

A maioria das pessoas concorda, escreveu Roger Fry confiantemente em 1909, com a afirmação de "que os prazeres derivados da arte têm um caráter totalmente distinto e mais fundamental do que o prazer meramente sensual"[4]. A separação de diferentes formas de prazer aqui efetuada é na verdade a maneira mais comum de distinção entre prazer e valor. De acordo com essa concepção, o prazer pode ter valor ou levar a ele somente como resultado da operação de concentração, purificação, sublimação ou de qualquer outra modalidade de sua transformação. Poderia parecer estranho associar I. A. Richards com essa separação entre prazer e valor, já que, em seus *Princípios de Crítica Literária* (1924), ele ataca a visão esteticista, mantida por Fry e outros, de que a experiência da arte é profundamente *sui generis* e distinta de qualquer outro tipo de experiência. Defendendo a identidade entre prazer e valor — "é valioso tudo aquilo que satisfaça o apetite sem envolver a frustração de algum apetite igual ou *mais importante*" —, Richards se opõe, por conseguinte, a toda objetificação e universalização de princípios de valor, tendo essa visão por conseqüência o fato de "que a moral se torna puramente consultiva e os códigos éticos mera expressão do esquema mais geral de conveniência a que chegou um indivíduo ou uma raça"[5]. Logo, Richards identifica o valor não com os desejos individuais a ser satisfeitos a expensas de outros, mas com sistemas mediante os quais desejos concorrentes são equilibrados, coordenados e organizados, a fim de gerar os resultados mais produtivos, ou seja, a maior satisfação. A obra de arte é doadora de vida e valiosa à medida que gera estados de "compostura intricadamente trabalhada" e de "equilíbrio de impulsos opostos"[6]. A literatura e as artes se justificam,

4. Roger Fry, "An Essay in Aesthetics" (1909), repr. em *Modern Art and Modernism: A Critical Anthology*, ed. por Francis Frascina e Charles Harrison, Londres, Harper & Row, 1982, p. 81.

5. I. A. Richards, *Principles of Literary Criticism* (1924), repr. Londres, Routledge & Kegan Paul, 1983, p. 36.

6. Id., ibid., p. 197.

a partir dessa base econômica, como a organização de tensões e a manutenção da civilização, que Richards explica como "a vida livre, variada e não desperdiçada"[7].

Mas se sugere um contínuo ininterrupto entre prazer (ou valor) desorganizado e organizado, a argumentação de Richards também tende a concentrar-se dualisticamente nos dois extremos desse contínuo, gerando o efeito de uma divisão aguda e absoluta entre prazer e valor. A arte ruim, diz Richards, é caracterizada por sua tendência a proporcionar gratificação instantânea e a encorajar a fixação em respostas padronizadas e idéias recebidas, em vez de estimular o jogo irônico e impessoal do julgamento. Na esteira desses argumentos, a escala relativa de valoração da boa e da má arte de Richards cedo de transforma numa maneira de distinguir a arte da não-arte, sendo esta última identificada paranoicamente com as formas de cultura de massa, com o cinema em especial. As distinções entre imediatismo e complexidade, infantilidade e maturidade, cultura e arte, reforçam, todas elas, uma distinção absoluta entre prazer e valor:

> No presente momento, a literatura, a arte, o cinema de má qualidade são uma influência de primeira grandeza na fixação de atitudes imaturas e concretamente inaplicáveis em relação à maioria das coisas... São evidentes as perdas provocadas por essas fixações artificiais de atitude. Por seu intermédio, o adulto comum é pior e não melhor ajustado às possibilidades de sua existência do que uma criança[8].

Quando adaptado aos propósitos da Nova Crítica, o modelo de valor que Richards propõe aqui ter-se-á cristalizado numa tecnologia crítica de tensões, ambigüidades e resoluções, tendo aparentemente se autopurgado das questões sobremodo difíceis da afetividade e da resposta que se afiguram muito amplas. Mas, desajeitada como é, a síntese oferecida por Richards entre o estético, o subjetivo e o social é também utilmente reveladora. Porque está claro que a ênfase no equilíbrio irônico de forças adversárias proporciona um modelo não apenas da pessoa bem ajustada como também do estado liberal bem equilibrado. Mas está igualmente claro que o modelo também é contraditado pela divisão social implícita entre os que têm acesso à complexidade afetiva das classes instruídas e os que se vêem abandonados à gratificação cretina da cultura de massa. Parece não haver meio de efetuar uma resolução estética da contradição entre diferentes formas de resposta estética, de imaginar uma coordenação sociocultural dos que são coordenados e dos que não são. Permitindo que o prazer se precipite na gratificação grosseira, e determinando o valor como a transcendência dessa gratificação, o modelo de Richards se instala aqui no tipo de fixação que condena.

---

7. Id, ibid., p. 43.
8. Id, ibid., p. 159.

A argumentação richardsiana tem se mostrado adaptável a muitas formas de teoria cultural e estética do século XX. Um ensaio escrito por Leonard B. Meyer em 1950, "Some Remarks on Value and Greatness in Music", mostra com que facilidade esse relato do prazer, ao lado da política neurótica, pode ser transferido para outro domínio cultural. Aqui, tal como em Richards, o estabelecimento de um critério de valor estético depende de uma diferenciação de prazeres que se solidifica como dualidade absoluta entre valor e prazer. Meyer distingue o prazer obtido ao ouvir música "primitiva" (com o que ele designa, principalmente, não a música nativa não-ocidental, mas a música pop ocidental), que "opera com tantos clichês convencionais que a gratificação é quase imediata", do prazer proporcionado pela música sofisticada (sua designação para a música clássica e o jazz moderno), que "consiste na disposição de renunciar à gratificação imediata, e talvez menor, em favor da futura gratificação última"[9]. Enquanto os ouvintes primitivos devem se contentar com o "prazer sensual-associativo", os ouvintes sofisticados, capazes de tolerar as incertezas e resistências formais propostas pelas obras musicais, colhem as recompensas do prazer "sintático-associativo". Tal como Richards, Meyer parece admitir que os dois são formas valiosas de prazer (se bem que em níveis distintos). Contudo, Meyer se entrega progressivamente ao impulso irresistível de reificar os extremos artísticos de banalidade e grandeza, bem como de personificar os extremos da resposta. Nunca lhe ocorre, por exemplo, imaginar se o ouvinte de música primitiva deve sempre e necessariamente ser um "ouvinte primitivo". Isso produz algo semelhante a uma distinção absoluta entre, de um lado, a resposta primitiva ou da cultura de massa que leva "à degradação e dissolução do eu", em sua fusão, a um só tempo violenta e inerte, com "os impulsos primordiais do grupo, que, como assinalou Freud, 'não podem tolerar qualquer intervalo entre os seus desejos e a realização daquilo que deseja'" e, de outro, o eu maduro e civilizado que alcançou a individuação por meio de sua assimilação e controle de impulsos e resistências opostos à gratificação[10]. O adulto educado sabe o que o consumidor de cultura de massa, propenso ao furor, não sabe — que não se pode comer o pudim antes de ingerir a verdura.

A cisão imposta por Meyer entre prazer individual e prazer de massa parece derivada em larga medida de Richards. Também para Richards a cultura de massa nega a vida porque as suas gratificações instantâneas, suas descargas imediatas da tensão desagradável, parecem produzir uma espécie de entropia, rumo à morte. A alta cultura afirma a vida, por outro lado, porque as formas de equilíbrio que alcança duram mais e envolvem

9. Leonard B. Meyer, "Some Remarks on Value and Greatness in Music" (1959), repr. em *Aesthetics Today*, ed. por Morris Philipson e Paul J. Gudel, ed. rev., Nova Iorque e Scarborough, Ontário, Meridian, 1980, p. 277.

10. Id., ibid., p. 283.

mais adiamento e resistência. Mas é exatamente esse sentido freudiano da base econômica do prazer (que Richards na realidade pode ter derivado não tanto de Freud quanto da própria fonte parcial deste último, G. T. Fechner) que solapa a distinção de valor que Richards deseja manter. Porque Freud identifica o prazer não com a estimulação, mas com a redução ou controle da estimulação a fim de atingir o equilíbrio. Richards parece adotar essa idéia em *Principles of Literary Criticism*, sugerindo que "a vinculação prazer-desprazer com relação ao impulso pode não ser decorrente do estímulo em si, mas do seu destino, seu sucesso ou fracasso em restaurar o equilíbrio"[11]. Mas há uma incerteza na própria noção de equilíbrio que complica de maneira crucial o modelo econômico freudiano do prazer que está em ação aqui. Será que a obtenção do equilíbrio envolve a manutenção de uma estabilidade entre forças ou apetites opostos ou a gradual redução de todas as tensões a zero? Freud nunca conseguiu dar uma resposta definida a essa questão, como veremos no capítulo 4, incerteza que significa ser-lhe difícil manter uma distinção absoluta entre vida e morte, prazer e desprazer, valor e não-valor. Essa incerteza se reproduz na distinção richardsiana entre prazer vital e prazer mortal. Os prazeres da arte têm valor, diz Richards, à medida que conservam um equilíbrio flexível de forças opostas, numa tensão muscular que não anula, mas vincula e retém energias; as gratificações instantâneas da cultura de massa são perigosas porque podem ser vistas como pura descarga. Mas a distinção entre o prazer benéfico e afluente da arte e os prazeres entrópicos ou efluentes da cultura de massa têm ambos os seus termos derivados da mesma cultura econômica ou diferencial em que níveis ameaçadores ou prejudiciais de estímulo são dominados, deslocados ou descarregados, em que mais se torna menos, no interesse da preservação do ego. Assim, Richards nunca pode evitar por inteiro o perigo da "degradação, do rebaixamento de uma resposta"[12] que ele considera característica da cultura de massa ou da mera gratificação, visto que todo prazer tem essa natureza, por envolver sempre uma economia entre a elevação *e* rebaixamento de uma resposta.

Theodor Adorno e Max Horkheimer tinham uma perspectiva política inteiramente distinta sobre a cultura contemporânea; mas mesmo assim partilham de um pouco do desdém e da suspeita de Richards com relação à cultura de massa. Para Adorno e Horkheimer, o prazer também se associa inequivocamente com a proximidade da morte que caracteriza a cultura de massa, ou, como eles a denominam, a "indústria cultural". Sua *Dialectic of Enlightenment* (1944) apresenta os prazeres da música popular, do rádio e do "aparato de prazer inchado", o cinema, como mera extensão dos ritmos e estruturas do trabalho, porque tanto este último como o lazer consistem apenas na "sucessão automática de operações

11. Richards, *Principles of Literary Criticism*, p. 72.
12. Id., ibid., p. 186.

padronizadas" (*DE*, 137). Tal como Richards, Adorno e Horkheimer herdam de Freud uma noção de prazer vinculada estreitamente à idéia de resistência. O prazer de massa induzido pela indústria cultural "se solidifica em tédio porque, para continuar sendo prazer, não deve exigir nenhum esforço, movimentando-se, pois, de modo rigoroso, pelos recantos gastos da associação" (*DE*, 137). Os termos dessa metáfora são impressionantes. O prazer de massa é tanto suave como rígido: suave por não envolver resistência do princípio da realidade, nenhum esforço de autodistanciamento, de modo que mesmo os recantos por onde ele se movimenta ficam suavizados e gastos; rígido precisamente porque, não encontrando resistência em seu caminho, o prazer se calcifica em padrões fixos e invariáveis. Uma idéia semelhante aparece mais tarde, quando Adorno e Horkheimer discutem a onipresença das risadas na cultura de massa como "o instrumento da fraude praticada contra a felicidade" (*DE*, 140). Enquanto Bergson concebera o riso como a vida irrompendo na rígida carapaça do inorgânico e do mecânico, Adorno e Horkheimer vêem o riso induzido pela indústria cultural como "uma vida bárbara invasora, uma auto-afirmação preparada para ostentar sua liberação de todos os escrúpulos" (*DE*, 141). Não encontrando resistência em coisa alguma, a "vida que ... vence a barreira" (*DE*, 141) é aqui inumanamente liberada de toda restrição, é uma pura e irresistível gratificação que, por essa razão, se endurece numa espécie de mecanização ou de barreira a uma resposta flexível.

Para Adorno e Horkheimer, o prazer de massa exibe uma estranha mistura de vigor e inércia. Trata-se de uma modalidade peculiarmente exigente de dissipação, um relaxamento absoluto da atenção que, por ser rotinizado e disciplinar, na realidade requer um contínuo esforço de atenção. A distração se torna imposição quando se assistem a desenhos animados em que "nada que os especialistas identificaram como estimulante deve escapar ao olho fatigado; nenhuma estupidez é permitida diante de todo esse embuste: é-se obrigado a acompanhar tudo e até a dar as respostas inteligentes mostradas e recomendadas no filme" (*DE*, 139).

Há duas alternativas a essa distração regularizada. Uma delas é o "puro nonsense" da arte popular, do palhaço, da farsa e do circo, cujos vestígios podem ser vistos em Charlie Chaplin e nos irmãos Marx (*DE*, 137); a outra é a obra de arte autêntica. Adorno e Horkheimer seguem uma tradição dominante ao opor os prazeres sublimados da arte aos prazeres não-sublimados do popular. Mas a sublimação que imaginam é do tipo extremo. No modelo empregado por Richards, a negatividade da arte, seu diferimento mais ou menos complexo do prazer, interessa a um prazer superior, uma forma de satisfação mais abundante a longo prazo. Para Adorno e Horkheimer, o valor do estético reside justamente em sua recusa ou diferimento permanente do prazer e no seu estímulo à suspeita com respeito a toda forma de gratificação: "O segredo da sublimação estética é a sua representação do cumprimento de uma promessa quebrada" (*DE*, 140). Mas vem-se a perceber que não há aqui uma distinção absoluta entre arte autêntica e cultura de massa, porque, recusando-se a gratificar o desejo, a arte autêntica chama a atenção para essa falha de gratificação que na realidade também caracteriza a cultura de massa. Como a maioria dos moralistas severos do prazer, Adorno e Horkheimer consideram os prazeres inferiores tão perigosamente intensos quanto indiferentemente vazios; as energias não sublimadas ou "dessublimadas" do prazer de massa são na verdade insubstanciais e insatisfatórias:

> A indústria cultural nega perpetuamente aos seus consumidores aquilo que perpetuamente lhes promete. A nota promissória que ela, com suas tramas e encenações, saca contra o prazer, é interminavelmente prolongada; a promessa, a que o espetáculo efetivamente se restringe, é ilusória: aquilo que ela realmente confirma é o fato de o verdadeiro ponto jamais ser alcançado, o fato de que o jantar tem de ser satisfeito com o cardápio (*DE*, 139).

Assim, impressiona-nos o fato de a arte e a cultura de massa não serem diferenciadas aqui em termos de valor em oposição a prazer, ou mesmo de prazer sublimado em oposição a gratificação grosseira, mas em termos de uma forma superior em contraposição a uma forma inferior de frustração. Isso vai bem mais além do que a imposição de uma cisão entre valor e prazer, sugerindo que, sob as condições aviltantes do capitalismo moderno, o valor só é inerente à recusa ou negação mais ou menos intensa do prazer. Enquanto a cultura de massa produz uma condição de vício, um desejo de mais e mais do prazer que não traz satisfação, a arte autêntica proporciona de uma vez uma forma superior de desapontamento que aponta para o vazio de todos os prazeres corrompidos. Embora as negações da arte autêntica permitam a reconstituição de certo prazer masoquista no severo enlevo do místico ["O deleite é austero: *res severa verum gaudium*", escrevem Adorno e Horkheimer (*DE*, 141)], seu real valor está em sua própria recusa da possibilidade do prazer; porque é o próprio caráter absoluto dessa recusa absoluta que permite entrever uma réstia de possibilidade utópica, a esperança puramente negativa de uma transcendência na forma de uma felicidade em que o desejo e a gratificação já não estariam alienados.

A noção do valor de uma transcendência negativa do prazer também está presente, de modo deveras imprevisível, na obra de Lionel Trilling. Em seu ensaio "The Fate of Pleasure" (1963), Trilling afirma que a literatura pós-romântica tem por característica sua inflexível oposição à identificação característica do século XVIII de arte com luxo, o que equivale a dizer "com o prazer ou ao menos com o bem-estar do consumidor, ou então com a lisonja bem direta do seu ego"[13]. Trilling sugere que essa

13. Lionel Trilling, "The Fate of Pleasure" (1963), repr. em *Beyond Culture: Essays on Literature and Learning*, Londres, Secker & Warburg, 1966, p. 69.

hostilidade ao prazer é provocada pela permanente marginalização da arte num sistema econômico cada vez mais mercadizado e sob uma racionalidade política baseada de maneira crescentemente explícita na afluência e na extensão do princípio do prazer. Opõe-se a isso a moralidade adversária da arte e da literatura que "encara com um olhar severo e mesmo ameaçador tudo o que é implicado pela afluência, e... dá uma olhadela difusa ou, na melhor das hipóteses, deveras complicada no princípio do prazer"[14]. Isso se desenvolve a partir da obra de Keats, com seu deleite e suspeita do valor sensual, e se torna um desdém aristocrático pelas compulsões aquisitivas do mercado e um desejo da "transcendência negativa do humano, uma condição a ser alcançada mediante a libertação do eu da servidão do prazer"[15]. Embora Trilling lamente a separação entre a arte e o mundo da política racional, provocada por essa rejeição do prazer, sua solução não é, como se poderia antecipar, uma conclamação a uma visão mais moderada e concessiva do prazer por parte dos artistas, mas sim a um alargamento da esfera do político, a fim de dar conta da adversária "eleição do desprazer" na arte moderna[16].

À sua maneira assistemática, esse relato do valor e da função da arte lembra o proposto por Adorno e Horkheimer, porque Trilling também vê o valor da arte como principalmente a negação do domínio do prazer. A diferença reside na natureza da transcendência que é negativamente prenunciada. Para Adorno e Horkheimer, como acabamos de ver, a negação do prazer na arte abre a possibilidade de uma forma não-alienada de prazer, um prazer produzido em condições que não as aviltantes condições da produção e da troca de mercadorias. Para Trilling, a utopia para a qual o desprazer oposicionista da arte acena é uma utopia aristocrática, centrada nas aspirações do "alto segmento excluído" da sociedade no sentido de escapar à própria sociedade e não no desejo de reconstituir a vida social em geral. No caso de Trilling, resiste-se ao prazer por causa da nauseante ameaça que ele oferece ao indivíduo autodeterminante livre na "complexa plenitude de sua vida apropriada", ao passo que, para Adorno e Horkheimer, o prazer é objeto de resistência por causa de sua dessecação do complexo relacionamento entre o indivíduo e a totalidade social.

A suspeita com relação ao prazer e a sua segregação com respeito ao valor que se manifestam em Richards, Adorno e Horkheimer e Trilling passam por algumas interessantes mutações entre alguns relatos críticos mais recentes. Laura Mulvey talvez seja a mais radical antagonista do prazer dos últimos anos. Em seu influente artigo "Visual Pleasure and Narrative Cinema" (1975), ela afirma que é trabalho da teoria, da teoria feminista em particular, resistir à "habilidosa e satisfatória manipulação

14. Id., ibid., p. 67.
15. Id., ibid., p. 81.
16. Id., ibid., p. 85.

do prazer visual" no cinema hollywoodiano. Porque esse prazer visual é primordialmente o prazer do espectador masculino, ou do espectador feminino constituído *como* espectador masculino, e porque o objeto desse prazer (bem como a sua vítima reificada) é principalmente a mulher. Boa parte dos trabalhos que partiram desse artigo acentuou a estrutura das relações de poder entre o olhar masculino e o objeto feminino desse olhar; mas a força da argumentação de Mulvey está em sua rejeição do prazer envolvido nessa relação:

> Afirma-se que analisar o prazer, ou a beleza, provoca a sua destruição. Essa é a intenção deste artigo. A satisfação e o reforço do ego que representam o ponto alto da história cinematográfica devem ser atacados. Não em favor de um novo prazer reconstituído, que não pode existir no abstrato, nem do desprazer intelectualizado, mas para propor a total negação da facilidade e da plenitude da narrativa cinematográfica de ficção. A alternativa é a vibração advinda do ato de deixar o passado para trás sem rejeitá-lo, de transcender formas desgastadas ou opressivas ou de se atrever a quebrar as expectativas prazerosas a fim de conceber uma nova linguagem do desejo[17].

O relato do prazer em ação na obra de Mulvey é de cunho psicanalítico, tendo certas semelhanças com o assumido por I. A. Richards. Também aqui há uma identificação do prazer com uma gratificação infantil na qual não se pode tolerar nenhuma demora ou interrupção da busca do prazer. Mas os apetites inconstantes e múltiplos que provocam a busca do prazer em Richards foram aqui ampliados e simplificados a um só tempo numa condição geral de falta ou de alienação. No relato lacaniano que serve de base à discussão de Mulvey, e de muitos outros relatos recentes do prazer visual, o ego parece ser concebido não como a fonte ou origem do prazer, mas como o seu resultado. A obtenção do prazer é o que define e confirma incessantemente o ego numa unidade e numa plenitude imaginárias. Mas como a entrada no ser sociolingüístico, com todas as possibilidades ampliadas de obtenção de prazer que traz, é também, necessariamente, o abandono do prazer narcisista, da possibilidade de coincidência entre o sujeito e o objeto do seu desejo, esse prazer deve ser sempre temporário e vulnerável à fragmentação. A possibilidade de substituição que protege o prazer é precisamente aquilo que torna todo prazer, no final, insatisfatório.

Contudo, é por essa mesma razão que os frágeis e temporários prazeres obtidos pelo ego são violentos e conservadores. Não é somente que o prazer conforte ou gratifique o ego, ou mesmo que o ego dependa do prazer assim como o viciado de sua picada; no conceito freudiano do "ego

---

17. Laura Mulvey, "Visual Pleasure and Narrative Cinema", *Screen*, 16, 1975, p. 87.

do prazer", o eu individual *se compõe* de prazer, já que tudo que seja desprazeroso é violentamente expelido dele. Mas, com efeito, isso resulta não apenas num ego fracamente insubstancial, feito de substituições mutáveis ou fantasmáticas, como também num ego violento e agressivo, determinado a todo custo a preservam sua identidade ilusória. Para os adeptos desse relato do ego, o prazer de todo tipo é suscetível de suspeita e, portanto, dissociado do valor. Como acabamos de ver, o valor para Mulvey consiste antes na quebra ou suspensão do prazer do que na entrega a ele.

Poderia parecer, portanto, que a distinção entre prazeres superiores e inferiores presente em Richards cedeu lugar a um quadro bem mais simples, no qual todas as formas de prazer, à medida que envolvem uma estrutura de retorno ao ego, devem ser objeto de suspeita. Pouco importa quão sutis e ampliadas as excursões do ego fora de si possam ser em termos de identificações alternativas ou de alargamento de percepções e simpatias; essas experiências sempre revertem em benefício do ego na elasticidade do princípio do prazer. Em outras palavras, embora possa parecer que o princípio da realidade se oponha às energias violentamente primitivas do princípio do prazer, os próprios atrasos, adiamentos e bloqueios da gratificação exigidos pelo princípio da realidade resultam não na renúncia ao prazer, mas num incremento qualitativo, se não quantitativo, da geração de prazer. Logo, o princípio da realidade mostra estar sob o domínio do princípio do prazer. Em termos estéticos e culturais, poderíamos dizer que a suavização das demandas do ego e a evolução para um prazer controlado e coordenado exigido tanto da obra de arte madura como do eu liberal segundo I. A. Richards podem ter passado a parecer o exercício dominador do prazer mediante uma maior complexidade, em vez da renúncia ética a ele.

Pode-se perceber a tenaz persistência do prazer na passagem de Mulvey acima citada. Se ela aconselha uma cuidadosa e absoluta "negação total da facilidade e da plenitude" do prazer em todas as suas formas, incluindo o abandono das várias reconstruções do prazer, talvez em especial na forma deslocada ou sublimada do "desprazer intelectualizado", fica claro que o valor dessa negação deve ser ele mesmo prazeroso, se bem que talvez de uma maneira alternativa. A austera exigência feita por Mulvey de uma "total negação" do prazer é instantaneamente qualificada pela asserção do valor de tal negação em termos de uma transgressão distintamente prazerosa. "A alternativa" — escreve ela — "é a vibração advinda do ato de deixar o passado para trás sem rejeitá-lo, de transcender formas desgastadas ou opressivas ou de se atrever a quebrar as expectativas prazerosas, a fim de conceber uma nova linguagem do desejo." Assim, o que está sendo abandonado aqui não é o prazer *per se*, mas certo modelo assimilativo do prazer, o prazer em benefício do ego. A linguagem afetiva passa de termos que sugerem inércia para termos que evocam dinamismo, da "facilidade" e da "plenitude" para a "vibração" e o "atrever", de um modo que parece restabelecer o vitalismo do modelo de Richards, modelo no qual a negação do prazer no interesse do valor ou da ética vem a ser a promoção de certos valores éticos que prometem antes a vida do que a morte, a novidade em vez da repetição do mesmo, o risco para o ego em lugar do seu reforço.

DESSUBLIMAÇÃO: PRAZER CONTRA VALOR

Essa reconfiguração do prazer está presente em outras partes da teoria contemporânea, e talvez de maneira mais notável e influente na promoção do princípio da *jouissance* por Jacques Lacan. Lacan reage ao princípio do prazer freudiano por causa do seu conservadorismo e inércia homeostática, e descobre um verdadeiro "além" do princípio do prazer não na morte [porque o impulso (*Trieb*) do prazer no sentido de manter o nível de tensão no organismo o mais baixo possível constitui em si mesmo uma espécie de instinto de morte], mas na *jouissance** ou desejo, que tende insaciavelmente a limites inatingíveis:

> O prazer limita o escopo da possibilidade humana — o princípio do prazer é um princípio de homeostase. O desejo, por outro lado, encontra sua fronteira, seu relacionamento estrito, seu limite, e é com relação a esse limite que é mantido como tal, cruzando o limiar imposto pelo princípio do prazer[18].

A distinção lacaniana entre prazer e *jouissance* é retomada por Roland Barthes, recebendo uma ressonância particularmente estética, em *The Pleasure of Text*. Barthes sugere, tal como Lacan, que há na realidade duas espécies de prazer e dois tipos de textos que as acompanham, o texto do prazer [*plaisir*] e o texto do enlevo [*jouissance*]**. Em linhas gerais, o texto do prazer tem como raiz o princípio do prazer conservador e homeostático definido por Lacan, pois é o texto "que contenta, preenche, assegura euforia; aquele que vem da cultura e não rompe com ela, que está ligado a uma prática *confortável* da leitura". O texto de enlevo (Barthes emprega a própria palavra *jouissance* no original) é "o texto que impõe um estado de perda, que traz desconforto (talvez até o ponto de certo enfado), desestabiliza os pressupostos históricos, culturais, psicológicos do leitor, a consistência dos seus gostos, valores, lembranças, que leva

---

* "Enlevo, êxtase". N. dos T.

18. Jacques Lacan, "On the Subject of Certainty", in *The Four Fundamental Concepts of Psycho-Analysis*, trad. Alan Sheridan, Harmondsworth, Penguin, 1979, p. 31.

**A tradução costumeira de *jouissance* para o inglês tem sido *bliss* [alegria, bem-aventurança]. Este último termo, no entanto, não capta o sentido que tem para nós "enlevo, êxtase", tradução mais adequada de *jouissance* para o português. Cf. Jonathan Culler, *As Idéias de Barthes,* São Paulo, Cultrix/EDUSP, 1988, trad. Adail U. Sobral. N. dos T.

sua relação com a linguagem a uma crise" (*PT*, 14). Assim como a *jouissance* lacaniana, o texto de enlevo de Barthes se orienta antes para o extremo do que para a contenção, mas para um extremo paradoxal, não teleológico, um extremo da não-finalidade. Em oposição à finalidade genital, centrada, dos textos governados pelo princípio do prazer e pelo sentido de um fim, o texto de enlevo resiste perversamente ao prazer centrado ou dele se afasta. Mas isso não basta; para Barthes, mesmo a perversão pressupõe certo currículo ou resultado previsível do prazer, e por isso o texto tem de ser polimorficamente, imprevisivelmente, *perversamente* perverso:

> Esses textos são perversos por estarem longe de qualquer finalidade imaginável — *mesmo a do prazer* (o enlevo não constrange ao prazer; ele pode até infligir aparentemente o tédio). Nenhum álibi se sustenta, nada é reconstituído, nada recuperado. O texto de enlevo é absolutamente intransitivo. Contudo, a perversão não basta para definir o enlevo; é o extremo da perversão que o define: um extremo sempre deslocado, um extremo vazio, móvel, imprevisível. Esse extremo garante o enlevo: uma perversão média cedo se sobrecarrega de um jogo de finalidades subalternas: prestígio, ostentação, rivalidade, afetação, exibição etc. (*PT*, 51-2).

Claro que se trata de uma afirmação do valor absoluto do enlevo em detrimento do simples prazer. O problema de todas essas asserções de valor absoluto é, naturalmente, o fato de se apoiarem nas estruturas de troca que tentam transcender; a demonstração de sua condição absoluta exige, paradoxalmente, que eles sejam estimados com respeito a outras formas de lucro ou resultado vantajoso. Isso se aplica até e especialmente ao próprio texto de Barthes, que constitui uma valoração relativa dessa natureza no fato mesmo de oferecer uma teoria ou tese acerca do enlevo que é irrecuperável para a coerência prazerosa da teoria. Portanto, essa teoria tem de rejeitar a sua própria condição de teoria, ficando contente apenas em indicar o seu próprio caráter insatisfatório (seu fracasso em dar prazer) no tocante a isso: "Nenhuma 'tese' sobre o prazer do texto é possível; somente uma inspeção (uma introspecção) que deixa desejar" (*PT*, 34). A fim de promover ou tornar visível o valor do texto de enlevo, é melhor resistir a lhe atribuir qualquer valor particular, "é melhor renunciar à passagem do *valor*, a base da asserção, aos *valores*, que são os efeitos da cultura" (*PT*, 34). E isso por sua vez significa que, para preservar o valor de troca de sua própria demonstração do valor do enlevo, Barthes deve retirá-lo do circuito da troca, recusando-lhe a posição de modelo ou exemplo.

O relato barthesiano do prazer, ao lado do seu relato do relato do prazer, envolve uma irredutível complexidade. Porque, tal como no austero relato do não-prazer valioso de Adorno e Horkheimer, o prazer extremo do enlevo pode assumir a forma de uma frustração do prazer, das gratificações fechadas e homeostáticas em que o ego é tão viciado[19]. Trata-se de uma versão da estética do sublime tal como encontrada em Kant, em especial nos termos de sua recente interpretação por Jean-François Lyotard. O prazer do sublime é uma ansiosa mistura de prazer e desprazer, uma emocionante apreensão de alguma amplitude ou grandeza espantosa que mesmo assim frustra todas as nossas tentativas de concebê-la, de integrá-la na forma de um conceito. Kant distingue entre uma estética do belo e uma estética do sublime em termos dos diferentes tipos de prazer que invocam, um prazer de conformidade entre o estímulo e as capacidades humanas num caso, e um praze ansioso pela fragmentação dessa conformidade no outro: "Enquanto o belo natural ... veicula em suas formas uma finalidade que faz o objeto se mostrar, por assim dizer, pré-adaptado ao nosso poder de julgamento ... aquilo que ... excita os sentimentos do sublime pode na realidade aparecer pronto a contrariar os fins do nosso poder de julgamento, a se adaptar mal à nossa capacidade de apresentação e a se constituir, por assim dizer, num ultraje à imaginação"[20]. Eis por que, para Lyotard, a estética pós-moderna do sublime tem de ser distinguida numa certa recusa de um prazer baseado simplesmente no ego, do "consolo das boas formas, do consenso de um gosto que tornaria possível partilhar coletivamente a nostalgia do inatingível"[21] e por que com efeito, o sublime poderia muito bem ser pensado antes em termos de melancolia e de desespero do que em termos de prazer: para Kant e Burke, assinala Lyotard, "o pesar (*der Kummer*) também figura entre as 'emoções vigorosas', se tiver como fundamento Idéias morais. O desespero de nunca poder apresentar algo no âmbito da realidade na escala da Idéia sobrepuja o júbilo de ser mesmo assim chamado a fazê-lo" (*D*, 179).

O sublime, nessa relato, é sempre liminar, nem inteiramente acima nem totalmente abaixo do limiar das capacidades humanas. De fato, a palavra "sublime" ilustra em sua história o cruzamento do limiar que designa; vem aparentemente do latim *sublimis*, isto é, *sub* = "até o" e *limen* = "o lintel". A noção, talvez originalmente advinda da arquitetura, de que a altura deve ser medida em termos da proximidade ou distância com relação ao lintel, o ponto de divisão entre o inferior e o superior, é

19. A proximidade dos relatos extático e austero do prazer pode ser obliquamente sugerida pelo ensaio de um estudante que li certa vez. O ensaio sugeria que "as intermináveis auto-reflexões dos textos modernistas podem gerar no leitor uma sensação de tédio, um sentimento que Barthes descreve como 'enlevo'".

20. Immanuel Kant, *The Critique of Judgement* [*Crítica do Juízo*] (1790), trad. James Creed Meredith, Oxford, Clarendon Press, 1952, p. 91.

21. Jean-François Lyotard, "Answering the Question: What is Postmodernism?", in *The Postmodern Condition: A Report on Knowledge* (1979), trad. Geoff Bennington e Brian Massumi, Manchester, Manchester University Press, 1984, p. 81.

simplificada num uso de "sublime" que significa somente alto ou elevado. Logo, o uso impele a idéia de ir *até o* lintel a se elevar acima do topo, alcançando a pura transcendência, de modo que "sublime" passa a significar aquilo que *vai além* do limiar. Mas para Burke, Kant e, recentemente, Lyotard, o sublime sempre abre ou habita uma lacuna entre a experiência de um lado e a consciência/conceptualidade de outro. O sublime não nomeia nem a experiência, que está *acima* ou *além* das capacidades da mente, nem a conceptualização, que está *abaixo* das intensidades da experiência, mas a relação e o movimento (incompletos) entre as duas. Portanto, não causa surpresa o fato de que a noção de *sublimis* também produza em 1824 a palavra "subliminar" para representar estados ou sensações psicológicos que se acham *abaixo* do limiar da experiência consciente[22]. Aqui, as idéias do prazer último como algo impingido a um limite e como transgressão desse limite se combinam e alternam. O esforço de imaginar esse prazer último é uma ansiedade da perda (a desolada *fort* do jogo freudiano do fort:da) que sempre pode gerar prazer ao ser dominada ou restringida pelo próprio conceito de sublime, um conceito que simultaneamente se deixa transformar em alteridade e, ao nomear esse processo, reapreende-se a si mesmo outra vez.

Eis por que o enlevo de Barthes não é simplesmente um prazer intensificado. O enlevo não está além do princípio do prazer, mas, por assim dizer, na própria fronteira entre o princípio do prazer e o seu além. Em *The Pleasure of Text*, o enlevo não é promovido tanto enquanto o puro valor de uma transcendência do mero prazer quanto como o estado entre o prazer e a sua transcendência, entre a consolidação e a dissolução do ego:

> Disso advém talvez um meio de avaliar as obras da modernidade: seu valor viria de sua duplicidade. Deve-se entender por isso que elas sempre têm duas extremidades. A extremidade subversiva poderia parecer privilegiada por ser a da violência; mas não é a violência que afeta o prazer, a destruição não lhe interessa; o que o prazer quer é o lugar de uma perda, a falha, o corte, a deflação, a *dissolução* que se apossa do objeto no cerne do enlevo. A cultura, assim, retorna como extremidade: não importa em que forma (*PT*, 7).

Aplaudido ou denegrido, como liberador ou repressivo, *The Pleasure of Text*, de Barthes, costuma ser tomado como um texto hedonista, um texto que antes identifica valor com prazer do que os separa. Mas, estranhamente, apesar da estrutura do sublime representada no texto, pode-se considerar o hedonismo barthesiano como tendo efeito dessublimador; quer dizer, ele resiste à tentativa de elevar, educar ou

22. O *OED* (Oxford English Dictionary) indica *Psychologie als Wissenschaft*, de J. G. Herbart, como o primeiro lugar em que a palavra apareceu com a denotação de "unter der Schwelle des Bewußtseins" [abaixo do limiar da consciência].

transformar de alguma outra maneira o prazer em valor, da maneira especificada por Freud. Nisso ele se une a alguns outros escritos influentes, incluindo os de Bourdieu e Lyotard, no esforço de resistir à sublimação, seja na cultura em geral ou na teoria cultural, e de afirmar o valor de prazeres insublimados. Esse esforço em nenhum lugar é mais visível do que no estudo da cultura popular, em que a influência dos escritos sobremodo elitistas de Barthes foi no mínimo mais forte do que na corrente cultural dominante a que pertencia seu pensamento. Os estudos culturais apresentaram a tendência de assumir as definições negativas da cultura de massa oferecidas pelo modernismo e reverter as suas valências; se a cultura de massa se caracteriza pelas intensidades informes dos seus prazeres, uma energia indomável da particularidade que recusa a força centradora e canalizadora da sublimação, deve-se afirmar isso como seu valor. Esses relatos podem adquirir energia a partir da idéia de carnaval de Mikhail Bakhtin, em que as categorias deslizam, o superior e o inferior se intercambiam, a energia supera os limites da estrutura, o desejo domina a lei. Em sua oposição à teoria, à força capturadora da conceptualidade e, sobretudo, no fato de constituir não uma inversão, o mundo simplesmente posto de ponta-cabeça, mas uma disrupção topográfica, uma dissolução do limiar entre o superior e o inferior, o carnaval de Bakhtin é por certo uma espécie de "sublimidade vinda de baixo", sendo, pois, potencialmente, uma versão populista e democrática da erótica textual evocada por Barthes.

A questão do prazer tem sido central nas releituras feministas da cultura popular, visto ser a teoria da sensualidade e da trivialidade irredimíveis do prazer não-sublimado que tem garantido a homologia regular entre a mulher e a cultura de massas há dois séculos. Os trabalhos recentes têm apresentado a tendência de se concentrar em particular na experiência das mulheres com formas populares como as histórias amorosas, dando atenção às complexas especificidades de sua leitura e tentando em geral repudiar a estigmatização aberta do prazer popular reacionário tal como presente no ensaio de Mulvey. Como vimos, relatos negativos do prazer popular como o de I. A. Richards tendem a acentuar o domínio da identificação, ou estruturas de gratificação infantil do ego, na assistência a filmes, na leitura de histórias amorosas etc., em oposição aos prazeres mais maduros, mediatos e complexos do ego cívico, maduro, e algumas feministas acharam difícil resistir a essa avaliação. Como assinalou Cora Kaplan, essas condenações começam desde o ataque racionalista feito por Mary Wollstonecraft ao excesso de sensibilidade e aos efeitos debilitantes do prazer nas mulheres, particularmente nas que liam histórias amorosas. Esses hábitos só confirmam a passiva dependência das mulheres, sua identificação com o desejo primitivo ou infantil de obter apenas prazer, em vez da capacidade de uma crítica ponderada, independente. Para Wollstonecraft, tal como para Jane Austen, a leitura de histórias amorosas impede a formação de um ego racionalmente autônomo devido às fixações prematuras da identificação do leitor ou ao abandono do ego ao escapismo; em ambos os casos, escreve Kaplan, o "prazer da fantasia entorpece o nervo da resistência à opressão"[23]. Essa suspeita com relação ao prazer sobrevive em certas modalidades moralistas de crítica feminista. Sabina Lovibond, por exemplo, lamentou o afastamento por demais precipitado do feminismo da análise crítica e reconstrutiva das condições sociais em favor de uma ética do prazer imediato. Ela acredita que, ao promover a subjetividade fluida e autocriadora, isso pode confundir prazeres consolatórios ou impostos com formas mais autênticas de realização, deixando intactas, dessa maneira, estruturas de opressão e de alienação (que com freqüência funcionam antes por meio do prazer do que contra ele)[24].

Kaplan, no entanto, afirma que o problema para Wollstonecraft, bem como para a teoria contemporânea do prazer na cultura popular, reside no fato de ela aceitar de modo demasiado imediato o que é uma construção ideológica da feminidade, e a resposta feminina, como fato psicológico e sociológico real. Com efeito, alega ela, a própria ênfase no narcisismo limitador da identificação na fantasia é confundido, ignorando a complexidade do processo do prazer. A partir do trabalho de J. Laplanche e de J.-B. Pontalis, Kaplan afirma que o prazer da fantasia envolve não a fixação do sujeito na identificação, mas uma pluralidade móvel de identificações, uma identificação com a sintaxe da fantasia e não com os protagonistas centrais[25]. Eis por que ela gostaria de distinguir nas histórias amorosas certa heterogeneidade do prazer ou um prazer na heterogeneidade mesma. Embora romances como *Pássaros Feridos*, de Colleen MacCullough, de fato centrem o leitor (feminino) de maneiras em última análise reacionárias, eles "confirmam não uma feminilidade convencional, mas o lugar ambíguo e contraditório da mulher no âmbito da diferença sexual," e o fazem "retrabalhando os elementos contraditórios que fazem da subjetividade feminina tal experiência psíquica e social vertiginosa"[26].

A argumentação de Kaplan em apoio à complexidade dos prazeres envolvidos no popular fica aquém da política libidinal proposta por Barthes, mas a ênfase na sua complexidade irredutível constitui uma exemplar resistência às sublimações praticadas na estética na política cultural contemporânea. De acordo com isso, o valor do prazer popular está na fragmentação dos processos mediante os quais a identidade é fixada e

23. Cora Kaplan, "*The Thorn Birds*: Fiction, Fantasy, Femininity", in *Sea Changes: Essays on Culture and Feminism*, Londres, Verso, 1986, p. 122. Kaplan amplia sua crítica a Wollstonecraft no ensaio "Wild Nights: Pleasure/Sexuality/Feminism", no mesmo volume, pp. 31-50.

24. Sabina Lovibond, "Feminism and Postmodernism", *New Left Review*, 178, 1989, pp. 25-8.

25. Kaplan, "*The Thorn Birds...*", pp. 127-31.

26. Id., ibid., pp. 120-1.

sustentada, antes na mobilidade da *jouissance* do que no egoísmo do princípio do prazer em suas formas mais inferiores. Deve-se notar a congruência entre esse relato do prazer e o de Barthes em *The Pleasure of Text*. Porque o que está sendo dito acerca do valor do prazer depende de uma discriminação moral entre duas modalidades distintas de prazer, sendo dada preferência ao prazer aberto e produtivo das identificações móveis, em detrimento da gratificação narcísica da identificação fixa. Alegações em favor da força do desejo ou do prazer poliformo no popular tendem, como a de Kaplan, a ser mais moduladas, menos extremas do que a evocação barthesiana das intensidades fugidias da *jouissance*. Caracteristicamente, elas podem sugerir não que o prazer popular proporcione uma pura dissolução revolucionária da autoridade e da identidade, e sim certa força fragmentária no âmbito ou ao longo de contextos ou quadros de um tipo mais conservador, como quando Kaplan sugere que, em *Pássaros Feridos*, "o ambiente social e político reacionário garante, de alguma forma, um espaço privilegiado em que as fantasias femininas mais fragmentárias podem ser permitidas de maneira 'segura'"[27]. A incerteza do julgamento de Kaplan aqui é assinalada nas aspas em torno da palavra "segura": será que isso significa que o quadro reacionário na verdade restringe a fragmentação do prazer móvel ou apenas parece fazê-lo? Essa incerteza acerca do valor do prazer se aproxima da caracterização barthesiana do valor da incerteza no prazer; também Barthes, recordemos, caracteriza a *jouissance* como liminar, como estando entre os dois lados da fragmentação e do conformismo. Trata-se de um "lado obediente, conformista, plagiário (a língua deve ser copiada em seu estado canônico, tal como o estabeleceram a escolarização, o bom uso, a literatura, a cultura) e *outro lado*, móvel, indefinido (pronto a assumir quaisquer contornos), que nunca é senão o lugar do seu efeito: o lugar em que se vislumbra a morte da língua" (*PT*, 6).

Relatos do valor do prazer não-sublimado, ou reivindicações do que denominei "sublimidade vinda de baixo," têm de enfrentar o mesmo problema que Barthes. Trata-se do problema se resisitir à sublimação ou reificação, o problema de manter a força resistente da rebeldia pura do prazer sem abstraí-lo na forma de um princípio nem renunciar ao seu valor político como resistência; o problema de mantê-lo como valor em si mesmo, em vez de subordiná-lo a algum valor superior a que ele seria, por sua vez, elevado. Fredric Jameson trata justamente desse problema em "Pleasure: A Political Issue" (1983), uma discussão de *O Prazer do Texto*, de Barthes. Caracteristicamente, Jameson tenta manter juntos, sem resolver prematuramente, os dois termos da antinomia estabelecida pelo ensaio de Barthes: o hedonismo da *jouissance* — "o consentimento da vida no corpo" — e o puritanismo do compromisso político — "o próprio relacionamento entre eu ou meu corpo e outras pessoas — ou, em outras

27. Id., ibid., p. 145.

palavras, com a História, com o político no sentido mais estrito" ("Pleasure", 10, 11). A resposta a esse problema está nas amplas linhas da argumentação de Jameson em *The Political Unconscious* (1981) segundo a qual um prazer puramente sensual, um prazer de fisicalidade extrema e pura, é sempre político, mesmo e especialmente em sua aparente recusa ou liquidação da esfera política. Eis a razão pela qual Jameson pode perceber que "o imenso mérito do ensaio de Barthes" é restaurar certo valor politicamente simbólico à experiência de *jouissance*, bem como tornar impossível ler esta última exceto como uma resposta a um dilema político e histórico, seja qual for a posição (puritanismo/hedonismo) que se prefira assumir acerca dessa resposta em si" ("Pleasure", 9). Se o puro prazer de Barthes está alienado do mundo político, deve-se ler essa alienação sintomaticamente, como um gesto crítico que aponta para longe de si mesmo e de volta à própria dimensão política que se acha ausente dele.

Jameson alcança essa conciliação entre o prazer e o político por intermédio da caracterização do prazer de Barthes como sublime no sentido do termo dado por Edmund Burke em *Philosophical Enquiry into the Origin of our Ideas of the Sublime and the Beautiful* (1757). Afirma Jameson que a mistura particular de prazer e desprazer, arrebatamento e medo que constitui a experiência do sublime para Burke está fundada na "apreensão, por meio de um dado objeto estético, daquilo que, em sua pavorosa magnitude, encolhe, ameaça, diminui, reprova a vida humana individual" ("Pleasure", 12). Se o objeto ameaçado é para Burke o corpo individual, para Barthes trata-se do frágil ego burguês. Em ambos os casos, o temor é provocado por um sentido daquilo que está além, daquilo que transcende dolorosamente as capacidades do humano. Como vimos, este último inclui crucialmente a capacidade de *representar* a experiência do sublime. Por essa razão, Jameson considera a experiência do sublime "alegórica", uma experiência em que o sublime, como representado, deve sempre apontar para longe de si mesmo, para algum referente ausente que nunca deve ser nomeado, para "a pura força impensável, o puro poder ... [que] deixa a imaginação aturdida no sentido mais literal" ("Pleasure", 12-13). Mas Jameson tem perfeita consciência de que pode dar um nome a esse referente reprimido do prazer barthesiano. Ei-lo:

> A imensa cultura do simulacro, cuja experiência, gostemos ou não disso, constitui toda uma série de êxtases cotidianos e surtos pontuais de *jouissance* ou dissoluções esquizofrênicas, ... pode apropriadamente, pensaríamos, ser interpretado como muitos pontos inconscientes de contato com essa coisa igualmente inimaginável e impensável, o aparato multinacional, o grande *sistema* suprapessoal de uma "tecnologia" do capitalismo avançado ("Pleasure", 13).

Assim, se o referente perdido do sublime burkiano é "Deus", o referente ou inconsciente político perdido do prazer barthesiano é o capitalismo avançado. Mas há aqui algo muito estranho: porque Jameson está designando como alegórica uma experiência que é a própria frustração ou insustentabilidade da alegoria — quer dizer, se tomarmos alegoria no sentido tradicional de personificação de um sentido antes oculto do que inacessível, de uma referência diferida em vez de simplesmente negada. Mesmo que seja verdade que o sublime nunca pode de fato atingir a condição imaculadamente auto-refutadora que parece reivindicar para si, no sentido de que sempre deve de algum modo tornar representável e concebível o que ele sugere estar além do poder de representação e concepção dos seres humanos, ele só pode ser alegórico num sentido deveras especializado, como a alegoria da não-alegoribilidade de sua experiência, como a própria representação da não-representabilidade. Com efeito, a identificação feita por Jameson do capitalismo avançado como o referente perdido do prazer barthesiano é ela mesma, na verdade, mera repetição ou *mis en abîme* da problemática do sublime, visto que o objeto representado funciona aqui no sentido de uma espécie de irrepresentabilidade, como algo que já não pode ser facilmente concebido ou constituído como objeto pela teoria. Não obstante, ao insistir na idéia de que o que acossa o ego indefeso na experiência do sublime é alguma coisa oculta ou reprimida, em vez de algo permanentemente inomeável e irrepresentável, Jameson na verdade mantém o domínio do princípio do prazer no sentido estreito criticado por Barthes, o princípio que reúne e põe a seu serviço a experiência do auto-abandono ou dissolução. Jameson está completando o circuito do fort:da pertinente ao princípio do prazer, reivindicando para o prazer da teoria o desprazer do enlevo.

Jameson pode estar aqui atribuindo ao prazer, que só é estético por pertencer à estetização no atacado da experiência cultural da pós-modernidade, a conversão da experiência em estilo por meio da publicidade e do *marketing* do prazer em termos mais gerais, algo do valor ambivalente do estético que Adorno atribui à arte autêntica e autônoma. Os fluxos de intensidade, a deslizante mobilidade dos prazeres na subjetividade pós-moderna podem, pois, ser vistos como uma forma da sublimidade vinda de baixo que caracterizei acima que resiste a toda sublimação tradicional, kantiana, de prazer em prazer superior, afirmando o valor do prazer não-sublimado contra a sublimação (abstração, estreitamento, conservação, recuperação) do prazer em prazeres civilizados "superiores". Mas enquanto outros desejariam manter em seus próprios termos a sublime resistência à sublimação do prazer, seja pela hiperteorização do prazer evidenciado em *O Prazer do Texto* de Barthes, ou por um gênero de empirismo cultivado e estratégico, uma recusa em permitir que a energia e a particularidade irrecuperáveis do prazer sejam engolidas pela teoria e pela estratégia política, Jameson tenta realizar a façanha de *virtuose* que consiste em sublimar essa mesma energia dessublimadora do prazer, derivando um valor político de sua própria recusa do valor sublimado.

> A tematização de um "prazer" particular como questão política ... tem sempre de envolver um foco dual em que a questão local é

> significativa e desejável em si mesma e por si mesma, mas também, *ao mesmo tempo*, é tomada como uma representação da Utopia em geral, bem como pela transformação revolucionária sistêmica da sociedade como um todo ("Pleasure", 13).

Trata-se de um projeto impossível e autocontraditório precisamente da mesma maneira que o é a recusa teórica de Barthes de totalizar o prazer na teoria; porque, em ambos os casos, as posições hedonista e moralista se implicam e habitam uma à outra. Afirmar o valor do prazer em si, que é a única maneira pela qual se pode resgatá-lo da falsa sublimação da estética burguesa, é sempre moralizar, reduzir a um princípio a sua recusa amoral da sublimação. A posição hedonista de que o prazer é valor sempre torna-se uma versão da posição moralista de que o prazer apenas oculta, implica ou figura um valor que deve, por alguma operação exterior ou suplementar da teoria, ser decifrado a partir dele. Poderíamos ter a impressão de que as coisas são mais simples para o tipo de crítica moralista do prazer que, no final, Jameson faz. Mas essa crítica previsivelmente vai deparar cedo ou tarde com a objeção do hedonista segundo a qual sistemas abstratos de valor moral sempre podem, aparentemente, ser dessublimados, o que equivale a dizer: desmascarados como formas de prazer ou de gratificação, como na crítica de um Freud ou de um Bourdieu.

Essas contradições trabalham mais uma vez contra toda tentativa de hipostasiar o valor, quer na forma boa de prazer avaliado positivamente pelo hedonista, ou na forma ruim de prazer objeto de suspeitas e rejeitado pelo moralista. O prazer resiste a essa hipostasia, recusando-se a repousar sem ambigüidade do lado do valor ou contra ele. Uma política do prazer deve, portanto, resistir tanto à tentação hedonista como à moralista, à medida que estas se apóiam em, ou tendem a mover-se na direção de, noções de prazer "puro" (não-sublimado) ou de valor "puro" (sublimado). Tudo isso envolve dar estreita atenção às complexas instabilidades do prazer, estético ou não, e aos complexos intercâmbios entre prazer e valor. E, mais do que isso, uma política do valor tem de visar participar do processo dinâmico pelo qual o prazer e o valor se produzem e se reproduzem interminavelmente um ao outro. A experiência do prazer na arte e na cultura pode ser um lugar útil para começar; não porque a arte e a cultura proporcionem o acesso a alguma espécie de prazer puro e desinteressado, mas precisamente por causa da natureza incerta e impura do prazer nessas áreas situadas entre o interessado e o desinteressado, entre o valor de uso e o valor de troca, entre a gratificação homeostática do ego e o caráter indefinido do prazer sublime. Se a estética foi até agora constituída como um mecanismo conceitual destinado a separar prazer e valor um do outro, e a fixar seus valores diferenciais, então é concebível que ela, na forma ampliada de uma política da cultura, ainda possa se tornar um domínio em que possa ocorrer a renegociação prazerosa do valor político do prazer.

4

Absoluto Absurdo: *Economias Culturais da Perda em Freud, Bataille e Beckett*

A metáfora da economia tem provado nos últimos anos haver tido uma grande influência e poder explicativo na filosofia e na teoria literária e cultural. A alegação de que o cultural propriamente dito funciona por meio de estruturas que devem ser consideradas econômicas no sentido mais amplo é uma intensificação e inversão simultâneas do modelo marxista vulgar de infra-estrutura e superestrutura que representou a determinação do cultural pelo econômico ao lado da separação ontológica absoluta entre os dois domínios, ao mesmo tempo em que se configura como um profundo desafio à concepção liberal tradicional da autonomia da esfera cultural com relação à econômica. (Deve-se naturalmente observar que foi principalmente nas tentativas marxistas de apreender a materialidade do signo que a importância ampliada do princípio da economia foi demonstrada de maneira mais abrangente.) Tornou-se possível interpretar linguagens, textos, imagens, estruturas e práticas sociais, relações culturais e discursivas, e até (especialmente) a estrutura da psique e as suas relações subjetivas nos termos dinâmicos postos à disposição pela metáfora da economia (e, devemos portanto especificar, pela economia da metáfora), e as condições parecem realmente propícias para o estabelecimento de uma teoria geral da prática simbólica de que o econômico, no sentido financeiro e comercial mais comum, seria somente uma forma particular e limitada, perdendo assim o seu privilégio explicativo[1].

Se o movimento na direção da economia pode ser considerado um afastamento do domínio do conceito de estrutura, que mudança de valores e vantagem analítica isso proporciona? Uma resposta seria que uma economia é uma estrutura *dinâmica* que permite e obriga o crítico não somente a organizar e distribuir os elementos do seu campo de estudo em relacionamentos inertes de equivalência e distinção, como também a

---

1. Essa economia geral é prefigurada em Pierre Bourdieu, *Outline of a Theory of Practice*, trad. Richard Nice, Cambridge, Cambridge University Press, 1977, pp. 171-97; Bourdieu, *Distinction*; e Jean Baudrillard, *For a Critique of the Political Economy of the Sign* (1972), trad. Charles Levin, St. Louis, Missouri, Telos Press, 1981.

mostrar os processos de troca, circulação e negociação interessada que fazem esses relacionamentos vir dinamicamente a ser. Vista dessa maneira, a economia pode ser descrita como a atividade propositada que precipita como seu resultado a estrutura. A metáfora da economia pode permitir, em conseqüência, escapar a algo do fechamento ou redução da metáfora de estrutura, apreender, por exemplo, as pulsões informes, mas intensas da "economia libidinosa" em suas transações entre o eu e o outro social[2].

Contudo, a metáfora da economia não deixa de ter suas próprias formas necessárias de efeito constritor. Toda economia, à medida que *é* uma economia e não simplesmente um conjunto de trocas reduzido diagramaticamente a uma estrutura, tem de estar orientada para algum alvo, que podemos denominar lei do valor; embora as economias permitam a produção de muitos tipos distintos de valor, o conceito de uma economia de que o princípio do valor esteja ausente, sem permitir que haja regularmente ganhos ou resultados proveitosos, pareceria vazio. É esse princípio, e especialmente a necessidade que traz consigo de medir e prever de modo racional formas de ganho, que parece exercer uma influência restritiva ou redutiva.

O vir a ser de um sentido distintivamente moderno da natureza da cultura e do valor cultural envolve vários tipos de recusa desses princípios do cálculo, do lucro e da instrumentalidade. Para Kant e Arnold, no século XIX, o valor cultural e estético tinha de ser fixado, definitivamente, com base nos valores estreitamente contingentes ou econômicos do mundo, sendo portanto constituído como valor absoluto em si, valor que, em princípio, não podia ser capturado por, nem reduzido a, processos do econômico. Há certa congruência entre esses relatos e a divisão marxista inicial entre a autenticidade do "valor de uso" vivido e a inautenticidade alienada do "valor de troca"; se aparece num certo sentido como o próprio oposto da contemplação estética desinteressada, o valor de uso lhe é equivalente no sentido de ser considerado irredutível e não suscetível de troca.

Uma clara divisão dessa espécie entre valor econômico e não-econômico prova ser cada vez mais difícil de sustentar no decorrer do século XX, visto que a ascensão do mercado cultural de massa e a crescente mercadização da esfera cultural ameaçam mais e mais a contaminar a sua autonomia. Uma resposta extrema, mas característica, da prática cultural de vanguarda tem sido reafirmar a distinção entre o cultural e econômico não em termos de diferentes *tipos* de valor, mas em termos de uma distinção entre valor e um não-valor absoluto; essa prática busca formas de atividade e de produto que não somente resistam à inclusão em estruturas contábeis estreitas de lucro/perda como também constituam um domínio que seria *em princípio* inassimilável a toda forma de

2. Veja-se Jean-François Lyotard, *Economie libidinale*, Paris, Éditions de Minuit, 1974.

relação econômica. A diferença entre a estética kantiana e, por exemplo, a estética dadaísta reside portanto numa diferença entre duas tentativas equivalentes de escapar à economia, uma na forma sobredeterminada de um valor absoluto ou autotélico, e a outra na forma subdeterminada do não-valor, da descartabilidade ou do pronto para usar. O fato de que o relacionamento dinâmico dessas tentativas de oposição à economia seja precisamente de natureza econômica, entre excedente insuficiência, de concentração em oposição a dispêndio, não é a menor das dificuldades vinculadas a isso.

O problema com todas essas tentativas de fugir à contingência da troca econômica está em que elas são vulneráveis à recuperação pela lei do valor ou do lucro. No caso óbvio dos objetos prontos [*ready-mades*] de Duchamp, por exemplo, a recusa da aura estética não representou absolutamente um obstáculo ao processo de santificação cultural e de museuficação; e, com efeito, esses objetos são hoje tão parte do universo do valor de troca artístico quanto qualquer outro ícone. Mesmo quando essas estratégias vão mais longe, a ponto de se recusarem a fornecer qualquer obra de arte durável, como na arte performática a partir dos anos 60, os processos de mercadização podem manter-se impávidos (e podem chegar a exibir uma força ainda mais intensa), visto que essas performances sempre podem ser representadas no mercado em termos dos seus resíduos documentais. Com efeito, essas práticas sempre serão vulneráveis à acusação de que, à medida que o seu próprio desafio às estruturas do valor artístico e do valor em geral constitui ele mesmo formas de valor, elas serão prontamente devolvidas ao campo da troca e da transação que tentaram transcender.

Essas tentativas de se furtar à determinação do valor parecem ilustrar duas características cooperantes da economia geral da prática social e simbólica: os princípios do intercâmbio que não se pode eliminar e da positividade geral. Antes de tudo, o sistema da economia geral desautoriza toda forma de valor absoluto ou autofundamentado, ou de não-valor absoluto, visto que essas aparentes superações ou transgressões da economia geral só podem ocorrer tendo-a como referente. O segundo princípio, que deriva do primeiro, afirma a possibilidade de toda e qualquer negação do próprio valor ser tomada ou funcionar como um valor positivo. Essa positividade geral foi identificada recentemente por Barbara Herrnstein Smith como o princípio axiomático do "bom" (aqui com uma valência antes estrutural do que moral):

> Como o sugerem as tautologias recorrentes, as circularidades e as infinitas regressões que marcam o discurso do valor, o conceito de "bom" opera dentro delas de modo axiomático: sua positividade radical não pode ser descartada nem definida, explicada ou analisada sem o recurso a outro conceito ou positividade radical, seja como o nome "bom" ou como um dos seus virtuais equivalentes,

> como "benefício", "lucro", "ganho", "compensação", "recompensa", "reforço positivo", ou, de fato, o próprio "valor" usado como uma palavra (de valência) positiva. Na realidade, parece que o "bom" opera no âmbito do discurso do valor tal como o dinheiro na economia financeira: o *bom* é a forma-valor do valor e sua "medida" padrão; é o elemento "nos termos do qual" todas as formas de valor têm de ser "expressas" para que a sua comensurabilidade seja calculada: e *bom* é aquilo *por que* ou *em que* todo outro nome ou forma do valor pode ser — dir-se-ia "contra apresentação" — trocado/transformado (*CV*, 146).

Todas as alegações de ter escapado ao domínio da positividade geral do "bom" têm portanto de fracassar sempre que defendam ou impliquem alguma espécie de valor: "*Tudo* que for indicado, predicado ou constituído de outra maneira quer como positividade no interior de alguma economia ou como o objeto de uma necessidade, desejo ou interesse (individual ou coletivo) é mensurado, no próprio momento em que é posto como tal, em unidades do 'bom'; e esse *tudo* inclui dispêndio, consumo, sacrifício, auto-aniquilação, morte, destruição universal e até 'perda absoluta'" (*CV*, 147). Esse diagnóstico tem como efeito a deflação de algumas das mais glamurosas alegações feitas ao longo do século em diferentes formas de estética e de teoria e prática cultural, e parece exigir que leiamos as várias negações do valor por artistas e escritores tão variados quanto Nietzsche, Duchamp, Bataille e Beckett como, na realidade, recusas apenas das limitações de sistemas particulares de valor e, portanto, argumentos antes em favor da ampliação do que da abolição das economias de valor.

Contudo, por mais vigorosa que seja, a argumentação de Smith corre o risco de homogeneizar o campo do valor; tal como a forma-dinheiro com a qual ela o compara, o princípio da positividade geral tende a achatar, como mera equivalência operacional, os termos de toda espécie de competição, conflito ou incomensurabilidade. Particularmente ao contabilizar de imediato toda negativa posta em termos do seu valor equivalente, essa argumentação também pode se afastar com demasiada rapidez dos complexos processos de resistência e de transação entre valor negativo e valor positivo que se processam no intervalo entre a negociação e o retorno positivo do valor. Este capítulo considera três diferentes tentativas de transacionar o valor negativo; a descoberta por Freud do instinto de morte em *Além do Princípio do Prazer* (e alhures), a economia do dispêndio em Bataille e a estética negativa de Beckett, especialmente em *Worstward Ho* [*Rumo ao Pior*!]. Em cada caso, a análise vai se esforçar por resistir à telescopia do processo mediante o qual a negatividade é recuperada como valor positivo, bem como tentar sugerir algumas implicações (inevitavelmente positivas) desse ato de adiamento. O objetivo final da discussão é examinar o relacionamento entre essas tentativas de recusar a lei do valor positivo e a constituição de formas de valor cultural ou de esquivar-se delas. O fato de esse objetivo ser alcançado por meio daquilo que Freud caracteriza, em *Além do Princípio do Prazer,* como "*détours* ainda mais complicados" (*BPP*, 39) pode ele mesmo sugerir parte do valor (necessariamente) problemático do retardamento da troca positiva.

ALÉM DO PRINCÍPIO DO PRAZER

Ao longo de sua obra, Freud insiste repetidas vezes na importância e na utilidade da metáfora da economia para a compreensão do funcionamento da psique humana. Esse termo sugere, de modo geral, todos os processos mediante os quais quantidades fixas (e, segundo Freud acreditava, *mensuráveis*) de energia psíquica são concentradas, deslocadas, postas em circulação, investidas, despendidas e postas em equivalência no âmbito de qualquer dinamismo psíquico. Muitos problemas advêm dessa hidráulica do eu, não sendo o menor deles o de saber precisamente em que pode consistir a "energia psíquica" e de onde pode ela vir. Contudo, a questão particular que desejo enfocar aqui tem um caráter mais abstrato, se bem que não menos consistente. Até o início dos anos 20, Freud pôde manter a sua crença de que essa economia era governada por um único princípio — o princípio do prazer. De maneira geral, pode-se dizer que Freud identifica o prazer com a descarga ou evitação da excitação desprazerosa e o desprazer com o aumento dessa excitação. Como o indicam J. Laplanche e J.-B. Pontalis, há uma grande incerteza no relato freudiano sobre se o objetivo do aparelho psíquico é manter constante o nível de excitação ou reduzi-lo a zero[3].

Podemos observar imediatamente algo de estranho no relato de Freud acerca da quantidade e do valor, em sua sugestão de que o prazer é derivado, ou positivamente produzido (Freud fala muitas vezes, explicitamente, do "produto" do prazer), a partir de uma forma de diminuição; a redução da quantidade total de tensão parece criar um valor excedente de prazer (embora esse excedente não seja idêntico àquilo que foi descarregado, mas uma reação a partir dele). Isso poderia parecer à primeira vista um exemplo do princípio da positividade geral de Smith; mas, aqui, a copresença de uma economia quantitativa e uma economia qualitativa é surpreendente. Pois em que consiste o "produto" do prazer decorrente da redução da tensão? Ou, em outras palavras, mediante que processo de troca vem a redução da energia psíquica produzir um excedente qualitativo de prazer? Além disso, como esse excedente de prazer se relaciona com a economia psíquica da conservação e do dispêndio? Será que ele não trabalha contra a conservação ou a redução dos níveis de tensão por meio

3. J. Laplanche e J.-B. Pontalis, *The Language of Psycho-Analysis*, Londres, Hogarth Press, 1983, pp. 322-325.

do seu contínuo e indesejado aumento? Isso equivale a identificar de modo útil, no uso do termo "economia" por Freud, uma ambigüidade. Às vezes, ele usa a palavra para denotar o movimento de quantidades finitas de energia; outras vezes, usa-o para denotar um sistema que produz valor na forma de prazer.

Logo, fica claro que é difícil entender precisamente o princípio do prazer em termos econômicos. Com efeito, à época de *Além do Princípio do Prazer*, Freud já percebera as muitas dificuldades vinculadas à teoria da economia do prazer, notando que o prazer e o desprazer não são consistentemente identificados com níveis altos ou baixos de excitação e presumindo que o prazer poderia na verdade ser crucialmente determinado pela taxa de incremento ou decréscimo da excitação no tempo (*BPP*, 8).

Mas problemas ainda piores são suscitados pela afirmação mais substancial que Freud tem de fazer em *Além do Princípio do Prazer*, que é, de fato, a de que o princípio do prazer não é nem dominante nem mesmo primário no controle do comportamento de organismos individuais. O argumento de Freud é que a compulsão de repetição revela "*um impulso, inerente à vida orgânica, de restaurar um estado de coisas anterior*" (*BPP*, 36). A repetição age a serviço desse impulso resistindo e, por assim dizer, dando o mínimo de oportunidades possível aos impulsos contrários "que impelem ao progresso e à produção de novas formas" (*BPP*, 37). Portanto, a repetição é identificada, ao longo do ensaio, com o processo por meio do qual energias e excitações são "subjugadas" — organizadas, focalizadas, tornadas coerentes. Esse instinto de vinculação de energias é distinto do princípio do prazer e anterior a ele:

> O fracasso na realização dessa vinculação provoca um distúrbio análogo a uma neurose traumática; e só depois de a vinculação ter sido realizada será possível o prosseguimento sem empecilhos do domínio do princípio do prazer (e de sua modificação, o princípio da realidade). Até esse momento, a velha tarefa do aparato mental, a tarefa de dominar ou subjugar excitações, tem precedência —, não, naturalmente, em *oposição* ao princípio do prazer, mas independentemente dele e, até certo ponto, desconsiderando-o (*BPP*, 39).

Freud considera o famoso jogo fort:da orientado para a produção do prazer, mas tenta distinguir esse tipo de ganho positivo dos usos primários de um princípio independente do princípio do ganho prazeroso. A dificuldade que Freud enfrenta ao longo do ensaio consiste em apresentar exemplos convincentes da compulsão de repetição que não tenham possibilidade de alguma espécie de ganho, mesmo que seja o ganho do domínio temporário de uma situação de outro modo vivenciada como trauma ou perda não abrandados. Assim, o princípio do prazer pode ser identificado como a positividade geral do sistema de valor da psique humana. Em suas tentativas de refazer o processo que leva ao princípio do prazer, Freud é forçado, na quinta seção de *Além do Princípio do Prazer*, a deixar para trás os problemas particulares do trauma de batalha e da compulsão de repetição de pacientes sob análise, bem como a especular acerca da dinâmica mais primária da vida biológica humana. "A entidade viva elementar", escreve Freud, "desde o começo não teria tido nenhum desejo de mudar; se as condições permanecessem as mesmas, ela não faria mais do que repetir constantemente o mesmo curso de vida" (*BPP*, 38). Entretanto, essa existência mínima satisfatória é afetada pelas forças da vida, induzindo no organismo dolorosas tensões, potencialidades e complexidades. Nesse ponto, nasce a vontade de morrer, de acabar de vez com as aflitivas tensões da vida por meio do retorno ao estado inorgânico. Gradualmente, no entanto, as tensões e complexidades assumem uma dimensão e um alcance amplos demais para serem simplesmente canceladas. Agora, é preciso suportá-las por inteiro (a contragosto, por assim dizer), ou, na metáfora econômica do pagamento de um débito adotada com tanta felicidade pela tradução inglesa, "saldá-las" *[live off]* (*BPP*, 55).[4]

Aqui, Freud produz uma engenhosa maneira de exprimir a primazia do instinto de morte sobre o princípio do prazer. A morte emprega, desdobra a vida, investe nela, pondo-a a serviço dos seus próprios interesses. Sem poder simplesmente anular a vida, a morte a compromete ao orientar todos os aspectos da vida para si mesma. Estranhamente, Freud pode agora sugerir que a autopreservação (passível de ser identificada de alguma maneira com o princípio do prazer) é em si mesma uma expressão do desejo de extinção. A autopreservação, a auto-afirmação e o domínio são todos eles

> instintos componentes cuja função é assegurar que o organismo siga o seu caminho na direção da morte e evitar todas as maneiras possíveis de retornar à existência inorgânica que não sejam as imanentes ao próprio organismo. Já não temos de labutar com a enigmática determinação (tão difícil de enquadrar em qualquer contexto) do organismo no sentido de manter a sua existência diante de todos os obstáculos. Ficamos agora com o fato de que o organismo só deseja morrer à sua própria maneira (*BPP*, 39).

Aqui, a dualidade que Freud afirma e mantém repetidamente entre vida e morte é friamente retraçada à medida que a vida se torna um mero ardil ou estratagema, uma diversão masoquista a caminho da morte, um meio de garantir o fato do esquecimento. Ao evitar o atalho da morte por acaso, é como se o organismo tivesse reconhecido que o esquecimento será *de modo ainda mais completo* um nada — ou, para adotar uma palavra beckettiana apropriada, uma "ausencialidade" ["*lessness*"] — pelo fato de a vida ter intervindo. Quanto mais tempo o organismo puder manter-se contra a negatividade, tanto mais doce ela será no final. Freud produz aqui uma espécie de dialética invertida, que substitui a sintaxe

4. O texto alemão é "abgelebt werden müssen" (*JL*, 248).

acumulativa da tríade hegeliana tese-antítese-síntese, na qual a positividade do espírito ou da autoconsciência sempre reúne em si as negações antitéticas da materialidade que encontra, um ritmo que tem a vida como sua fase de antítese e a morte no lugar do positivo, no sentido de uma existência puramente material que precede e transcende o conflito entre a vida e a morte — na morte mais profunda, o maior niilismo de um esquecimento que, uma vez que se retorne a ele, não pode mais ser revogado.

Assim, enquanto numa parte anterior do ensaio o instinto de morte ou instinto de conservação ou redução da energia suplementava o princípio do prazer (imperfeitamente identificado, como vimos, com o instinto de vida), aqui a situação se inverte; a fórmula vida (morte) = vida cede lugar a morte (vida) = morte. Contudo, nunca fica inteiramente claro para Freud ou para o leitor qual poderia ser o alvo final dessa economia (ou dessas duas economias). A concepção de que o instinto de conservação e de redução da energia produz um ganho contraditório de prazer pareceria privilegiar a vida, o desenvolvimento e a "positividade geral". Essa reversão ao positivo é efetuada em especial por meio da repetição, o próprio artefato da morte; bombardeado por modificações inevitáveis, o organismo preguiçoso responde armazenando-as "para mais repetição" (*BPP*, 39). Mas se a repetição é um modo de dizer "não" à vida, ela também sempre produz, por sua natureza, um excedente que tende antes a preservar e prolongar a vida do que a destruí-la. Mas esse ganho de um excedente sempre pode ser ele mesmo interpretado como um rodeio na rota autodesejada do organismo na direção da morte.

É como se se revelasse que tanto o princípio da positividade geral de Smith como a primazia preferida de Freud do instinto de aniquilação são precipitações de um sistema econômico de trocas e instrumentalizações, em vez de princípios diretores ou pontos de chegada. Essa hiperpenetração da economia ameaça portanto o próprio dualismo por meio do qual Freud pode postular o conflito e a relação (econômica) entre o instinto de vida e o de morte. Isso fica evidente, por exemplo, no relato freudiano da formação inicial do instinto de morte:

> Os atributos da vida foram em algum momento evocados na matéria inanimada mediante a ação de uma força de cuja natureza não nos é dado formar um conceito. Talvez tenha sido um processo semelhante, em termos de tipo, àquele que mais tarde produziu o desenvolvimento da consciência num estrato particular de matéria viva. A tensão que então surgiu no que fora até aquele momento matéria inanimada empenhou-se em se anular a si mesma. Nasceu dessa maneira o primeiro instinto: o instinto de retorno ao estado inanimado (*BPP*, 38).

Acontece algo notável entre a segunda e a terceira frase desse trecho. Tendo dito antes de tudo que a formação da vida foi apenas *semelhante* à formação da consciência, Freud passa a caracterizar a tensão que emerge no organismo em termos que sugerem, se não exatamente consciência, ao menos a possibilidade de um esforço voltado para um propósito: "A tensão ... empenhou-se em se anular a si mesma") ("Die ... Spannung ... trachtete darnach sich abzugleichen") (*JL*, 228). Mas como pode uma tensão "empenhar-se" em fazer alguma coisa a não ser que já seja parte da vida? Como pode a morte desejar a si mesma sem já ter se tornado uma substância viva capaz de desejar? E, se assim for, por que ela deveria então desejar a morte? Vistos dessa perspectiva, todos os exemplos da vontade de morrer, em especial na forma singularmente individualista e até egoísta que lhe é dada por Freud quanto ele diz que "o organismo só deseja morrer à sua própria maneira ("der Organismus nur auf seine Weise sterben will") (*BPP*, 39; *JL*, 229), deve sempre pertencer a uma espécie de vida e ser expressão dela. De que outra maneira pode a morte desejar a si mesma, pode o nada "nadear" [*"noth"*]?[5]

Está claro que, em sua promoção dos princípios opostos da positividade geral de um lado e do impulso todo-assimilador de morte do outro, Smith e Freud estão na verdade detendo a interação de uma economia complexa em que o valor positivo e negativo (se se pode continuar a empregar a palavra "valor" para designar aquilo que põe em questão a positividade do valor) estão exatamente em jogo. Com efeito, a especificação de um ou do outro ponto dessa transação incessante como perda ou ganho positivo sempre é uma detenção de um processo que parece desautorizar essa mesma finalidade — de fato, um processo que é sempre renovado precisamente por essas tentativas de detê-lo. Derrida assinalou, no curso da discussão de *Além do Princípio do Prazer* (à qual, como ficará evidente, a minha atual argumentação deve muito), a estrutura de rodeio que governa as relações do princípio do prazer com o princípio da realidade e com o instinto de morte. Ele afirma que, se o princípio da realidade é um veículo do princípio do prazer, e se o próprio princípio do prazer é um veículo indireto do instinto de morte, há aí a sugestão não somente de que a morte pode ser o destino, a recompensa ou o (não-)lucro finais, mas também de que a morte pode ser identificada com o próprio princípio do rodeio, podendo assim, na verdade, resistir à finalidade de uma presença ou produto econômico. "Não há *Weg* [caminho] sem *Umweg* [rodeio]", escreve Derrida: "O rodeio não recupera o caminho, mas o constitui, abre a trilha" (TSF, 284). A questão de saber se a vida usa a morte ou se a morte usa a vida não é suscetível de ser formulada em termos de benefícios ou resultados positivos, visto que a estrutura do rodeio nunca retoma a sua trilha por um tempo suficiente para que esses ganhos posi-

5. Este espécime de heideggerianismo é exemplificado desdenhosamente por Peter Gench em seu *Mental Acts: Their Contents and their Objects*, Londres, Routledge & Kegan Paul, 1957, p. 10. Encontrei-o via Peter Middleton, "Linguistic Turns", *Oxford Literary Review*, 11 (1989), p. 142.

tivos — seja o fim positivo da vida seja a negatividade positiva da morte — se materializem. Derrida sugere que "morte" pode portanto ser o nome não do fim necessário da vida no sentido de resultado final ou valor gerado do processo da vida — se bem que isso seja uma "realidade" que "nunca está presente ou é dada" —, mas da "transação especulativa" que permuta incessamente vida por morte e morte por vida:

> Seja qual for o significado de *fim* que se dê a essa estrutura com um-dois-três termos, ele é morte. *No fim*, e a essa morte nada pode se opor, ele não difere, no sentido de oposição, dos dois princípios e de sua *différance*. Ele está inscrito, embora não inscrevível, no processo dessa estrutura ... Se nada pode se opor à morte, ela já é *morte vida* (TSF, 285).

Como o demonstrou elaboradamente Derrida, isso produz complexos efeitos de redação em *Além do Princípio do Prazer*. A linguagem e a perspectiva de Freud sempre o predispuseram a uma áspera positividade — à concepção de que o objeto de suas análises e especulações tinha uma existência substancial e especificável como forças, quantidades ou posições. Ao longo de sua obra, Freud luta com as formas recalcitrantes de negatividade que resistem aos efeitos positivizantes da metáfora. Essa batalha assume uma forma especialmente intensa em *Além do Princípio do Prazer* por ser esse o texto em que as valências positivas da ciência freudiana encontram de fato o seu outro. Dois veículos particulares dessa luta são os pares metafóricos vinculação/dissolução e progresso/regressão. Eles formam uma clara homologia na argumentação freudiana, equivalendo a vinculação ao progresso orgânico e a dissolução à regressão ao estado inorgânico. Os dois se unem no ponto da argumentação de Freud em que ele especifica as "direções contrárias" ("entgegengesetzter Richtung") seguidas por processos construtivos ou assimilativos de um lado e por processos destrutivos ou dissimilativos do outro (*BPP*, 49; *JL*, 241). Há aqui um paralelismo fechado e perturbador entre as maneiras pelas quais essas metáforas encarnam a luta do instinto de vida contra o instinto de morte e as maneiras pelas quais elas servem implítica ou explicitamente para encarnar os próprios esforços de Freud nesse texto.

O primeiro par fica mais evidente no capítulo 6 do ensaio, em que Freud discute o poder de Eros, cujo objetivo, disse-nos ele, sempre é "combinar substâncias orgânicas em unidades cada vez maiores" ("das Organische zu immer größeren Einheiten zusammenfassen") (*BPP*, 42-3; *JL*, 233). Esse princípio de combinação, que vai substituindo gradualmente o princípio do prazer como forma representativa do instinto de vida, também parece governar as próprias tentativas de Freud no sentido de apreender a complexa unidade entre Eros e o instinto de morte, bem como a sua predileção — que, com efeito, não se limita a esse ensaio — pela unificação intelectual entre o literário e o científico, o filosófico e o psicanalítico, o empírico e o especulativo. Num certo ponto, Freud justifica esse procedimento sintético em *Além do Princípio do Prazer*, afirmando que "é impossível *ir ao encalço* de uma idéia dessa natureza a não ser *combinando repetidamente* o material factual com o que é puramente especulativo e, assim, *divergindo* de modo amplo da observação empírica" ("Die Durchführung dieser Idee ist jedenfalls nicht anders möglich, als daß man mehrmals nacheinander Tatsächliches mit bloß Erdachtem kombiniert und sich dabei weit von der Beobachtung entfernt") (*BPP*, 59 — grifos meus; *JL*, 252), uma frase que articula numa seqüência desconcertantemente fechada as idéias de progresso e combinação, de um lado, e de repetição e divergência, de outro. Por conseguinte, o momento em que Freud, buscando um relato científico da origem do instinto sexual de conjugação, recorre ao mito de Aristófanes da separação entre os sexos por Zeus tem crucial importância. Partindo "dos indícios que nos deu o poeta-filósofo", Freud sugere que "a substância viva foi, à época em que veio à vida, decomposta em pequenas partículas, que desde então vêm se empenhando em se reunir por meio dos instintos sexuais" (*BPP*, 58). (Isso, com efeito, está em parcial contradição com a afirmação anterior do ensaio de que o vir à vida representou uma intrusão indesejada da complexidade e da diferenciação na simplicidade indiferenciada da vida inorgânica — *BPP,* 38-9.) A longa frase seguinte enumera especulação após especulação até chegar à idéia de que "esses fragmentos estilhaçados da substância viva ... alcançaram uma condição multicelular e terminaram por transferir o instinto de reunir, na forma mais intensamente concentrada, às células-germes" — ponto em que Freud se refreia com uma metáfora que tem uma relação desconfortavelmente estreita com as metáforas da vinculação e da assimilação: "Mas aqui, creio eu, chegou o momento de *fazer uma interrupção*" ("Ich glaube, es ist hier die Stelle, abzubrechen") (*BPP*, 58 — grifo meu; *JL*, 251). Ao interromper abruptamente seu relato do processo de assimilação, Freud afirma o princípio contrário de destruição e de dissolução a serviço do instinto de morte — muito embora, considerando-se a questão de outro ângulo, ao interromper o que já era um extravagante rodeio especulativo em seu texto, Freud pode estar retomando o fio do principal tema do ensaio, e, portanto, fechando a lacuna em sua argumentação, que nesse ponto começava a ficar demasiado ampla.

Essa metáfora da assimilação e da dissolução não tem como menor dificuldade a sua relação assimétrica com o conceito de vinculação, que tem um papel tão importante ao longo de todo a obra de Freud. Porque o valor da vinculação é radicalmente incerto em *Além do Princípio do Prazer*. Os trabalhos anteriores de Freud tinham sugerido um relacionamento direto e proporcional entre, de um lado, a produção de prazer e a vinculação de energias psíquicas (sua organização, conexão e unificação) e, de outro, a produção de desprazer e a presença de quantidades livres ou não-vinculadas de energia. Mas, como vimos, Freud sugere em *Além do Princípio do Prazer* que a tarefa de vincular energias livres, no exemplo específico do trauma de batalha, em que o organismo é atacado a partir do exterior por estímulos de intensidade inassimilável, poderia na realidade ser anterior ao princípio do prazer, tendo pois condições de agir "não, naturalmente, em *oposição* ao princípio do prazer, mas independentemente dele e, até certo ponto, desconsiderando-o" (*BPP*, 39). Na verdade, contudo, a compulsão de repetição, com a qual Freud vincula essa "tarefa de dominar ou vincular excitações", age precisamente em oposição ao princípio do prazer, visto pertencer ao instinto de retorno à condição inanimada. Logo, outra vez, aqui, a vinculação parece sugerir em momentos diferentes, e ao mesmo tempo, a reunião de energias no organismo com vistas aos objetivos de Eros, da vida, e o domínio dessas energias pela repetição a serviço da morte. De modo equivalente, a desvinculação de energia sugere tanto a descarga da tensão desprazerosa característica das tentativas do organismo no sentido de anular a vida em si, como, em certos casos, os meios pelos quais se processa o movimento para a frente na direção da vida, da mudança e do desenvolvimento. Num momento do seu relato, Freud atribui impressionantemente a progressão e a aspiração na vida à diferença entre a exigência não-fixa do prazer da satisfação (na verdade, a satisfação da morte) e as quantidades limitadas de prazer que podem ser conseguidas por meio dos efeitos vinculatórios da repressão, da sublimação etc. É essa diferença "que proporciona o fator motor que vai permitir que não haja uma parada em nenhuma posição alcançada, mas, nas palavras do poeta, '*ungebändigt immer vorwärts dringt*'" (*BPP*, 42). A tradução de Strachey das palavras de Mefistófeles no *Fausto* ["Vá impelindo sempre para a frente, não subjugado" ("*Presses ever forward unsubdued*")] não exprime a força da idéia de "não-vinculação" presente na palavra "ungebändigt" [irreprimido]. (Na verdade, essa é uma palavra usada por Freud, desde o seu "Project for Scientific Psychology", para designar alguma coisa semelhante a não-vincular, por exemplo, quando ele escreve sobre o efeito não-prazeroso de lembranças relativas a experiências dolorosas quando elas são "ungebändigt".)[6]

A formação de pares metafóricos de combinação e dissolução envolve, portanto, um arriscado conjunto de reflexões acerca do valor da própria escritura de Freud em *Além do Princípio do Prazer*; essas reflexões são valiosas precisamente à medida que oferecem uma síntese nova e mais coerente de idéias acerca da vida e da morte, do prazer e do desprazer, muito embora o ímpeto do ensaio seja sugerir o predomínio do valor da não-vinculação, da dissolução e da "interrupção".

Ainda mais notável no tocante a isso são os alótropos oferecidos da metáfora do progresso em *Além do Princípio do Prazer*. Por todo o percurso, o ensaio se representa a si mesmo como uma jornada obstinada,

---

6. Sigmund Freud, "Entwurf einer Psychologie", in *Aus der Anfängen der Psychoanalyse*, Londres, Imago, 1959, p. 459. Veja-se também a discussão da vinculação em Laplanche e Pontalis, *Language of Psycho-Analysis*, pp. 50-2.

ou um progresso consistente rumo a uma meta ainda não especificável no conhecimento do propósito ou do objetivo da existência. Mas essa metáfora é comprometida precisamente à proporção que o alvo da existência pode não estar à frente, no futuro, mas atrás, no passado, no estado de ser indiferenciado ao qual o organismo se esforça por retornar. Nesse sentido, a vida do organismo dificilmente pode ser vista como um progresso ordenado:

> É como se a vida do organismo seguisse o seu curso num ritmo vacilante. Um grupo de instintos se lança à frente, a fim de alcançar a meta final da vida com a maior rapidez possível; mas, quando um estágio particular do avanço foi alcançado, o outro grupo recua a um determinado ponto a fim de começar outra vez e, dessa maneira, prolongar a jornada (*BPP*, 40-1).

Aqui, o movimento para a frente e para trás não somente se alterna como também se inverte. O impulso de seguir em frente é o instinto de morte, visto que o movimento de avançar com mais rapidez destina-se a voltar ao estado inicial de não-ser, ao passo que o instinto conservador que busca prolongar a jornada está a serviço do instinto de vida. Mas a inversão nunca pode ser completa, e jamais se pode garantir que o desejo de avançar não seja na verdade antes o desejo de vida do que o de morte, nem que o de recuar não seja de fato expressão da preguiçosa vontade de não-ser.

A linguagem de Freud ao longo do ensaio insta ao progresso intelectual consciente ("façamos mais uma ousada tentativa de dar outra passo à frente", "versuche wir kühn, einen Schritt weiter zu gehen" — *BPP*, 50; *JL*, 211), ao mesmo tempo em que sugere uma incerteza quanto ao alvo ("o que segue é ... uma tentativa de seguir uma idéia de modo consistente por curiosidade de saber para onde ela vai levar", "was nun folgt ... ist ein Versuch zur konsequenten Ausbeutung einer Idee, aus Neugierde, wohin dies führen wird", *BPP*, 24; *JL*, 211); "é por certo possível lançar-se numa linha de pensamento e segui-la para onde quer que nos conduza", "man kann sich doch in einem Gedankengang hingeben, ihn verfolgen, soweit er führf", *BPP*, 59; *JL*, 252). Mas a direção e o resultado desse itinerário são imprevisíveis a ponto de produzir em alguns momentos quase-oxímoros, como aqui: "No momento, é tentador levar até a sua conclusão lógica a hipótese de que todos os instintos tendem à restauração de um estado de coisas anterior" (*BPP*, 37). A sintaxe do alemão combina de modo ainda mais marcante origem biológica e destino argumentativo: "Aber vorher mag es uns verlocken, die Annahme, daß alle Triebe Früheres wiederherstellen wollen, in ihre letzten Konsequenzen zu verfolgen" (*JL*, 227).

Em outro ponto, o texto de Freud trai uma insatisfação ainda mais fundamental com a própria noção de progresso cultural. Ele é forçado a confessar, em *Além do Princípio do Prazer*, o seu abandono da "ilusão benevolente" de que exista "um instinto na direção da perfeição agindo nos seres humanos, um instinto que os tenha levado ao seu atual alto nível de realização intelectual e sublimação ética e do qual se possa esperar que supervise o seu desenvolvimento em super-homens" (*BPP*, 42). Esse instinto não pode ser primário nem autônomo, diz Freud, mas sim o produto da economia psíquica de vida/morte. O desejo de progresso não é na realidade senão o instinto de morte sujeitado e desviado; privada da possibilidade de retornar à morte por uma repressão advinda dos instintos de vida, a morte faz um rancoroso desvio ao longo da vida, visto que "não há alternativa a não ser avançar na direção em que o crescimento ainda é livre — se bem que sem nenhuma perspectiva de levar o processo a uma conclusão nem de ser capaz de atingir o alvo" ("bleibt nichts anderes übrig, als in der anderen, noch freien Entwicklungsrichtung fortzuschereiten, allerdings ohne Aussicht, den Prozeß abschließen, und das Ziel erreichen zu können" — *BPP*, 42; *JL*, 233).

Em todas essas negociações da metáfora da direção, Freud parece estar designando inconscientemente o ritmo de sua própria investigação, que apresenta um impulso similarmente incerto em seus avanços e em suas demoradas divagações, em suas antecipações e evasivas, suas arremetidas rumo a uma conclusão e suas especulações inconclusivas. Seu princípio dinâmico é caracterizado por Derrida no curso de uma sutil leitura de metáforas direcionais presentes em *Além do Princípio do Prazer*, como uma "démarche" um (não) prosseguir ou um "pas de thèse", a dança organizada de uma não-tese "que avança sem avançar, sem avançar-se* a si mesma, sem sequer avançar algo que não retome de imediato, pelo tempo de um rodeio, sem nunca pôr algo que permaneça em sua posição" (TSF, 293). Como sugere Derrida, o (não)princípio dominante do movimento argumentativo em *Além do Princípio do Prazer*, em sua alternância entre progressão e retração, é na verdade proporcionado pelo jogo do fort:da, que, apesar de sua enorme importância na história da psicanálise, tem um papel estranhamente periférico nesse texto de Freud (TSF, 294-337).

Como se para admitir o dano infligido à metáfora do progresso ao longo do ensaio, Freud o conclui com uma citação poética de "Die beiden Gulden" ["Os Dois Florins"] que responde à evocação por Mefistófeles do impulso irreprimido de progresso antes citada: "Was man nicht erfliegen kann, muss man erhinken ... / Die Schrift sagt, es ist keine Sünde zu hinken" ("Aquilo que não se pode alcançar voando tem-se de alcançar mancando ... / A Escritura diz que não há pecado em mancar" (*BPP*, 64). O mancar é um andar prejudicado, o produto de um compromisso entre avançar e recuar, ou entre movimento e *stasis*. A evocação de outra famo-

*Estão envolvidos aqui dois sentidos de avançar: ir para a frente e apresentar. N. dos T.

sa deficiência em termos de caminhar dificilmente poderia ser mais apropriada, pois o bravo movimento de Édipo em direção ao futuro, com os seus pés inchados, também assume a forma de um movimento de recuo rumo ao conhecimento do seu passado desastroso. Em aparente contraste com a determinação dos seus trabalhos anteriores de penetrar destemidamente no futuro da pesquisa psicanalítica, Freud reconhece que "também devemos estar prontos a abandonar um caminho que seguimos por algum tempo se ele parecer não levar a um bom final" ("man muß bereit bleiben, einen Weg wieder zu verlassen, den man eine Weile verfolgt hat, wenn er nichts Gutem zu Führen scheint — *BPP*, 64; *JL*, 257). Ou seja, se parece não haver valor positivo numa forma particular de progressão, não devemos prosseguir nela. Mas e se o "fim" buscado pelo organismo — e, em conseqüência, pela própria psicanálise — não fosse exatamente o bem do indivíduo, ou se o "bom" que ele desejou fosse justamente o fim das questões sobre o bom e o ruim? Que significaria nesse caso buscar alcançá-lo como o "bom" ou como um "fim"? Que, além disso, poderia significar abandonar essa busca? Seria esse abandono um esquivar-se da possibilidade de conseguir o bom no sentido de um valor positivo para a vida? Ou seria uma recusa produtiva do instinto de dissolução que parece desdobrar e investir toda busca de valor, e só pode levá-la a um fim ruim — e, portanto, um abandono lucrativo?[7]

BATTAILE E O GASTO ABSOLUTO

Ninguém promoveu de maneira mais apaixonada e obstinada a investigação do princípio do valor negativo nas economias da vida e da história humanas do que Georges Bataille. Sua recusa subversiva das restrições

7. No curso de sua articulação altamente sugestiva de *Além do Princípio do Prazer*, de Freud, com os escritos de Nietzsche e Heiddeger sobre a morte, a diferença e a repetição, em *The Question of Value: Thinking through Nietzsche, Heiddeger, and Freud* (Carbondale e Edwardsville, Southern Illinois University Press, 1989), James S. Hans também dá atenção aos entrelaçamentos de valores de vida e de morte trazidos à luz pela obra de Freud. Mas, ao defender uma forma de resistência à reação "discursiva" ao tempo, à finitude e à mudança que caracteriza o instinto de morte, uma resistência que consistiria precisamente na aceitação "recursiva" da temporalidade – ou seja, aceitação da dialética da vida e da morte –, Hans parece defender uma escolha definitiva, mas gratuita, da vida em detrimento da morte que, por mais fervorosamente que pareça ser desejada em *Além do Princípio do Prazer*, de Freud, também é, creio eu, por ele desautorizada. Concordo com o que considero ser um dos principais pontos da leitura derridiana desse texto de Freud, a saber, a de que o acolhimento simples e afirmativo do valor da vida, ou dos seus análogos como o Eterno Retorno ou o Ser Heiddegeriano, não pode ser garantido em oposição à economia da morte nem em permanente contradistinção com respeito a ela. Apesar de ter lido o livro de Hans depois de escrever este capítulo, julgo ter contraído com ele, prolepticamente, uma grande dívida.

do racionalismo econômico, e, na verdade, do próprio racionalismo, é uma fonte para muitas das contribuições mais distintivas do pensamento francês recente, destacando-se aí a obra de Baudrillard, Kristeva, Foucault e Derrida. Quando assinalamos o legado de Bataille, estamos chamando a atenção para um paradoxo: o fato de um corpo de trabalho que promove a perda, o desperdício, o excesso, a recusa e o excremento, ao lado de tudo o que se opõe aos princípios da utilidade burguesa, ter se tornado um repositório tão rico de conhecimento equivale a um estranho fracasso. Como é possível manter um sério compromisso com os valores do gasto puro e não-produtivo, com os valores do não-valor, quando a própria obra de Bataille aumenta de modo tão consistente o valor positivo?

A fixação de Bataille na economia do desperdício data do seu envolvimento inicial com o surrealismo. Seu interesse pelo tópico do gasto deriva da obra de Marcel Mauss, que assinalou, no seu *Essai sur le don* (1925), várias práticas entre povos primitivos que pareciam sugerir uma economia baseada em princípios radicalmente diferentes do interesse pessoal característico dos sistemas econômicos ocidentais. Particularmente a evidência do *potlatch*, uma cerimônia praticada pelas tribos nativas da costa noroeste da América do Norte, em que quantidades prodigiosas de posses valiosas são ritual e publicamente destruídas, sugeriu a Mauss e a muitos outros a existência da necessidade de um gasto que está em flagrante contraste com as considerações econômicas do ganho e da conservação típicas de culturas mais avançadas.[8]

Embora se refira com freqüência a Mauss, e nele se apóie, Bataille tem uma visão muito mais radical dos princípios econômicos gerais revelados por essas práticas. Preocupado em demonstrar os princípios da reciprocidade não-materialista em ação nas sociedades primitivas, Mauss não nega a existência de alguma forma de interesse pessoal ou de troca econômica nas estruturas da doação de presentes que analisa. Para Bataille, por outro lado, o "presente" e suas formas sacrificais intensificadas como o *potlatch* são evidências de um impulso fundamental de gasto não-produtivo de energias e de bens na vida humana, um impulso que se manifesta de maneiras tão variadas quanto o amor a itens luxuosos, mas inúteis como jóias e metais preciosos, a prática do sacrifício ritual, o esporte e os espetáculos competitivos e a produção artística de toda espécie. Em sua obra posterior, ele explora com maiores detalhes os vários desafios aos princípios do interesse pessoal racional e de uma economia baseada na utilidade, tal como os via representados no livre dispêndio de energia na sexualidade, na literatura, na filosofia, na experiência mística e ascética, bem como, por fim, na própria economia política.[9] Enquanto em

---

8. Marcel Mauss, *The Gift: Forms and Functions of Exchange in Archaic Societies*, trad. I. Cunnison, Nova Iorque, Norton, 1967.

9. Veja-se Georges Bataille, *L'Expérience intérieure* (1943), trad. Lesley Anne Boldt: *Inner Experience*, Albany, State University of New York Press, 1988;

seu trabalho anterior Bataille tendia a aceitar o domínio dos princípios da utilidade produtiva na vida moderna cotidiana, vendo exemplos de desperdício ou de gasto como episódios gloriosos mas intermitentes no contexto da utilidade, em seu relato mais abrangente da "economia geral", *La Part maudite* (1949), o gasto é projetado como fundamental para a economia astrobiológica do universo. No centro do nosso sistema solar está o sol, que nos acostumamos a considerar a fonte de toda vida e de todo crescimento, mas que Bataille caracteriza como o princípio da abundância desperdiçadora:

> A origem e essência da nossa riqueza advém da radiação do sol, que dispensa energia — riqueza — sem nenhum retorno. O sol dá sem nunca receber. Os homens tinham consciência disso muito antes de a astrofísica medir essa prodigalidade incessante; eles o viram fazer amadurecer a colheita e associaram o seu esplendor com o ato de alguém que dá sem receber[10].

Se a vida animal e vegetal da terra absorve e concentra a energia do sol, ela o faz apenas no interesse de prazo mais longo de um maior gasto. A aquisição e a conservação devem portanto ser vistas como efeitos auxiliares a serviço do gasto de energia excedente, do mesmo modo como, para Freud, o instinto de morte usa para os seus próprios fins o instinto de conservar a vida. A humanidade é simplesmente o organismo em que a transformação das posses em gasto ocorre de modo mais energético:

> O homem é o resultado da energia excedente; a extrema abundância de suas nobres atividades tem de ser definida principalmente como a brilhante liberação de um excesso. A energia livre floresce nele e exibe interminavelmente o seu inútil esplendor. Mas esse excedente de energia não poderia ser liberado se antes não fosse possuído. A condensação é necessária ao gasto[11].

O valor da cultura, no sentido amplo e restrito, consiste em sua capacidade de exprimir a "soberania" que Bataille associa com o gasto, em oposição ao "servilismo" da produção ou utilidade. "O termo poesia", escreve ele em 'The Notion of Expenditure', "aplicado às formas menos degradadas e menos intelectualizadas da expressão de um estado de perda, pode ser considerado sinônimo de gasto; ele na verdade significa, da maneira mais precisa, criação por meio da perda" (*VE*, 120). Os ensaios

---

Sur Nietzsche (Paris, Gallimard, 1945); "Hegel, la mort et le sacrifice", *Deucalion*, 5 (1955), pp. 21-43; *L'Erotisme* (1957), trad. Mary Dalwood; *Eroticism*, Londres, John Calder, 1962; *La Littérature et le mal* (1957), trad. Alistair Hamilton: *Literature and Evil*, Londres, Marion Boyars, 1985.

10. Bataille, *La Part maudite* (1949), trad. Robert Hurley: *The Accursed Share*, Nova Iorque, Zone Books, 1988, pp. 28-29.

11. Bataille, Bataille, "L'Économie à la mesure de l'univers", in *Oeuvres Complètes*, Paris, Gallimard, 1976, vol. 7, p. 14 (tradução minha).

contidos em *Literature and Evil* examinam esse princípio de soberania tal como se faz presente na obra de Emily Brontë, Blake, Sade e outros. O ensaio sobre Michelet, incluído nesse volume, explica a superioridade da intensidade (que pertence ao instante e não está voltada para nenhum fim ou lucro futuro determináveis) com relação ao mero prazer (que é subordinado aos fins modestos e prudentes da sobrevivência e da cooperação no tempo):

> A intensidade pode ser definida como um valor (ela é o único valor positivo); a sobrevivência, como um Bem (ela é a meta geral da virtude). A noção de intensidade não pode ser reduzida à de prazer porque, como vimos, a busca da intensidade nos leva ao reino do incômodo e, em seguida, aos limites da consciência ... O valor está situado *além do Bem e do Mal*, mas de duas maneiras opostas, uma vinculada ao princípio do Bem e a outra ao do Mal. O desejo do Bem limita o instinto que nos induz a buscar um valor, ao passo que a liberdade na direção do Mal dá acesso às formas excessivas de valor. Contudo, não se pode concluir disso que o autêntico valor está do lado do Mal. O próprio princípio do mal deseja que vamos "o mais longe possível" (*LE*, 74).

Bataille é colhido aqui por alguns incômodos problemas lógicos. Antes de tudo, há a questão do lugar ocupado pela poesia ou literatura. Se ela representa o valor do excesso absoluto, a transgressão soberana de uma economia baseada no lucro e no cálculo, como vinculá-la à "economia geral" elaborada em *La Part maudite*, a não ser como expressão menor de um conceito mais amplo? Isso seria sugerir que a literatura proporciona uma dose homeopática do impulso ao excesso imensurável que governa todo o universo. Mas isso é difícil de entender; pois que tipo de economia seria a que permitisse a distribuição de graus de incomensurabilidade e quantidades de excesso absoluto dessa maneira? Somos aqui apresentados a uma economia geral que se baseia no princípio inerentemente não-econômico ou antieconômico do desperdício, embora esse princípio só possa ser concebido em termos econômicos. Derrida assinalou o paralelo que há aqui entre a economia geral de Bataille e a economia da morte de Freud, que parecem nos exigir que concebamos em termos econômicos um princípio que solapa de modo radical toda e qualquer economia:

> Como podemos pensar *simultaneamente*, de um lado, na *différance* como rodeio econômico que, no elemento do mesmo, sempre visa voltar ao prazer ou à presença que foi diferida pelo cálculo (consciente ou inconsciente), e, de outro, *différance* como a relação com uma presença impossível, como gasto sem reservas, como a perda irreparável da presença, como o uso irreversível de energia, ou seja, como o instinto de morte, e como a relação inteiramente outra que aparentemente interrompe toda economia? É evidente

— e isso é o próprio evidente — que o econômico e o não-econômico, e o mesmo e o inteiramente outro etc. não podem ser pensados *juntos*[12].

Barbara Herrnstein Smith concentra-se num problema diferente ao atacar a economia da perda de Bataille, numa leitura que se estende para incluir uma condenação a toda tentativa de projetar categorias da experiência ou do valor que estejam fora do alcance da positividade generalizada do valor. Como vimos, ela afirma que "nenhuma valorização de qualquer coisa, mesmo da própria'perda', pode escapar à idéia de alguma espécie de positividade — isto é, ganho, benefício ou vantagem — com relação a alguma economia" (*CV*, 137). Embora aprove num grau considerável o ataque de Bataille à restrita economia do utilitarismo ou do puro capitalismo de mercado, ela ainda assim o condena pela crucial desatenção às maneiras pelas quais a perda sempre funciona, mesmo e especialmente em seu próprio relato, como valor. Na exata medida em que o gasto de homens e animais no sacrifício, na dilapidação de dinheiro e energia na compra de itens luxuosos e em jogos competitivos, bem como a provocação do riso ou do terror na literatura e no teatro, são vistos de alguma maneira como desejáveis ou preferíveis ao puro ganho monetário, "há um ganho na economia do indivíduo ou da comunidade ... um ganho ou troca que torna o gasto e as preciosidades particulares 'racionais' num sentido econômico/utilitário: quer dizer, eles têm alguma relação mais ou menos proporcional com um resultado desejado/desejável" (*CV*, 136). Smith se baseia na obra de Bourdieu e outros para desacreditar a fé simples de Bataille na força da "perda absoluta" no *potlatch* e em cerimônias semelhantes. Em todos esses casos, afirma ela, a perda é estratégica e temporária, um desperdício de bens materiais no interesse de um ganho em termos de posição social. O presente, por mais extravagantemente excessivo, sempre exige um contrapresente daquele que o recebe; o gasto conspícuo de bens sempre confere poder e autoridade àquele que os destrói (*CV*, 138-9). Allan Stoekl faz uma afirmação semelhante acerca da negatividade radical de Bataille ao perguntar: "Por acaso não estará Bataille, no próprio ato de escrever sobre várias formas de imprestabilidade, ao valorizá-las dedicando-lhes artigos, simplesmente erigindo-as em novos valores privilegiados? (*VE*, p. xvii).

O que falta a essas críticas é a percepção da própria consciência embaraçada de Bataille quanto ao retorno do valor no não-valor. Por mais devastador que seja o seu ataque, Smith se concentra quase por inteiro em "The Notion of Expenditure", ensaio datado do início dos anos 30, que, embora ofereça uma concentração sobremodo útil de muitos dos principais argumentos de Bataille num curto espaço de tempo, só o faz

12. Jacques Derrida, *Margins of Philosophy*, trad. Alan Bass, Brighton, Harvester Press, 1982, p. 19.

porque é um relato muito menos nuançado do que os que aparecem em outros momentos de sua obra. Em *La Part maudite*, ele de fato considera os argumentos acerca do valor positivo vinculado ao gasto no *potlatch* e no sacrifício, reconhecendo sua inevitável positividade em termos de resultado: "O dispêndio inútil de energia é sempre o oposto de uma coisa, mas é levado em conta tão logo entra na ordem das coisas, assim que é transformado numa *coisa*"[13]. Uma ansiedade semelhante espera seu relato acerca da força da literatura. Falando sobre a consagração do princípio do excesso em Blake, Bataille nos adverte do ato de dar ao poder ou valor da poesia a força de um princípio positivo. A "soberania" da poesia se torna evidente não nas formas objetificadas de excesso que reúne, mas em seu anseio por um excesso absoluto. Tornar-se um domínio de valor é para a poesia autotraição: "A poesia tem razão ao afirmar o alcance do seu império, mas não podemos contemplar esse alcance sem saber de imediato que ele é totalmente ilusório: não é tanto o império quanto a impotência da poesia" (*LE*, 85). Bataille termina *Literature and Evil* com uma surpreendente condenação de Genet — surpreendente porque a obra deste parece personificar de modo perfeito os valores negativos da transgressão e da heterogeneidade que têm tanta importância para Bataille. Mas é precisamente o fato de a obra de Genet parecer se comprometer com esses valores como substâncias que Bataille deseja condenar. O escândalo perturbador da obra de Genet se assemelha a uma espécie de ascese, uma abjeção do eu e de todos os seus apegos que, como escreve Bataille em *Inner Experience*, sempre é um rodeio no caminho da busca do ser beatífico (*IE*, 21-3) — e o ensaio de Bataille em *Literature and Evil* é escrito contra o *Saint Genet* de Sartre, título que epitoma a canonização do apóstata. Embora afirme admirar a "paixão pela nulidade" de *Saint Genet*, Bataille também vê com bastante suspeita seu conteúdo programático, o fato de "alcançar uma forma de perfeição que se deve à contínua expressão da abjeção" (*LE*, 174). A obra de Genet não ganha a sua aposta na soberania simplesmente porque Genet deseja possuir e vivenciar o puro desperdício, o puro excesso, a pura transgressão, como modo de ser. Genet quer apreender a soberania da *dépense* (o termo que para Bataille reúne de modo tão útil a dilapidação do econômico e, como *dé-pense*, a dilapidação do próprio pensar) "como benefício positivo" (*LE*, 194), mas é precisamente isso que torna a de Genet uma "soberania *confiscada*, a soberania morta daquele cujo desejo solitário de soberania é a traição da soberania" (*LE*, 204). Mas isso não é uma falha tática da parte de Genet, e sim uma necessidade estrutural, visto que a positividade é inescapável — "certa utilidade sempre aliena a soberania proposta" (*LE*, 194). O reconhecimento por Bataille dessa necessidade está no tom negativo da melancolia, que contrasta com o tom mais positivo da argumentação de Smith:

13. Bataille, *The Accursed Share*, pp. 68-71, 193.

> A soberania ... é o objeto que se esquiva de todos nós, que ninguém apreendeu e que ninguém pode apreender, pela seguinte razão: não a podemos possuir, como a um objeto, mas estamos condenados a procurar por ela ... Logo, não podemos falar da soberania fracassada de Genet como se existisse a forma acabada de uma real soberania ... Nunca está ao nosso alcance *ser* soberanos (*LE*, 193-4).

Estranhamente, somente quando são, nas palavras de Smith, "predicados ou constituídos de outra maneira ... como positividade" (*CV*, 147), os princípios do desperdício, da perda e da soberania ficam expostos à sua crítica. Bataille reconhece sua própria implicação nesse recuo da negatividade em positividade no início de *La Part maudite*, em que medita acerca da peculiaridade do seu próprio investimento de tempo e de energia na produção de uma obra destinada a mostrar a preeminência do princípio do desperdício:

> Enquanto considerava o objeto do meu estudo, não pude resistir pessoalmente à efervescência em que descobri o propósito inevitável, o valor da operação fria e calculada. A minha pesquisa tinha como alvo a aquisição de um conhecimento; ela demandava frieza e cálculo, mas o conhecimento adquirido era o de um erro, um erro implicado na frieza inerente a todo cálculo. Em outras palavras, meu trabalho estava voltado antes de tudo para o *aumento* da soma de recursos do homem, mas as suas descobertas me mostraram que essa acumulação não passava de um adiamento, um recuo com relação ao fim inevitável, em que a riqueza acumulada só tem valor num instante. Escrevendo este livro em que dizia que a energia podia finalmente ser desperdiçada, eu mesmo estava empregando a minha energia, o meu tempo, o meu trabalho; a minha pesquisa atendeu de maneira fundamental ao desejo de fazer um acréscimo ao montante de riqueza adquirido para a humanidade[14].

Ou, como ele mesmo diz, de modo mais sucinto, em *Inner Experience*, "a palavra silêncio ainda é um som" (*IE*, 13).

É espantoso que, dada essa apreensão, Bataille tivesse persistido de maneira tão inabalável em sua tentativa de especificar e substanciar sua concepção do puramente negativo. Não há dúvida de que a sua obra permanece ou se torna repetidas vezes vulnerável à acusação de Smith sempre que afirma ter descoberto ou nomeado o princípio da pura perda em alguma forma encarnada particular. Contudo, a força dessa crítica é menos evidente quando a reversão da negatividade em positividade vem a ser o tópico explícito da pesquisa de Bataille nessas linhas. Podemos

14. Id., ibid. pp. 10-11.

("proveitosamente") examinar outro exemplo de sua exploração autoconsciente do paradoxo na negatividade num artigo intitulado, estranhamente, "The Use-Value of D. A. F. de Sade" (*VE*, 91-102). O ensaio foi produzido como uma "carta aberta aos meus atuais companheiros" em 1929 ou 1930, como parte do complexo e prolongado desacordo com André Breton e o surrealismo. Aqui, como alhures, a acusação de Bataille ao surrealismo é a de que, ao contrário de suas afirmações, seu interesse pelo inferior, pelo vil, pelo inconsciente e pelo heterogêneo da vida humana não é revolucionário, mas assimilativo. No final, a estética surreal trabalha para sublimar os valores irruptivos do corpo e da sexualidade, em vez de levá-los à liberação. O ensaio de Bataille sobre surrealismo e marxismo, "The 'Old Mole' and the Prefix *Sur* in the Words *Surhomme* e *Surrealism*", que foi escrito mais ou menos na mesma época do ensaio sobre Sade, desenvolve um contraste paralelo entre a elevação e o "esplendor luminoso" do surrealismo e o caráter vil da "velha toupeira" do *Manifesto Comunista* de Marx, escavando nas entranhas do proletariado (*VE*, 35). Esse ensaio representa uma das primeiras formas de resistência de Bataille às transformações da dialética hegeliana e seu compromisso com a articulação de tudo quanto estivesse fora do alcance da *Aufhebung* [suspensão, superação], que, como diz Derrida, "reapropria para si toda negatividade, enquanto opera o 'pôr em jogo' num *investimento*, enquanto *amortiza* o gasto absoluto, enquanto confere sentido à morte"[15].

Em "The Use-Value of D. A. F. de Sade", Bataille afirma que a honra e o privilégio ritualmente concedidos a Sade entre os surrealistas depende do fato de o seu trabalho não ter um verdadeiro propósito, o que significa o seu trabalho ter um propósito *demasiado* imediato, em sua capacidade de gerar um lucro convencional do valor literário:

> É sem dúvida quase inútil no presente momento formular proposições racionais, visto que elas só poderiam ser tomadas em proveito de algum empreendimento conveniente e — mesmo com um disfarce apocalíptico — totalmente literário: em outras palavras, com a condição de que elas sejam úteis a ambições moderadas pela impotência do homem de nossos dias (*VE*, 93).

A sensação que Bataille tem aqui de que o que tem a dizer é, estritamente falando, "inútil" ("inutile")[16] deriva na realidade de sua convicção de que a única utilidade real é a futilidade. Mas o ensaio vai além disso. As obras de Sade sugerem para Bataille a possibilidade de uma "heterologia", uma ciência do outro, de tudo o que é expelido da consciência no interesse da

15. Derrida, "From Restricted to General Economy: A Hegelianism without Reserve", in *Writing and Difference* [*A Escritura e a Diferença*], trad. Alan Bass, Londres, Routledge & Kegan Paul, 1978, p. 257.

16. Bataille, "La valeur d'usage de D. A. F. de Sade (lettre ouverte à mes camarades actuels)", *Oeuvres Complètes*, vol. 2, Paris, Gallimard, 1970, p. 57.

manutenção da unidade e da homogeneidade, seja do eu, do estado, da história, seja na psicanálise, na política, na religião, na filosofia e até na poesia. Esta última pode dar a impressão de permitir o acesso ao heterogêneo, mas, diz Bataille, "está quase sempre à mercê dos grandes sistemas históricos de apropriação", cujo principal representante é "uma concepção poética total do mundo que pode terminar numa dentre várias homogeneidades estéticas" (*VE*, 97). A lógica que governa todas essas unidades é a da *apropriação*. Se as coisas de fato ocorrem como costumam parecer na obra de Bataille, poderíamos esperar que isso deixasse o caminho aberto para a promoção de um valor compensatório de excreção pura e improdutiva. Mas, na verdade, o ensaio de Bataille já tornou suspeito esse movimento por meio de sua interpretação da expulsão e do gasto como não apenas vulneráveis à reapropriação dialética como a própria *expressão* (isso, em todos os sentidos, portanto) do impulso apropriativo e homogeneizante. Como purificação, purgação e partição higiênica, a excreção é serva da identidade; ela reproduz violentamente o hiato entre o eu pleno e a futilidade reduzida a nada do que é expelido dela. Bataille encontra evidências dessa equivalência entre apropriação e expulsão na recepção surrealista de Sade:

> O comportamento dos admiradores de Sade lembra o de súditos primitivos diante do seu rei, a quem adoram e detestam e a quem cobrem de honras e confinam a limites estritos. Nos casos mais favoráveis, o autor de *Justine* é, assim, tratado na realidade como qualquer *corpo estranho* dado; em outras palavras, ele é tão só o objeto de transportes de exaltação à medida que esses transportes facilitam a sua excreção.
>
> A vida e as obras de D. A. F. de Sade não teriam, pois, outro valor de uso do que o valor de uso comum do excremento; quer dizer, na maioria das vezes as pessoas gostam mais freqüentemente apenas do rápido (e violento) prazer de deixar o assunto de lado e não vê-lo mais (*VE*, 92).

Aqui, com efeito, Bataille apresenta previsivelmente a sua concepção alternativa, "positiva" da expulsão excremental, uma expulsão não a serviço do eu, mas que o gasta e dissipa. Contudo, o mal já foi feito, visto ser difícil, em princípio, saber como distinguir entre o valor positivo *para a assimilação* da expulsão e o seu valor positivo *para a dissipação*. Bataille tem portanto de resistir à negatividade absoluta no seu relato de Sade, visto que isso sempre envolve o risco de fazer da excreção "um meio-termo entre duas apropriações" (*VE*, 99).

Eis por que Bataille fala, de modo tão estranho, do "valor de uso" da obra de Sade para o surrealismo e para a política cultural revolucionária que ele procura promover. Enquanto a negatividade é capturada pela positividade, a única resposta é reagir à negatividade; assim, em vez de permitir que Sade ocupe a posição do exterior negado, o próprio Bataille propõe, paradoxalmente, um investimento utilitário em valores sadianos, "não na esfera da impertinência gratuita, mas sim, de modo direto, no próprio mercado em que, todos os dias, o crédito que indivíduos e até comunidades podem dar à sua própria vida é, de certo modo, registrado" (*VE*, 94). Isso pode ser visto como uma tentativa de iludir o sistema para levá-lo a produzir negatividade, partindo da lógica de que se a negatividade sempre é capturada e revertida pela positividade, comecemos com uma positividade do negativo, na esperança de que ela então venha a ser "pura" negatividade. Mas também pode ser considerado uma tentativa de recusar ou reescrever a própria lógica que binariza e hierarquiza o positivo e o negativo. Um investimento nos valores da *dépense* não-utilitária de Sade tal como projetada aqui por Bataille é desde o começo um complexo amálgama do positivo e do negativo que põe a sua relação "en cause". O relato derridiano das complexas negociações filosóficas de Bataille com Hegel indica algo similar. Incapaz de escapar a Hegel, mesmo (e especialmente) na negação pura e simples da estrutura da dialética, visto que essa estrutura foi erigida precisamente para incorporar todas as negações, em sua apropriação sempre em ampliação do conhecimento e do sentido, Bataille é forçado em primeiro lugar a habitar a lógica hegeliana, a simular que a segue, a fim de produzir a fragmentação (em vez de subverter) sua positividade geral[17].

É nesse sentido que o trabalho de Bataille prefigura o próprio projeto desconstrutivo de Derrida. Não menos que Derrida, Bataille vê (na verdade intermitente e assistematicamente) a necessidade de evitar as reivindicações de qualquer discurso de que representa ou personifica a própria soberania do gasto. O discurso poético (e filosófico) está condenado à positividade da enunciação, à substancialidade das palavras e conceitos: mas se se evitar alegar que se dissolveram todas as regras, poderá ser possível regular o deslizamento da linguagem para longe do governo do significado:

> Temos, porém, de falar. "A inadequação da fala ..., pelo menos, tem de ser enunciada", a fim de manter a soberania, o que significa, de certo modo, a fim de perdê-la, de ainda reservar a possibilidade, não do seu significado, mas do seu não-significado; a fim de distingui-la, por meio desse "comentário" impossível, de toda negatividade. Temos de descobrir uma fala que mantenha o silêncio[18].

Encontramos uma versão dessa aparente inversão da negatividade já na discussão freudiana das maneiras pelas quais a morte é obrigada a habitar e governar o curso da vida na busca de um retorno ao não-ser, e veremos ainda outra num momento de *Worstward Ho*, de Beckett, em que a única rota para o "pior" irrecuperável é o imperativo positivo de encontrar meios de "fracassar melhor". Nos três casos, o que resulta dessa infiltração da negatividade na positividade é a recusa estratégica e comprometida dos valores negativos ou positivos como tais, na iniciação

17. Derrida, "From Restricted to General Economy", pp. 257-8.
18. Id., ibid., p. 262.

de um período probatório fundamentado e, provavelmente, interminável, do valor desses valores.

WORSTWARD HO

Nenhum autor evidenciou mais os problemas conceptuais associados com alegações da negatividade absoluta do valor e do valor absoluto da negatividade do que Samuel Beckett. A estética de Beckett e a estética beckettiana que a crítica produziu a partir dos seus escritos por prolongamento e elaboração positiva seguem a trajetória recursiva que tem constituído o objeto deste capítulo. Beckett proclama uma poética da pobreza e uma arte da impotência, da incompetência ou do fracasso. Seus primeiros escritos críticos acentuam de modo notável a determinação de resistir não apenas aos valores da mercadoria e do mercado como ao valor do próprio valor. Em seu *Three Dialogues with Georges Duthuit* (1949), ele fala de modo excelente da ausência de meios e de propósito do artista contemporâneo, e da redução das capacidades expressivas e representacionais do artista em seu "sonho de uma arte não ressentida de sua insuperável indigência e demasiado orgulhosa para a farsa de dar e receber".[19] Se isso exemplifica uma estética modernista da integridade da obra de arte contra a corrupção e o vazio da história — e a piada de Beckett sobre o mundo e as calças é uma sinopse ainda mais concentrada dessa estética —,[20] observa-se com menos freqüência que Beckett também tenta recusar a recuperação do valor em tal estética, particularmente o modo pelo qual a recusa da obra de arte a uma situação de referência pode ser ela mesma um tópico ou situação referencial. Beckett afirma que "as numerosas tentativas de tornar a pintura independente de sua situação só conseguiram ampliar o seu repertório", mas aconselha uma arte "da penúria última" que se recusa a participar de toda economia valorativa:

> Sejamos, ao menos uma vez, tolos o bastante para não fugir. Todos fugiram sabiamente, antes da penúria última, para a mera miséria, em que mães virtuosas destituídas podem roubar pão dormido para seus pimpolhos famintos. Há mais do que uma diferença de grau entre ter pouco, pouco do mundo, pouco de si, e ser desprovido dessas estimadas mercadorias. Um é uma dificuldade e o outro não[21].

---

19. Samuel Beckett, *Disjecta: Miscellaneous Writings and a Dramatic Fragment*, ed. Ruby Cohn, Londres, John Calder, 1983, p. 141.

20. "LE CLIENT: Dieu a fait le monde en six jours, et vous, vous n'êtes pas foutu de me faire un pantalon en six mois. LE TAILLEUR: Mais Monsieur, regardez le monde, et regardez votre pantalon" [O CLIENTE: Deus fez o mundo em seis dias e o senhor precisou de seis meses para me fazer uma calça. O ALFAIATE: Mas Senhior, veja o mundo e veja a sua calça.] ('La Peinture des Van Velde ou le Monde et le Pantalon", ibid., p. 118).

21. Ibid., pp. 142, 143.

A aceitação por Beckett da negação não-positiva é belamente resumida em "Gnome", um poema autodestrutivo dos anos 30:

Spend the years of learning squandering
Courage for the years of wandering
Through a world politely turning
From the loutishness of learning.[22]*

A aprendizagem (e, talvez possamos dizer, a arte) é polidamente desdenhada pelo mundo burguês do ganho e da utilidade, mas "a inutilidade que se vai acumulando" não pode oferecer nenhum princípio positivo de resistência a essa cultura. Os anos de aprendizagem não podem, por essa razão, ser uma preparação no sentido de acumular um recurso capital; eles são um "dispêndio", uma "dissipação" de coragem, de modo que a negatividade da aprendizagem consome até a si mesma.

Isso no entanto não significa que a transformação da negatividade em diferentes variedades de valor positivo não se declare abundantemente em outras partes dos escritos e entrevistas de Beckett, bem como nas obras críticas a seu respeito. O lema minimalista "menos é mais" é não somente uma forma padrão de interpretar os textos de Beckett, como também prescreve a taxa de juro mediante a qual a crítica tem sido capaz de fazer a "menosidade" [*"lessness"*] definhante de sua obra sair do vermelho da perda para a cifra positiva do lucro cultural. Jessica Prinz realiza criticamente o processo que descreve quando, concluindo uma comparação entre a "arte da inexpressão" de Beckett com a de Duchamp, afirma que "a desvalorização da arte leva a mais arte e a rejeição da maestria leva a obras-primas"[23]. O interessante é que Bataille foi um dos primeiros a capitalizar a obra de Beckett, numa resenha de *Molloy* de 1951; no último paragrafo, ele simultaneamente recruta Beckett para uma literatura da perda absoluta e banca o valor positivo dessa literatura:

> A *literatura* corrói necessariamente a existência e o mundo, reduzindo a *nada* (mas esse *nada* é horror) os passos mediante os quais caminhamos confiantemente de resultado em resultado, de sucesso em sucesso. Isso não exaure as possibilidades disponíveis na literatura. E é certo que o uso de palavras para fins não utilitários leva na direção oposta, rumo ao domínio do arrebatamento, do desafio e da audácia gratuita[24].

---

22. Samuel Beckett, *Collected Poems in English and French*, Londres, John Calder, 1977, p. 7.

*À guisa de tradução: "Passar os anos de aprendizagem dissipando / Coragem para os anos a viver vagando / Por um mundo que vai gentilmente descartando / A inutilidade que se vai assimilando" [N. dos T].

23. Jessica Prinz, "The Fine Art of Inexpression: Beckett and Duchamp", in *Beckett Translating/Translating Beckett*, ed. Alan Warren Friedman, Charles Rossman e Dina Sherzer, University Park e Londres, Pennsylvania State University Press, 1987, p. 105.

24. Bataille, Resenha de *Molloy*, publicada inicialmente em *Critique* (15 de maio de 1951), trad. Jean M. Sommermeyer, in *Samuel Beckett: The Critical*

Em nenhum lugar a assimilação é mais bem ilustrada do que nesses textos reveladores que marcam o encontro entre o estético e o econômico, as quartas capas dos livros de Beckett. Eis o que nos diz a da edição inglesa de *Worstward Ho*:

> Este texto extraordinário não é apenas a apresentação da dor da condição humana numa nova linguagem de audaciosa originalidade e espantosa beleza. É também rico em anedotas, contendo imagens inesquecíveis e uma poesia que é tão visual e musical quanto literária. Como tantas outras vezes anteriores, Beckett criou magia, transformando o mais vazio dos vácuos e a mais oca insubstancialidade do material em todo um mundo inesquecível que vai viver com o leitor e tornar-se parte de sua experiência[25].

Há certa necessidade econômica a que essa quarta capa responde de modo direto; a pessoa a quem se pede que gaste 7 libras ou mais por um livro de 47 páginas, impresso num tipo grande o bastante para que a leitura seja bem rápida, precisa claramente de uma garantia de que menos é, apesar de todas as aparências, mais. Você pode não obter muita coisa pelo seu dinheiro, diz o texto, mas o que você consegue tem uma "audaciosa originalidade", é "rico em anedotas" ("você já ouviu a das duas sombras e do crânio de olhos arregalados?") e até consiste aparentemente em mais do que simples palavras, visto que a sua poesia "é tão visual e musical quanto literária". A frase final efetua caracteristicamente a transformação de que fala, substituindo a limitação, o vazio e a insubstancialidade pela expansão, pela integralidade e pela permanência. Esse tipo de texto é, naturalmente, um alvo fácil, e não valeria a pena abordar esses pontos não fosse o fato de a tabela de conversão aqui exemplificada governar uma boa parte, se não a quase totalidade, das críticas acerca de Beckett, que aprendeu a dar a cada extremo de dilapidação de sua obra um reflexo positivo de valor[26].

Não há meio de se acautelar de modo absoluto dessas colheitas de valor a partir da negatividade (e, talvez, nenhuma razão para se dever buscá-la). Contudo, o que faz essa assimilação se parecer com as subdescrições de *Worstward Ho* é precisamente a consciência no interior e por meio do texto desse mesmo problema da recuperação. Porque, em *Worstward Ho*, Beckett está plenamente cônscio da necessidade de vivenciar, ou, nos termos de Freud, "saldar" [*living off*], a reversibilidade do valor.

Heritage, ed. Raymond Federman e Lawrence Graver, Londres, Routledge and Kegan Paul, 1979, p. 63.

25. Samuel Beckett, *Worstward Ho*, Londres, John Calder, 1983.

26. Tento examinar esse processo de assimilação crítica no capítulo intitulado "Repetição e Poder" do meu livro *Samuel Beckett: Repetition, Theory and Text*, Oxford, Basil Blackwell, 1988, pp. 170-201. Essa discussão começa a me parecer agora, em larga medida, veículo da lógica que ela mesma critica, lógica mediante a qual a negação é simplesmente transformada em positividade, seja para ser aprovada ou denunciada.

O texto começa com a mais sombria e tênue "pas de thèse", na expressão de Derrida, estabelecendo a oscilação entre asserção e retração, avanço e recuo, que o vai caracterizar o tempo inteiro. Aqui, cada item da narrativa é invocado e revogado quase imediatamente, cada tentativa de "dizer" é traduzida e cancelada automaticamente como " *be missaid* [seja menos dita/mal dita]":*

> *Say a body. Where none. No mind. Where none. That at least. A place. Where none. For the body. To be in. Move in. Out of. Back into. No. No out. No back. Only in. Stay in. On in. Still.* (*WH*, 7). [Diga um corpo. Onde nenhum. Nenhuma mente. Onde nenhuma. Ao menos isso. Um lugar. Onde nenhum. Para o corpo. Estar em. Entrar em. Fora de. De volta a. Não. Não fora. Não de volta. Só em. Ficar em. No dentro/avançar para dentro. Silêncio/imobilidade.]

O próprio ritmo dessas frases atrofiadas, relutantes, parece representar o desejo de quebrar o mínimo possível o silêncio, de não revirar nenhuma pedra desnecessariamente em seu itinerário rumo ao não-ser. O texto imita e conclama o fechamento, correspondendo as suas repetições, com grande exatidão, ao relato freudiano dos organismos elementares em que o mínimo nível de animação nem bem é produzido e já é anulado, "constantemente criado outra vez e morto com enorme facilidade" (*BPP*, 38). O cancelamento das alternativas de movimento "fora de(o)" e "de volta a(o)" espaço narrativo determinado e aberto pelo texto tenta evitar o acúmulo e o armazenamento involuntário de todo excedente, de modo que as frases se refletem mutuamente numa reflexão ela mesma refletida na proximidade de ajuste entre "no/avançar para" (*on*) e "dentro" (*in*) e no pequeno palíndromo de "*on*" e "*no*". Mais uma vez, tal como o organismo elementar de Freud, o texto parece resistir à aglutinação de elementos em unidades mais amplas, mantendo cuidadosamente a separabilidade de suas partículas semânticas — se bem que devamos observar aqui que o próprio princípio da reversibilidade e do cancelamento sempre parece requerer um grau mínimo mas mesmo assim crucial de ligação.

Temos também se pôr em relevo um detalhe pequeno e importante no parágrafo citado. Beckett inicia a primeira de tantas brincadeiras do texto com a ligeira assimetria entre dois cancelamentos: "*Say a body. Where none. No mind. Where none*". O ritmo de alternância exige aqui um positivo a ser objeto de uma contraposição de um negativo que dá ao enunciado positivo o mero status de uma hipótese apresentada: "*Say a body. Where none.*" — "Não há um corpo, mas (digamos) que há um

* O prefixo *mis* indica negação tanto no sentido de diminuição como no de erro, o que explica as opções "menos dita (desdita)" e "mal dita (dita erradamente). – No que segue, reproduziremos o texto original de Becket, seguido de uma proposta de tradução; assim sendo, nas citações feitas nos comentários, manteremos o texto em inglês para melhor compreensão [N. dos T].

corpo". Mas o segundo par confunde (se bem que, por ser uma reversão, confirme) esse ritmo, visto que o elemento proposto e negado é ele mesmo uma negação: "*No mind. Where none.*" — "Não há uma mente, e/mas (digamos) que não há uma mente". Aqui, a própria redundância da negação cria um minúsculo excedente, o primeiro indício do que vai ser um depósito augiano* de afirmações negativas.

O parágrafo seguinte dá início ao longo debate sobre o fracasso e o sucesso que se desenrolará ao longo de *Worstward Ho*. Tudo é como sempre tem sido, ou seja, tudo se destina a redundar em fracasso; mas o texto jura a si mesmo que dessa vez será um tipo diferente de fracasso: "*All of old. Nothing else ever. Ever tried. Ever failed. No matter. Try again. Fail again. Fail better*" (*WH*, 8). ["Tudo como antes. Nunca nada a mais. Sempre tentado. Sempre fracassado. Não importa. Tente outra vez. Fracasse outra vez. Fracasse melhor."] O próximo parágrafo sugere o que pode ser fracassar melhor: "*Try again. Fail again. Better again. Or better worse. Fail worse again*" (*WH*, 8). ["Tente outra vez. Fracasse outra vez. Ou melhor ainda. Ou melhor pior. Fracasse pior ainda."] Não fica claro se "fracasse pior" significa fracassar de maneira mais abrangente, de um modo que se aproxime mais do fracasso total, ou fracassar de forma menos abrangente, fracassar de um jeito que reserve alguma medida de sucesso. Essas duas alternativas devem em certo sentido se amalgamar (embora apenas, por assim dizer, momentaneamente, e não de um modo que a análise as possa manter juntas), visto que fracassar em termos absolutos, "de uma vez por todas" (*WH*, 8), sempre deve, à medida que se configura como o resultado desejado, constituir uma espécie de sucesso.

Logo, o fracasso pior tem de ser provocado "com cuidado", submetendo-se a uma vigilância angustiante as perigosas possibilidades de ganho (aqui, tanto o sentido acústico como o econômico parecem apropriados)** em cada enunciado. Uma importante seqüência do meio do texto demonstra o urgente desejo de efetuar uma deterioração absoluta sem permitir que a perda constitua uma positividade:

> *First one. First try fail better one. Something there badly not wrong. Not that as it is it is not bad. The no face bad. The no hands bad. The no —. Enough. A pox on bad. Mere bad. Way for worse. Pending worse still. First worse. Mere worse. Pending worse still. Add a —. Add? Never. Bow it down. Be it bowed down* (*WH*, 21).
> [Primeira vez. Primeiro tente fracassar melhor uma vez. Algo ali malmente não errado. Não que como está não esteja mal. O sem-face mal. O sem-mãos mal. O não —. Bastante. Um pústula no mal. Mero mal. Caminho do pior. Perto do/até pior ainda. Primei-

* O grego Áugias foi o rei de Élis cujas estrebarias acumularam sujeira durante anos, até que Hércules, num dos seus doze trabalhos, as limpou [N. dos T].

** Provável referência à semelhança fônica entre *gain* e *game* [N. dos T].

ro pior. Mero pior. Perto do pior ainda/até pior ainda. Adicione um —. Adicione? Nunca. Sujeitá-lo. Que ele seja sujeitado.]

Aqui, o texto suspeita até mesmo de sua própria resolução positiva de evitar a positividade tal como implícita no imperativo para evitar aumento "*Bow it down*", que é substituído pelo subjuntivo "*Be it bowed down*". Nesse ponto, como em outros, a tentativa de automatizar o funcionamento do texto é uma remoção desejável da preocupante heterogeneidade da ação autoral, mas aumenta as possibilidades de que, sem uma estrita e contínua supervisão, o texto comece espontaneamente a acumular reservas de sentido. Com efeito, adiante, num movimento que lembra a tentativa de Bataille no sentido de exercer um controle limitado sobre o processo de deslizamento do sentido, Beckett reconhece o caráter inescapável do incremento, alimentando porém a esperança de poder empregá-lo no interesse da redução:

> *Back unsay better worse by no stretch more. If more dim less light then better worse more dim. Unsaid then better worse by no stretch more. Better worse may no less than less be more* (*WH*, 37). [Voltar desdizer melhor pior sem estender mais. Se mais penumbra menos luz então melhor pior mais penumbra. Desdito então melhor pior sem estender mais. Melhor pior pode não menos que menos ser mais.]

A afirmação é melhor (pior) do que a negação, porque a afirmação dá margem a mais negação: "*Ask not. No. Ask in vain. Better worse so*". ["Não pergunte. Não. Pergunte em vão. Melhor pior assim."] (*WH*, 19).

Logo, em vez de fugir unilateralmente à linguagem do ganho, o texto a procura de maneira ativa, multiplicando exemplos de clichês econômicos, a fim de "desenunciá-los" [*unutter*]. Isso pode tomar a forma da simples inversão, como quando nos é dito, com relação a imagens de um velho homem e de uma criança que o texto teve sucesso (ou fracassou) em citar, que "*any other would do as ill*" ["qualquer outro iria igualmente mal."] (*WH*, 12). A simplicidade dessa inversão é ilusória. Ir "bem" como exemplo de imaginação empobrecida ou deficiente sempre é, obviamente, ir "mal", mas ir "mal" como deficiência sempre sugere a possibilidade de que as imagens não sejam suficientemente ruins, que de alguma maneira elas sejam carentes de deficiência. Como tudo o mais que pode ser enunciado ou refletido numa linguagem, a "mal-dade" [*ill-ness*] não é um negativo absoluto, mas uma quantidade relativa, suscetível a comparações e a graus, como fica evidente um momento depois: "*Any others would do as ill. Almost any. Almost as ill*". ["Quaisquer outros iriam igualmente mal. Quase quaisquer. Quase tão mal."] (*WH*, 13). Aqui, é a palavra "*almost*" [quase] que desvela a positividade da mal-dade, em sua sugestão de uma mal-dade que fica aquém da maximalidade ideal do mal/ruim. A palavra "*almost*" é usada aqui, como em outros momentos do texto, tanto para predicar como para desmentir a coincidência entre o zero e a totalidade, sugerindo a plenitude, o "tudo"[*all*] e o "máximo" [*most*] do nada, mesmo representando o necessário estar-aquém do niilismo absoluto (que Beckett mais tarde chama de *"the leastmost all"* [o mais mínimo tudo] — *WH*, 33). É essa a razão por que o texto foge da sugestão de que a sua meta é alcançar o niilismo:

> *Naught best. Best worse. No Not best worse. Naught not best worse. Less best worse. No. Least best worse. Least never to be naught. Never to naught be brought. Never by naught be nulled* (*WH*, 31-2). [Nada o melhor. O melhor pior. Não. Não o melhor pior. Nada não o melhor pior. Menos o melhor pior. Não. O mínimo o melhor pior. O mínimo nunca ser nada Nunca ser levado a nada. Nunca pelo nada ser anulado.]

O "máximo" que pode ser alcançado é a abordagem assintótica do zero, um pior que é sempre mantido aquém do grau zero.

Esse jogo com as economias do nada também é apresentado por meio de variações da frase *"better than nothing"* "melhor do que nada", como em *"a little better worse than nothing so"* ["um pouco melhor pior do que nada assim"] (*WH*, 23); *"better than nothing so worsened for the worse"* ["melhor do que nada assim piorado/tão piorado para o pior"] (*WH*, 27); e em *"better than nothing worse say stare from now"* ["melhor do que nada pior dizer olhar a partir de agora/do agora"] (*WH*, 44). Na linguagem comum, ser "melhor do que nada" significa abranger uma quantidade desejável de algo, mas essa quantidade é sempre indesejável na economia invertida de *Worstward Ho*, sendo essa a razão pela qual melhor do que nada é sempre pior do que nada. Um jogo semelhante é encenado com as idéias de custo e falta. Já no início, o texto tenta proteger-se das conseqüências da reunião de demasiado conhecimento sobre os seus tópicos: *"Why up unknown. At all costs unknown"*. ["Por que desconhecido. A todo custo desconhecido."] (*WH*, 17). Há uma diminuta hilaridade na idéia de um texto desejoso de correr o risco do sacrifício como custo de todos os seus recursos para manter o valor de um não-conhecimento (uma *dépense*) que é ele mesmo uma dissipação voluntária de recursos intelectuais. Há um jogo semelhante com a idéia da escassez e do recurso ao longo de *Worstward Ho*. Quando retorna à sua imagem do *"plodding twain"* ["par trabalhador"], o texto o faz com as palavras *"Back to them now for want of better and of better fail"*. ["De volta a eles agora por falta de melhor e de melhor fracassar"] (*WH*, 30-1). Aqui, a *"want"* do melhor é claramente não uma escassez de bons tópicos narrativos mas de assuntos ruins ou carentes; o "par trabalhador" precisa muito de degeneração, em sua qualidade de o *"least worse failed of all the worse failed shades* ["menor pior fracassada de todas as sombras pior fracassadas"] (*WH*, 31). O que está em falta é a própria falta; o texto é escasso em escassez. Em outro ponto, num momento de retração posterior do texto, Backett solapa a retórica da abundância e da escassez personificada na expressão *"much less"* ["muito menos"]: *"Back unsay shades can go. Go and come again. Shades cannot go. Much less come again"*. ["Voltar desdizer sombras podem ir. Ir e voltar. Sombras não podem ir. Muito menos voltar/volta."] (*WH*, 40). O intensificador casual "*much less*" insere aqui uma expectativa de quantidade argumentativa numa argumentação que deseja dilapidar. A expressão "*much less*" costuma ter a função e a conotação de adendo ou acréscimo, a função de um *a fortiori*; aqui, contudo, a coalescência do oxímoro formado por "*much*" e "*less*" faz que ela *signifique* muito menos (e a disposição de "*much*" e "*less*" é típica de *Worstward Ho*).

Como assinalam Freud e Bataille, o jogo da escassez e da abundância, da perda e do ganho, é jogado necessariamente não somente no tempo como com o tempo. *Worstward Ho* descreve o duplo movimento analisado por Freud em *Além do Princípio do Prazer*, em que o avanço no tempo é simultaneamente a dolorosa compulsão da vida e os meios usados para escapar-lhe. Se as primeiras palavras de *Worstward Ho* sugerem uma resistência à dolorosa entrada na duração e na seqüência, o texto se descobre incapaz de evitar seu próprio acúmulo no tempo e também tem de, por assim dizer, acumular depósitos *de* tempo a fim de, mais tarde, despendê-los e anulá-los. Logo, tal como com Freud, o impulso na direção da morte consiste tanto em resistir ao movimento de avanço como em render-se a ele, em retardá-lo e impulsioná-lo. Se o melhor (pior) de todos seria não entrar na duração, o segundo melhor (pior) é reconhecer que fazê-lo é necessário ao processo de piorar: "*No once. No once in pastless now. No not none. When before worse the shades? The dim before more? When if not once*?" ["Não uma vez/um dia. Não uma vez/um dia no sempassado agora. Não não nenhum. Quando antes piores as sombras? A penumbra antes mais/de mais? Quando se não uma vez/um dia?"] (*WH*, 38). Correspondentemente, o texto precisa de sua sintaxe de "primeiro", "próximo/seguinte", "outra vez/novamente", "no/dentro/em/para a frente/avançar" e "de volta/voltar", podendo lamentar-se: "*No future in this. Alas yes*" ["Nenhum/não há futuro nisto. Ai de mim, sim!"] (*WH*, 10).

Em *Worstward Ho*, Beckett procura economizar tempo, resistir ao desperdício de tempo por meio de um procedimento de controle remoto que é anunciado já na primeira página: "*Say for be said. Missaid. From now say for be missaid*". ["Dizer por ser dito. Mal dito. A partir de agora dizer por ser mal dito."] (*WH*, 7). Essa técnica da substituição automática tenta manter algum controle sobre o futuro do texto, controlando o tempo a distância e provocando o colapso do lapso de tempo entre afirmação e negação. A própria duração é problemática no livro, visto que muitos dos avanços em resposta ao imperativo "*on*" consistem na realidade de retrospectos, o desdizer ou a piora do que já foi dito, o que gera o híbrido recorrente "*on back*" ["avançar para trás/de volta"] e "*back on*" ["voltar para a frente"]. A tentativa ulterior de Beckett no sentido de encurtar o intervalo em que "*on*" é revertido em "*back*" constitui um encurtamento do próprio tempo: "*Back is on. Somehow on. From now back alone. No more from now now back and now back on. From now back alone. Back for back on. Back for somehow on*" ["Voltar é avançar. De algum modo avançar. A partir de agora só voltar.

Não mais a partir de agora ora voltar e ora voltar para a frente. A partir de agora só voltar. Voltar por voltar para a frente. Voltar por de algum modo avançar."] (*WH*, 37). Mas resistir ao impulso de avanço para a frente no tempo é profundamente paradoxal onde a única rota para o fim do tempo "para sempre" é a duração. Isso já foi admitido no final de uma seqüência em que o texto propõe uma taquigrafia numérica para distinguir entre as três imagens que evocou:

> *From now one for the kneeling one. As from now two for the twain. The as one plodding twain. As from now three for the head. The head first said missaid. So from now. For to gain time. Time to lose. Gain time to lose. As the soul once. The world once* (*WH*, 20). [A partir de agora um para o que se ajoelha. Como a partir de agora dois para o par. O como um par trabalhador. Como a partir de agora três para a cabeça. A cabeça primeiro dita mal dita. Assim a partir de agora. Para ganhar tempo. Tempo para perder. Ganhar tempo para perder. Como a alma uma vez/um dia. O mundo uma vez/um dia.]

A economia cristã do valor sugere a improficuidade de ganhar o mundo inteiro se se perder a própria alma, mas não há agora a perspectiva de lucrar ou economizar a partir dessa transação, visto que o "mundo" e a alma só são economizados para ser perdidos. Trata-se de outra versão do organismo freudiano que acumula tempo e as modificações por ele concedidas, a fim de despendê-los mais eficazmente em seu caminhar para a morte, ou da visão batailleana na condensação como estágio da dissolução. A economia geral que Beckett parece estar elaborando aqui não pode ocorrer no tempo (é só o tempo que permite que a diferença entre lucro e menos venha a existir), muito embora o tempo também seja um produto dessa mesma economia, estando sujeito à mesma reversibilidade incessante entre ganho e perda. "*Faintly vainly longing for the least of longing*" ["Debilmente, em vão, ansiando pelo mínimo de anseio"] (*WH*, 36), a mente imaginada pelo texto pode estar, mas o próprio anseio pela cessação prolonga e prolonga a si mesmo. Do mesmo modo, o "remoer-se" ou "corroer-se" por desaparecer (*WH*, 41) é precisamente o empecilho a que as sombras, a penumbra e o vazio sejam um dia consumidos por inteiro pela negatividade. A fome de ausência continua a criar o bolo que não deseja devorar, e a tentativa de "*throw up and go*" ["levantar e seguir"] e de "*throw up for good*" ["levantar e seguir para sempre"] sempre deixa um superávit de valor que deve ele mesmo ser consumido pela consciência ou dela expelido. O jogo entre acumulação e expulsão corporal é encenado pela palavra "*secretes*", que vem a ser o termo preferido para as palavras enunciadas pelo crânio imaginado em *Worstward Ho*; "*to secrete*" é tanto esconder como entesourar, conter o dispêndio e produzir uma superfluidade destrutiva (a morosidade do "secretar" talvez seja um compromisso impossível entre os princípios da contenção e do gasto, assim como o mancar de Freud o é entre o avanço e o recuo).

À medida que avança, inevitável mas relutantemente, a narrativa vê-se acumulando uma espécie de escolho do tempo, o tempo que é tanto "secretado" enquanto resíduo como involuntariamente entesourado. O próprio ímpeto de manter a desagregação das partículas, de evitar a vinculação de energias e de manter os níveis de catexia no mais baixo grau possível resulta em formas crescentemente complexas de vinculação. É a vontade mesma de voltar à segregação elementar que prolonga as complexas cadeias de agregação molecular no texto: *"For poor best worst of all"* ["Porque pobre o melhor pior de todos"] (*WH*, 24); *"How all but uninane. To last unlessenable least how loath to leasten. For then in the utmost dim to unutter leastmost all"* ["Como tudo não-inane. Ficar o mínimo imenorizável como relutante em minimizar. Porque então na penumbra maior desenunciar o mais mínimo tudo"]; *"Unmoreable unlessable unworseable evermost almost void"* ["Imaiorável imenorável impiorável eternamente quase vazio"] (WH, 33, 43).

As últimas palavras do texto proclamam, como se por meio de um desesperado ou derrotado *fiat* que *"Enough. Sudden enough"* ["Basta. De súbito bastante"] (*WH*, 46). (Mas de quê? De falta? De excesso? Dos dois?). A fome do texto é de súbito satisfeita pelo atingimento de uma condição de estase e desacumulação, uma suficiência na deficiência.

> *Enough. Sudden enough. Sudden all far. No move and sudden all far. All least. Three pins. One pinhole. In dimmost dim. Vasts apart. At bounds of boundless void. Whence no farther. Best worse no farther. Nohow less. Nohow worse. Nohow naught. Nohow on. Said nohow on* (*WH*, 46-7).
>
> [Basta. De súbito bastante. De súbito tudo longe. Sem movimento e de súbito tudo longe. Tudo mínimo. Três alfinetes. Um furo de alfinete. Na mais penumbrosa penumbra. Vastidões distantes. Nos limites do vazio sem limites. De onde não mais longe. Melhor pior não mais longe. De modo algum menos. De modo algum pior. De modo algum nada. De modo algum avançar. Disse de modo algum avançar.]

Aqui, o texto tenta desfazer todas as suas cadeias econômicas, num ato expirante final de vontade de ordenar a dissolução, a morte, como diz Freud, "somente à sua própria maneira" (*BPP*, 39). Mas mesmo nesse universo calmo, desagregado, permanece a possibilidade de acumulação, no tênue movimento auto-reflexivo com que o texto termina: *"Said nohow on"* (*WH*, 47). Trata-se do mais diminuto vestígio de percepção positiva, o menor produto possível ou ganho do gasto, mas não pode ser eliminado.

Sem dúvida não há nada que garanta que essa tentativa de levar a negação ao seu limite não seja ela mesma reconfigurada na forma de um valor crítico ou cultural; com efeito, vê-se com clareza que a minha própria leitura predica evidente e inescapavelmente o valor no jogo de valor e não--valor de W*orstward Ho*. Mas trata-se de um valor que não pode, sem uma violenta redução, ser meramente citado, mencionado ou transmitido por um discurso crítico, visto que consiste numa transação perturbada de pensamento que sempre tem de ser renovada, vivida ou saldada a fim de ser conhecida. Se a obra de Beckett sugere a metáfora do limite na maneira como empurra ou transgride as fronteiras aceitas da possibilidade, essa metáfora do limite é ela mesma um veículo da lógica dialética que alterna positividade e negatividade como quantidades positivas, permitindo-nos constituir a negação ou ultrapassamento de limites como uma heróica negação da negação. Faríamos melhor em tomar de empréstimo o relato que Foucault faz do que denomina a "afirmação não-positiva" de Bataille, que sugere podermos caracterizar a investigação beckettiana do valor e do não-valor como uma dissolução interna do próprio veículo valorativo da metáfora do limite:

> A transgressão nada contém de negativo; em vez disso, ela afirma o ser limitado — afirma a ilimitação em que ela salta ao abrir pela primeira vez essa região à existência. Mas, correspondentemente, essa afirmação nada contém de positivo: nenhum conteúdo pode sujeitá-la, visto que, por definição, nenhum limite poderia restringi-la. Talvez ela seja apenas uma afirmação da divisão; mas só à medida que a divisão não seja entendida como um gesto cortante nem o estabelecimento de uma separação ou a mensuração de uma distância, somente à proporção que retenha aquilo que, nela, pode designar a existência da diferença[27].

Dobrando a topografia da extremidade e do limite para dentro sobre si mesma, a obra de Beckett sugere maneiras pelas quais a resistência da negatividade cultural pode resistir à sua própria incorporação *como* resistência, sua própria capitalização como não-valor[28].

DESPERDIÇANDO TEMPO

O que, nessas circunstâncias, vem a ocorrer com o princípio da positividade generalizada que forma a base na crítica de Barbara Herrnstein Smith? Em certo sentido, a sua força e a sua ameaça se mantêm sem diminuição. Aqui, mais uma vez, está a sua formulação: "*tudo* que for indicado, predicado ou constituído de outra maneira quer como positividade no interior de alguma economia, quer como o objeto de uma neces-

27. Michel Foucault, "Preface to Transgression", in *Language, Counter-Memory, Practice: Selected Essays and Interviews*, trad. Donald F. Bouchard e Sherry Simon, Oxford, Basil Blackwell, 1977, pp. 35-6.

28. Fui ajudado aqui pela caracterização de Andrew Benjamin da "resistência" do valor, que, diz ele, não pode ser reduzida a "uma simples recusa ou negação da tradição", sendo melhor pensada como "aquele momento de tensão aberto por uma incorporação da tradição (ou de elementos da tradição) no qual, no entanto, essa incorporação já não proporciona a lógica dominante do objeto da interpretação. A resistência é diversificada e resiste à tematização sintética" ("The Redemption of Value: Laporte, Writing as Abkürzung", *Paragraph*, 12 1989, p. 25).

sidade, desejo ou interesse (individual ou coletivo) é mensurado, no próprio momento em que é posto como tal, em unidades do 'bom'" (*CV*, 147).

Mas será que esse argumento não parece, num determinado aspecto, tautológico? Porque ele por certo depende da temporalidade, da temporalidade do "preciso momento" em que a negatividade é "apresentada" como positividade. No próprio momento em que é posta em termos positivos, a negatividade se torna positiva. A pergunta é assim: pode *haver* algum outro "momento"? Pode um negativo existir como negatividade antes de sua formulação em linguagem ou numa outra formulação? A resposta aqui parece ser não, se continuamos (e por certo temos de continuar) a aceitar o axioma de que a os negativos *só* podem existir na linguagem. Temos, portanto, uma situação paradoxal. O valor negativo só pode existir na linguagem, visto que só a linguagem permite a possibilidade da negatividade. Mas o próprio fato de a linguagem ser econômica em sua natureza (baseada na troca, na equivalência e na distribuição) significa que todo elemento lingüístico pode e, no final, deve tornar-se um elemento positivo. A linguagem tanto insiste na possibilidade do valor negativo como a desautoriza.

Talvez o problema esteja na linguagem, que nos faz pensar que todas as evasões têm de ser absolutas e positivas. Uma maneira de iniciar uma discussão contra a positividade generalizada de Smith é sugerir que, ao sempre projetar a negação numa forma positiva, ela cria o seu próprio objeto autoconfirmatório. Todas as negatividades são positividades para o princípio da positividade generalizada porque nada mais é detectado pelos seus sensores. A perda absoluta de Bataille só pode ser considerada contraditória por ter sido artificialmente condensada na coerência positiva de um conceito ou valor. Esse princípio também está evidente no próprio descarte, por Smith, da leitura de Bataille feita por Derrida, que segundo ela representa um mero recrutamento de Bataille para o próprio niilismo de Derrida:

> A evocação de uma perspectiva totalmente fragmentada ou niilista da atividade humana tem seus propósitos em determinados discursos teóricos, sendo portanto evidente que Derrida reafirmaria e, desse modo, conservaria o valor e a produtividade de Bataille, traduzindo os paradoxos e inversões absolutas deste num niilismo neutro (*CV*, 214).

A sugestão aqui é de que a obra de Derrida produz uma mercadoria filosófica utilizável a partir da obra de Bataille e que, para fazê-lo, ele tem de fazer uma leitura errônea de Bataille. Mas dizer que Derrida faz ou conserva da obra de Bataille uma coisa tão útil e proveitosa quanto um "niilismo neutro" é simplificar brutalmente o argumento derridiano; aqui, a positividade do ganho retórico depende de uma leitura que já decidiu de antemão o que terá sido o resultado do engajamento de Derrida com Bataille, já calculou o lucro teórico e já descartou todo "ruído" como seus resíduos. Smith precisa estar desatenta a todas as formas de atenção prestada por Bataille e Derrida ao status inversivo e problemático da negatividade para afirmar que Bataille e Derrida seriam insuficientemente atentos a esse status problemático[29].

Podemos sugerir em oposição a isso que a linguagem e as economias da representação de fato toleram a negatividade, mas não uma negatividade "absoluta". Paradoxalmente, para ser "verdadeiramente" negativa, a negação não pode ser verdadeira, já que, se o fosse, seria uma espécie de positivo. Portanto, resiste-se à positividade não pela negatividade, mas pela indeterminação (que, por conseguinte, não pode, naturalmente, "resistir-lhe"). O erro de Smith consiste em reduzir toda atividade econômica a seus resultados, falando de processos de valoração em termos de valores precipitados. Se sempre for verdade que uma negatividade possa ser registrada como positividade, há sempre a incerteza quanto ao que será o valor, o que pode equivaler a uma incerteza sobre a existência ou não de um valor positivo. Se a incerteza e o risco não fizessem parte do campo econômico, a economia seria antes uma questão de preços do que de transações.

Para compreender isso, pode ser útil recorrer ao trabalho de Pierre Bourdieu. Em seu *Outline for a Theory of Practice*, Bourdieu especifica dois tipos distintos de erro passíveis de ser cometidos com relação às práticas simbólicas de sociedades arcaicas ou primitivas. Vemo-las como inteiramente não-econômicas, o que equivale a impor-lhes a distinção ocidental (de todo modo artificial e insustentável) entre base e superestrutura, atividade econômica e não-econômica, a essas sociedades, deixando com isso de reconhecer o caráter econômico de todo intercâmbio simbólico, social e cultural. O outro erro, porém, consiste em objetivizar essas atividades como *total e exclusivamente* econômicas, o que significa não perceber o elemento de risco e de incerteza sempre em ação nelas. Toda transação (simbólica ou não) *pode* dar errado, não somente por acidente como também enquanto princípio estrutural. (Será isso dizer que ela pode realmente fracassar em ser econômica? Bourdieu não o diz e Smith provavelmente duvidaria.) Como o seu trabalho ulterior, especialmente *Distinction*, evidencia, Bourdieu não nega que o trabalho de dissimulação mediante o qual as relações econômicas são ocultadas em práticas sócio-simbólicas seja ele mesmo econômico, nem sugere que, no fim, poderia haver alguma coisa não pertinente à economia geral da vida social e da história. Mas ele protesta contra o achatamento do risco e da irresolução que habitam todos os sistemas econômicos pelo relato objetivista da economia simbólica. Isso é para Bourdieu, fun-

29. Essa falsa positivização é na realidade difícil de evitar e ter-se-ia de admitir que o relato da dialética de Hegel oferecido por Bataille e Derrida e, seguindo-os, por mim, também congela como utilidade estreita ou positividade concreta uma estrutura de pensamento que pode ser considerada uma antecipação de toda a mobilidade conceitual de Bataille e Derrida. Para uma leitura que tenta fazer uma triangulação de Bataille e Derrida com Hegel dessa maneira, veja-se Tony Corn, "La Negativité sans emploi (Derrida, Bataille, Hegel)", *Romanic Review* 76 (1976), pp. 65-75.

damentalmente, uma questão de temporalidade. A atividade econômica ocorre perigosamente no tempo, ao passo que a análise econômica (ela mesma, é claro, parte da atividade econômica) a espacializa:

> Se é verdade que o lapso de tempo interposto é o que permite ao presente ou contrapresente ser visto e vivenciado como um ato inaugural de generosidade, sem nenhum passado nem futuro, isto é, sem *cálculo*, fica claro que, ao reduzir o politético ao monotético, o objetivismo destrói a especificidade de todas as práticas que, tal como a troca de presentes, tendem ou pretendem manter em suspenso o lei do auto-interesse. Um contrato racional reduziria a um instante uma transação que a troca de presentes disfarça ao estender no tempo; e, por causa disso, a troca de presentes é, se não a única modalidade praticada de circulação de mercadorias, ao menos a única modalidade a ser plenamente reconhecida em sociedades que, por negarem "o verdadeiro solo de sua vida", como o diz Lukács, têm uma economia em si e não para si[30].

Bourdieu acautela aqui contra a "desmistificação automistificadora" que reduz a especificidade da transação sócio-simbólica à positividade do resultado econômico *no fim*, se bem que a própria linguagem de Bourdieu sempre sugira, na realidade, que ele encara como econômica a "real" atividade das sociedades que discute. Mas mesmo que isso seja levar Bourdieu mais longe do que ele gostaria de ir, a negatividade do valor tem de ser considerada não como alguma forma exterior de valor ou economia (não existe tal exterior simples), mas um princípio interno do seu funcionamento. Ou seja, que se reconheça que ela existe no *tempo* ou no fato da duração temporal (que não se pode explicar nem exemplificar sem torná-la não-temporal). Uma economia da positividade generalizada é um plenário de resultados, um diagrama que alcança a sua positividade achatada espremendo a duração e o risco.

O princípio da temporalidade, se bem que raramente abordado de modo direto na economia geral de Bataille, mostra ser crucial para ela. Antecipando críticas contemporâneas do marxismo hegeliano, ele criticou a teoria econômica produtivista do comunismo de estado com base no fato de que, ao subordinar o presente a um futuro projetado, ela anulava a possibilidade do tempo enquanto instantaneidade e passagem:

> No comunismo, a meta, o mundo alterado, situado no tempo, no futuro, assume precedência com relação à existência ou atividade presentes, que só têm significação à medida que levam à meta: *o mundo tem de mudar*. Em conseqüência, o comunismo não levanta questões de princípio. Toda a humanidade é preparada para subordinar o momento presente à força imperativa de uma meta. Ninguém duvida do valor nem questiona a autoridade última da ação (*LE*, 152-3).

---

30. Bourdieu, *Outline of a Theory of Practice*, p. 171.

Em geral, a resposta de Bataille é promover a intensidade da vida vivida no instante insubordinado, sem orientação para algum ganho projetado no futuro. Não obstante, o desenvolvimento de sua economia geral, ela mesma orientada para um futuro de desperdício entrópico ou dissolução — uma espécie de instinto de morte universal —, requer que ele reintroduza o conceito de tempo estendido e, com efeito, de um destino temporal que governa o tempo em passagem. Se, como diz *La Part maudite*, a acumulação é apenas um estágio no processo de *dépense* universal, no "longo prazo" a dissolução tem de ser a meta final do universo; mas, visto assim, o tempo aberto do instante ou da *durée* não-dirigida nada tem de livre gasto, sendo antes precisamente a subordinação do momento presente "à força imperativa de uma meta" — no caso, a meta da dissolução.

Jean-François Lyotard dedicou recentemente atenção à interseção entre tempo e economia. Embora cético quanto ao "valor" do culto do desperdício por Bataille, dizendo que o privilegiar o sacrifício da *part maudite*, sobre todas as formas de atividade é um "*pathos* inútil", Lyotard parece reafirmar a primazia dada por Bataille ao gasto sobre a utilidade em suas discussões do tempo (*D*, 142). Lyotard alega que o domínio do discurso da economia no mundo de hoje se expressa em termos de uma instrumentalização que não apenas requer o recurso do tempo com o qual operar, como também faz do tempo uma mercadoria. De acordo com essa análise, os lucros não se limitam a ser realizados no tempo; eles envolvem o ganho do tempo abstrato ou "tempo acumulado" que são o dinheiro ou os bens (*D*, 176). Os custos de mão--de-obra e de trabalho de qualquer bem são vistos por Lyotard como uma dada quantidade de tempo que tem de ser redimida na forma desse lucro, que pode então ser trocado por tempo real. Na estrutura econômica de pensamento que domina o mundo, toda atividade, evento ou "cessão" no presente são considerados uma forma de empréstimo ou de investimento que tem de ser restituído ou incluir em si o fato do seu retorno econômico. O alvo desse sistema é sempre, por esse motivo, reduzir o hiato entre a "cessão" e a "contracessão" do retorno ou lucro, produzir um ganho de tempo abstrato sobre o tempo real. O valor vem, pois, a consistir, especialmente no capitalismo multinacional avançado, não em rendimentos ou produtos específicos, mas na própria rapidez do processo econômico mesmo — literalmente, a "taxa", e não os objetos de troca. Isso se aplica tanto às idéias e textos filosóficos como a tudo mais:

> A reflexão exige que se esteja atento para as ocorrências, que você ainda não saiba o que está acontecendo. Isso deixa aberta a questão: *Isso está acontecendo?* [*Arrive-t-il?*] E tenta manter o agora [*maintenir le maintenant*] (para usar uma palavra desgastada). No gênero econômico, a regra é que aquilo que acontece só pode acontecer se já tiver sido restituído, e, portanto, se já tiver acontecido. A troca pressupõe que a cessão seja compensada antecipadamente por uma contracessão, sendo a circulação do livro compensada pelas suas vendas. E quanto mais cedo isso acontecer, tanto melhor é o livro (*D*, pp. xv-xvi).

Num mundo em que valor é velocidade, usos da linguagem como o filosófico ou o poético parecem a Lyotard prometer a integridade imprevidente que oferece uma resistência ao que ele denominou há pouco tempo o ímpeto "neg-entrópico" de acumular e controlar o tempo. Se o princípio da razão é correr para a sua meta com o mínimo de demora, o da filosofia e da arte ainda pode ser "não, de forma nenhuma, determinar a réplica assim que seja possível, apreender e exibir algum objeto que conte como a causa do fenômeno em questão. Mas sim ser e permanecer questionadas por esse fenômeno, manter-se, por meio da meditação, responsivas a ele, sem neutralizar pela explicação os seus poderes de inquietar". Nas formas de linguagem tais como no discurso teórico contemporâneo, a desconstrução e o nomadismo deleuziano, "o tempo permanece controlado, não dá origem ao trabalho, ou ao menos não no sentido costumeiro do verbo 'trabalhar'".[31] Em contraste com uma positividade generalizada em que o valor já chegou, esse discurso tentaria retardar a chegada ou a eventualidade do valor no interesse de manter ativa a transação do "*arrive-t-il?*", do "evento" sempre virtual.

Obviamente, esse tempo desperdiçado ou não-produtivo de especulação pode ser assimilado sem desgaste a todas as várias reivindicações não-utilitárias da especificidade do valor cultural feitas desde o século passado e, à medida que Lyotard está defendendo a perda como alguma espécie de negação absoluta do econômico, esse tempo é amplamente recuperável, se não no âmbito da utilidade, ao menos no bojo da lei da positividade generalizada. Na verdade, porém, a proposta lyotardiana do valor do tempo desperdiçado é mais provisória, menos metafísica do que pode parecer. Ele pede um tempo em que conclusões e retornos econômicos sejam suspensos e postos em questão, e não negados. O retardamento é inserido aqui no intervalo entre o não-tempo e a resolução do retorno econômico, conferindo ao momento da incerteza em que o valor está em processo de ser decidido, ou nele mantendo, uma espécie de extensão, aquilo que Derrida denomina "o desmaio de que ele é acordado por um lance de dados"[32].

Temos de fazer aqui uma pausa para observar uma congruência com o relato freudiano do instinto de morte. Em mais de uma ocasião, Freud se volta para o tempo na tentativa de dissolver a sua perplexidade quanto à natureza da economia do prazer, que, reconhece ele, não nos permite identificar o prazer e o desprazer pura e simplesmente com a redução ou aumento de quantidades de excitação. Freud sugere que "o fator determinante do sentimento é provavelmente a quantidade de aumento ou de diminuição na quantidade de excitação *num dado período de tempo*" (*BPP*, 8). A sugestão é repetida mais tarde em *Além do Princípio do Prazer* sem

31. Jean-François Lyotard, "Time Today", trad. Geoff Bennington e Rachel Bowlby, *Oxford Literary Review*, 11 (1989), pp. 17-18.

32. Derrida, "From Restricted to General Economy", in *Writing and Difference*, p. 261.

ser desenvolvida (*BPP*, 63), e em "The Economic Problem of Masochism" (1924), em que Freud modifica a idéia do tempo para sugerir que o prazer e o desprazer poderiam ser o resultado, não simplesmente das taxas de incremento ou decréscimo de excitação no tempo, mas do "ritmo, da seqüência temporal de modificações, de elevações e quedas na quantidade de estímulo".[33] Mas há um momento em *Além do Princípio do Prazer* em que Freud de súbito afirma não somente que os próprios processos inconscientes são em si mesmos atemporais, como também que "a nossa idéia do tempo parece ser inteiramente derivada do método de trabalho do sistema *Pcpt.-Cs.* e corresponder a uma percepção desse método de trabalho por parte dele mesmo" (*BPP*, 28). Isso significa que o movimento econômico que produz prazer não apenas ocorre no tempo, como também é um ritmo que vincula e desvincula, acumula e gasta, concentra e difunde *o próprio tempo*, em suma, que economiza o tempo e no tempo. O tempo é produzido economicamente mesmo sendo o meio necessário em que toda economia se processa. Mas, como vimos, as obras de Freud, Bataille e Beckett sugerem a transação do valor numa economia que é tão geral que nunca vem a ser, nunca chega à sua última instância.

VALOR CULTURAL

Dentre os três autores dos quais nos ocupamos, somente Bataille oferece um relato explícito e desenvolvido do valor da cultura, relato que, ao simplesmente identificar o valor da literatura e da arte com o princípio soberano da *dépense*, é vitimado pela própria crítica de Bataille à economia produtivista. Mas há nos três escritores, e talvez particularmente em *Além do Princípio do Prazer* e *Worstward Ho*, diferentes cálculos dos complexos acertos de contas entre a cultura, a economia e a negatividade.

Em *Além do Princípio do Prazer*, como costuma acontecer em sua obra, Freud promove e ao mesmo tempo restringe o valor do literário-estético. Em dois momentos cruciais do seu ensaio, ele recorre a exemplos literários para fazer avançar sua argumentação, em especial em seu uso da história do duplo assassinato involuntário de sua amada Clorinda por Tancredo — de *Gerusalemme Liberata*, de Tasso — para ilustrar a compulsão de repetição, bem como da história de Aristófanes da divisão dos sexos, que ilustra miticamente a origem da necessidade orgânica de retornar a um estado de coisas anterior (*BPP*, 22, 57-8). Em ambos os casos, bem como nas referências às palavras de Mefistófeles no *Fausto* de Goethe, a Schiller e a Rückert, há pouca consciência de si por parte de Freud. Sua justificação é fornecida no final do segundo capítulo, em que, tendo acabado de concluir sua discussão do jogo do fort:da, Freud faz uma

33. Freud, "The Economic Problem of Masochism", in *Standard Edition*, vol. 19, p. 160.

breve consideração do exemplo análogo da tragédia, que revela haver "formas e meios suficientes de tornar o que é em si desagradável um assunto a ser recordado e trabalhado na mente" *(BPP*, 17). Freud afasta-se então da questão da estética, mas não antes de sugerir que "a consideração desses casos e situações, que têm como resultado final uma dada quantidade de prazer, deveria ser empreendida por algum sistema de estética com uma abordagem econômica do seu objeto de estudo" (*BPP*, 17).

Assim sendo, Freud pôs a questão da estética de lado, considerando-a inadequada ao seu presente propósito de demonstrar aquilo que se encontra não ao alcance do princípio do prazer, mas além dele; esse descarte, no entanto, pertence ao padrão recorrente do fort:da, no qual, como demonstra Derrida, Freud abandona idéias, a fim de recuperá-las em algum estágio ulterior (TSF, 302-37). Na realidade, Freud emprega repetidas vezes exemplos literários precisamente da maneira que, segundo ele, os exemplos não lhe serviam em sua busca de algo que não o princípio do prazer. Em sua própria exemplaridade, os exemplos de Tasso e Platão se prestam à expropriação e ao emprego no texto de Freud, a fim de ser "recordado[s] e trabalhado[s]". Há aqui uma contradição, porque Freud deseja utilizar os exemplos literários para "mostrar" as operações de uma compulsão de repetição ou impulso de morte que de outro modo permanecem obscuras e inacessíveis. Ao empregá-los para mostrar o além do princípio do prazer, Freud solapa a sua própria demonstração; na medida mesma em que são bem-sucedidos, os exemplos revelam o contínuo domínio do princípio do prazer.

Mas a contradição não pára aí. Como "mostra" Derrida, há uma força residual de estranheza no uso da referência a Tasso que não pode ser empregada/descartada [*disposed (of)*] com tanta facilidade num resultado final de exemplaridade. O estranho está no status e no funcionamento do exemplo, no fato de ele antecipar ou repetir de antemão a teoria do impulso de morte, tornando o texto de Freud uma mera repetição, num deslocamento que nunca pode realmente ser dominado pela colocação do exemplo a serviço da argumentação de Freud (TSF, 342-3). O texto de Freud não pode apreender essa estranha antecipação na forma de um tema, evidência ou instância, visto que a repetição é aqui a forma do seu texto, sua inapreensível mas imperativa "cena da escritura".

Isso é ainda mais evidente, se isso for possível, na ulterior apropriação literária do relato da divisão dos sexos de Aristófanes tal como recontado no *Simpósio* de Platão. Mais uma vez, há uma contradição entre aquilo que Freud deseja que a história ilustre, a origem da necessidade de retorno a um estado de coisas anterior, aquilo que se acha além ou antes do princípio do prazer, e a subordinação do exemplo, em sua exemplaridade, ao princípio do prazer (Freud diz claramente que, embora o relato aristofânico seja um mito, vai reproduzi-lo simplesmente por que ele "preenche precisamente a condição cuja realização desejamos" (*BPP*, 57). Freud usa esse exemplo na modalidade da combinação ou síntese; como ele lembra uma ou mais páginas depois, "é impossível perseguir uma idéia desse gênero sem combinar repetidamente [elementos] materiais com o que não passa de especulação" (*BPP*, 59). Naturalmente, a história trata da necessidade de estabelecer vínculos ou recombinar, se bem que de um modo que torna o significado ou valor da vinculação deveras incerto (o desejo de uma existência vinculada ou unificada na fábula de Aristófanes envolve reversão, e não progresso). E a vinculação do fragmento aristofânico ao corpo da discussão de Freud depende do fato de esse mesmo fragmento ter sido retirado do seu contexto original, contexto que, como nos recorda Derrida, não é ele mesmo integral ou completo, visto que a história de Aristófanes, história de "uma lacuna e da suplementação na origem do amor" (TSF, 373), é contada em resposta a um pedido de que ele preenchesse eventuais lacunas surgidas na discussão por causa da ignorância ou do esquecimento.

Assim, se em certo sentido Freud recorre ao literário como recurso de valor, equivalendo o seu uso do literário à realização de certas medidas calculáveis de lucro ou retorno, em outro ele sugere uma transação em que o resultado econômico está longe de ser calculável. Isso não é sugerir, como fizeram alguns, que é exata ou atribuivelmente a "literariedade" de Freud, em oposição à sua cientificidade, que produz o caráter ilimitado dos seus conceitos e explorações, porque fazê-lo seria dar ao literário o "valor" substantivo de interminabilidade, quase da mesma maneira como Smith nos diz que Bataille inadvertidamente confere valor positivo à perda absoluta. É antes propor que o encontro ou troca entre o literário e o não-literário, o científico, o biológico, o filosófico etc. permite ou provoca a transação de valor entre eles, uma transação que a todo e qualquer momento *pode* ser contabilizada pela positividade do ganho (ou da perda), mas que não consiste nessa regularidade do retorno nem é com ela identificável em termos estritos.

Worstward Ho, de Beckett, não faz considerações explícitas acerca do seu status cultural-estético, ainda que, como vimos, venha com todo um kit de instruções para a sua remontagem ideológica em capital cultural. Um movimento previsível seria ler Beckett via Bataille, como a recusa dessa estrutura de ganho, como uma tentativa de efetuar um puro gasto ou dilapidação de significado. É até concebível uma versão politizada dessa posição, versão que alinhasse a negatividade beckettiana com a recusa das estruturas institucionais e econômicas da arte característica do movimento Dadá. Mas ambos os relatos se acham, no entanto, nas garras da lógica econômica a que gostariam de se opor ou de evitar, visto que os dois consistem em converter a negatividade, ou a transação da negatividade, em formas de vantagem cultural ou política. Pouco se pode duvidar de que o próprio cultivo beckettiano do silêncio, e suas recusas estratégicas (e inconsistentes) de cooperar com a indústria da cultura e da crítica, é ele mesmo aprisionado por essa estrutura da troca: quanto menos Beckett cede à crítica, tanto maior a produção potencial de valor a partir de sua obra. Há uma imensa distância entre a especificidade da prática beckettiana da escritura e a função a que serve a sua obra (seja como mercadoria cultural ou, de modo mais direto, como mercadoria econômica), mas essa distância é justamente aquilo que energiza o processo de positivização. (A proporção cada vez mais ampliada entre menos e mais é exemplificada com surpreendente exatidão por *Stirrings Still*, uma obra de umas 1.000 palavras que foi publicada primeiramente numa edição limitada com um preço unitário de 1.000 libras. O fato de o texto também ser disponível por um quarto de libra num jornal nacional britânico não contradiz, mas antes intensifica, a colheita cultural-econômica obtida do hiato entre menos e mais.[34])

Lida, no entanto, por meio da transação do negativo em Freud e Bataille, a obra de Beckett pode permitir ao menos a ampliação do circuito que cerca a negatividade até as eventualidades positivas do valor. Isso não afirma o valor positivo da literatura ou da cultura como recurso de auto-reflexão, de não-utilidade ou de negatividade (embora não haja nenhuma garantia de que essa transformação não venha a acontecer). O "valor" negociado pelo cultural na estética negativa de Freud, Bataille e Beckett e também entre si poderia residir não em alguma positividade absoluta (valor absoluto, essencial, valor *an sich*), nem em sua negatividade absoluta, nem, mais uma vez, na possibilidade pragmática de gerar um produto ou retorno no âmbito de economias que reduzem a nada o tempo de transação do valor, mas sim, em lugar disso, produzido no ritmo do adiamento, no adiamento do ritmo, no espaço dos quais a transação do valor pode sempre estar prestes a ocorrer. Embora pareça uma atitude quietista, um simples retorno a pretensões esteticistas ou liberais da autonomia ou não-utilidade da arte, isso só o é da perspectiva que insiste numa positividade geral de resultados, insiste em contabilizar o tipo de adiamento transacionado que tenho em mente como um valor negociável e trocável (no caso em tela, o valor da não-utilidade). Claro que um ponto de vista como o que sugiro aqui sempre será calculável para a pessoa que exija resultados positivos de toda espécie com a maior rapidez possível e com o mínimo dispêndio de tempo ou de ruído, como pura vacuidade, ou como uma temporização no interesse do *status quo*. Mas isso seria cometer um sério erro acerca do *status quo*, bem como da economia de livre mercado que, enquanto escrevo, parece determinada a entrar no estágio de total saturação, com o abandono das economias centralizadas na maior parte do Leste Europeu. Em semelhante mercado, é vital o requisito de produzir valor substancial; nada que não produza ou não possa ser contabilizado na escala do valor substancial pode ser reconhecido. E, mais do que isso, uma economia dessa natureza não deixa coisa alguma de fora; quando tudo pode ser produzido, vendido e trocado, mesmo (e em especial) o conhecimento e a experiência da cultura, é justamente a insistência na produção (seja um valor *real* metafísico, um valor de uso, um valor fundamental ou o valor gerado para o pragmático da economia geral de necessidades e interesses humanos) que não pode evitar servir aos interesses do *status quo* do mercado global.

34. Samuel Beckett, *Stirrings Still*, Londres e Nova Iorque, John Calder e New Moon, 1989.

5

A Ética do Discurso: *Habermas, Lyotard e Rorty*

Passado um tão longo período no decorrer do qual pronunciar a palavra "ética" num grupo heterogêneo em termos de opinião significava cometer a pior gafe social (uma asneira pior do que deixar escapar o vocábulo "estética"), a "virada ética" que parece estar ocorrendo atualmente nas várias províncias da teoria crítica, do feminismo, no marxismo, do desconstrucionismo, da psicanálise e de outras áreas é tanto surpreendente quanto gratificante[1]. Se é possível dar as boas-vindas a tal desenvolvimento, em sua qualidade de indício da politização há muito necessária de alguns aspectos da crítica literária, também o é ver o ético como o último álibi para o político ou seu deslocamento. E existem, como de costume, tantas variedades do ético quanto críticos para recomendá-lo; quando Wayne C. Booth anuncia o retorno do ético, fica claro que, embora possamos de fato estar testemunhando um tipo endurecido e rijamente autoconsciente de humanismo, isso ainda não precisa de modo algum equivaler à crítica ético-política exigida há tanto tempo por críticos como Terry Eagleton.

Este capítulo considera uma dada versão da virada ética, embora ela talvez tenha um status representativo: ou seja, a preocupação com a ética do discurso. Essa frase simples, "ética do discurso", constitui na realidade uma notável fusão, de cunho quase oximórico, de dois assuntos tradi-

---

1. Para evidências da "virada ética" do desconstrucionismo, veja-se Miller, *The Ethics of Reading*; na psicanálise, veja-se John Rajchman, "Lacan and the Ethics of Modernity", *Representations*, 15 (1986), pp. 42-56; na teoria do discurso foucaultiano, Michel Foucault, "On The Genealogy of Ethics: An Overview of Work in Progress", in *Michel Foucault: Beyond Structuralism and Hermeneutics*, ed. por H. Dreyfus e Paul Rabinow, Chicago e Londres, University of Chicago Press, 1983, pp. 229-52 e John Rajchman, "Ethics after Foucault", *Social Text*, 13/14, 1986, pp. 165-83. Ver também Martha Nussbaum, "Perceptive Equilibrium: Literary Theory and Ethical Theory, in *The Future of Literary Theory*, ed. por Ralph Cohen, Nova Iorque e Londres, Routledge, 1989, pp. 58-84 e Andrei Plesu, "Elements for a Restoration of Ethics", *Cahiers Roumains d'Études Littéraires: Revue Trimestrielle de Critique, d'Esthétique et d'Histoire Littéraires*, 1, 1987, pp. 110-17. Para um excelente panorama sobre a questão da ética e da crítica, veja-se Tobin Siebers, *The Ethics of Criticism*, Ithaca, Nova Iorque e Londres, Cornell University Press, 1990.

cionalmente considerados radicalmente incompatíveis. Para muitos filósofos desde Platão, a ética exigira como condição de possibilidade a noção de padrões absolutos ou invariantes de conduta e juízo, e, para esses filósofos, a linguagem, e a forma particularmente alucinógena de linguagem a que damos o nome de literatura, punha em enorme perigo esses padrões absolutos. Para Platão, as virtudes da honestidade e da verdade com relação a si mesmo sempre se vêem ameaçadas pelos poderes desonestos e dissimulatórios da linguagem literária e poética. Dando um salto de mais ou menos mil anos, vemos Nietzsche, na pretensa extremidade da tradição metafísica ocidental, invertendo a hierarquia platônica da verdade ética e dos poderes da linguagem, mas, como assinalou Tobin Siebers, empregando exatamente a mesma estrutura de oposição binária entre elas: para Nietzsche, a verdade e a moralidade nela fundada é justamente a miragem da metáfora, mas, em vez de buscar resgatar da linguagem a verdade ética, ele prefere afirmar o poder destrutivo-criativo da própria linguagem.[2]

Esse platonismo invertido da asserção da linguagem contra a ética pode ser considerado característico de boa parte da política textual da teoria crítica nas últimas duas décadas, mais ou menos. O texto de Julia Kristeva, "A Ética da Lingüística", é uma declaração utilmente explícita da doutrina da linguagen *contra a* ética ou, para ser mais preciso, da ética lingüística contra a ética não-lingüística. Aqui, a ética não-lingüística significa a "maneira coerciva, costumeira , de assegurar a coesão de um grupo particular por meio da repetição de um código". Opõe-se a isso a linguagem, ou a versão embusteira da linguagem que é toda "livre jogo da negatividade, do desejo, do prazer e do enlevo", ao lado da crítica que defende eticamente o seu *élan* polifiloprogenitivo do dever, da responsabilidade, do compromisso e de outras medonhas compulsões éticas desse gênero.[3] A ética da linguagem é afirmada de modo semelhante o tempo inteiro, de *Tel Quel* à promoção da heterogeneidade dos jogos de linguagem e incitação ao diferendo (*differend*), passando pela revolução da palavra de Colin MacCabe, pela "écriture feminine" do feminismo francês e pela "política sexual/textual" de Toril Moi.

Contudo, em algum ponto ao longo dessa linha, essa ética da linguagem contra a ética enrijeceu-se em algo bem menos realizador de desejos do que eu possa tê-lo feito soar até agora. O fator transformador aqui foi o desenvolvimento em vários campos de potentes teorias do *discurso*. Mesmo que tenhamos de admitir a vasta e imoderada inflação por que passou a palavra "discurso", que a levou a ser usada compulsoriamente sempre e onde quer que se empregasse antes sua prima familiar "língua", a palavra continua a assinalar uma útil distinção. Se pudermos restrin-

---

2. Ibid., pp. 30-1.

3. Julia Kristeva, "The Ethics of Linguistics", in *Desire in Language*, trad. Thomas Gora, Alice Jardine e Leon S. Roudiez, Oxford, Basil Blackwell, 1980, p. 23.

gir o termo "língua" às estruturas formais da gramática, da fonologia, da sintaxe, do léxico etc., o que caracteriza teorias do discurso em Mikhail Bakhtin, John Austin, John Searle, Michel Foucault e Michel Pêcheux é a sua ênfase nos usos e práticas sociais da linguagem. A teoria do discurso requer que apreendamos o fato de que não empregamos a língua como meio neutro de troca em que conduzir ou refletir a nossa vida social, porque a nossa vida social *é* a língua na qual a conduzimos. A linguagem não se limita a representar o mundo; ela o ordena, faz e refaz. Daí vem a percepção e a insistência central da teoria dos atos de fala de que, no famoso lema de Austin, *fazemos* coisas *com* palavras.

As teorias do discurso fazem da língua e dos seus usos sociais o veículo do poder; para Foucault, o discurso e o poder são estritamente inseparáveis, visto que cada exemplo do uso lingüístico reside numa dada disposição de relações diferenciais de poder ou se articula ao seu redor, e porque toda disposição dessa espécie precisa tornar-se manifesta em forma discursiva. Como resultado dessa preocupação com o discurso, as questões formuladas pelo crítico de um texto literário podem sofrer uma marcada alteração. Podemos parar de nos preocupar com a questão de como um romance social retrata as condições de vida da sociedade da metade do século XIX, perguntando em vez disso que tipo de mundo ele *cria* e em que tipos de relação de poder o texto literário entra, começando quem sabe pela litania de perguntas proposta por Edward Said: Quem escreve? A quem se destina essa escrita? Em que circunstâncias?"[4] Essas perguntas podem naturalmente ser respondidas de várias maneiras, e de diferentes objetos; logo, poder-se-ia igualmente investigar as relações discursivas da literatura como tal, ou da crítica literária.

Dado que uma das coisas que fazemos de modo mais compulsivo e habitual na linguagem é infligir violência, pôr em vigor a exclusão e manter relações de injustiça, essa nova orientação na teoria crítica e na lingüística (literária ou não) dificilmente se pode deixar de fazer com relação ao discurso todas as perguntas, relativas à bondade, à justiça, à ação, à responsabilidade, de que os teóricos da política e da ética preocupados com a ação humana de modo mais geral se têm tradicionalmente ocupado. Nesse momento, nasce a ética do discurso. O que distingue os debates contemporâneos sobre a ética do discurso dos, digamos, códigos renascentistas ou vitorianos de conduta com relação à fala é o seu sentido da centralidade e da posição do discurso. As teorias éticas do discurso, sob outros aspectos díspares, desenvolvidas por autores como Jürgen Habermas, Jean-François Lyotard, Michel Foucault e Richard Rorty têm em comum o pressuposto de que o discurso é uma área de preocupação ética entre outras, mas uma área crucial e exemplar.

---

4. Edward Said, "Opponents, Audiences, Constituencies, and Comunity", in *The Politics of Interpretation*, ed. por W. J. T. Mitchell, Chicago e Londres, University of Chicago Press, 1983, p. 7.

Isso é mais manifesto em Habermas, cuja obra, desde a publicação em 1981 de *Teoria da Ação Comunicativa*, tem estado voltada para demonstrar a pretensão imoderada (para não dizer excessiva) de que os universais éticos que foram pouco a pouco lançados fora no curso dos dois últimos séculos poderiam ser recuperadas a partir das próprias estruturas discursivas.[5] Habermas alega que o intercâmbio discursivo tem como resultado ideal o atingimento de uma racionalidade baseada no consenso, ou "a comunalidade intersubjetiva da compreensão mútua, do conhecimento partilhado, de confiança recíproca e de acordo entre si" (UP, 3). O acordo depende do grau de validade pretendido e concretizado de quatro maneiras distintas: a compreensibilidade do que está sendo dito, a verdade do que está sendo dito, a sinceridade do locutor e a adequação entre o que é dito e o contexto social em que é dito (UP, 2). Para ser racional e legítimo, esse consenso tem de ser não-forçado (*unforced*), ou seja, livre de todo tipo de constrangimento, distorção ou restrição, tendo de ser governado por nenhuma outra intenção estratégica ou proposição além da de estabelecer a verdade. É difícil imaginar que tipo de encontro discursivo, afora uma conversa entre anjos, poderia preencher todas essas austeras condições, visto que cada interação discursiva personifica e representa desigualdades e irregularidades de alguma espécie. Para Barbara Herrnstein Smith, essa visão de um consenso para além do conflito é um delírio insensato:

> Está claro que, ao definir a comunicação genuína como algo totalmente descontaminado pela ação estratégica ou instrumental, Habermas garantiu uma categoria deveras sublime ... mas também sobremodo vazia: porque, tendo assim desqualificado e tirado dos parênteses aquilo que na verdade constitui toda a estrutura motivacional das transações verbais, ele fica com uma operação completamente fechada em si mesma ou uma reciprocidade mágica em que a única coisa que gera, sustém e controla a ação de locutores e ouvintes é a mutualidade gratuita dos seus pressupostos (*CV*, 110).

Esse tipo de objeção costuma ser feito à noção habermasiana da "situação ideal de fala", e talvez se configure como uma versão sofisticada da crença de que a bondade é indesejável por ser muito tediosa em comparação com a maldade. Devemos contudo observar que aquilo a que Smith objeta aqui é a sugestão de que se deva trabalhar em busca da instalação no presente (por algum gênero de sinistra "engenharia social" -*CV*, 111, sugere ela) de tal situação ideal de fala. Mas pode-se argumen-

5. Jürgen Habermas, *The Theory of Communicative Action*, vol. 1: *Reason and the Rationalization of Society*; vol. 2: *Lifeworld and System: A Critique of Functionalist Reason*, Boston, Beacon Books; Cambridge, Polity Press, 1984, 1987. Uma condensação útil da argumentação de Habermas em favor da orientação utópica do discurso social pode ser encontrada em seu artigo "What Is Universal Pragmatics?, 1976, in *Communication and the Evolution of Society*, trad. de Thomas McCarthy, Londres, Heinemann, 1979, pp. 1-68.

tar que a força do relato de Habermas reside exatamente em sua evocação de uma orientação utópica no interior da estrutura do discurso; se bem que possa de fato implicar o desejo de fechar a lacuna entre realidade e ideal, essa proposição não joga tudo na possibilidade de se alcançar essa convergência. Do mesmo modo como a improvável perspectiva da paz universal e da boa vontade na terra não nos impede nem nos deve impedir de tentar minimizar os reais conflitos existentes no aqui e agora, poder-se-ia pensar, de maneira semelhante, que a situação ideal de fala pode ser descrita e recomendada como orientação motivadora e operativa no âmbito do discurso sem precisar ser ou se tornar necessariamente concreta.

Para Smith, os ideais ético-discursivos como o proposto por Habermas também são implausíveis em função da heterogeneidade irredutível dos interesses humanos e da inevitabilidade do conflito que ela implica. Mas isso toma o universalismo ético pelo universalismo ontológico, a afirmação de que os imperativos éticos deveriam operar indiferentemente da alegação de que não há diferença essencial entre as pessoas. Com efeito, poderíamos dizer que a heterogeneidade dos interesses humanos é exatamente o que torna mais necessária e desejável a orientação para o consenso, não com o fito de anular essa heterogeneidade, mas com o objetivo de preservá-la. Se os conflitos de interesses que põem em perigo a estrutura da intersubjetividade responsável são justamente o que parece requerer a contínua suposição dessa intersubjetividade na discussão moral, em vez de ser impossível ou indesejável em nosso corrupto mundo sublunar, a situação ideal de fala tem neste o único mundo em que poderia haver algum sentido em manter uma orientação para ela. Temos porém de admitir que essa leitura de Habermas se opõe de certo modo ao caráter de boa parte dos seus escritos acerca da ética comunicativa, nos quais há na realidade um desejo explícito ou sustentado de dar um fundamento científico à noção de situação ideal de fala mediante a demonstração de que a linguagem está voltada para a meta da consecução do consenso ou nela fundamentada. Em outras palavras, Habermas parece querer estabelecer a *concretude* visível da orientação para o consenso ideal na estrutura do discurso, bem como o potencial ou a desejabilidade desse consenso. Concordemos ou não em nos submeter à sua força, a linguagem é estruturada pela expectativa da situação ideal de fala.

Um dos problemas recorrentes do relato de Habermas é que tem pouco a dizer a respeito de por que ou como alguém deveria ser levado a se submeter a essa força lógico-discursiva além de evitar contraditar, em seu desempenho discursivo, as condições performativas da linguagem que está usando; e, mesmo aqui, Habermas não teria muito a dizer à pessoa que não reconhecesse o perigo da autocontradição como alguma espécie de desestímulo. Como assinala Seyla Benhabib, há uma circularidade agindo no argumento de que as normas de simetria e de reciprocidade pressupostas pela estrutura das situações de fala também personificam necessariamente normas democráticas e igualitárias. Interpretar dessa maneira a estrutura das situações de fala é supor o que se julga demonstrado:

> A pragmática universal atua num nível de abstração de cujo ponto de vista cada um e todos os indivíduos é considerado capaz de consenso. Trata-se de um pressuposto altamente contrafactual, que já assume uma perspectiva moral que desconsidera todas as diferenças naturais e sociais existentes como irrelevantes na definição de um núcleo moral da humanidade de cada pessoa ... O que se afirma estar em vigor na situação ideal de fala são certas condições normativas que antes de tudo têm de ser postuladas. Extrai-se da situação ideal de fala aquilo que já se havia posto nela.[6]

Uma das formas pelas quais Habermas tenta mostrar o caráter concreto dessa força normativa é o estabelecimento de uma separação estrita entre usos da linguagem que personificam autenticamente "ação comunicativa", ou a orientação para a compreensão, e aqueles que representam uma "ação proposital-racional", ou o emprego da linguagem para atingir certos fins estratégicos. Podemos perceber de imediato por que Habermas desejaria manter isso como uma real distinção entre tipos distintos de uso da linguagem, em vez de duas maneiras diferentes de considerar qualquer uso lingüístico dado, visto que o veículo do seu projeto político consiste em recuperar o mundo da vida de sua colonização weberiana pela razão instrumental, com a cisão absoluta que isso mantém e implica entre um sujeito racional congnoscente e o mundo que ele objetifica brutalmente, a devolver a esse mundo da vida a possibilidade da autêntica comunicação, fundada não na divisão sujeito/objeto, mas em estruturas de intersubjetividade mutuamente responsável. Contudo, é deveras difícil demonstrar a distinção absoluta que Habermas propõe aqui, já que, pouco importa quão escrupulosamente o locutor de uma situação discursiva tente manter a orientação para "alcançara compreensão *com*" os outros em vez de "exercer influência *sobre* os outros"[7], é sempre provável haver maneiras pelas quais seja possível exercer poder por meio do encontro discursivo ou obter alguma espécie de recompensa ou vantagem a partir dele; a comunicação sempre é passível de se tornar estratégia e a fala ideal, em retórica.

Isso se deve em parte à famosa dificuldade presente no cerne da teoria dos atos de fala a que Habermas tanto recorre: é impossível ter certeza do ponto em que qualquer encontro comunicativo particular ou, no âmbito de tal encontro, qualquer ato de fala particular, começa ou termina. Pois todo encontro comunicativo, pouco importa quão autêntico possa ser em seu alegado momento de ocorrência, sempre pode tornar-se inautêntico em algum momento ulterior como resultado de alguma recontextualização. Se eu fosse passar uma tarde comunicando-me autenticamente com Jürgen Habermas e depois decidisse publicar o meu relato

6. Seyla Benhabib, *Critique, Norm, and Utopia: Study of the Foundations of Critical Theory*, Nova Iorque, Columbia University Press, 1986, pp. 291-3.

7. Habermas, *Theory of Communicative Action*, vol. 1, p. 286.

desse intercâmbio, na esperança de obter lucro de várias maneiras, ganhando dinheiro, reforçando meu *curriculum vitae*, obtendo prestígio institucional etc., o que seria da situação ideal de fala que um dia existiu magicamente? Uma resposta seria a de que ela foi simplesmente corrompida, que a ação comunicativa deu lugar a uma ação estratégica. Mas como se poderia ter certeza de que eu tinha secretamente a intenção, sem que nem eu mesmo me desse conta, ou deixava aberta a possibilidade, de usar esse nosso intercâmbio de modo estratégico? Como se poderia ter certeza de que a própria situação não deixava aberta essa possibilidade de modos que na época não eram evidentes? Se esse fosse o caso, seria possível e necessário reanalisar o intercâmbio à luz das minhas ações ulteriores, revelando a sua inautenticidade. Mas agora a teoria da separação absoluta entre comunicação e retórica estaria em severas dificuldades, porque pareceria que a comunicação sempre pode ser levada a servir a alguma finalidade estratégica de maneira que iria exigir esse tipo de reexame. Diante disso, Habermas é forçado a fazer algumas belas manobras defensivas extremas, como por exemplo ao defender a sua teoria do consenso de que a verdade é tudo aquilo que emerge do diálogo, com o que ele pretende designar o discurso autenticamente comunicativo e não o discurso estratégico:

> Para distinguir enunciados verdadeiros de enunciados falsos, refiro-me ao julgamento dos outros — na verdade, ao julgamento de todos os outros indivíduos com os quais eu possa vir a manter um diálogo (entre os quais eu poderia incluir contrafactualmente todos os parceiros de diálogo que pude encontrar se a minha história de vida fosse coextensiva com a história da humanidade)[8].

É espantosa a ingenuidade disso; a história da *humanidade*? Se esse tipo de defesa é necessária para proteger a distinção entre verdade e estratégia, é também indício da fragilidade dessa mesma distinção. Por outro lado, pode-se ver que, uma vez comprometido com o projeto de mostrar a real existência e a real prioridade da comunicação não somente como um aspecto, mas como um tipo distinto de discurso, Habermas também se compromete a fazer essa forte reivindicação universalista. Fica-se no entanto imaginando por que é necessário, antes de tudo, manter tal distinção absoluta entre verdade e estratégia. Esse aspecto da obra recente de Habermas tem representado a principal dificuldade dos seus defensores e detratores[9].

---

8. Habermas, "Wahrheitstheorien", in *Wirklichkeit und Reflexion: Festschrift für Walter Schulz*, ed. por H. Fahrenbach, Pfüllingen, Neske, 1973, p. 219, citado em Thomas McCarthy, *The Critical Theory od Jürgen Habermas*, Cambridge, Polity Press, 1984, p. 299 (tradução de McCarthy).

9. O relato mais lúcido da dificuldade de manter a distinção comunicativo/estratégico é Jonathan Culler, "Communicative Competence and Normative Force", *New German Critique*, 35, 1985, pp. 133-44.

Uma das características mais marcantes do discurso ético proposto por Habermas é o fato de ele ser a um só tempo denso de implicações políticas e rarefeito até um ponto extremo de abstração. Ele não tem dúvida de que, assim como a violência discursiva e a opressão não são meros acessórios, mas os principais agentes da injustiça no mundo contemporâneo, assim também a orientação para o consenso, que se acha encerrada tão profundamente como o código genético, no interior de todo intercâmbio discursivo personifica uma promessa política utópica. A alegação de Habermas sobre o relacionamento entre discurso e utopia traz em si a mesma irreverência da afirmação de Matthew Arnold de que a poesia pode nos salvar: "A verdade dos enunciados está vinculada em última análise à intenção de uma vida boa e verdadeira"[10]. Por outro lado, o relato habermasiano da ética do discurso também pode ser considerado puramente formalista, visto que o mais importante são os procedimentos do discurso racional e irrestrito, e não o conteúdo desse discurso. Isso é por vezes mencionado pelos que se ocupam de defender Habermas da acusação de que as suas formas discursivas ideais são absolutistas e restringem a pluralidade. Para Richard Wollin, por exemplo, é precisamente a natureza formalista da ética discursiva de Habermas que assegura a sua tolerância da diversidade:

> Parece indiscutivelmente claro que a ética do discurso, em vez de ser um racionalismo dogmático, apresenta uma justificação desapaixonada e fundamentada do pluralismo político. Isso ocorre precisamente em virtude do seu "formalismo" ou "procedimentalismo", que em princípio permanece compatível com uma infinita variedade de normas práticas ou "formas de vida". Ademais, só uma abordagem "formalista" da ética como a de Habermas pode ser realmente pluralista, visto que ela de modo algum tenta prejulgar o *conteúdo* das decisões a que se termine por chegar[11].

Há embutido nesse relato certo absurdo, que sugeriria, por exemplo, que seria possível ver como legítimo um consenso acerca do desejo de exterminar todas as pessoas ruivas com mais de 50 anos, desde que se chegasse a ele de acordo com procedimentos discursivos estabelecidos. Na prática, contudo, tal exemplo poderia parecer autocontraditório, visto ser improvável que se alcançasse um consenso desses sem descartar por inteiro as concepções dos ruivos de 51 anos acerca do seu próprio extermínio, de maneira que o consenso teria tido de depender de uma restrição ilegítima imposta à situação discursiva. Tal como outras teorias liberal-democráticas, a ética habermasiana da comunicação tolera quaisquer normas discursivas exceto as que contradigam seu próprio princípio da tolerância,

10. Citado sem fonte em McCarthy, *The Critical Theory of Jürgen Habermas*, p. 307.

11. Richard Wolin, "On Misunderstanding Habermas: A Response to John Rajchman", *New German Critique*, 49, 1990, p. 144.

ou seja, as que impossibilitem ou constranjam certas partes no intercâmbio discursivo.

Um problema desse relato é que, ao insistir na identificação entre ação moral e capacidade discursiva, ele descarta de modo sistemático a possibilidade de que os sem-discurso — crianças, animais, árvores e pedras — possam ter direitos ou interesses legítimos que contassem no discurso humano em seus próprios termos, ou seja, sem a mediação dos interesses ou juízos prudentes de seres humanos adultos. Não haveria como atacar nos termos de Habermas um consenso humano universal quanto à livre disposição do mundo natural (por mais tolo que tal idéia possa parecer da perspectiva dos interesses humanos), visto que não existiriam meios de acesso a nenhuma situação de discurso, ideal ou não, para que o mundo natural defendesse seus próprios interesses. Para os que estão convencidos da validade do modelo de Habermas, e que, portanto, aceitam que direitos legítimos só podem ser possuídos por criaturas capazes de articulá-los discursivamente, claro que isso não constitui um problema, visto que onde não há direitos legítimos, também não pode haver injustiça. Mas se um agente discursivo pretendesse defender a causa dos direitos animais de um consenso humano, alegando que as normas discursivas humanas são injustas *porque* excluem os animais e o mundo natural, já teria surgido o problema de como poder discutir isso, já que o modo como isso fosse permitido sempre teria decidido de antemão que tipo de argumento poderia ser admitido.

Trata-se de um exemplo de um problema mais geral que afeta o relato de Habermas, a saber, o fato de ser incomparavelmente difícil manter na prática a estrita separação por ele requerida entre a forma ética dos intercâmbios discursivos e o seu conteúdo arbitrário. Como decidir se certas formas de comportamento discursivo fornecem ou não as condições ideais que Habermas exige? E, o que é mais importante, de acordo com que regras se negociam desacordos desse gênero, se o que está em questão são justamente as regras de negociação desses desacordos? Esses problemas podem parecer abstrusos, mas eles na verdade se manifestam sempre que há debate ou desacordo com relação a qualquer aspecto de procedimentos constitucionais ou políticos, ou seja, praticamente o tempo inteiro. Habermas sugere que, em situações como essas, é na realidade possível passar adaptativa e reflexivamente de nível para nível, de paradigma discursivo para paradigma discursivo; mas o fato de essas mudanças deverem ser sempre governadas pela orientação para o consenso, tal como descrita por Habermas, só faz o problema recuar um estágio, visto que, em toda situação real, pode ser necessário ou desejável questionar a autenticidade do próprio arcabouço discursivo que governa essa mudança de nível (e, com efeito, assim por diante, infinitamente). Porque, na prática, é muito difícil ter certeza de que a fala ideal ou a orientação para a fala ideal estão de fato em evidência em toda situação dada. Seria mais preciso dizer que os hostis intercâmbios entre George Bush e Saddan Hussein e os seus representantes nos eventos que levaram à Guerra do

Golfo foram governados, em sua lógica interior, por uma orientação partilhada na direção da compreensão ou que eles refletiram um desacordo fundamental sobre as próprias coisas que deveriam contar como um intercâmbio discursivo justo ou racional?

Jean-François Lyotard, como é bem sabido, não aceita coisa alguma do argumento de Habermas. Em sua forte vinculação a ideais do Iluminismo como razão e verdade, Habermas é para Lyotard a última vítima do hábito da metanarrativa que a pós-modernidade teria descartado categoricamente. Enquanto Habermas defende a hierarquia de certas modalidades de jogos de linguagem sobre outras — notadamente, é claro, da comunicação racional sobre a linguagem propositada ou instrumental —, Lyotard conclama e supõe a descentração e multiplicação de jogos de linguagem, denunciando como opressivas todas as tentativas de subordinar um tipo de jogo de linguagem a outro. Enquanto Habermas visa estabelecer um relato total e sistemático das operações e orientações da linguagem, Lyotard proclama a infinita abertura do campo lingüístico. E enquanto Habermas assume e promove o ideal do consenso, Lyotard requer que a teoria e a crítica tolerem, e até provoquem e façam proliferar, a diferença e o dissenso. Para Habermas, a rejeição por Lyotard do ideal do consenso racional é um perigoso irracionalismo, ao passo que para Lyotard a adesão habermasiana a esse ideal só pode levar a novas versões de Auschwitz e do Gulag.

Pode não parecer promissor, dado o amargo e inflexível antagonismo entre Lyotard e Habermas, procurar pontos de convergência entre eles. Surpreendentemente, talvez, esses pontos de convergência são evidentes. De um lado, os dois têm em comum a convicção da centralidade da ética do discurso com relação ao raciocínio moral e político em geral, partilhando uma notável tendência a traduzir questões políticas em questões lingüísticas; isso é mais evidente na reescritura lyotardiana do Holocausto em termos discursivos ("o vínculo entre a frase da SS e a frase do deportado é indescobrível porque essas frases não advêm de um mesmo gênero de discurso" — *D*, 106), que quase parece sugerir que a pior culpa dos nazistas foi uma falha em termos de protocolo retórico. (Naturalmente, se se vê ou não essa tradução da ação política em discurso como uma insensata redução depende em larga medida da decisão já tomada de ver ou não a linguagem como subordinada a ações "reais".) No caso de Lyotard, há uma chocante inconsistência. Para ele, o princípio da justiça reside na heterogeneidade dos jogos de linguagem, na irredutibilidade de todos os jogos de linguagem a qualquer um deles. Lyotard tem uma concepção sobremodo fluida acerca do que é um jogo de linguagem, reunindo sob esse termo diferentes fins e usos retóricos da linguagem, como exortação, prescrição, denotação etc., bem como o que poderíamos denominar diferentes modos públicos ou institucionais de expressão (o que se poderia denominar mais familiarmente discursos), tais como o uso filosófico da linguagem, o econômico, o legal e assim por diante. É verdade que, em seus trabalhos mais recentes, como em *The Differend* (1984), Lyotard tem preferido apoiar-se menos fortemente na noção indiferenciada de jogos de linguagem, tendo introduzido algumas distinções entre as dimensões mais amplas e mais restritas da pragmática lingüística, dividindo-as em "regimes de frases" e "gêneros de discurso". Mas isso não parece imunizar sua argumentação contra a objeção de que ele só pode estabelecer o princípio da heterogeneidade necessária de formas de uso da linguagem mediante uma homogeneização preliminar daquilo a que um ensaio chama singularmente de "o fluxo dos eventos humanos" em termos da própria *linguagem*. Lyotard supõe que tudo, do Holocausto à história do discurso ético e metafísico, pode ser considerado como uma espécie de ato de fala e, mais do que isso, um ato de fala que pode ser analisado de acordo com um arcabouço deveras invariante de termos e posições de agente que parecem lembrar estranhamente a "pragmática universal" dos atos de fala proposta por Habermas. O argumento de Lyotard acerca da incomensurabilidade das diferentes modalidades de uso da linguagem depende crucialmente do fato de a linguagem proporcionar esse tipo de denominador comum entre o que tem sido considerado áreas discretas da experiência, de modo particular por Kant, cuja distinção entre as diferentes áreas do juízo, da moralidade prática e da razão pura Lyotard parece, por outro lado, respeitar muito. Em suma, Lyotard só tem condições de rejeitar o princípio da traduzibilidade entre linguagens e jogos de linguagem particulares devido ao fato de antes ter traduzido tudo *em* linguagem.

Esse paradoxo termina por afetar a própria noção de incomensurabilidade, visto que dizer que duas áreas distintas de atividade não podem ser medidas com uma mesma escala sempre requer precisamente a proposição de uma escala comum; é-se obrigado a comparar de alguma maneira as duas coisas incomensuráveis, a fim de decidir que não se pode medi-las em conjunto. Com efeito, poder-se-ia dizer que a própria noção de "incomensurável" oferece uma espécie de escala de comparação ou de correlação. Isso não gera necessariamente problemas nos usos ordinários do termo, mas com certeza os causa em tentativas, como a de Lyotard, de afirmar a incomensurabilidade *absoluta* dos jogos de linguagem. O que se aplica à noção de incomensurabilidade aplica-se por extensão à idéia de tradução. Se uma língua opusesse uma resistência absoluta à tradução (quer dizer, de mensuração em termos de outra língua), na realidade não teríamos como estar certos de ser ela uma língua e não uma maneira bem complicada de respirar.

Como Lyotard responderia à crítica de que, ao reduzir tudo a linguagem, ele estaria infligindo a própria injustiça discursiva que censura? Ele seria presumivelmente forçado, como Habermas e outros interessados pela idéia de uma ética do discurso, a defender a legitimidade, e não a mera vantagem heurística do modelo lingüístico, a afirmar que essa correlação entre linguagem e ação corresponderia em algum sentido ao modo como as coisas *são*. Se esse não fosse o caso, dificilmente seria possível derivar o princípio que Lyotard na realidade deriva, de "jogo justo" ou heterogeneidade desejável. Mas isso produz outra contradição interna na argumentação de Lyotard. Porque toda defesa da precisão do seu relato do campo da linguagem humana na verdade violaria o seu princípio da incomensurabilidade entre linguagem prescritiva e denotativa (em termos mais familiares, o problema do fato/valor ou da dicotomia entre "é" e "deve"). Se não é possível derivar valores de fatos, como Lyotard diz que não se pode, essas árduas descrições da pragmática narrativa dos Cashinahua e da Gestapo estão supremamente fora de questão, tendo como fundamento a promoção ilegítima do jogo de linguagem da denotação em detrimento do de prescrição. De fato, há uma defesa de último momento dessa aparente arbitrariedade, visto que Lyotard pode dizer que se os fatos e os valores são na realidade profundamente distintos, é sobremodo autoconsistente derivar valores, de maneira arbitrária, de fatos. De acordo com essa opção, quanto mais fraca a sua argumentação, quanto menos fundada em descrições verificáveis ou plausíveis, tanto mais vigorosa ela será. Não há muito o que fazer logicamente contra essa defesa; mas, como isso envolveria levar Lyotard a sofrer de modo extremo as conseqüências de uma ação prejudicial sua voltada para outrem, também não há muito o que se pudesse ser solicitado a fazer.

O trabalho de Habermas e Lyotard também está ligado por outra característica: a suposição do universalismo moral. Mais uma vez, vemo-nos diante de uma linha aparentemente enganosa, dada a campanha explícita e sustentada de Lyotard contra universais e universalismos, e o seu descarte das metanarrativas que os endossam. Verdades e normas universais devem ser explicadas, como tanta coisa para Lyotard, como a operação de uma violência lingüística particularmente sinistra em que a força de um "nós" particular subsume e assimila a força do "tu" e do "eles". Mas se pararmos por um momento para considerar a base da crítica lyotardiana na metanarrativa, vemos que o que está sendo criticado não é tanto o universalismo como *falso* universalismo, a pretensão ilegítima de um grupo ou sociedade particular de falar por e de representar toda a humanidade. Mas como se poderia considerar essa pretensão ilegítima a não ser no sentido de não ser suficientemente universal? No tocante a isso, a "suspeita das metanarrativas" é uma suspeita profunda e tradicionalmente ética, fundada num sentido de normas e de responsabilidades que deveriam aplicar-se indiferentemente a todos os casos semelhantes. Em suma, se a suspeita das metanarrativas fosse total, não haveria fundamentos para continuar a suspeitar delas.

O universalismo encoberto de Lyotard apresenta duas dimensões, que são, respectivamente, protetora e imperativa. Assimilar os outros à força ao nosso próprio projeto de emancipação ou, em termos mais gerais, ao nosso estilo cultural, é para Lyotard uma violação injusta precisamente porque ele supõe, como deve fazê-lo, o direito universal de todos os povos, grupos e mesmo pessoas de não ter sua autonomia violada dessa maneira. Essa suposição seria desvelada se se perguntasse: quem Lyotard possivelmente desejaria isentar da proteção dessa norma ética? Como poderia ele pôr em prática essa isenção sem praticar a mesma violência que condena? Aqui, com efeito, o critério da autocontradição se aplicaria à ética lyotardiana do discurso exatamente da mesma maneira como se aplica à habermasiana, porque Lyotard presumivelmente estenderia essa proteção a toda e qualquer cultura, de todo e qualquer período da história, exceção feita àquelas cujas ações, discursivas ou não, violassem sistematicamente os direitos discursivos das outras. A dimensão imperativa da ética do discurso de Lyotard seria correspondentemente revelada perguntando-se: quem ele desejaria isentar da responsabilidade de não violar injustamente o discurso dos outros?

Em ambos esses sentidos, Lyotard parece estar oferecendo uma norma discursiva universal que muito se assemelha à proposta por Habermas, ou seja, a de que todos os sujeitos e grupos de sujeitos devem ter permitido o acesso ao discurso e nenhum sujeito nem grupo deve ser prejudicado por uma compulsão, interior ou exterior ao discurso, que restrinja ou impeça esse acesso.[12] A dificuldade aqui consiste no fato de que, ao contrário de Habermas, que afirma constantemente sua adesão a tal norma, Lyotard raramente o faça, muito embora, na maior parte do tempo, essa norma uive pedindo reconhecimento na própria forma tomada por sua crítica. Claro que até isso poderia ser tomado para ilustrar o princípio habermasiano segundo o qual a orientação ética para a norma da fala ideal é inerente ao próprio discurso racional. Dessa ótica, Lyotard exemplifica da maneira mais completa a orientação habermasiana para a fala ideal justamente onde critica as pretensões universalizantes de tal noção, visto que a sua crítica de Habermas tem de apoiar-se nos pressupostos habermasianos que acabamos de especificar.

Isso não equivale a dizer que não haja diferença entre uma norma ética explícita e especificada e uma implícita e não declarada. No sentido de que é isso o que separa e distingue Lyotard e Habermas, trata-se de uma diferença que faz toda a diferença do mundo. Para Lyotard, não haveria possibilidade de dar concretude a uma norma universal na prática, visto que isso é, ou sempre tem probabilidade de ser, injusto, ao passo que, para Habermas, como vimos, tudo se alicerça nessa possibilidade. Há, pois, uma crucial diferença na forma da orientação ética imaginada pelos dois filósofos; para Lyotard, a orientação ética tem de ser sem chegada a formas corporificadas de valor, enquanto para Habermas

12. Essa formulação deriva da síntese da posição de Habermas oferecida por Robert Alexy em "Eine Theorie des praktischen Diskurses", in *Normenbegrundung und Normendurchsetzung*, ed. por Willi Oelmüller, Paderborn, Schöningh, 1978, pp. 40-1, citado em Stephen K. White, *The Recent Work of Jürgen Habermas: Reasob, Justice and Modernity*, Cambridge, Cambridge University Press, 1988, p. 56.

a orientação nada significa sem a possibilidade dessa chegada. Isso porque Lyotard rejeita a noção de ação comunicativa tão central no argumento de Habermas, insistindo em que, como toda linguagem é estratégica, uma questão de jogo e de ganho e não de uma questão de comunicação que leva ao entendimento, a comunicação no sentido habermasiano só poderia ser vista como uma forma particular de ardil estratégico. Lyotard se debate, por conseguinte, com o problema da enunciação de normas ou imperativos. Sua ética do discurso é governada pelo imperativo de evitar imperativos arbitrários, razão por que não pode afirmar seu próprio imperativo sem a autocontradição performativa descrita por Habermas. Lyotard não pode aceitar a distinção de Habermas entre as formas normativas do discurso ético e os conteúdos variáveis e não especificados desse discurso, e por isso ele não pode acreditar na possibilidade de estabelecer regras justamente para a prática discursiva que não seja em termos concretos uma espécie de estratégia que sirva injustamente aos interesses de algum grupo particular.

Essa impossibilidade de afirmar o imperativo ético universal para evitar imperativos éticos é, por conseguinte, fonte de um considerável e instrutivo incômodo na obra de Lyotard, e nenhum lugar mais do que na situação relativamente descontraída das discussões registradas em *Just Gaming*. O livro termina com uma irrupção do que parece ser uma risada embaraçada com relação ao problema da formulação da "justiça da multiplicidade", a "prescritiva do valor universal ... [que] prescreve a observância da justiça singular de cada jogo", uma risada descrita secamente por Samuel Weber em seu posfácio ao livro como aquilo que emerge "quando uma representação proibida tem sucesso ... em impor-se apesar da inibição que a afeta".[13] E também em *The Differend* Lyotard é levado a tentar imaginar novas formas de descrever essa atividade de prescrição em que está engajado. De acordo com um relato fornecido nesse texto, o discurso político evita ser uma forma de subordinação discursiva simplesmente não sendo um gênero de discurso: "Fosse a política um gênero e pretendesse esse gênero o status supremo, seu caráter vão seria rapidamente revelado. A política, no entanto, é a ameaça do diferendo. Ela não é um gênero, mas a multiplicidade de gêneros, a diversidade de fins e, por excelência, a questão da articulação" (*D*, 138).

Mas tudo isso aponta na verdade para outro interessante paralelo entre Habermas e Lyotard. Para os dois, a norma da justiça discursiva é inteiramente formal. Para Habermas, como vimos, a situação ideal de fala só regula os procedimentos racionais do discurso, não incidindo a sua influência, de modo algum, sobre o seu conteúdo. Para Lyotard, a norma da justiça discursiva também é simplesmente uma questão de forma, ou, como ele a descreve em *Just Gaming*, uma "transcendência vazia"[14]. A

13. Lyotard e Thébaud, *Just Gaming*, pp. 100, 103.
14. Ibid., p. 69.

justiça discursiva (que, como vimos, pode subsumir todas as outras questões de justiça para Lyotard) não está enlaçada com quaisquer valores ou princípios particulares, visando somente à possibilidade de sua própria continuidade. Para Lyotard, "a injustiça absoluta ocorreria se a pragmática da obrigação, ou seja, a possibilidade de jogar o jogo do justo, fosse excluída. Eis o que é injusto. Não o oposto do justo, mas aquilo que proíbe que a questão do justo e do injusto seja, e permaneça, levantada"[15]. É digna de nota a preferência comum de Habermas e Lyotard por Kant e por sua tentativa de derivar regras universais das estruturas da própria racionalidade, em vez de por Hegel, que insistiu na historicidade de todas as regras e normas. E tanto Lyotard como Habermas ficam um tanto paralisados pelo problema da interferência entre forma e níveis, o fato de que a transcendência vazia não pára de retornar à arena do concreto, e de tornar-se ela mesma o objeto de determinação ética e lingüística.

Habermas tenta lidar com esse problema aprimorando progressivamente a distinção entre a ética universal das formas discursivas e as ações e crenças culturais e historicamente específicas articuladas por meio do discurso. Lyotard tenta manter essa distinção de modo ainda mais enfático, insistindo, como vimos, em que a política que tenta regular e dar conta da multiplicidade de gêneros não é ela mesma um gênero, ou, equivalentemente, que a filosofia que procura legislar sobre o campo de legislações lingüísticas que é o discurso em geral não é legítima no sentido forte: "As bases do discurso filosófico", escreve ele, "estão numa regra (ou em regras) que permanece(m) por ser procurada(s) e a que o discurso não pode ser levado a conformar-se antes de ela(s) ser(em) descoberta(s)" (*D*, 97). Enquanto para Habermas residem na extensão da força e do domínio do discurso racional, igualitário, o valor e o propósito políticos estão igualmente para Lyotard na determinação de resistir, com uma espécie de vigorosa melancolia, à personificação do futuro utópico pelo presente. Apoiando-se no relato kantiano do efeito enobrecedor da Revolução Francesa, Lyotard sugere que o mais importante princípio ético é o da lacuna entre ideal e realidade, entre os ideais de liberdade e de justiça visados pela Revolução Francesa e a violenta realidade do Terror. Isso se assemelha mais com uma resposta estética do que ética, e uma resposta estética pertinente em particular à teoria romântica do sublime, que põe em relevo o hiato entre a vastidão da apreensão pela mente das formas naturais e a sua capacidade de representar essa vastidão.

> Quanto à política do sublime, ela não existe. Isso seria apenas Terror. Mas na política há uma estética do sublime. Os atores, os heróis do drama político sempre são suspeitos e têm sempre de ser alvo da suspeita de que agem a partir de motivos interessados

15. Ibid., p. 66-7.

> e particulares. Mas a resposta sublime manifesta pelo público diante do drama não o é.[16]

Eis o ponto em que Lyotard se encaminha para o que se poderia denominar "ética do estético", que pareceu abrir o maior fosso entre a sua obra e a de Habermas. Para ter força, um princípio regulador de não-regulação, uma regra universal da singularidade absoluta, tem de ter a sua força dirigida contra si mesma. O princípio diretor da ação para Lyotard tem portanto de ser uma suspeita absoluta de todos os princípios diretores. Isso significa que, em vez de procurar confirmar e substanciar a regra da lei, a consciência ética tem de representar um interminável pôr em questão da lei. Se, como sugeriu Terry Eagleton, o estético tem funcionado historicamente como modelo da autolegitimação espontânea da lei ética e política, Lyotard sugere que o discurso ético e político deveria ser pensado de acordo com as autodeslegitimações da obra de arte de vanguarda.

> Quando Cézanne apanha o seu pincel, o que está em jogo na pintura é posto em questão; quando Schoenberg senta-se ao piano, o que está em jogo na música; quando Joyce pega a sua caneta, o que está em jogo na literatura. Não apenas são experimentadas novas estratégias de "ganho", como é questionada a natureza do "sucesso" ... Não são os elementos em jogo análogos ... aos que orientam o gênero "filosófico"? Uma pintura será boa (terá alcançado seus fins, terá se aproximado deles) se obrigar o seu destinatário a perguntar em que ela consiste. Tudo é político se a política for a possibilidade do diferendo por ocasião mesmo da mínima articulação (*D*, 139).

Logo, embora tenhamos visto que, em certo sentido, Lyotard segue Habermas ao manter a distinção entre a "transcendência vazia" da ética discursiva e o real jogar jogos de linguagem — nos termos de Habermas, isso seria a distinção entre os domínios da norma e da lei, do procedimento discursivo e do conteúdo discursivo, da ação comunicativa e da ação estratégica —, aqui essa distinção vem abaixo. Na ética do estético proposta por Lyotard, a norma (a regra da obra de arte) é questionada no próprio processo de ser aplicada. Revertendo a derivação habermasiana da ação estratégica a partir da ação comunicativa, Lyotard faz das normas o resíduo posterior da ação discursiva.

A ética de Lyotard é, portanto, radical e reconhecidamente autocontraditória; com efeito, à medida que ela gira em torno do princípio da manutenção e não da resolução da contradição, a autocontradição é inerente à sua essência. Impelido de um lado por um compromisso positivamente habermasiano com normas universais que garantam a preservação da diversidade e da liberdade discursivas (se bem que, como vimos,

16. Jean-François Lyotard, "Post-Script on the Terror and the sublime", in *Le Postmoderne expliqué aus enfants: Correspondance 1982-1985*, Paris, Galilée, 1986, pp. 111-13 (tradução minha).

esse compromisso poucas vezes alcance a consciência), o amargo antagonismo lyotardiano àquilo que vê como uma força dominadora do universalismo ético esposado pela filosofia de Habermas é um antagonismo contrário a si mesmo. Diante disso, não fica inteiramente claro como se deveria descrever o "debate" entre Habermas e Lyotard — curioso tipo de debate, esse, em que não somente os dois alegados oponentes nunca entram no ringue retórico juntos, como cada qual mal parece capaz de suportar a menção do nome do outro; não obstante, a separação entre Habermas e Lyotard tem sido lembrada com crescente freqüência para exemplifcar as reivindicações rivais da modernidade e da pós-modernidade.[17] Deve a rejeição lyotardiana a universais ser descrita (em termos habermasianos) como uma forma diferente de universalismo, caso em que o argumento de Lyotard é levado a demonstrar, em sua própria forma, a "obrigação imanente do ato de fala" (UP, 64) que Habermas se preocupa em mostrar como fator primário e irredutível da linguagem? Ou, pelo contrário, deve a tentativa de Habermas de manter o ideal da comunicação pura, não-estratégica, ser lida (em termos lyotardianos) como a injusta promoção de um jogo de linguagem particular, ou forma particular de estratégia discursiva, em prejuízo de todos os outros? Mas se esta última alternativa é verdadeira, Lyotard parece estar aceitando as alegações de Habermas, a fim de refutá-lo, usando a orientação habermasiana para o universalismo com o fito de criticar o falso universalismo de Habermas. O problema aqui parece não admitir decisões; por que, se decidirmos em favor de Lyotard, pareceremos também estar confirmando Habermas: mas se decidirmos em favor de Habermas, também poderemos estar garantindo a Lyotard a força de sua crítica universalista ao universalismo de Habermas.

Esse paradoxo recebe ainda maior densidade pelo fato de o desacordo entre Habermas e Lyotard referir-se essencialmente à questão sobre que tipo de desacordo poderia de fato estar ocorrendo entre eles. Se aceitarmos a caracterização lyotardiana do conflito, temos de considerá-lo um diferendo, ou uma situação em que dois mundos discursivos encontram-se em oposição sem a possibilidade de haver um princípio superior de justiça discursiva com que mediar a oposição. Mas, se adotarmos o relato habermasiano da oposição, temos de considerá-lo um desacordo (a palavra de Lyotard seria "litígio"), visto que, para Habermas, a própria estrutura da fala intersubjetiva, em que se precisa entrar até para ter um desacordo, pressupõe um universo de normas racionais compartilhadas. Mas isso iria parecer muito a tirania assimilativa a que Lyotard objeta, pois nunca seria possível discordar de Habermas sem aceitar na prática os seus termos e, portanto, sem mostrar que ele tem razão. Essa dificul-

17. Veja-se, por exemplo, Richard Rorty, "Habermas and Lyotard on Postmodernity", in *Habermas and Modernity*, ed. por Richard Bernstein, Cambridge, Massachusetts, MIT Press, 1986, pp. 161-76.

dade de decidir se o relacionamento entre os dois é da ordem do diferendo lyotardiano ou da orientação habermasiana para o consenso representa a impossibilidade de se decidir sobre a questão relativamente ao fato de ser ela passível de decisão ou de indecisão. É melhor não ir além disso. Temos aqui algo que também serve para ilustrar a idéia de que não há como negociar problemas concernentes à ética do discurso sem exemplificar em nosso próprio discurso os problemas que estamos tentando resolver. Mas talvez seja somente do lado habermasiano da discussão que isso poderia obviar a possibilidade de um debate racional contínuo acerca da possibilidade ética. A forma retorcida dessa situação de equilíbrio não-contraditável lembra a do confronto entre o objetivista e o relativista evocada no final do capítulo 2.[18] E isso não é casual, já que essa é uma condição alcançada por toda teoria do valor que busque abstrair e autonomizar um lado do paradoxo que enrodilha firmemente entre si o absolutismo e a relatividade. Do mesmo modo como toda tentativa de afirmar formas absolutas e incondicionais de valor sempre nos faz voltar ao campo da relatividade e do intercâmbio, assim também toda tentativa de validar a relatividade como princípio desemboca nas próprias formas de fixidez e de transcendência negadas pelo princípio da relatividade. Cada um dos lados precisa do outro para afirmar a sua própria incondicionalidade.

Como quer que o descrevamos, o desacordo fundamental entre Lyotard e Habermas tem como o outro vértice do triângulo a filosofia pragmática de Richard Rorty, que rejeita o que vê como o extremismo de ambas as posições; quer dizer, rejeita a ética do discurso interferente exemplificada pelo imperativo absoluto habermasiano da fala ideal fundada em normas racionais, e a ética do discurso não-interferente, exemplificada pelo imperativo absoluto lyotardiano de multiplicação das diferenças. De acordo com Rorty, o que importa para a política liberal-democrática — e há aqui certa consonância entre ele e Habermas — não são valores fundacionais ou universais, mas a existência de formas de discussão livre e irrestrita. Aceitando, tal como Habermas, a noção peirciana da verdade como consenso, ele acredita que "se cuidarmos da liberdade política, a verdade e a bondade cuidarão de si mesmas" (*CIS*, 84). Assim, em alguma medida, Rorty partilha com Habermas a idéia da importância da livre discussão e da comunicação não-distorcida, porém é muito mais otimista do que Habermas acerca da possibilidade de alcançá-las. Em contraste com aqueles que acreditam ser a situação ideal de fala impossível e quimérica, como Barbara Herrnstein Smith, Rorty vê esse ideal ao alcance de qualquer comunidade política mais ou menos democrática como as que existem hoje. Se a fala ideal de Habermas é angelicamente austera, a de Rorty é delicadamente circular: o discurso irrestrito "é simplesmente o tipo [de discurso] que se manifesta quando a imprensa, o judiciário, as

18. Veja-se a discussão acima, pp. 39-40.

eleições e as universidades são livres, a mobilidade social é freqüente e rápida, a alfabetização é universal, a educação superior é comum e a paz e a prosperidade tornaram possível o lazer necessário para se ouvir muitas pessoas diferentes e pensar acerca do que dizem" (*CIS*, 84).

Naturalmente, a dificuldade, tanto para Habermas como para Lyotard, é como ter certeza da real existência da liberdade em quaisquer dessas áreas. Rorty se opõe à concepção de que seja necessário algum tipo de pesquisa trabalhosa ou sistemática sobre qualquer forma de atividade discursiva, não vendo por conseguinte valor na noção de crítica da ideologia. Como a ideologia não é para ele nada mais dramático ou sinistro do que idéias ruins, Rorty não julga necessário nos livrarmos da ideologia *antes* de submetermos essas idéias ruins às influências aperfeiçoadoras da discussão irrestrita. Isso poderia parecer levar Rorty ao mesmo gênero de paradoxo auto-reflexivo que ele destacou pouco antes na obra de Habermas, ou seja, o de que é difícil ter certeza de se estar discutindo em condições de liberdade discursiva quando o que pode estar em tela na discussão é a própria natureza da liberdade discursiva. Mas Rorty tem uma espécie de inclinação zen para descartar esses paradoxos, argumentando que, visto serem eles mero produto de um modo prejudicial de pensar, tudo o que se precisa fazer é abandonar esse modo errôneo de pensar para que o paradoxo desapareça, deixando apenas um odor de enxofre atrás de si. Não há para Rorty problemas em tentarmos nos elevar acima da ideologia puxando-nos pelas próprias presilhas das botas, pois se fôssemos destinados a voar, não nos deveriam ter dado, para começar, botas. Ou, como ele o disse num debate com Lyotard, o pragmático pode dispensar o projeto de emancipação porque "acredita que nunca houve nada a ser emancipado e que a natureza humana nunca esteve aprisionada"[19].

Rorty visa mediar entre as alternativas apresentadas por Habermas e Lyotard como a idéia do "liberal irônico". Esse ideal admitiria apropriada, ou seja, moderada e pragmaticamente, alguns arrazoados de ironistas como Lyotard, Foucault e Derrida, por exemplo, o de que não há verdade absoluta, natureza humana universal etc. Mas também acolheria a idéia da desejabilidade do aperfeiçoamento alcançado pela discussão democrática e pelo consenso livremente alcançado. Isso signfica navegar entre os extremos representados pela ironia sem liberalismo (Foucault, Lyotard, Derrida) e o liberalismo sem ironia (Habermas)[20]. Se a diferença entre Habermas e Lyotard é a diferença de status do "nós" em suas obras, Lyotard rejeitando a possibilidade da comunidade universal e Habermas subordinando tudo a esse ideal, Rorty propõe um tipo mais moderado de

---

19. Richard Rorty, "Le Cosmopolitisme sans émancipation: en réponse de Jean-François Lyotard", *Critique*, 41, 1985, p. 570 (tradução minha).

20. Essa fórmula é derivada da comparação de Rorty entre Foucault e Habermas (*CIS*, 61-9).

orientação para a comunidade em que o "nós" não precisaria abandonar a sua própria natureza, nem suspeitar dela, a fim de reconhecer o interesse ou as alegações alheias: o "nós" democrático-liberal pode dar-se ao luxo de ser etnocêntrico se esse for um "etnocentrismo de um 'nós' ('nós liberais') dedicado a se ampliar, a criar um *ethnos* cada vez maior e mais variegado ..., o 'nós' do povo que foi levado a desconfiar do etnocentrismo" (*CIS*, 198).

Uma das mais importantes maneiras pelas quais Rorty concorda com Lyotard contra Habermas é a posição que confere ao literário e ao estético. Para Rorty, é o sentido literário ou poético que permite o tipo de ironia autocorretora que ele aprova, razão por que ele recebe bem o interesse por questões literário-estéticas entre muitos filósofos continentais contemporâneos, justamente à medida que isso reflete a noção de que a filosofia não está envolvida na busca da verdade, nem na descoberta de fundamentos, mas sim na criação de metáforas e narrativas mais ou menos ricas e acomodatícias. A história da filosofia é, pois, para Rorty, não a história de um lento desenvolvimento do saber com relação a algo exterior a ele mesmo, mas a história de um autoconfigurar-se e desconfigurar-se. Quando se trata de questões políticas, Rorty propõe um tipo semelhante de ideal estético na idéia de uma cultura poetizada em vez de racionalizada ou cientificizada. Crucial para essa apreensão é a sensação de que a verdade é antes construída do que descoberta: "Uma cultura poetizada seria aquela na qual não se insistiria em descobrir as paredes reais por trás das pintadas, as pedras de toque da verdade em oposição às pedras de toque que são meros artefatos. Seria uma cultura que, exatamente por apreciar que *todas* as pedras de toque são artefatos, teria como meta a criação de artefatos cada vez mais variados e multicoloridos" (*CIS*, 53-40). Se dá a impressão de reduzir a questão da negociação dos valores culturais a uma espécie de artesanato, isso não obstante tem vínculos com uma importante tendência crítica manifesta em recentes debates acerca da ética do discurso. Para muitos autores, a ética do discurso exige uma recusa da estreita definição habermasiana de discurso e uma tentativa de incluir na esfera do ético todas as formas de discurso aparentemente subvalorizadas no relato de Habermas da prioridade da ação comunicativa, e em especial do discurso estético.

Habermas se mostra curiosamente desatento com respeito à questão do literário-estético ao longo do seu trabalho, e tem sido desapontador em suas tentativas de se defender e compensar essa desatenção em suas recentes respostas a críticas. Para ele, o estético e o literário em particular simplesmente não são tão significativos quanto o discurso racional "sério". O literário é tomado como uma forma de discurso de segunda ordem, derivado da ação comunicativa e situado aquém dela. Trata-se para Habermas, em especial, de linguagem "não-séria", linguagem que não se submete nem resiste aos vários testes de validade por que passa o discurso racional, não podendo, por esse motivo, ter um papel legítimo quer na crítica intelectual quer na geração de formas de vida social e de valor. Isso porque o tipo sério de ação comunicativa tem de se engajar no mundo e ser por ele testado e modificado, enquanto, diz Habermas, a linguagem literária não tem essa responsabilidade nem um procedimento para ser testada e modificada (*PMD*, 205).

Em sua obra recente, Habermas tem estado mais preparado para reconhecer algum valor limitado às reivindicações feitas em favor do literário e do estético de modo mais geral. Ele chega a ponto de concordar com alguns de seus críticos com respeito ao fato de a literatura e a arte modernistas em particular, à medida que são ou podem ser experimentais, críticas ou inovadoras, podem de fato abrir o ego racional rigorosamente cognoscente à alteridade, criar novos mundos ou nos desvelar a experiência deste mundo de formas novas e valiosamente incomuns. A consciência estética modernista também confere

> uma crescente sensibilidade ao que permanece inassimilado pelas conquistas interpretativas do domínio pragmático, epistêmico e moral das exigências e desafios das situações cotidianas; ela efetua uma abertura aos elementos expurgados do inconsciente, do fantástico e do insano, do material e do corporal, ou seja, com todos os elementos do nosso contato não-verbal com a realidade, que é tão fugidia, tão contingente, tão imediata, tão individualizada, simultaneamente tão distante e tão próxima que nos escapa à apreensão em categorias usuais[21].

Stephen K. White, que é simpático ao relato habermasiano da função do estético, resume-o assim: "O radical desacoplamento entre o sentido estético e os imperativos da sociedade e da tradição tem o potencial de informar a consciência sobre como interpretamos normalmente os nossos desejos e sentimentos sob formas que espelham irrefletidamente os padrões de valor vigentes da cultura que nos cerca"[22].

Contudo, está claro que essa concepção complementar do estético ainda o marginaliza enquanto ação discursiva; por exemplo, Habermas vê as reversões e dissoluções irônicas de categorias racionais praticadas pela literatura como algo que, no final, sempre pressupõem e terminam por reforçar as categorias que são revertidas ou dissolvidas[23]. O estético continua sendo um aperfeiçoamento, ou suplemento alimentar, do discurso racional que ajuda a manter esse discurso em boa ordem sem jamais representar qualquer ameaça à sua saudável auto-identidade. Habermas continua a não ser convencido pelas afirmações de que a poética (Rorty),

---

21. Jürgen Habermas, "Questions and Counter-Questions", *Praxis International*, 4, 1984, p. 236.

22. White, *Recent Work of Jürgen Habermas*, p. 149. As úteis discussões de White acerca das atitudes recentes de Habermas com respeito à questão do estético estão nas pp. 31-6 e 134-53.

23. Jürgen Habermas, "Reply to my Critics", in *Habermas: Critical Debates*, ed. por J. Thompson e D. Held, Cambridge, Massachusetts, MIT Press, 1982, p. 271.

a metáfora (Derrida) ou a narrativa (Lyotard) possam ou devam ter algum papel sério na legítima determinação da ação social ou em "processos lingüisticamente mediados como a aquisição do conhecimento, a transmissão da cultura, a formação da identidade pessoal, bem como a socialização e a integração social [que] envolvem o domínio de problemas apresentados pelo mundo" (*PDM*, 205).

Mas esse é um argumento que apenas demonstra os seus pressupostos: na verdade, podem-se imaginar inúmeros exemplos dos modos pelos quais o literário, ou o literário concebido em termos mais amplos do que a inovação do mundo ou "desvelamento do mundo", pode ter efeitos concretos nas áreas que Habermas considera como a reserva particular do discurso racional legitimado. Com efeito, parece haver bases sólidas para suspeitar de que a formação da identidade e a criação de formas de integração social ocorram na verdade, enfaticamente, por meio de processos literários ou retóricos como a narrativa, a metáfora, os mitos etc., e de que a reprodução da vida social não é nem nunca foi regulada pelos tipos de ação comunicativa séria supostos por Habermas. Claro que seria possível concordar com esse julgamento da perspectiva de Habermas e mesmo assim ver nisso uma razão para lamentar, afirmando com alarme que as reivindicações da situação ideal de fala implicadas em todo discurso racional ainda têm de ser definidas, em parte por causa das influências deturpadoras do literário sobre a racionalidade. Isso manteria a distinção normativa entre ação comunicativa e formas discursivas degradadas e derivativas como a literatura. Mas é justamente essa distinção que, sem esses pressupostos, estaria em questão. Tudo depende aqui da alegação de Habermas de que se pode efetivamente demonstrar ser a orientação para a situação ideal de fala parte constitutiva de todo discurso. Mas a subordinação e marginalização do literário que parece ser o efeito dessa alegação é na realidade sua condição de possibilidade. Como afirmou Jonathan Culler: "A situação ideal de fala, o modelo da sociedade ideal considerado inescapavelmente pressuposto na própria ação comunicativa, emerge como o resultado de uma série de exclusões das ações comunicativas que não parecem pressupor essas normas"[24].

Os que se opõem a Habermas quanto à questão do estético, Rorty, Foucault e Lyotard, presumivelmente partilhariam a suspeita de Culler com respeito à afirmação de que as normas comunicativas do discurso racional são fundacionais e resistem à degradação do literário-estético (bem como a outras formas de uso da linguagem) que é a conseqüência dessa mesma afirmação. Pode parecer que retornamos ao ponto de partida deste capítulo, que era a oposição entre uma ética baseada em normas absolutas e universais e uma lingüística atenta a todo deslizamento e aberração da linguagem em seu caráter geral de "literatura". Como observa Culler, a literatura há muito vem realizando, em benefício de

24. Culler, "Communicative Competence and Normative Force", p. 141.

uma filosofia fundacional, a função de uma "margem ao alcance da mão em que aspectos problemáticos da linguagem podem ser atirados, a fim de não complicarem os relatos normativos, como o nome de todas as coisas não-sérias e anormais que permite que os relatos da linguagem se concentrem na chamada ação comunicativa normal, séria"[25].

Contudo, há várias maneiras mediante as quais o relato habermasiano do discurso literário-estético pode ser contestado a partir dessa perspectiva. Talvez uma das menos promissoras seja a estratégia rortyana da inversão, sua sugestão de que simplesmente se substitua a descrição fundacionalista de como a linguagem (a filosófica em particular) funciona por um relato poético que acentue as qualidades estético-retóricas da persuasão, da coerência e da capacidade de interessar e deleitar em oposição às pretensões habermasianas de validade, de verdade e de racionalidade. Como a maioria dessas estratégias inversivas, a simples substituição da verdade pela poesia poderia dar crédito à estrutura de idéias que antes de tudo produziu a subordinação da poesia como o suplemento derivativo da verdade. [A persistência da estrutura original/derivativa na escritura de Rorty pode ser detectada numa frase como: "Custou a Hegel muito trabalho conseguir as inversões dialéticas que ele depois pretendeu ter antes observado do que produzido" (*CIS*, 134)]. A resistência de Rorty aos ideais lingüísticos racionais de Habermas na realidade lembra muito de perto a promoção de I. A. Richards da linguagem poética em detrimento da científica, com base na alegação de que ela apresentaria mundos provisórios "como se" em princípio não sujeitos aos critérios de verdade ou de falsidade. De modo similar, Habermas vê o ato de fala literário-poético como dependente da suspensão de forças não discursivas obrigatórias que "as remove da esfera usual do discurso e, assim fazendo, dá-lhes a condição para uma jovial criação de novos mundos — ou melhor, para a pura demonstração da força desveladora do mundo presente em expressões lingüísticas inovadoras" (*PMD*, 201). Ao contestar o relato derridiano das relações entre filosofia e literatura, Habermas na verdade produz uma versão negativa da posição de Rorty, a fim de persuadir seus leitores do caráter débil da crítica de Derrida à linguagem filosófica. Para Habermas, Derrida e seus seguidores simplesmente substituem a filosofia pela literatura, descartando como retórica as reivindicações de verdade. Ele acredita que, ao contrário de Adorno, que tenta manter uma crítica ao pensamento de identidade do discurso filosófico a partir de dentro desse discurso, Derrida prefere sair de vez da filosofia. Isso tem a vantagem de protegê-lo das lacerações da autocontradição performativa presentes na obra de Adorno, mas apresenta a desvantagem de privar a sua crítica de toda pretensão de verdade substancial, visto que "todo aquele que transpõe a crítica radical da razão para o domínio da retórica com o fito de abrandar o paradoxo auto-referente também deixa cega a

25. Ibid., p. 142.

lâmina da própria crítica da razão" (*PMD*, 210). Essa crítica, porém, pressupõe precisamente o que é questionado na obra de Derrida, ou seja, a necessária autoridade da razão sobre a retórica, da reluzente navalha afiada da crítica sobre a obscura cegueira da poesia. Tal autoridade dificilmente pode ser demonstrada sem contradição própria; ela tem simplesmente de ser afirmada, mas a força dessas asserções pode ser justamente a lâmina cortante da violência, o argumento da espada que é mais forte do que a pena.

Mais prejudicial ainda é a interpretação errônea que Habermas dá ao relato derridiano das relações entre filosofia e literatura. Derrida não apresenta simplesmente as reivindicações da literatura sobre o filosófico, nem reduz tão somente esta àquela da maneira como Habermas (negativamente) e Rorty (positivamente) supõem. Aqui, Habermas exorciza um espectro que ele mesmo criou, visto não haver uma desconstrução que simplesmente dissolva a verdade em tropo. Derrida repudiou explicitamente o "retoricismo" que tem sido atribuído à desconstrução, alegando, por exemplo, que o resultado de sua investigação do fato insistente da metáfora na linguagem filosófica não é simplesmente assimilar o pensamento a metáfora, mas propor um novo modo de entendimento da relação entre conceito e metáfora.[26] Isso produz um relacionamento de impossibilidade de decisão paradoxal em que a hierarquia entre verdade e retórica não é dissolvida nem invertida, mas fica sujeita a uma incessante contorção de troca.

Essa tendência de polarizar afirmações em favor do estético sobre e contra o racional pode trazer a marca das batalhas institucionais entre disciplinas como a literatura e a história da arte, de um lado, e as ciências sociais do outro, com as pretensões rivais de validade e o estético ocupando o lugar das alegações feitas por essas disciplinas adversárias em favor da prioridade essencial do seu objeto de estudo e de sua abordagem. (De alguma maneira altamente mediada, essa rivalidade disciplinar de idéias e valores vem a ser reencenada nas divisões culturais entre arte e ciência, "vida" e tecnologia e assim por diante.) A discussão sobre a ética do discurso e as reivindicações competidoras de normas racionais puras e personificações literárias com certeza não deve, nesse sentido, ser considerada um exemplo de ação comunicativa, mas como uma "disputa docente" estratégica visando à proeminência intelectual. Isso é claramente visível na obra de muitos dos críticos literários que seguem Rorty ao considerar a obra de Derrida como mera legitimação da verdade poética sobre a verdade racional, mas também se evidencia na crítica de Habermas às perturbações da ordem intelectual das coisas produzidas pela influência de Derrida. Embora a obra recente de Habermas por vezes pareça dar

26. Jacques Derrida, *Limited Inc,* 2ª ed., ed. por Gerald Graff, trad. de Jeffrey Mehlman e Samuel Weber, Evanstons, Illinois, Northwestern University Press, 1988, pp. 156-7.

uma generosa atenção às diferenças complementares entre as esferas do filosófico e do estético, com uma insistência quase lyotardiana na idéia de que as formas distintas de discurso representadas pelo estético e pelo filosófico não devem contaminar uma à outra, no final tudo se resume a proteger a prioridade do discurso filosófico da verdade com respeito aos outros discursos. Por conseguinte, Habermas reprova os estudiosos acadêmicos da literatura por afetarem altivamente que se engajam na crítica da metafísica ao mesmo tempo em que apontam o dedo para a filosofia que fez a literatura figurar entre a retórica e os tropos.

Contudo, essas disputas também podem ocorrer entre disciplinas, o que poderia sugerir uma maneira mais completa e positiva de refletir sobre o lugar das questões ético-discursivas na literatura e de modo mais geral. Porque a literatura não é o mero outro da ação comunicativa, nem, como Habermas gostaria de vê-la, um simples uso "não-sério" da linguagem em que as reivindicações de verdade são inteiramente suspensas. Ora, se não é "ação comunicativa" séria, parece claro que o discurso literário também não é exata nem exclusivamente "ação estratégica", nem está totalmente orientado para a produção de efeitos retóricos ou para a reprodução coercitiva e ideológica de estruturas de poder. Isso se deve ao fato de que os textos literários de modo geral fazem amplas reivindicações cognitivas, nem todas separadas dos tipos de reivindicação racional feita na filosofia; reivindicações de que apresentam certo gênero de verdade confiável acerca do mundo social ou natural; e apelos a uma comunidade ideal pressuposta de leitores. Hoje em dia, essas reivindicações tendem a ser desconsideradas tanto por oponentes como por defensores da noção de verdade. Todavia, não há um sentido em que *Middlemarch* ou *Ulisses* são tentativas tão sérias de considerar a natureza das ações corretas quanto qualquer discurso ético ou político? E, ao fazê-lo, eles também não constituem uma espécie de investigação auto-reflexiva das diferentes reivindicações de autoridade ética e política de distintas formas de discurso, incluindo a "literária"? É claro que os textos literários não podem atender aos quatro critérios de validade anunciados por Habermas: se um texto literário pode em certo sentido reivindicar sua "verdade", não fica claro em que sentido ele poderia ser considerado "verdadeiro" ou sincero (ou, quanto a isso, insincero). E se os textos literários têm pretensões mais ou menos confiáveis de compreensibilidade, como vamos mensurar a compatibilidade com o contexto de uma forma de linguagem que, por definição, não tem contexto evidente nem imediato? Mas, com efeito, as reivindicações ético-discursivas do discurso literário baseiam-se precisamente nessa variabilidade ou incerteza de contexto, no fato estrutural de sua distância com respeito das situações estratégicas ou de ato de fala reais. Ao convocar, aludir a eles ou dar a impressão de se instalar nesses contextos, o texto literário sempre rompe com eles, pertimindo que o leitor e intérprete veja o texto como uma citação do contexto ou comentário ao contexto, ao mesmo tempo em que é determinado por esse mesmo contexto.

Uma caracterização da escritura literária nesses termos pode parecer simplesmente implicar que a literatura não se presta à mensuração de acordo com os critérios de validade estabelecidos por Habermas, o que poderia, a depender do ponto de vista, ser tomado ou como algo que descarta a idéia da superioridade da ação comunicativa ou que a contradiz. Todavia, é possível defender em termos mais vigorosos as pretensões de validade do literário. Isso envolveria a sugestão de que *o discurso literário permite e promove a avaliação analítica da própria distinção entre discurso válido e inválido que tradicionalmente o tem constituído*. Um romance como *Ulisses* poderia à primeira vista ser constituído do tipo de uso de linguagem que Habermas considera derivativo e secundário, ou seja, linguagem estratégica ou retórica, uma linguagem que exprime e representa relações de poder e de luta entre formas lingüísticas concorrentes. Entre os muitos estilos e linguagens que se aglomeram e se combinam no livro, as linguagens da publicidade, da ficção popular, do jornalismo, a da filosofia e da estética, da intolerância política, da sexualidade parecem conspicuamente não ser exemplos da fala ideal ou da linguagem racional não distorcida pelo desejo, pela compulsão nem pela ideologia. E, no entanto, ainda é possível reconhecer as maneiras particulares mediante as quais *Ulisses* enquanto texto coordena e combina essas linguagens. Isso significa que *Ulisses* consiste simultaneamente numa demonstração da incomensurabilidade das linguagens e numa pretensão de tê-las tornado comensuráveis. Quanto mais parece refutar a idéia de um horizonte comum que una as diferenças agonísticas do discurso, tanto mais *Ulisses* na realidade propõe e constitui tal horizonte. Isso sugere uma distinção entre os atos de fala representados em *Ulisses* e o ato de fala constituído por *Ulisses*. Quanto mais as reivindicações da fala ideal são desintegradas num dado nível, tanto mais elas mesmas se reafirmam no outro (e têm de ficar elas mesmas, em nome da fala ideal, sob suspeita). Isso significa que um texto como *Ulisses* apresenta um extremo simultâneo de linguagem estratégica e de ação comunicativa, um extremo em que cada uma delas tem condições éticas de interrogar a outra. Minha discussão de *Ulisses* no capítulo 8 ampliará consideravelmente essa análise.

Isso equivaleria a sugerir que a suspensão das pretensões de validade da escritura literária não é do tipo simples proposto por Habermas e por aqueles que estão convencidos do seu relato. O discurso literário não é simplesmente não-sério — o outro ou espelho da seriedade —, mas o tipo de linguagem que permite e provoca a questão sobre o que constitui a distinção entre linguagem séria e não-séria. A não-seriedade do discurso literário é, pois, não o que o estabelece como categoria, mas, pelo contrário, aquilo que o define como uma suspensão e interferência de categorias. O discurso literário pode suspender as pretensões de validade de maneira a suspender (antes no sentido de pôr em questão do que de descartar) a própria reivindicação de validade, a constituir um ataque ético e fundamentado à noção de validade racional na linguagem, ao mesmo tempo em que continua a pressupor uma orientação para o consenso similar à pressuposta para o discurso racional. Todo esforço para desemaranhar por inteiro essas duas dimensões, por exemplo, sugerindo (como fiz há pouco) que há uma distinção permanente a ser feita entre os atos de fala representados em *Ulisses* e os atos de fala representados por *Ulisses* ou que a fragmentação discursiva de um texto como esse prova o horizonte da fala ideal ao pressupô-lo (como vimos um pouco antes que Habermas faz), tem de ser malsucedido na tarefa de fazer justiça aos modos como esses dois níveis se recompõem e se decompõem incansavelmente no conflito renovado entre o estratégico e o comunicativo, entre retórica e verdade, entre a linguagem como poder e a linguagem como crítica do poder. Isso não significa afirmar que a literatura tenha uma posição especial, isentando-a de todos os gêneros de responsabilidade discursiva, mas que, na literatura, a questão da responsabilidade é posta de maneira particularmente intensa. Na linguagem literária, ou em formas valiosas dela (se bem que, com efeito, seja precisamente o valor aquilo que essas mesmas formas valiosas distinguem ao submeter a uma discussão aberta), o corrupto e o utópico são impactados conjuntamente[27].

Por mais que possa parecer, não se trata de uma tentativa de caracterizar todos os textos literários a partir do modelo modernista de *Ulisses*; isso seria tão dúbio quanto todas as teorias acerca da essência da literariedade que têm sido apresentadas por teóricos de Jakobson a de Man. Na verdade, a minha caracterização do "literário" tem maior compatibilidade com o tipo de alegação feito por Terry Eagleton e outros de que, se a tomamos como designativa de uma categoria particular de objetos lingüísticos dotados de certas características identificáveis comuns, simplesmente não podemos dizer que a "literatura" existe[28]. Em vez disso, os textos "literários" são apenas textos que concordamos em tratar como literários ou chamar de literários, ou seja, textos aos quais concordamos em atribuir certos valores (variáveis). Essa incerteza quanto às categorias pode ser tudo o que podemos dizer, e, com efeito, tudo quanto precisamos dizer, a fim de definir literatura. Logo, a celebrada incerteza

27. Meu argumento aqui pode lembrar a noção de Fredric Jameson da aspiração utópica oculta a ser encontrada no inconsciente político dos textos literários, proposta em *The Political Unconscious*. A diferença entre as nossas discussões é que a minha é posta no nível do próprio discurso. Como vai ficar claro na minha discussão do tratamento do valor em *Political Unconscious*. Eu também prefiro uma utopia realizável de transação maximamente livre que pudesse ser positivamente antecipada a partir da crise e da contingência do valor no interior de (por exemplo) textos literários a uma utopia que exigisse a tradução dessas condições de crise numa plenitude imaginada e completamente imaginária de valor "real"; veja-se a discussão a seguir, pp. 153-58

28. Terry Eagleton, *Literary Theory: An Introduction*, Oxford, Basil Blackwell, 1983, pp. 1-16.

ou vacuidade da categoria seria parte de sua definição dinâmica; não no sentido de que certos textos sejam e vão permanecer para sempre exemplos privilegiados de indeterminação categórica, mas no sentido de que, onde essa indeterminação existisse como condição estrutural da obra e de sua recepção, naturalmente por leitores particulares em histórias particulares, poder-se-ia reconhecer a presença e o efeito do literário. Assim sendo, o discurso literário não pode ser apreendido facilmente como campo ou recurso disciplinar, visto que estaria em ação em representações sociais, narrativas, jogos e figuras de linguagem de todos os tipos. Um departamento literário do tipo utópico que eu gostaria de imaginar seria na realidade bem pobre se não pudesse tratar da complexidade ética das piadas, por exemplo; porque as piadas apresentam justamente a fricção de mundos alternativos, o choque das dimensões do comunicativo e do estratégico que afirmei caracterizar uma obra como *Ulisses*.

Sem tentar refutar grosseiramente a diferença entre Lyotard e Habermas, esse relato do literário poderia permanecer fiel ao sentido de que ambos os filósofos partilham da prevalência da violência e da exclusão nas próprias relações discursivas, bem como da responsabilidade da filosofia e da teoria crítica de analisar e resistir a essa violência e exclusão. Talvez surpreendentemente, sugeri que Habermas e Lyotard também partilham de um sentido do horizonte universalista imanente do discurso. Em sua melhor forma, e a despeito de sua sistematicidade rebarbativa, a elucidação habermasiana da teoria da fala ideal localiza a aspiração à comunidade e a responsabilidade de estendê-la na textura da troca discursiva. Embora Lyotard recuse o que vê como a rígida singularidade desse modelo de discurso, sua própria recusa é movida por um sentido urgente e abrangente da responsabilidade geral de recusar as distorções, subordinações e violências feitas pelo discurso sobre o discurso, ou, em outros termos, por uma orientação para regras universais de resistência a universalismos falsos e violentos. Como vimos acima, é impossível decidir se a crítica lyotardiana da situação ideal de fala habermasiana ocorre em seu interior ou em seu exterior, se representa a rejeição da situação ideal de fala ou uma virada dessa norma sobre si mesma.

O ideal discursivo que desejo derivar dessa síntese grotesca de Habermas e Lyotard é ela mesma antes grotesca ou catastrófica do que elegantemente autoconsistente. Porque seria um ideal de comunidade subjetiva no discurso que reconheceria a contínua necessidade de tolerar a crise estrutural interior, visto que as normas que governariam e constituiriam a comunidade discursiva seriam elas mesmas, em nome dessa comunidade, perpetuamente sujeitas a crítica. Se, com Lyotard e contra Rorty, isso viesse a provocar uma contínua suspeita com respeito às estabilidades e hierarquias de todo gênero, então, com Habermas e contra Lyotard, também poderia estar envolvido aí um apego fundamentado à formação de instituições que permitissem a existência e a continuidade dessa estrutura irônica de crítica.

Parece-me, por exemplo, que a instituição cultural da universidade e, no seu bojo, o estudo de práticas culturais como a literatura, proporciona um interessante ponto de partida para esse ideal paradoxal de discurso. Isso em especial porque a "situação de fala" da universidade é já, por assim dizer, paradoxal. A universidade forma um triângulo com o encontro entre as linguagens dos que chegam até ela como seus clientes, as linguagens que lá encontram (por exemplo, as linguagens dos textos literários) e as linguagens dos que administram e dirigem esse encontro. No que disso resulta, podem e devem ocorrer negociações interessantes e fundamentais acerca da natureza e da autoridade da linguagem em si e, em sua melhor forma, a universidade deve permitir e estender essa participação na formulação da crise. Essa noção do papel da universidade é, para ser moderado, contrafactual, visto ser ela caracterizada muito menos por sua promoção da crise discursiva do que pela sua cuidadosa legislação do discurso, governada por uma noção de fala ideal que é por si só uma forma de violência. (Logo, embora pareça uma defesa de uma instituição elitista, isso só o é à medida que requer a demolição e a reconstrução de tudo o que mantenha a exclusão e a fixidez nessa instituição.) Tenho a impressão de que o lugar em que essa estratégia pode encontrar as dificuldades mais produtivas são as áreas da universidade nas quais o objeto de negociação é também o meio e a arena da própria negociação — ou seja, nos estudos literários e lingüísticos — ou as questões que se deixam afetar por ela. Claro que isso exigiria uma concepção consideravelmente ampliada do que é literatura, concepção em que a literariedade (no sentido antes especificado) da prática da significação como um todo seria o objeto de investigação e em que se buscaria manter produtivamente a não-categorialidade da categoria da literatura. A meta de tal exercício seria tornar o que ocorre de modo acidental e ocasional em departamentos de literatura, ou seja, o reconhecimento da crise dos discursos, algo sistemática e coletivamente disponível. A ética do discurso está fundada na noção de que a linguagem não se limita a representar o mundo, mas o faz; e o objetivo de pensar a nossa prática em departamentos de literatura da maneira que estou recomendando seria começar a (re)fazer o mundo.

6

Trocando Utopia: *Marxismo, Estética e Valor*

As discussões deste livro basearam-se até o momento na apreensão do complexo silêncio que cerca a questão da valoração no discurso crítico contemporâneo — complexo porque é um silêncio pressurizado pela força não-enunciada do imperativo da valoração. Há porém duas áreas da teoria contemporânea em que esse juízo acerca do silenciamento do valor pode parecer impróprio. Se o marxismo e o feminismo fornecem abundantes provas de um afastamento da valoração e de um rumo à interpretação, também não têm conseguido ignorar por muito tempo, de consciência tranqüila, os importunos problemas do valor. Discutivelmente, o marxismo advém e depende de uma teoria da questão do valor econômico, baseada ela mesma numa potente valoração das condições econômicas que descreve. Isso dificulta muito à teoria cultural marxista fugir da questão do valor. Como veremos no capítulo 7, as teorias feministas da cultura, se bem que menos unificadas do que as marxistas, têm como base, de modo semelhante, uma recalcitrante recusa dos valores dominantes, de um maneira que provoca repetidas vezes uma autoconsciência acerca da questão do valor. E, no entanto, é também notável o fato de que a questão do valor como tal, e em particular a das maneiras pelas quais o valor estético é articulado no interior do e em oposição ao valor cultural e econômico de modo mais amplo, não tenha sido, até recentemente, explorada pela teoria cultural marxista.

Um caso exemplar poderia ser, nesse sentido, o de Raymond Williams. Está claro que quem quer que se dedique a tentar condenar Williams por inatenção à questão do valor cultural vai levar alguns a franzirem o cenho, porque, de certo modo, é essa a questão que incomoda e lateja em todo o imenso *corpus* magisterial de Williams. Em toda parte, ao que parece, desde os primeiros estudos apaixonadamente afirmativos de tradições culturais dissidentes, aos trabalhos fundacionais dos estudos culturais e ao último trabalho sobre a complexa história sociológica e a estrutura da própria noção de cultura, a questão do valor é vital. Com efeito, deve-se reconhecer que Williams forneceu uma espécie de genealogia do valor cultural que é tanto rica em especificação histórica como teoricamente flexível. Mas o seu trabalho faz isso sem uma única menção à questão do valor como tal. Não é notável que a sutil e incessante responsividade à dinâmica concreta do valor não tenha gerado nenhuma discussão explícita e ampla do conceito de valor em toda a obra de Williams.

Pode-se alegar que a imanência do valor no trabalho de Williams, tal como configurada, por exemplo, na complexa e irônica reserva do seu estilo, em que os valores da comunidade e da solidariedade devem ser deduzidos do sinuoso e responsivo balanço de perspectivas, e não de alguma afirmação fácil ou explícita, é justamente a força de sua contribuição à estética marxista. É sem dúvida importante para Williams resistir a declarações enfáticas de valor precisamente a fim de manter o equilíbrio precário entre a imaginação histórica, que se recusa a considerar em si o estético ou os produtos da alta cultura, e a imaginação estética, que se recusa a reduzir objetos e processos culturais, artísticos em especial, a meros dados históricos, recusa-se, em suma, a reduzir o valor a fato. Mas o efeito oposto dessa imanência é que o valor passa a ser inapreensível, em certo sentido indisponível ao discurso analítico. Para Williams, o valor civilizador da obra de pesquisa histórica e cultural simplesmente *existe*; não haveria proveito em submetê-la a uma investigação valorativa e, com efeito, não haveria uma linguagem confiável com que realizar tal ato de metavaloração.

Se a obra de Williams representa um modo altamente influente de análise cultural marxista, a obra de Terry Eagleton e Fredric Jameson pode personificar um modo deveras distinto. Se o lucro da obra de Williams é um modelo acabado de uma sociologia da cultura, o seu custo é certo isolamento enfatuado dos debates teóricos mais cruciais das décadas de 70 e 80. Eagleton e Jameson tentaram responder de maneira muito mais direta do que Williams aos muitos ataques aos valores do significado, da totalidade e da verdade determinável, tão em evidência nesse período. Esses dois teóricos responderam especialmente à grotesca bifurcação de atitudes com relação ao estético na teoria pós-moderna, na qual a especificidade do literário ou é inteiramente liquidada em favor de alguma noção geral de representação cultural ou extremamente inflada no extremismo nietzschiano de um Deleuze ou do primeiro Lyotard. As respostas de Eagleton e Jameson têm se pautado na tentativa de apreender a categoria do estético de maneira plenamente dialética, ou seja, permitindo e desenvolvendo uma crítica daquilo a que Eagleton denominou a ideologia do estético — os ocultamentos, as fixações e as falsas totalizações personificadas no ideal do estético nos últimos dois séculos —, ao mesmo tempo em que se recusa a abandonar a possibilidade de discutir práticas artísticas e obras de arte em termos do seu valor. Tanto Eagleton como Jameson procuram situar-se a um só tempo dentro e fora da questão do estético, quer dizer, dentro e fora da questão do valor. Isso significa recusar a autoridade alucinatória implicada pela noção de "analista cultural", cujo conhecimento da contingência histórica dos valores culturais depende da inibição do impulso vulgar de fazer juízos valorativos ou discutir critérios de avaliação. Mas, ao mesmo tempo, é fazer do empreendimento da valoração, seja de ideologias do estético ou de exemplos específicos dele, um ato tenaz e perturbadoramente autoconsciente.

EAGLETON E O SUBLIME MARXISTA

A obra de Eagleton exibe uma determinação particularmente obstinada de continuar a falar da questão do valor, reconhecendo que o fato de um crítico socialista se afastar soberbamente do discurso contaminado do valor é na realidade entregar esse discurso à direita. O primeiro estágio empático da tentativa de Eagleton de retirar o tópico do valor do brutal intuicionismo do consenso humanista-liberal nos estudos literários está no capítulo conclusivo de *Criticism and Ideology* (1976), que trata da questão do "Marxismo e Valor Estético". Tendo descrito nos capítulos precedentes uma "ciência" machereyana do texto literário, Eagleton procura, no capítulo final, fornecer um relato correspondentemente científico da natureza do valor literário. Seu primeiro movimento consiste em reencenar o momento inaugural da economia política marxista ao considerar a questão do valor como principalmente uma questão de produção literária. Eagleton se acautela cuidadosamente do perigo de ignorar as relatividades da circulação e do consumo, que, no caso dos textos literários, têm de ser caracterizados, em certo sentido, como dissolvendo desde o começo a divisão produção/consumo: "não há valor imanente — nenhum valor que não seja *transitivo*. O valor literário é um fenômeno *produzido* na apropriação ideológica do texto, a 'produção-consumo' da obra, que é o ato da leitura" (*CI*, 166-7). Portanto, o valor de um texto literário, continua Eagleton, nunca é mais (nem menos) do "valor *relacional*: 'valor de troca'" (*CI*, 167) e não o valor em si. Essa admissão da relatividade dos julgamentos não é mero subjetivismo, já que, para Eagleton, as contingências do valor são primariamente ideológicas, e "o texto literário é sempre o texto-para-a-ideologia, selecionado, tornado legível e decifrado por certas convenções ideologicamente governadas de receptividade crítica para as quais o próprio texto contribui" (*CI*, 167).

Contudo, Eagleton pode ter cedido aqui mais do que é bom para sua discussão subseqüente, que na verdade é, como ele prometeu, um relato da ponta da produção do valor literário, e correspondentemente vulnerável à crítica de que objetifica o valor de textos literários particulares, que são mantidos demasiado distantes das vicissitudes do gosto e da construção do valor. Para Eagleton, o valor é produzido num texto literário como resultado de um efeito característico do estético que envolve "certa suspensão mediante a qual a obra dissolve e distancia o real para produzi-lo como significação. O estético é o que fala de suas condições históricas ao permanecer em silêncio — é-lhes inerente por meio da distância e da negação" (*CI*, 177). É essa suspensão da referencialidade direta, esse *lapsus* interior da obra literária, que permite ao leitor ter acesso à complexa conjuntura ideológica de que fala, mas da qual não pode falar de modo pleno. Eagleton dá aqui o exemplo de Dante, cujo trabalho é valioso, diz ele, "não ... porque 'fala de' uma importante era histórica ou 'exprime a consciência' dessa época. O seu valor é um efeito do processo mediante o qual a complexa conjuntura ideológica que lhe é inerente assim apresenta (distanciando-se internamente) a si mesmo num jogo de significações textuais de forma a tornar suas profundezas e os seus meandros vividamente perceptíveis" (*CI*, 177-8).

É difícil saber precisamente o que diz a segunda frase. Será que os textos literários permitem certa leitura analítica de uma conjuntura ideológica complexa ou permitem o acesso a um determinado processo de "distanciamento interno" no próprio texto literário? O que vem a seguir mostra que são as duas coisas ao mesmo tempo. Na obra de um escritor como Yeats, que tem uma relação tangencial, adversária, com a ideologia burguesa hegemônica do seu período, "a formação hegemônica é produzida a partir de uma posição conflituosa, dissidente e particular no seu interior, e ... a problemática resultante produz um relevo parcial das 'rupturas' dessa formação" (*CI*, 181). Aqui, o valor da obra de Yeats parece ser claramente algum gênero de história sintomática que permite uma visão de raio X do conflito ideológico. Ao mesmo tempo, é possível dizer que, para autores como Eliot, Hardy, Joyce e Lawrence, é a questão da produção textual que predomina, visto que "a questão ideológica está implícita no *problema* estético de como escrever; o 'estético' — a produção textual — se torna uma instância crucial, sobredeterminada, da questão das relações reais e imaginárias dos homens com suas condições sociais a que denominamos ideologia" (*CI*, 181).

Não fica inteiramente claro se esses dois elementos, o desvelamento do conflito ideológico e a autoconsciência intensificada da produção textual da ideologia, têm o mesmo valor. A primeira espécie de valor parece dar forma ao valor estratégico de conhecer o inimigo; por exemplo, falando da ideologia do humanismo clássico conservador em Ben Johnson, Eagleton sugere que ela "se torna o instrumento produtivo por meio do qual um mundo ideológico desembaraçado é a tal ponto 'internamente distanciado' que gera a gama dos seus preconceitos e percepções" (*CI*, 186). Está claro que a descoberta do valor aqui feita nada tem que ver com a natureza produtiva ou progressiva das ideologias envolvidas; em vez disso, o seu valor reside em sua utilidade diagnóstica para o historiador cultural socialista. Contudo, quando Eagleton passa a comparar Walter Savage Landor* com William Wordsworth, parece emergir um critério de valor distinto, critério pertinente a relatos mais familiares do estético. Tanto Landor como Wordsworth podem ser considerados plenamente distanciados da história, afirma Eagleton; e, no entanto, "a contradição e a complexidade desse movimento no caso de Wordsworth são uma condição de valor superior. É uma con-

* Poeta e escritor inglês dos séculos XVIII-XIX. N. dos T.

tradição inscrita na própria forma do texto de Wordsworth: *The Prelude* é um poema sobre a preparação do poeta para escrever um épico que vem a ser *The Prelude*" (*CI*, 187). Essa hesitação formal conjuga-se de maneira significativa com a insegura autoposse ideológica do texto:

> *The Prelude* é marcado e assombrado pelas ambigüidades estéticas e ideológicas do seu momento. Ele é assombrado por certas possibilidades espirituais e históricas, pelo espectro de certas forças e valores que a sua ideologia formal é obrigada a censurar; e é nas fissuras criadas por essa radical falta de unidade consigo mesmo que o seu jogo de sentidos vem a ser mais fértil (*CI*, 187).

O relato eagletoniano do valor tem ativado persistentemente um tipo de geomorfologia que figura a emergência do valor na oposição sísmica da terra consigo mesma, com "o impacto do valor sobre o valor" (*CI*, 180), nas "rupturas" da ideologia postas em relevo pelos textos literários (*CI*, 181) ou em sua "curvatura e compactação de sentidos" (*CI*, 185). Aqui, essa sismologia revela uma última instância climática nas "fissuras" abertas pela falta de unidade de *The Prelude* consigo mesmo. O efeito cumulativo dessa fieira de metáforas é sugerir o endurecimento da matéria natural e sua batalha com alguma força elemental que "irrompe triunfantemente por entre as rupturas" (*CI*, 180) para se manifestar num fluxo fértil e violento.

O indicador primário dessa figura particular pode ser encontrado, creio eu, numa parte anterior do ensaio, aquela em que Eagleton argumenta em favor da força moral da análise marxista da contradição entre as forças produtivas e as relações sociais de produção. Como deriva de uma afirmação acerca da natureza dos seres humanos, que seriam "criaturas produtoras e reprodutoras de capacidade" (*CI*, 175), o conceito de força produtiva pode ser visto como a unidade entre fato e valor, diz Eagleton (*CI*, 176). Se assim for, será impossível tomar o diagnóstico da contradição entre forças e relações de produção apenas no sentido factual, e não aceitar o imperativo moral que isso implica, ou seja, a necessidade de libertar essas forças das restrições injustas das relações capitalistas de produção. Em outro ponto de sua discussão, Eagleton caracteriza a libertação das forças produtivas de Marx em termos que são sugestivamente coerentes com o padrão metafórico de perturbação geomórfica que acabamos de observar. Eagleton refere-se à famosa discussão de Marx sobre a estética da forma revolucionária em *O Dezoito Brumário de Luís Bonaparte* e sugere que, para forjar uma verdadeira revolução que não se limite a repetir as formas do passado, cumpre repensar a própria oposição forma/conteúdo, um repensar que é a um só tempo uma questão de política e de estética:

> Para *O Dezoito Brumário*, não é simplesmente uma questão de descobrir as formas expressivas ou representativas "adequadas" ao conteúdo da revolução socialista. É uma questão de repensar

> essa oposição — de não mais apreender a forma como o molde simbólico em que o conteúdo é despejado, mas como "a forma do conteúdo": ou seja, apreender a forma como a estrutura de uma incessante auto-reprodução e, assim, não como "estrutura", mas como "estruturação". É esse processo de contínuo auto-excesso — [processo mediante o qual] "o conteúdo vai além da frase" — que constitui para Marx a poesia do futuro e a marca do comunismo, assim como é para nós o segredo da análise materialista do texto literário (*CI*, 184)

Visto assim, o valor do estético reside não tanto na introvisão estratégica que ele oferece das complexas conjunturas da ideologia quanto em certa encenação proléptica da "poesia do futuro" de Marx, esse irromper de forças produtivas além da medida, penetrando na esfera do imensurável utópico. O final de *Criticism and Ideology* nos recorda enfaticamente de que a solução marxista para as reificações do estético não visa abolir a categoria, mas estendê-la indefinidamente: "Os homens não vivem somente mediante a cultura; longe disso. Mas a reivindicação do materialismo histórico é que, com efeito, eles hão de viver. Uma vez emancipados da escassez material, libertados do trabalho, eles viverão no jogo de suas significações mútuas, movendo-se no incessante 'excesso' da liberdade" (*CI*, 187). É justamente o elemento de jogo, de instabilidade, de suspensão ou problematização do valor ideológico, que constitui a garantia do valor da obra estética. As metáforas de tensão, conflito e fluxo geológico encenam na argumentação de Eagleton a libertação estética das forças produtivas, que vai representar uma superação não apenas da divisão forma/conteúdo, mas as das próprias estruturas de troca que permitem pensar o valor.

O estético, nesse sentido, parece tanto constituir o valor real — ou intrínseco — como, ao mesmo tempo, prever a suspensão — ou produtivididade ilimitada — do valor. Enquanto Kant e a tradição por ele inaugurada viam o estético representando o valor em si, representando o valor desinteressado do valor, Eagleton propõe que o valor do estético está na interrupção ou problematização das estruturas do valor, numa desabilitação produtiva que abre alguma modalidade nova, estritamente inconcebível, de constituir valor: "É uma questão de certa curvatura no espaço ideológico em que os textos interagem — uma curvatura produzida pelo impacto do valor sobre o valor, da significação sobre a significação, da forma sobre a forma" (*CI*, 180).

Esses argumentos, fragmentários como são em *Criticism and Ideology*, são retomados no relato mais ricamente diversificado do valor estético em *The Ideology of the Aesthetic*, de Eagleton, em especial no capítulo dedicado a Marx. Enquanto a maioria das discussões do estético no âmbito do marxismo tentavam derivar uma estética da teoria política de Marx, a audaciosa tese de Eagleton em *The Ideology of the Aesthetic* é a de que a teoria do valor de Marx é melhor entendida, na realidade, em termos das categorias da estética idealista do século XVIII e que por isso sua teoria política já é um tipo de estética. O risco desse gênero de argumento é terminar simplesmente estetizando o político: mas o efeito da análise de Eagleton é uma reconcepção da própria noção do estético e de suas relações com o político, feita de uma maneira que torna o simples contraste homológico entre ficção (estética) e realidade (política) — no qual se baseia o terror supersticioso do estético entre teóricos políticos de esquerda — insustentável.

The Ideology of the Aesthetic retoma a sugestão feita no final de *Criticism and Ideology* de que a política marxista de libertação humana é essencialmente estética no sentido de se orientar para o exercício livre e irrestrito das capacidades humanas como fins em si mesmas, mas agora dando a esse juízo uma força mais específica, ao identificar em particular a libertação do corpo como a fonte da política utópica de Marx: "Somente quando as pulsões corporais forem liberadas do despotismo da necessidade abstrata, e o objeto for tirado da abstração funcional e devolvido ao valor de uso sensualmente particular, será possível viver esteticamente" (*IA*, 202). A ironia está no fato de que a reunião, na teoria estética, do espírito e dos sentidos, do intelecto e do corpo, da forma e do conteúdo, seja simultaneamente uma autêntica tentativa de resgatar o imediatismo do corpo humano de sua brutal abstração em valor de troca e uma idealização abstrata que é próprio sinal da cisão que essa reunião tenta curar; aqui, o estético é tanto ferida como bálsamo. É por essa razão que a associação marxista implícita entre a integralidade do estético e o imediatismo do valor de uso é tão vulnerável à objeção de que sustenta o próprio idealismo que denuncia.

Eagleton tenta refutar essa objeção particular alegando que a estética de Marx é na realidade dois tipos radicalmente distintos de estética. No primeiro deles, a sociedade ideal é realmente imaginada em termos de uma estética romântica do belo, como uma mistura de lei abstrata e experiência sensual, de forma e conteúdo. Eagleton volta a recorrer a *O Dezoito Brumário* para identificar a segunda forma estética que governa o pensamento de Marx. Na reflexão sobre a semiótica da forma revolucionária, encontrada nessa obra, Eagleton descobre uma estética não do belo, mas do sublime, ou seja, uma estética não da adaptação medida da forma ao conteúdo, mas o ultrapassamento desmesurado da forma pelo conteúdo. Se as revoluções precedentes foram governadas pela estética do belo, tentando conservar o seu conteúdo revolucionário no âmbito das formas herdadas do passado, a visão de Marx, escreve Eagleton, é de uma revolução que está "além, pelo excesso, de toda forma, fora de antemão de sua própria retórica. É irrepresentável por tudo aquilo que não seja ela mesma, significada somente em seu 'movimento absoluto de vir-a-ser', sendo, pois, um tipo de sublimidade" (*IA*, 214)

Eagleton afirma que há na própria obra de Marx uma luta entre a política estética do belo e a do sublime e talvez também uma síntese precária de ambos; isso é uma necessidade, porque a noção kantiana do belo "é demasiado estática, demasiado orgânica para os propósitos políticos de Marx", ao mesmo tempo em que o sublime kantiano é excessivamente informe e não regulado por lei. "A condição do comunismo só poderia ser concebida por alguma combinação entre as duas — por um processo que tenha toda a expansividade potencialmente infinita do sublime, mas que mesmo assim traga em si sua lei formal" (*IA*, 217). Isso apresenta um problema. Qual a estética da combinação proposta por Eagleton, nessa tentativa de ir além das limitações da estética formal do século XIX, senão uma estética da síntese harmoniosa, da reconciliação entre lei e impulso; em outros termos, o retorno da estética reificante do belo?

O que Eagleton diz aqui da estética do político poderia ser estendido à questão da política do estético. Embora seja verdade que *The Ideology of the Aesthetic* se preocupa mais com a investigação da força e da natureza do pensamento estético, em vez de estar voltado para fazer julgamentos sobre o valor das práticas estéticas e culturais em si, as sugestões feitas aqui e alhures são compatíveis com os juízos feitos em *Criticism and Ideology* quinze anos antes. Parece que o valor do estético residiria na premonição ou promessa de uma combinação profundamente sem precedentes entre forma e conteúdo que também é, não obstante, uma superação das maneiras idealizadas e reificadas pelas quais a sua resolução foi até então imaginada na estética formal do belo. Isso significa que o estético é tanto uma antecipação utópica de uma esfera de valor realizado como um constante lembrete de que, para um mundo brutalmente alienado de si mesmo pelas abstrações do valor de troca, tal esfera tem de permanecer impensável. "Se o marxismo tem mantido certo silêncio acerca do valor estético, isso pode muito bem dever-se ao fato de que as condições materiais que tornariam esse discurso plenamente possível ainda não existem", já declarara Eagleton no final de sua discussão precedente do valor estético (*CI*, 187). Se a estética do belo promete uma aproximação entre forma e conteúdo, abstração e particularidade, em alguma síntese demasiado imaginável, a estética política do sublime mantém uma proibição de tentar imaginar a consecução de tal síntese. Essas projeções estéticas de futuros perfeitos consistem num irromper realizador de desejos a partir das condições degradadas do presente que dá consolo justamente à medida que atrofia a vontade de descobrir os modos pelos quais o presente poderia realisticamente ser levado a desembocar nesse futuro. Portanto, paradoxalmente, a forma mais valiosa de pensamento político é a que recusa proclamar a realização do valor, personificando a sua orientação para o valor exatamente na obra de negação ou contravaloração que é "capaz de traçar no âmbito do presente a falta secreta de identidade consigo mesma que é o ponto em que um futuro viável poderia germinar — o lugar em que o futuro eclipsa e esvazia a plenitude espúria do presente" (*IA*, 229-30).

O relato de Eagleton se aproxima surpreendentemente do de Jean-François Lyotard, que também propôs uma "política do sublime", ou seja, uma política que resiste de modo sistemático à identificação prematura da realidade com a utopia política, do real com o ideal. Como vimos no capítulo 5, Lyotard recorre à leitura kantina da revolução francesa que proclamou o valor da idéia de liberdade para quem via as coisas de outros países, mesmo diante dos excessos do Terror que se seguiram à instituição da República Francesa. "Quanto à política do sublime", declara Lyotard, "não há nenhuma. Ela seria apenas o Terror. Mas há na política uma estética do sublime. Os atores, os heróis do drama político são sempre suspeitos, e sempre se deve vê-los com suspeita de representar a partir de motivos interessados e particulares. Porém a resposta sublime manifesta pelo público do drama não é suspeita"[1]. Eagleton reconhece o seu débito em *The Ideology of the Aesthetic* à caracterização lyotardiana do sublime marxista; e existe de fato uma afinidade entre o temperamento político "vigorosamente melancólico" que Lyotard em certo momento sugere poder ser uma atitude do sublime e a própria suspeita de Eagleton com relação a *ersatz* de utopias (*D*, 179).

Contudo, mal se precisa dizer que também há uma crucial diferença entre Eagleton e Lyotard. Porque Eagleton abraça uma teleologia do sublime a que Lyotard resiste obstinadamente, ou seja, Eagleton insiste que a rota para a realização da condição estética do sublime é a história, alegando que a grande contribuição de Marx consiste em ter proposto que uma sociedade estética seja produzida não mediante a superação da vulgar instrumentalidade da vida material, mas pela passagem por essa instrumentalidade e pela sua transformação (*IA*, 206). O problema dos pensadores pós-estruturalistas, de acordo com Eagleton, é que, ao nos incitar a abandonar a verdade e a razão instrumental em favor das delícias nietzschianas do delírio e da dança, eles oferecem uma estetização prematura que pode na realidade prevenir o atingimento de uma existência estética para todos (*IA*, 227). Naturalmente, esse relato do pós-estruturalismo faz mais justiça ao Lyotard de *Economie libidinale* do que ao Lyotard menos animado de *The Differend*, pois este último parece considerar uma questão de honra política desautorizar o pensamento político utópico de toda espécie além do rigorosamente impossível, bem como restringir a ação política a uma espasmódica agitação de resistência no interior do sistema todo-abrangente de performatividade econômica. Mas a passagem de Lyotard do excesso ao ascetismo pode ser ela mesma uma confirmação da identidade secreta entre utopismo prematuro e derrotismo.

A questão do sublime tem na argumentação de Eagleton uma influência essencial sobre o conceito mais central e mesmo assim, de muitas maneiras, mais misterioso de Marx, o de valor de uso. Para Marx, como é bem sabido, os efeitos de alienação e de exploração do valor de troca agem para dissolver o imediatismo do valor de uso, em que o trabalho

1. Lyotard, "Post-Script on the Terror and the Sublime", in *Le Postmoderne expliqué aus enfants*, p. 113 (tradução minha).

humano produz objetos que atendem a certos critérios e são inteiramente consumidos na medida em que atendem a esses critérios. Aqui, valor de uso parece significar a equivalência imediata e total entre necessidade e satisfação. O problema é que, embora seja possível, e até teoricamente necessário, propor formas de existência e organização social em que o valor de uso seja predominante, o conceito de valor de uso tem de ser, em algum sentido, inteiramente indisponível àqueles que o fruem. Paradoxalmente, apenas com o desenvolvimento de uma forma única de equivalência, capaz de medir o valor relativo de tudo em seus termos, ou seja, a forma-dinheiro, e com o conseqüente desenvolvimento da possibilidade do valor de troca variável, vem o valor de uso a tornar-se visível. O valor de uso se torna, portanto, tanto um ideal desaparecido como um sonho utópico, passível de chegar à consciência só por dedução ou extrapolação. Com efeito, poder-se-ia ir mais longe e dizer que, tal como o sublime, o valor de uso parece representar certo tipo de impossibilidade. Porque ele personifica a noção paradoxal de um valor que está sob ou vai além da noção de troca, ou seja, de toda espécie de estimativa relativa. Mas que tipo de valor poderia ser esse se a possibilidade de estimativa relativa, baseada como deve ser em alguma escala de comensurabilidade, parece ser parte essencial e insubstituível de todo valor?

O problema marxista do valor de uso é uma versão do problema do valor como tal, que domina a filosofia, e especialmente a filosofia do estético, desde o começo do século XIX; refiro-me ao problema de como definir e legitimar formas de valor absoluto ou transcendente de maneira que não dependam de estruturas de relatividade que contradigam imediata e precisamente toda pretensão de transcendência. Eis por que a doutrina do valor de uso tem sido atacada de modo tão vigoroso pelos que desejam demonstrar e condenar as bases metafísicas da teoria marxista clássica. Nenhum ataque foi mais amplo do que o lançado por Jean Baudrillard numa série de artigos a partir do início dos anos 70, em especial *For a Critique of the Political Economy of the Sign* (1972), *The Mirror of Production* (1973) e *L'échange symbolique et la mort* (1976)[2]. O método de Baudrillard consiste em transformar em seqüência formal a intuição paradoxal de que a natureza do valor de uso só se torna evidente depois do advento do valor de troca. Para Baudrillard, a utilidade espontânea e não mediada não vem antes da possibilidade da troca, mas depois dela. Se analisou corretamente o fetichismo da mercadoria, a maneira pela qual a mercadoria apaga de si mesma as marcas do trabalho e da produção, parecendo oferecer-se ao consumidor em autonomia imediata, Marx não conseguiu estendê-la à noção do valor de uso, que é, sugere Baudrillard, um exemplo desse mesmo fetichismo. Porque o valor de uso, ou a utilidade imediata, ou concreta, é justamen-

2. Jean Baudrillard, *For a Critique of the Political Economy of the Sign*; *The Mirror of Production*, trad. Mark Poster, St. Louis, Telos Press, 1975; *L'échange symbolique et la mort*, Paris, Gallimard, 1976.

te a forma metafísica de que o valor de troca se reveste. Ele é um efeito secundário do valor de troca, antes a sua intensificação do que o seu oposto. Apesar de toda a sua aparência natural e inata, as nossas necessidades enquanto indivíduos e enquanto espécie sempre são produzidas e sustentadas, na realidade, pelo que já é um sistema semiótico de necessidades. Na linguagem do Baudrillard mais recente, poderíamos dizer que o valor de uso é um grotesco simulacro produzido a partir do valor de troca. Naturalmente, isso tem sérias conseqüências para um socialismo revolucionário fundado na idéia de transcender o domínio do valor de troca:

> Se o sistema do valor de uso é produzido pelo sistema do valor de troca como sua própria ideologia — se o valor de uso não tem autonomia, se é apenas o *satélite* e o *álibi* do valor de troca, se bem que combinando-se sistematicamente com ele o quadro da economia política —, já não é possível pôr o valor de uso como alternativa ao valor de troca. Nem, portanto, é possível pôr a "restituição" do valor de uso, no final da economia política, sob o signo da "libertação das necessidades" e da "administração das coisas", como perspectiva revolucionária ["Beyond Use Value (Além do Valor de Uso)", *CPES*, 139].

É demasiado fácil imaginar uma posição política que aceitasse a crítica feita aqui por Baudrillard ao mesmo tempo em que dispensasse todos os seus matizes apocalípticos. Porque não é a ideologia do livre mercado exatamente a crença de que as estruturas da troca não apenas vão prover às necessidades do homem da maneira mais eficiente como também podem gerar autenticamente essas mesmas necessidades? Contudo, na obra de Baudrillard do período, sente-se uma extrema hostilidade com relação às degradações do valor de troca, uma hostilidade que, no entanto, não consegue arraigar-se em nenhum ideal econômico compensatório. Com efeito, é tão total o domínio da lei da troca sobre o funcionamento do valor que a única resistência de Baudrillard é uma resistência ao conceito do valor mesmo. Isso recebe em *For a Critique of the Political Economy of the Sign* as denominações "ambivalência" e "troca simbólica", mas é este último termo que se concretiza no título do mais desenvolvido relato baudrillardiano da resistência ao valor. Recorrendo em larga medida à crítica de Bataille da utilidade positiva e à sua economia geral do gasto absoluto, Baudrillard sugere que o totalitarismo do valor positivo é assombrado em toda parte pela possibilidade de seu fracasso em certos tipos de gratuidade, de doação de presentes ou de glorioso desperdício:

> Precisamos do que é comprado e vendido, avaliado e escolhido. Do que não é vendido nem tomado, mas apenas dado e retribuído, ninguém "precisa". A troca de olhares, o presente que vai e vem, são como o ar que as pessoas inspiram e expiram. Trata-se do metabolismo da troca, da prodigalidade, do festival — bem como da destruição (que devolve ao não-valor o que a produção erigiu,

valorizou). Nesse domínio, o valor sequer é reconhecido ["Desire in Exchange Value (O Desejo no Valor de Troca)", *CPES*, 207].

O relato do "valor simbólico" fornecido cripticamente em *For a Critique of the Political Economy of the Sign* e desenvolvido em *L'échange symbolique et la mort* está aberto a uma objeção que já encontramos na crítica de Barbara Herrnstein Smith à economia do gasto de Bataille, a de que não há na verdade nada que alguém possa afirmar estar além ou fora da lei do valor que não seja apresentado, nessa mesma afirmação, como um valor relativo a outra coisa, voltando portanto a ficar sob a égide dessa lei; nada que possa ser afirmado como excessivo ou imensurável que não constitua, nesse mesmo momento, um tipo de medida, ainda que apenas a medida do próprio excesso[3].

Mas também é concebível um outro gênero de objeção, que se concentra no ponto de afastamento crítico de Baudrillard com relação ao marxismo, a noção de valor de uso. Porque de modo algum é pacífico que todos os marxistas, ou mesmo Marx, tenham aderido à noção desmedidamente metafísica de valor de uso suposto por Baudrillard, em que necessidades humanas dadas e inatas são satisfeitas simples e imediatamente, bem como em perfeita reciprocidade. Como bem observa Douglas Kellner, as necessidades e os seus correspondentes valores de uso não são para Marx simplesmente naturais ou dados, podendo eles mesmos ser socialmente mediados e produzidos[4]. Há duas maneiras de entender isso. Uma delas poderia ser que o reconhecimento por Marx da produção de necessidades, por exemplo, em sua análise da publicidade nos *Manuscritos Econômico-Filosóficos de 1844*, é uma arriscada antecipação, em seu trabalho, justamente do ponto de Baudrillard, o de que as necessidades humanas e os valores de uso são produzidos pelas formas dos valores de troca (e creio que Kellner não é sensível o suficiente a esse risco particular em sua argumentação). Porém uma réplica mais forte à crítica de Baudrillard está na concepção inteiramente alternativa do valor de uso articulada por Eagleton. Para Eagleton, a dissolução do domínio do valor de troca não vai gerar um mero retorno da humanidade à sua natureza pré-dada, essencial, uma regressão aos primórdios primitivos da história que iria efetivamente anular a história. Em vez disso, a entrada no valor de uso significa "a total libertação de uma multiplicidade de valores de uso particulares, em que o único absoluto seria o próprio desenvolvimento ... , [uma] pluralidade auto-satisfeita de poderes humanos". Nesse ponto, insiste Eagleton, a história poderia *começar* efetivamente (*IA*, 215). A admissão por Eagleton, na discussão de Marx em *The Ideology of the Aesthetic*, de que a emancipação das forças produtivas humanas inclui

3. Veja-se a objeção de Smith à troca simbólica de Baudrillard precisamente nesses termos (*CV*, 215).

4. Douglas Kellner, *Jean Baudrillard: From Marxism to Postmodernism and Beyond*, Cambridge, Polity Press, 1989, pp. 35-6.

uma emancipação da nossa capacidade de autocriação renovada, representa um significativo avanço com respeito aos argumentos de *Criticism and Ideology*, que afirmara de modo direto o valor primário e irredutível da liberação dos poderes produtivos humanos. Uma concepção do valor de uso como dinamicamente autoprodutivo adiciona ao modelo romântico da revolução como a simples liberação de capacidades preexistentes um sentido habermasiano da necessidade de entrar de maneiras irrestritas na avaliação dessas capacidades, visto de modo algum ser possível que todas elas sejam positivas. Em outras palavras, a atualização de valores de uso significaria o vir-a-ser concreto da possibilidade de (re)avaliação do próprio valor, da possibilidade de formar, em vez de apenas realizar, a identidade.

Essa concepção do valor de uso conforma-se sem dúvida antes com a estética política do sublime do que com a do belo (se bem que, estritamente falando, nada poderia *con*formar-se exatamente com a categoria que Kant define como o *Informe*), no sentido de prenunciar o que é no momento inconcebível e irrepresentável. De fato, há alguns notáveis paralelos entre o modo pelo qual o domínio do valor de uso é referido aqui e o relato baudrillardiano do valor simbólico. Em ambos os casos, é, por exemplo, necessário definir aquilo que vai além do valor de troca de modo negativo ou proléptico, visto que agir de outra maneira seria cair na armadilha de pensar o futuro nos termos degradados do presente ou pensar a dissolução do valor em termos da positividade de formas e critérios hoje existentes. Tanto para Eagleton como para Baudrillard, um sentido agudo da capacidade elástica do capitalismo de colocar todo valor oposicional a seu serviço leva antes a uma lógica da intensificação do que de oposição dialética: a liberação do valor de uso é para aquele uma questão de opor a história a si mesma, transformando-a a partir de dentro; a realização do valor simbólico é para este último uma questão de levar o sistema do simulacro ao ponto do colapso catastrófico, de fazer a lei irreversível do valor encontrar a morte ou ausência do valor que é apenas exterioridade[5]. Claro que também há entre entre os dois marcantes diferenças, notadamente o fato de que, enquanto para Eagleton a fuga do valor de troca engendra pela primeira vez a possibilidade histórica de produzir valor em condições de liberdade, a única escapatória que o Baudrillard de *L'Échange symbolique et la mort* pode imaginar é uma dissolução morbidamente exultante de todo valor. Poderíamos alinhar esse contraste com aquele que o próprio Eagleton traça entre as concepções de outro modo espantosamente similares de Marx e Nietzsche no tocante à meta de liberar as capacidades humanas das restrições históricas das estruturas de valor, ou seja, o de que aquilo que Marx (Eagleton) representa como uma autotranscendência a ser alcançada pelo esforço coletivo no mundo mate-

5. Jean Baudrillard, "Symbolic Exchange and Death", trad. de Charles Levin, in *Selected Writings*, ed. por Mark Poster, Cambridge, Polity Press, 1988, pp. 123-4.

rial, Nietzsche (Baudrillard) só pode imaginar como um ato de vontade puramente ideal e aristocraticamente individualista (*IA*, 245-6).

Isso ocorre em especial porque, para o último Baudrillard, o domínio total do valor de troca inclui as esferas estéticas e culturais que, para Eagleton e outros, constitui uma resistência parcial, contraditória, à lei da mercadoria. Para Baudrillard, as esferas tradicionalmente antagônicas do estético e do industrial convergiram mutuamente; da mesma maneira como a "arte entrou na fase de sua própria *reprodução* indefinida", circulando de acordo com a lógica docemente delirante da mercadoria, assim também, inversamente, a própria esfera da produção se estetizou em seu investimento na produção de signos e de imagens auto-reflexivas: "A arte e a indústria podem, por essa razão, trocar signos: a arte, a fim de tornar-se uma máquina reprodutiva (Andy Warhol) sem deixar de ser arte, visto que essa máquina é apenas um signo; e a produção, a fim de perder todo propósito social e exaltar-se finalmente nos signos hiperbólicos e estéticos de prestígio que são os grandes complexos industriais, os grandes prédios comerciais de 400 metros de altura e os mistérios estatísticos do PNB"[6]. Onde ainda era possível a Baudrillard perceber, no desfecho de maio de 1968, a capacidade da cultura de gerar formas resistentes de valor a partir de dentro, à época de *L'échange symbolique et la mort*, essa esperança se evaporara. Eagleton, como vimos, mantém-se apegado a um sentido dialético da possibilidade de que o estético possa oferecer, no âmbito mesmo de sua subordinação à lei da troca, um ponto de apoio, ou de resistência, um túnel subterrâneo para um futuro desejável. É interessante o fato de que *The Ideology of the Aesthetic* não está voltado para fornecer tal relato como critério de julgamento de obras de arte particulares, mas sim como um meio de apreender as possibilidades positivas do estético como tal. O que isso deixa então inexplorada é toda a questão de como se deve julgar ou avaliar que obras ou atividades culturais poderiam qualificar-se como "estéticas" nesse sentido perturbado mas ainda assim aspiracional. Isso equivale, na verdade, a dizer que muitos dos problemas do valor permanecem em toda a sua velha tenacidade.

A concepção eagletoniana da ambivalência da arte apóia-se de modo excessivo no trabalho da Escola de Frankfurt e, talvez, em especial, na obra de Marcuse, provavelmente o último representante da tradição schilleriana de marxismo estético, de Benjamin e de Adorno. E, dentre estes, Adorno é quem elabora de modo mais enfático e sistemático a situação paradoxal do estético no capitalismo desenvolvido contemporâneo. Para Adorno, a força do estético é precisamente sua incapacidade; somente o profundo descrédito da arte, sua expulsão categórica da autoridade por um mundo totalmente instrumentalizado e racionalizado, é capaz de garantir sua contínua autenticidade. Se Adorno de fato permite

6. Ibid., p. 146.

pensar a obra de arte, em sua austera autonomia de forma, como uma encenação do puro valor de uso, essa promessa utópica é negada de maneira sistemática pela própria condição de possibilidade dessa percepção, que é justamente a impotência da arte no sentido de intervir num mundo brutalmente reificado. Se a arte permite uma visão de síntese não-dominadora, uma forma de ordenação que não subordina a sensível particularidade do não-idêntico às exigências conceituais do que Adorno denomina "pensamento de identidade" (*identity-thinking*), ela só tem condições de fazê-lo de modo virtual e irrealizável. A arte pode fazer um desafio ao pensamento de identidade só e exatamente na medida em que o seu desafio seja irreal, sem conseqüência. Como disse Jay M. Bernstein, "A arte é o resto, o resultado das exclusões que permitiram a autocentração de uma economia autônoma sem a carga das reivindicações de sensibilidade ou de teleologia (a submersão do valor de uso pelo valor de troca), e é também a periferia que está sempre ameaçando o centro e sendo por ele ameaçada"[7]. Adorno insiste na recalcitrância desse paradoxo e tem menos propensão a extrapolar seletivamente, seja a partir do seu lado esperançoso ou do seu lado pessimista, do que alguns dos seus comentadores.

A importância de Adorno para uma teoria cultural marxista preocupada em responder aos desafios postos pelo pensamento desconstrutivo derridiano é o fato de ele antecipar muitas das qualidades desse pensamento, em seu rigor inclemente da negatividade, seu desejo de pensar a contradição sem reduzi-la à identidade e sua encenação das aporias do significado no próprio estilo e substância de sua escritura mesma, na qual, no dizer de Eagleton, "cada frase tem de tornar-se uma pequena obra-prima ou milagre de dialética" (*IA*, 342). Mas enquanto Derrida parece, para muitas pessoas da esquerda (que, a meu ver, estão erradas), oferecer apenas uma crítica, sem horizonte de emancipação, Adorno, apesar de toda a sua suspeita com respeito à afirmação, ainda parece dar corpo à esperança de que "poderíamos cruzar o estético e sair em algum lugar inacessível do outro lado" (*IA*, 360). Bernstein descobre um tipo distinto e mais específico de afirmação na teoria estética de Adorno, chamando a atenção para a conclamação à solidariedade ou coletividade ideal que essa teoria promete, a insistência subjuntiva de "um 'nós', uma comunidade substancial para a qual a questão da história possa ser levantada outra vez"[8].

JAMESON E A UTOPIA

Nenhum escritor defendeu de modo mais enfático a atenção à orientação utópica do estético do que Fredric Jameson. Se parte do aparato

---

7. Jay M. Bernstein, "Aesthetic Alienation: Heidegger, Adorno, and Truth at the End of Art", in *Life After Postmodernism*, ed. Fekete, p. 111.

8. Ibid., p. 116,

interpretativo de *The Political Unconscious* (1981) parece hoje bem complicado e laborioso — a noção dos quatro níveis de interpretação; o retângulo semiótico greimasiano recuperado aqui de *The Prison-House of Language*, do qual Jameson retirou o pó e ao qual pôs em funcionamento —, e se a ambição a que esse aparato serve, a de trazer à visibilidade o inconsciente ideológico das obras literárias, parece exprimir uma confiança muito maior nos poderes da interpretação unificadora do que hoje é corrente entre os teóricos marxistas, a principal tese dessa obra, a de que o inconsciente político dos textos literários não consiste apenas em um conhecimento político culposamente reprimido, mas também uma aspiração dificilmente articulável de emancipação do valor, retém sua considerável e inescapável força. Reconhecendo, como muitos outros fizeram, o poder da afirmação de Walter Benjamin, em *Theses on the Philosophy of History*, de que "não existe documento de cultura que não seja ao mesmo tempo um documento de barbárie", Jameson, contudo, acredita ser possível ler dialeticamente essa fórmula dialética e alegar que "o efetivamente ideológico é também, ao mesmo tempo, necessariamente Utópico" (*PU*, 286). Jameson está pois preparado para apresentar uma "hermenêutica positiva" mesmo com relação à forma mais degradada e dominadora das formas culturais — digamos, a arte e a mitologia do fascismo —a fim de tornar visível nelas a "representação simbólica da unidade coletiva" (*PU*, 296), a aspiração utópica de transcender as próprias divisões que são oficialmente postas em vigor nessas formas culturais.

Assim, tal como Adorno, Jameson lê as características autonomizantes da arte modernista enquanto alienação bem como um anseio utópico. Ele detecta na obra de Conrad, por exemplo, uma estratégia de estetização no vigoroso e alucinatório realce dos sentidos individuais, da visão em particular. Essa estratégia de estetização surge historicamente como o efeito hipertrófico de uma separação concreta entre os sentidos e a razão instrumental. Impelida por uma economia monetária que tem por base critérios estritos de retorno calculável, a percepção dos sentidos "só pode reorganizar-se a si mesma numa atividade nova e semi-autônoma, uma atividade que produza seus próprios objetos específicos, novos objetos que são eles mesmos o resultado de um processo de abstração e de reificação" (*PU*, 229). As formas artísticas resultantes, como o impressionismo, a pura abstração da cor ou, nesse caso, a intensa e misteriosa sensualidade do estilo descritivo de Conrad, são simultaneamente a personificação da lamentável dissociação dos sentidos da vida social como um todo e a encenação de "uma vocação Utópica" (*PU*, 230), um contravalor que visa transcender o regime das mercadorias e do lucro.

A compactação da hermenêutica negativa com a positiva na modalidade de leitura proposta por Jameson, o entrelaçamento entre crítica da ideologia e discernimento da utopia, representa uma versão especificamente marxista do problema familiar do fato e do valor na interpretação. Porque tal foco dual requer não apenas uma análise funcional da maneira pela qual os textos formam uma unidade coerente com a ideologia, mas também aquilo que Jameson denomina forma *"coletivo-associativa ou comunal"* de interpretação (*PU*, 296), em outras palavras, uma forma de interpretação que mensure tanto o valor da obra como seu modo de funcionamento. Contudo, deparamos aqui com um problema. Para Jameson, assim como para Eagleton, não é possível falar univocamente do valor quando se está lidando com objetos culturais que estão sobremodo inseridos em estruturas sociais e econômicas em que relações de valor são sistematicamente distorcidas e alienadas. Jameson propõe a si mesmo o seguinte enigma: "Como é possível a um texto cultural que cumpra uma função demonstravelmente ideológica ... personificar um impulso propriamente Utópico ou servir para fazer ressoar um valor universal inconsistente com os limites mais estreitos do privilégio de classe que informa sua vocação mais imediatamente ideológica?" (*PU*, 288).

Uma resposta a esse enigma seria que toda afirmação de valor tem de estar acompanhada por uma versão marxista da "reavaliação de todos os valores" de Nietzsche e a ela conduzir. Aí, a ética do sim e do não, do bem e do mal, dá lugar a um relato das determinações históricas dessas estruturas éticas. A resposta mais ampla é, porém, que na verdade é impossível ir além da lógica ideológica, baseada nas classes sociais do bem e do mal antes da chegada de alguma modalidade inteiramente nova de pensar e de ser. "Nesse sentido", — escreve Jameson —, "projetar no pensamento um imperativo em que o ideológico fosse apreendido como algo que de algum modo formasse unidade com o Utópico, e este em unidade com aquele, é formular uma questão a que a dialética coletiva é a única resposta concebível" (*PU*, 286-7). Em outras palavras, seria possível afirmar o valor como tal uma vez que se tivesse ultrapassado o domínio do valor de troca. Até que isso aconteça, todos os valores são provisórios e ambivalentes, todas as categorias éticas são parciais e desonestas.

Podemos ver, portanto, que Jameson trabalha aqui com uma noção de valor que partilha da estrutura do sublime especificada por Eagleton. Representar o valor é sempre representá-lo erroneamente, visto que, ao que parece, as próprias estruturas de valor que dominam o nosso pensamento são o que nos impede de apreender a natureza do valor em si. O único modo de conceber a liberação do valor de uso consiste na superação absoluta do valor de troca. Essa estrutura conceptual dá a impressão de compelir simultaneamente à orientação para o valor em *The Political Unconscious* e a certa inibição do tópico. Embora o longo capítulo final do livro esteja voltado de maneira quase exclusiva para a questão do valor na obra de Conrad, e de *Lord Jim* em especial, é digno de nota que essa questão apareça deslocada em meio ao conteúdo temático do livro. O ponto de partida de Jameson é que a obra de Conrad surge num momento em que o problema do valor da atividade humana se apresenta com particular intratabilidade. Nessa situação, as divisões sociais entre atividade e valor, ou, poderíamos também dizer, entre trabalho e lucro, engendradas pela lógica da troca, produzem algo semelhante a uma aporia sistemática no texto de *Lord Jim*, que se esforça por produzir "a resolução e *Aufhebung* inimaginável e impossível; a união entre atividade e valor, das energias do capitalismo ocidental e da imanência orgânica da religião nas sociedades pré-capitalistas" (*PU*, 255). Jameson mapeia a investigação perplexa mas obstinadamente renovada da condição do valor de acordo com o retângulo semiótico de A. J. Greimas acima mencionado, usando-o para gerar uma *combinatoire* quadrilateral de possibilidades em que os exemplos textuais de valor, atividade, não-valor e não-atividade, bem como os seus termos mediadores, são descobertos em *Lord Jim* e postos em seu lugar ao redor do retângulo: assim, os "marinheiros das cadeiras do convés" mencionados desdenhosamente por Jim servem de mediação entre não-valor e não-atividade; os passivos peregrinos do *Patna* servem para mediar entre valor e não-atividade; Gentleman Brown personifica a fusão entre atividade e não-valor; enquanto o próprio Lord Jim representa a mediação (idealizada) dos termos primários, atividade e valor.

Contudo, se esse procedimento permite a Jameson a leitura da aspiração do texto no sentido de superar a antinomia entre atividade e valor, seu resultado líquido também mostra quão impossível uma tão superação tem de ser. Afligido pela separação entre valor e vida, o texto só pode ansiar de modo elaborado a rejuntá-los, ao passo que a hermenêutica que traz esse processo à visibilidade não tem, por sua vez, outra escolha além de lançar-lhe uma sombra em toda a complexidade de sua oposição. O valor dessa obra, mesmo em seu aspecto bom ou utópico, só pode ser lido como uma prolepse negativa, como valor-rumo-ao-valor. Há dessa maneira uma estranha duplicação disso na própria incapacidade de Jameson no sentido de gerar uma reconciliação hermenêutica aqui-e-agora entre o analítico e o valorativo, entre o ideológico e o utópico, do problemático hiato entre atividade e valor que ele analisa em Conrad.

A razão dessa incapacidade pode ser encontrada na curta mas reveladora seção em que Jameson situa a investigação acerca do valor feita em *Lord Jim* com relação a outros exemplos contemporâneos desse mesmo empreendimento. Para Jameson, os nomes mais importantes e representativos são os de Nietzsche e de Weber; os dois, diz ele, fazem uma perquirição sem precedentes acerca da natureza dos valores e do valor *per se*, tentando projetar uma posição de absoluta exterioridade ao turbulento plano "intramundano" dos valores, a fim de permitir, respectivamente, a "reavaliação de todos os valores" e o desenvolvimento da "ciência isenta de valores". Jameson deseja especificar os determinantes históricos que, antes de tudo, fazem esse problema manifesto e articulável. Para consegui-lo, ele adota o que é, com efeito, um tipo weberiano de análise que tem como ponto central a secularização da vida sob o capitalismo e, em especial, o colapso das sociedades tradicionalmente organizadas com a extensão do capitalismo de mercado. O resultado disso é que "pela primeira vez de modo geral e irreversível, o reino dos valores se torna problemático, disso resultando o fato de poder ele, pela primeira vez, ser isolado como esfera em si e contemplado como área separada de estudo" (*PU*, 249). Jameson procura descrever com mais detalhes essa esfera substituída da sociedade tradicional, começando a descrição como uma paráfrase formalmente distanciada da atitude weberiana com respeito a essas sociedades, mas caminhando imperceptivelmente na direção de um acordo com ela. Numa sociedade tradicional ou pré-capitalista, o problema do valor no sentido moderno não pode se fazer presente, visto que, nessas sociedades, "cada atividade é simbolicamente ímpar, de modo que nunca se atinge o nível de abstração com relação ao qual podem ser comparadas as atividades entre si: não há um denominador comum disponível para comparar a metalurgia do ferro ou a preparação de curare com a tecedura de cestas ou com a feitura de pão ou de potes" (*PU*, 249-50).

O problema do valor advém justamente quando se torna possível comparar e avaliar essas atividades umas em relação às outras, com o desenvolvimento de um denominador comum; para Marx, com efeito, esse denominador comum é a força de trabalho equivalente e o seu representante, a forma-dinheiro. Jameson deseja acentuar aqui a natureza paradoxal da noção de valor, que, afirma ele, "só se torna visível como abstração e como uma estranha pós-imagem na retina depois que deixou de existir como tal ... O estudo do valor, a idéia mesma do valor, vem a ser no momento do seu próprio desaparecimento e da virtual obliteração de todo valor por um processo universal de instrumentalização" (*PU*, 250, 251). O que chama a atenção nessa análise — e devido a isso a própria posição de Jameson começou claramente a se articular por meio da paráfrase de Weber e da Escola de Frankfurt — é a presença de certo truque de prestidigitador. A noção da passagem de estruturas pré-capitalistas de valor para a intrumentalização capitalista do valor vem a se tornar um mito da Queda; em vez de uma mutação na estrutura do valor, temos agora a perda do valor "em si". Como acontece com a maioria dos mitos, a Queda aqui promete uma redenção, ou seja, a libertação do valor de uso como um reino de singularidade pura e não-contaminada e de imediatismo incomensurável, dos efeitos espectrais do valor de troca, em que, como tudo pode ser trocado por tudo, não se pode dizer que coisa alguma tenha valor em si. É exatamente essa impossibilidade de conduzir autenticamente a questão do valor sob as condições do valor de troca que envolve para Jameson o diferimento ou deslocamento da questão do valor para um futuro no qual o valor terá retornado ao mundo. O valor temporário desse gesto (cujo comprometimento é decorrência direta do fato de trabalhar com substituição e diferimento) é o seu próprio reconhecimento da impossibilidade do valor.

Há todavia razões para suspeitar que, ao definir o valor tão profunda e absolutamente em termos que vão além do valor de troca, Jameson está na realidade esvaziando-o de toda força ou relevância humana. Longe de dar corpo à possibilidade do valor *como tal*, o universo de absoluta incomparabilidade que Jameson vê como vindo antes e, presume-se, depois da era do valor de troca, na realidade não vai permitir a existência de *nenhum* valor, pois um universo em que nada possa ser comparado com coisa alguma por meio de nenhuma escala comum de valores seria um universo de inércia absoluta, ou de ausência de valor. A noção idealista de valor de uso que Jameson herda aqui exibe uma estranha semelhança com a condição pós-moderna tão celebremente descrita por Lyotard. Como já se disse, a insistência deste último sobre o valor e a necessidade na pós-modernidade de absoluta incomensurabilidade tem um radical caráter contraditório próprio, visto que o seu próprio reconhecimento da incomensurabilidade, para não falar de sua avaliação positiva desta, constitui por si só uma espécie de mensuração a partir de alguma escala comum.

O erro de Jameson aqui parece estar em confundir as formas particulares e historicamente limitadas de valor de troca com a permutabilidade como tal. Porque o valor de troca tem dois aspectos constrastantes, sendo um deles a multiplicidade e a indeterminação de todos os valores e, o outro, a fixidez e a singularidade da escala de valor; na realidade, é este que permite a existência daquele. Jameson toma um dos lados da dialética do valor de troca e o infla em detrimento do outro, acentuando o problema da indeterminação e o correspondente desejo de fixidez do valor às expensas da restrição sobre as formas e a atividade de valoração representada pela força estreitadora do valor de troca econômico. No curso de sua discussão desesperadamente densa mas ainda assim altamente sugestiva da questão do valor no marxismo, Gayatri Spivak articula uma teoria da natureza textual da teoria do valor de Marx que, creio eu, é compatível com essa crítica a Jameson. Acreditando que, para Marx, o valor de uso não é um fundamento nem uma destinação histórica, visto que "é o valor de uso que põe em questão toda a cadeia textual do Valor", Spivak sugere que um "horizonte [marxista] de plena realização [do valor] tem de ser indefinidamente adiado".[9] Ela oferece em lugar disso "o apocalipse pluralizado do momento prático, no nosso caso particular, o conjunto do julgamento de valor performativo ou operacional crítico em termos da ideologia (*ideology-critical*), esteticamente figurativo (*aesthetic-troping*) e economicamente consciente". Em constraste consciente com a noção jamesoniana positiva do valor realizado ou libertado, Spivak sugere que

9. Gayatri Chakravorty Spivak , "Scattered Speculations on the Question of Value", in *In Other Worlds: Essays in Cultural Politics*, Nova Iorque e Londres, Methuen, 1987, pp. 162, 175.

"o momento prático não é uma 'realização'. No apocalipse pluralizado, o corpo não se levanta"[10].

Jameson é seguido por alguns analistas culturais marxistas contemporâneos que têm respondido ao acolhimento da intederminação por parte do pensamento pós-estruturalista com uma supercompensação do lado do valor fixo ou determinado. Um exemplo aqui poderia ser David Harvey, cuja recente crítica da teoria pós-moderna se apóia em demasia na analogia que traça entre a hiper-relatividade do valor no capitalismo global avançado e a estética pós-moderna do deslizamento e da deriva, da superfície e da instantaneidade[11]. O "princípio unitário" da fase final do modernismo e do pós-modernismo, que no tocante a isso são contínuos para Harvey, é a noção de "valor em movimento" de Marx. Trata-se, na realidade, da irresistível redução de todas as formas de valor à permutabilidade serial por meio da forma-dinheiro que permite essa extraordinária mobilidade de valores na modernidade. A contribuição distintiva de Harvey foi assinalar as maneiras pelas quais a revolucionária compressão do espaço pelo capitalismo avançado (que Harvey define como a redução do espaço ao tempo) se combina com as tentativas do capitalismo de lidar com os problemas crônicos da superacumulação por meio da compressão do tempo, em especial mediante o aumento da taxa de retorno do capital, para produzir uma crucial involução da esfera do valor. Porque o uso do crédito e do sistema bancário para gerar lucros (por exemplo, em transações com moedas e em mercados de títulos e mercados futuros) põe o próprio dinheiro, o meio universal de troca, em dúvida, introduzindo nele o que Marx denomina a "corrupção geral" da troca e da especulação. Como assinala Harvey, a condução para a troca do próprio meio de troca cria "o colapso do dinheiro como meio seguro de representação do valor", ou seja, uma radical incerteza quanto ao próprio "valor do valor" [CP, 298 (269); 106-7 (104-5)].* A prática estético-cultural tem uma interessante relação com isso. Harvey sugere que a rápida expansão do capital para a esfera cultural é uma das mais impressionantes maneiras pelas quais o capitalismo pode exercer domínio sobre o futuro mediante o recurso à redução da escala temporal do consumo e à aceleração dos ciclos da necessidade e do desejo na moda [*CP*, 285 (257 ss.)], num processo de volatilidade escassamente regulado. Harvey vê uma relação bem fiel entre essa acelerada indeterminação do valor, em que "o sistema central de valor, a que o capitalismo sempre recorreu para validar e avaliar as suas ações, está desmaterializado e inconstante, e os horizontes temporais estão ruindo, sendo difícil dizer exatamente em que

10. Ibid., p. 175.

11. David Harvey, *The Condition of Postmodernity*, Londres, Blackwell, 1989. [Edição brasileira: *Condição Pós-Moderna*, São Paulo, Loyola, 1992, trad. de Adail Sobral e Maria Stela Gonçalves.]

*Indicamos, entre parênteses, as páginas da edição brasileira. N. dos T.

espaço nos encontramos quando se trata de avaliar causas e efeitos, significados ou valores" [*CP*, 298 (269)], e as formas da cultura pós-modernista, com sua ênfase na superfície, na instantaneidade e na deriva esquizóide. Mas se a arte e a cultura pós-modernistas são primariamente um reflexo ou representação da dissolução do valor do valor, ao mesmo tempo certas partes da esfera estético-cultural, o mercado de arte em especial, podem funcionar justamente do modo oposto. Para Harvey, o mercado de arte pode ser visto como uma garantia de segurança de longo prazo — em meio ao fluxo geral de uma era inflacionária — a ponto de se poder ver a comercialização da produção cultural como uma tentativa não somente de acelerar lucros, como também de "armazenar valor em condições em que as formas monetárias comuns são deficientes" [*CP*, 298 (268)].

A contradição que há aqui, com certeza uma contradição presente na situação descrita por Harvey e em sua argumentação, significa que a comercialização da cultura é tanto um meio de descontar o futuro do presente, de acelerar o tempo, como de manter o presente no futuro, de desacelerar o tempo. Isso conserva um estreito vínculo com uma complexa dicotomia presente nas formas culturais do século XX a que Harvey dedica um espaço considerável. De um lado, sugere ele, a resposta modernista à crescente relatividade do valor consiste em buscar formas de permanência mitológica, de valor fixo e intemporal; esse modernismo reacionário, de que a filosofia do Ser de Heidegger (se bem que numa forma cuidadosamente atenuada) é considerada representativa, resiste à transiência temporal por meio do espacialismo fetichizado, mediante um recurso à terra e ao destino do lugar [*CP*, 35 (38); 207-9 (192-3)]. A essa forma de esteticismo espacializado tem-se de opor a aceitação modernista (e, mais tarde, pós-modernista) do fluxo, da efemeridade e da velocidade, tal como expressa de Charles Baudelaire a Paul Virilio. Claro que esses dois aspectos do modernismo se encontram conjugados numa unidade sistemática que deriva em última análise da própria teoria do valor de troca, unidade portanto representada na própria forma da mercadoria, que, ao menos para Terry Eagleton, é "uma espécie de horrível caricatura do artefato autêntico, ao mesmo tempo um objeto grosseiramente particular e virulentamente antimaterial em forma, densamente corporal e enganosamente espectral" (*IA*, 208). Nos termos de Harvey, isso produz uma incômoda e inautêntica escolha entre terra e ar: a cultura como "capital fictício", na interessante expressão de Marx, como tempo acelerado, é parte da arte do éter, de uma estética transportada pelo ar em oposição a uma estética com os pés na terra; mas a cultura presa à terra é um fetichismo, uma negação do tempo que pode tornar-se uma estetização equivalente.

Perpassa o relato de Harvey o desejo de afirmar a possibilidade do valor *per se*, o valor de uso proposto por Marx, embora se tenha a impressão de que este nunca pode articular-se em formas que não sejam instantaneamente alienadas num ou noutro desses esteticismos. A análise do interenvolvimento sistemático de terra e ar na pós-modernidade é tão forte na obra de Harvey que termina por comprometer na prática as soluções que ele tenta dar. O protesto contra o que Harvey denomina "a passagem da ética à estética como [um] sistema dominante de valores", contra a estetização de questões éticas — como o é, por exemplo, a exibição de imagens de pobreza e desabrigo urbanos como mera "atmosfera" ou estilo cultural em certos filmes pós-modernos —, representa a rejeição de apenas um dos lados da dicotomia estética do modernismo, a estética do ar e do espaço. Mas se apóia repetidas vezes na linguagem e nos conceitos de valor arraigado, fundacional, que o próprio relato de Harvey tornou desacreditado ao caracterizar como pertinente a uma estética distinta, reificando[12]. Trata-se de uma linguagem que opõe — de modo obsessivo e ao que parece não autoconsciente — o preso-à-terra, o profundo, a radicalidade e o alicerçado à etérea insubstancialidade ou opacidade miasmática do cultural, falando dos "elementos e relações invariantes que Marx definiu como peças fundamentais de todo modo capitalista de produção", que estão "onipresentes sob a superfície tênue e evanescente, sob as fragmentações tão características da atual economia política" [*CP*, 187 (175); 179 (164)]. Ao insistir, como o faz, que "as formas culturais têm firmes raízes no processo diário de circulação do capital" [*CP*, 299 (269)], Harvey não está preferindo o ético ao estético, mas submetendo o ético à estética do arraigamento que a sua própria análise identificou como o epifenômeno alucinatório do "processo de circulação do capital".

O resultado é antes uma condenação da relatividade como tal do que das formas mercadizadas, regularizadas, de relatividade resultantes do estreito domínio dos interesses econômicos no mercado da cultura global. Como vimos, também Jameson se deixa atrair por um relato utópico do valor que, ao tentar ir além da troca como tal, em vez de efetuar uma reavaliação ou liberação catastrófica da troca da subordinação a um código ou forma, abandona o valor a um futuro estritamente inatingível. Eagleton, embora se deixe apanhar com menos freqüência pelas artimanhas do valor de uso, mesmo assim adota algo do idealismo estetizante contra o qual o seu trabalho se volta, em sua recorrente atração pelo lado schilleriano, em vez de, se me for permitido dizer, nietzschiano, da estética marxista. Isso o leva muito freqüentemente a conceber uma utopia estética revolucionária em termos de ideais realizados de totalidade, na cura do corpo e do espírito, na união entre sujeito e objeto, na combinação entre o belo e o sublime, na reconciliação entre o universal e o particular, na conjugação de fato e valor. Se Eagleton tem razão em sua exigência

12. Para uma comentário mais extenso acerca da obra de Harvey, veja-se o meu artigo "Between Earth and and Air: Value, Culture and Futurity", *Block*, 1992.

de que abandonemos utopias ruins ou imaginárias em favor de projetos de emancipação que tornem possível e real a boa utopia que vai permitir que a história comece, ele sem dúvida está errado em buscar orientar as forças discursivo-produtivas que o socialismo se empenha em liberar na direção dessas formas de totalidade, já que isso está sujeito ao risco de recair na ideologia estética que reificou de modo tão rígido a teoria marxista do valor. Em vez de opor a falsa totalidade da ideologia estética à totalidade autêntica daquilo que se acha além do valor de troca, o socialismo precisa dar início ao longo trabalho de abandonar de vez o ideal da totalidade — se bem que com a consciência plena e dialética de que abandonar de vez a totalidade seria uma impossibilidade lógica, visto que o abandono total também é uma espécie de totalidade Mas se tanto Jameson como Eagleton não conseguem admitir que estão tentando se livrar do problema do valor, em vez de tratar dele de modo crítico e transformador, é mesmo assim possível e necessário ler nas contorções induzidas em seu trabalho pelo problema do valor o primeiro movimento além da reificação e fixação nas possibilidades improdutivas da valoração irrestrita do valor, não rumo a algum paraíso de significados totais ou de valores acabados, mas sim na direção da intensificação daquele mesmo "impacto do valor sobre o valor, da significação sobre a significação" (*CI*, 180) que suas diferentes formas de crítica procuram resolver.

7

Feminismo e Valor: *Ética, Diferença, Discurso*

O feminismo é impensável à parte da questão do valor. Na qualidade de atividade crítica, o feminismo envolve o trabalho incansável de reavaliação, preocupado como está com a identificação, a inversão ou a diversificação dos valores patriarcais e, de modo geral, com a resistência à desvalorização da mulher tão raivosamente definida por Ursula le Guin quando diz que "percebemos pela sua surdez, pelo fato de não nos darem ouvidos, que a nossa experiência, a experiência de vida das mulheres, não tem valor para os homens — portanto, não tem valor para a sociedade, para a humanidade"[1]. Como crítica profundamente interessada, o feminismo também tem sempre de envolver a formação ou afirmação de contravalores; como Kate Fullbrook escreveu recentemente, "nenhuma variedade de feminismo define o seu propósito, ou faz as suas exigências de acesso à justiça ou ao poder, sem um apelo a valores" (*FW*, 2). Logo, ao que parece, só um tolo poderia acusar o feminismo de contribuir para a evaporação da questão do valor tão típica da teoria contemporânea, visto que, tal como a crítica marxista, o feminismo é permeado por essa questão.

E no entanto, há um sentido em que a própria urgência das tarefas de reavaliação para as quais o feminismo tem se voltado, tanto nas disciplinas acadêmicas como fora delas, tem contribuído para uma curiosa desatenção com respeito à questão do valor como tal e uma relutância em teorizá-lo. (Isso pode ter algum vínculo com o fato de que as linhas de força do feminismo mais tenham apontado até agora do mundo político para dentro, na direção da academia, do que para fora dela, talvez desencorajando, em função disso, os excessos de auto-reflexão característicos de outras modalidades de teoria crítica.) Enquanto, na crítica marxista, a questão do valor continua sendo um tópico teórico central, a crítica feminista tem se preocupado, de modo mais local e pragmático, com a análise dos valores enquanto tais, evitando, por assim dizer, o movimento que vai do imanente ao transcendente. Um exemplo recente disso poderia ser o livro de Carey Kaplan e Ellen Cronan, *The Canon and the Common Reader* (1990), uma relato meticuloso e empiricamente den-

1. Ursula Le Guin, "Bryn Mawr Commencement Address", in *Dancing at the Edge of the World: Thoughts on Words, Women, Places*, Nova Iorque, Grove Press, 1989, p. 155.

so do processo de formação e mudança de cânone na academia literária americana, obra que curiosamente nunca estende as suas críticas às exclusões em termos de sexo do cânone literário a um relato teórico dos processos e do valor da canonicidade. Não que falte ao livro uma dimensão valorativa; porque as suas palavras conclusivas deixam clara a posição de suas autoras:

> Endossando, pois, a ilimitação e o questionamento, antes a oscilação do que a dialética, evitando relutantemente o mito do progresso, concluímos com a esperança de que o nosso momento seja de episódios mais expansivos e humanos no processo, complexo e dinâmico, mediante os quais os seres humanos fazem a cultura[2].

É difícil imaginar alguém que não partilhe da aprovação geral da expansão, da tolerância e do dinamismo aqui enunciada. Contudo, na ausência de um argumento que considere a natureza desses valores e o seu relacionamento com o feminismo, a sua afirmação continua sendo uma espécie de formalidade.

Outro exemplo muito distinto da prioridade da afirmação do valor sobre sua exploração teórica é *Gyn/Ecology* (1979), de Mary Daly, apesar do fato de que o seu subtítulo promete uma investigação da "metaética do feminismo radical". Daly sugere no início do seu livro que a "metaética" feminista tem de submeter as estruturas éticas e valorativas da civilização e da história patriarcais a uma crítica sem remorsos, a fim de revelar "os bastidores dos bastidores" dos sistemas éticos ocidentais e orientais de domínio, de exploração e de crueldade assassina masculinos (*G/E*, 12). Mas é curiosa a definição de metaética dada por Daly. Se o prefixo "meta-" sugere algum movimento de um discurso para um nível lógico superior, permitindo-lhe ficar à parte e acima de suas próprias operações, ele também significa uma duplicação residual, habitualmente problemática. Uma metacrítica difere de uma crítica pelo fato de dever partilhar certa substância com aquilo que, em si, ela submete a crítica. Assim como uma metanarrativa é uma narrativa acerca de outras narrativas e um metacomentário é um comentário sobre comentários, assim também, seja qual for a mutação engendrada na esfera da ética, uma metaética ainda teria de ser considerada uma espécie de ética. Mas é justamente essa reduplicação que a abordagem de Daly parece recusar fobicamente, pois ela deseja distinguir de modo absoluto uma metaética feminista radical do "tédio infinito" e da auto-absorção onanista da teoria masculina sobre a teoria ética: "Gyn/Ecology dificilmente é 'metaético' no sentido de meditações masturbatórias feitas por eticistas acerca de suas próprias emissões. Em vez disso, reconhecemos que a omissão essencial dessas emissões é a nossa própria vida/liberdade. Em nome da nossa vida/liberdade, a metaética feminista O-mite omissões seminais" (*G/E*, 13).

---

2. Carey Kaplan e Ellen Cronan Rose, *The Canon and the Commom Reader*, Knoxville, Tennessee University Press, 1990, p. 165.

Apesar do fato de que, num determinado ponto, Daly chega a sugerir que, em relação à metaética masculina, a "ginografia é meta-metaética" (ibid.), seu desejo de descontaminação absoluta dos valores que são submetidos a crítica parece implicar um "salto no vazio ... [em que] as categorizações falocráticas do 'bem' e do 'mal' já não se aplicam" (*G/E*, 12). Contudo, ao afirmar que não há possibilidade de acordo entre, ou mesmo uma escala ética comum para relacionar, os valores masculinos corruptos e os valores radicais feministas, Daly a um só tempo exalta e solapa o valor daquilo que propõe, visto que negar toda relação de intercâmbio entre valores masculinos e femininos é privar-se de todas as maneiras de mensurar a superioridade, ou mesmo a desejabilidade relativa destes últimos. Com efeito, o que Daly denomina metaética são na verdade *valores alternativos* vigorosa e passionalmente defendidos, contrapostos aos valores patriarcais, mas de modo algum incomensuráveis em relação a eles. Mais uma vez: a comensurabilidade dos valores feministas ou femininos com os valores patriarcais ou masculinos não implica redutibilidade de uns aos outros, mas apenas a possibilidade de avaliá-los uns com relação aos outros. Nesse e em outros aspectos, a metaética de Daly lembra a "reavaliação de todos os valores" enganosamente prometida por Nietzsche, em cuja obra o alegado movimento "além" do bem e do mal vem a ser no final movimento rumo à instalação de um conjunto alternativo de bens ou invariáveis éticas — o poder, o êxtase e a autocriação viril sobrepondo-se à verdade, à razão e ao bem coletivo. Para Daly, "A metaética Gyn/Ecológica ... funciona para afirmar a profunda dinâmica do ser-sendo [*be-ing*] feminino ... Recusando sua assimilação, experimentamos nossa Autonomia e Força. Evitando sua assimilação, encontramos nosso Ser-sendo original. Corrigindo sua fragmentação imposta, tecemos a nossa Integridade Original" (*G/E*, 13, 423). De fato, o risco de que a recusa a um envolvimento crítico com os nossos precursores nos leve a repetir inconscientemente os seus erros é demonstrado pelo fato de que Daly não só reproduz as estratégias de reavaliação nietzschianas como também os valores flagrantemente misóginos do poder e da autocriação em que Nietzsche se apóia; há um sabor autenticamente nietzschiano, por exemplo, na suspeita de Daly com relação ao que denomina a "tirania da tolerância [que] é com freqüência a fonte do silenciamento/apagamento das Bruxas de mente forte" (*G/E*, 3810 — representando a figura mítica da Bruxa, nesse contexto, o papel da *Überweib*.*

Alguns dos problemas da tentativa de Daly no sentido de gerar uma sistema pura ou distintivamente feminino de valores éticos se repetem no debate acerca da natureza e da possibilidade de uma estética feminina ou feminista. A dificuldade aqui parece ser a de como imaginar uma maneira de transcender normas e sistemas patriarcais de valor estético sem

*Literalmente, "Supermulher". Possivelmente derivado do conceito nietzschiano de "Superhomem" (*Übermensch*). N. dos T.

negar para si mesmo todos os termos de valoração — ou, para dizer de modo oposto, como afirmar o valor da arte e da prática cultural femininos sem recorrer a sistemas de valoração estética que têm se ser considerados patriarcais. Um recente exemplo da necessidade de repensar normas de valor no próprio momento em que se faz uso delas, e das dificuldades decorrentes do fato de não se atender a ela, é fornecido pela obra de Christine Battersby, *Gender and Genius* (1989). O livro oferece uma impressionante e convincente história do conceito de gênio da história ocidental a partir de Aristóteles, mostrando que o conceito efetua uma dupla exclusão das mulheres; antes de tudo, por meio de uma lógica da exclusão em que a mulher é definida de modo sistemático como a moldura, o contexto ou o solo (alternativamente inibidores e fecundadores) contra o qual o artista-gênio autocriador é figurado, e, em segundo, desde o final do século XVIII, por uma lógica da apropriação que curiosamente acentua a capacidade do gênio masculino individual de *incluir* em si o feminino. Battersby oferece amplas evidências da necessidade de reavaliação da categoria valorativa do gênio, que tem operado como força principal do patriarcado. Ao mesmo tempo, seu livro é curiosamente tímido no que se refere ao seu esforço, definido no subtítulo, "para uma estética feminista". Embora critique duas outras revisionistas feministas do valor estético, Roszika Parker e Griselda Pollock, porque, em seu livro *Old Mistress* (1981), "não há nenhuma perspectiva distintivamente feminina sobre a arte: uma estética tem de aceitar os valores de uma sociedade patriarcal e apenas desconstruir esses padrões a partir de dentro",[3] a própria versão de estética feminista de Battersby é com certeza vulnerável precisamente à mesma acusação; o fato de ela "empregar a história cultural para validar a estética feminista que torna visível, interpreta e avalia as realizações de grandes mulheres artistas individuais" significa que ela se apega à própria categoria de gênio que desacredita de maneira tão completa[4].

O desconforto feminista com o problema do valor tem por vezes assumido a forma de uma simples recusa do conceito. Um exemplo extremo disso é o amargo e hilariante ataque de Christine Delphy ao livro de Annie Leclerc, *Parole de Femme* (1974), livro que afirmou ter o feminismo como principal tarefa a revalorização das formas de trabalho feminino e, em particular, domésticos, que o patriarcado via com uma atitude de desdém. A facilidade com que Lecler é capaz de reverter as valências sociais do cozinhar, da faxina e da troca de fraldas, proclamando-as "um raro deleite, uma forma de trabalho próxima do êxtase, do valor supremo,

3. Christine Battersby, *Gender and Genius: Towards a Feminist Aesthetics*, Londres, Women's Press, 1989, p. 10. Battersby discute aqui Roszika Parker e Griselda Pollock, *Old Mistresses: Women, Art and Ideology*, Londres, Routledge, 1981).

4. Battersby, *Gender and Genius*, p. 11.

valiosa como a própria vida"[5], parece reduzir a política à retórica e ao pensamento positivo — como se, por exemplo, a pior coisa do ser jogado no xadrez como prisioneiro político fosse ser forçado a sucumbir às valorações opressivamente negativas das experiências do confinamento, da má alimentação e da tortura. "Tomando o efeito (a desvalorização) pela causa (a exploração), ... a análise implica que temos de mudar *não a realidade* da vida das mulheres, mas a avaliação subjetiva dessa realidade", escreve Delphy (PA, 83). Ao argumentar somente acerca do valor percebido do trabalho da mulher, Leclerc nunca toca na questão de porque, em primeiro lugar, deveria o trabalho feminino ter sido identificado com tarefas domésticas não-remuneradas. Logo, ao ignorar as condições materiais da exploração da mulher, escreve Delphy, Leclerc reproduz, em vez de desmantelar, a ideologia, visto que "a reversão da causalidade — a crença de que a superestrutura ideológica (a desvalorização da mulher) é a causa e não o efeito da estrutura social — não é uma interpretação idealista entre outras: é a própria ideologia dominante" (PA, 86). De fato, não apenas Leclerc não consegue ir ao cerne da exploração das mulheres, como a sua apologia da essência doadora de vida da mulher reproduz as próprias estruturas valorativas masculinas que ela deplora: "Embora se esforce por revalorizar as funções femininas de procriação, o livro de Leclerc também se empenha em nos aprisionar nelas: reduzir o nosso ser, os nossos prazeres, o nosso valor (e até todo o nosso valor, 'O valor inegável, original da mulher', a qualidade de possuidora da vida etc.) a elas" (PA, 91).

O ataque de Delphy à linha de argumentação de Leclerc (embora se deva dizer que dificilmente esta última é típica da teoria feminista contemporânea) talvez possa servir de útil advertência contra os perigos da transformação da política em retórica mediante a abstração do valor das condições materiais. Todavia, a própria Delphy não deixa de empregar os seus artifícios retóricos. Porque, enquanto num momento reivindica uma distinção absoluta entre valor (como superestrutura ideológica) e fato (na infra-estrutura econômica), ela pode defender noutro a idéia de que o valor é intrínseca ou objetivamente parte deste último, alegando que "são as relações de produção no âmbito das quais cada tarefa é realizada que explicam, simultaneamente, seu interesse subjetivo e seu valor objetivo (isto é, social)" (PA, 95). Mas essa concepção encontra todos os problemas vinculados notoriamente à noção de "valor objetivo" (incluindo, por exemplo, a possibilidade de que exista um valor sem que nenhum indivíduo humano ou ser coletivo o reconheça). Se as relações de produção que determinam o status desprezível do trabalho doméstico são absolutamente determinantes, é difícil saber de onde vem o impulso crítico-valorativo que rejeita como injustas essas mesmas relações de produção. Fica claro

5. Annie Leclerc, "Parole de Femme", 1974. Condensação reproduzida em *French Feminist Thought*, ed. por Toril Moi, Oxford, Basil Blackwell, 1989, p. 76.

que a questão do valor exerce uma força residual, e, aqui, não teorizada, em toda crítica como a de Delphy.

Contudo, há indícios de que, nas obras recentes dos estudos feministas, a questão do valor e da natureza da reavaliação feminista do valor vem assumindo uma nova proeminência e uma nova premência. Alguns desses debates teóricos concernem a um desejo de esclarecer a posição do feminismo diante das várias mutações da avaliação do valor característica do que tem sido denominado pós-modernismo (se bem que o feminismo mesmo é certamente uma das mais importantes dessas mutações), bem como são por ele estimulados. Outros se acham ligados ao debate renovado, no âmbito do feminismo (e além dele) a respeito da natureza dos laços e prescrições de cunho ético. Tal como ocorre na teoria marxista, esses debates na teoria feminista também têm evocado o problema do ético e do político em íntima e complexa ligação com a questão do valor estético e cultural.

FEMINISMO, PÓS-MODERNISMO E ILUMINISMO

Será adequado pensar o feminismo como uma extensão da atividade da crítica iluminista associada com o modernismo e personificada em movimentos como o marxismo? Ou seja, é o feminismo uma elaboração das pretensões de razão fundacional características da maioria das formas de crítica dessa espécie, uma extensão da crença de que a razão nos permite distinguir o verdadeiro do falso, o fato da ilusão e os valores reais dos valores falsos e degradados? Ou devemos associá-lo antes com uma valoração totalmente outra do valor, uma valoração que sugere não a inerência mas a indeterminação inerente do valor? E, neste caso, não estaria o feminismo mais autenticamente do lado de uma incessante reinvenção de valores sem nenhuma tentativa de recorrer ao arraigamento ou à legitimação última, sem qualquer esforço no sentido de distinguir uma linha final ética ou valorativa? Um modo específico de formular esta última interrogação que tem sido apresentado no pensamento feminista a vincula com o insistente problema da identidade. Se os valores fundacionais derivam sua legitimidade da idéia da identidade ontológica de todos os seres humanos (sendo todos os seres humanos iguais por partilharem universalmente da natureza humana), e se se pode demonstrar que o valor da identidade está conluiado com certas formas insistentes de degradação cultural das mulheres, deve-se concluir que o feminismo por certo não pode apoiar-se no terreno da identidade para protestar contra os seus efeitos? Assim é expressa a argumentação, no interior e ao redor do feminismo, acerca da ética e sobre a política da diferença. Será possível haver um sistema de valores ou uma crítica de valores feminista que não se baseie em pressupostos a respeito da natureza ou da identidade das mulheres e dos homens? Será possível (ou desejável) imaginar uma reavaliação em novas bases de valores patriarcais fundados não em valores alegadamente superiores ou mais inclusivos, mas na pura reavaliação, na diferencialidade móvel e recursiva da diferença, em vez de em sistemas de diferenciação passíveis de ser desmascarados no final como sendo distribuídos e estando a serviço de uma noção patriarcal do mesmo? Deveria (ou pode) o feminismo partilhar de uma forma de crítica iluminista que parece ser ela mesma parcela do problema da opressão; e, se não, que forma de crítica seria a que abandonasse ou superasse as formas mesmas de crítica? Podemos formulá-lo como um problema de transcendência: se a transcendência de um credo ético-político é invalidada, como podem as feministas transcender a transcendência, exceto mediante uma reversão a uma imanência que parece cúmplice de tudo aquilo que, antes de tudo, provocou a crítica da transcendência?

Algumas dessas alternativas têm sido exemplificadas e testadas em obras feministas recentes. Jane Flax, por exemplo, tem defendido influentemente a centralidade do feminismo do âmbito dos discursos críticos hoje enfeixados pela rubrica do pós-modernismo. Se os valores iluministas da modernidade são a estabilidade do eu, a objetividade e universalidade da razão, o atingimento da Verdade absoluta e a transparência da linguagem, em nossos dias, alega Flax, "as noções feministas do eu, do conhecimento e da verdade são demasiado contraditórias para que as do Iluminismo sejam contidas em suas categorias"[6]. Em lugar de tentar transcender a parcialidade e relatividade dos valores no mundo contemporâneo, o feminismo deve tentar "descentrar ainda mais o mundo ... As teorias feministas, tal como outras formas de pós-modernismo, deveriam nos encorajar a tolerar e a interpretar a ambivalência, ambigüidade e a multiplicidade"[7]. Flax propõe, em outras palavras, uma forma de imanência transcendente oferecida prolepticamente na obra de Lyotard e de outros teóricos do valor pós-moderno; uma reavaliação dos valores da razão, da verdade e da igualdade não em nome de versões superiores ou mais autênticas desses valores, mas para os propósitos da reavaliação mesma. O resultado de tal reavaliação em novas bases (embora seja difícil dizer como se poderia saber em que momento esse processo estaria completo o bastante para julgar o seu resultado) não seria um mundo mais organizado e racional, mas uma realidade que se mostraria "ainda mais instável, complexa e desordenada do que se encontra em nossos dias"[8].

Flax concentra-se de maneira útil nas afirmações de algumas diferentes teóricas feministas, incluindo Kristeva, Cixious e Irigaray (para no-

6. Jane Flax, "Postmodernism and Gender Relations in Feminist Theory", *Signs: Journal of Women in Culture and Society*, nº 12, 1987, p. 625.

7. Ibid., pp. 642, 643.

8. Ibid., p. 643. Para um conjunto de diferentes perspectivas acerca das relações entre feminismo e pós-modernismo, veja-se *Feminism/Postmodernism*, ed. por Linda J. Nicholson, Londres, Routledge, 1990.

mear as mais influentes na Inglaterra e nos EUA), que defendem o que parece ser o valor paradoxal da fluida indeterminação do valor, arraigado precisamente na falta de profundidade, identificado com a instabilidade de toda identidade e que envolve a total rejeição de todas as totalidades. Se essa forma de crítica utópica feminista poderia de fato parecer imune à contaminação das estruturas e sistemas de valor desacreditados e violentamente excludentes característicos do universalismo masculino, ela, tal como outros exemplos desse ultra-esquerdismo pós-moderno, fraqueja justamente devido à atenção insuficiente dada às suas próprias impulsões valorativas, quer dizer, é desatenta à estrutura de intenso paradoxo ético que a caracteriza. Tal crítica, como evidencia, talvez, "The Ethics of Linguistics", de Kristeva, propõe uma ética da disseminação de todas as éticas baseada em coesões e solidariedades costumeiras, mas sem oferecer ao mesmo tempo algum relato de como poderia reconhecer, desenvolver, institucionalizar, sustentar e proteger uma ética desse gênero e sem oferecer outra defesa, além de uma implícita, do valor de tal reavaliação. É verdade que em trabalhos ulteriores e de maneira bem canhestra, Kristeva tem sugerido que uma ética feminista da dispersão deveria não cair na incontrolada e, nessa mesma medida, conivente negatividade que, como observaram Drucilla Cornell e Adam Thurschwell, "vê-se inscrita no sistema monológico de valor a que se opõe, desfazendo a alteridade do outro em cujo nome a ética foi promulgada" ("Feminism, Negativity, Intersubjectivity", *FC*, 153). Longe de estar natural e constitutivamente do lado da negatividade, ou ser, como sugere (seguindo Freud) Jane Flax, os "inimigos da civilização"[9], Kristeva escreve que o papel da mulher na reprodução significa que ela "leva as restrições sociais ainda mais a sério, tem menos tendências de anarquismo e é mais ciosa da ética", sendo por esse motivo que a sua negatividade nunca tem muitas probabilidades de assumir as formas desdenhosas de crítica nietzschiana dos valores sociais[10]. Noutro ponto, Kristeva parece sugerir um modelo para um pensamento feminino sobre o valor ético na prática do psicanalista, que tem de fazer um traiçoeiro trajeto entre a imposição totalitária de sentido e as efusões delirantes da diferença a fim de construir "uma ética vigorosa, não normativa, mas dirigida"[11] Apesar do caráter sugestivo de sua associação entre prática psicanalítica e prática política, Kristeva pouco explica como poderia ser levada a efeito uma mediação entre as duas regiões.

---

9. Sigmund Freud, *Civilization and its Discontents* [*O Mal-Estar na Civilização*], Nova Iorque, W. W. Norton, 1961, pp. 50-1, citado em Flax, "Postmodernism and Gender Relations", p. 643.

10. Julia Kristeva, "Woman Can Never Be Defined", *New French Feminisms*, ed. por Elaine Marks e Isabelle de Courtivron, Nova Iorque, Schocken, 1981, p. 138.

11. Kristeva, "Psychoanalysis and the Polis", trad. de Margaret Waller, in *The Politics of Interpretation*, ed. por J. T. Mitchell, Chicago e Londres, University of Chicago Press, 1983, p. 98.

Essa incerteza acompanha e talvez seja ela mesma o efeito de certa falta de confiança na eventual possibilidade de instituir uma política da diferença, quer dizer, constituir a legitimidade e a corporificação social do valor da dispersão e da troca intermináveis de valores. A ausência de tal relato especificado, por mais paradoxal que tivesse de ser, é ainda mais notável porque a força ética da crítica da ética patriarcal é sobremodo palpável na obra de Kristeva e de outras teóricas feministas que defendem de modo similar o valor da alteridade, da diferença e da disseminação do valor.

Se se pode ver isso como a versão forte de uma ética pós-modernista da diferença na teoria feminista, há uma versão correspondentemente moderada de trabalho feminista que se apóia no pós-modernismo comunitário associado com Alisdair Macintyre e Richard Rorty. Essa versão da ética pós-moderna, muitas vezes confundida erroneamente com a posição ligada a Foucault e Lyotard, partilha de fato com esta última de uma desconfiança quanto aos valores e ambições iluministas; mas enquanto tanto Foucault como Lyotard procuram fugir das ambições alegadamente totalitárias da Ilustração superando-as de alguma maneira, trabalhando numa linguagem que exige transcendência da própria transcendência, Macintyre e Rorty se contentam com uma modalidade muito mais modesta de pluralismo moral e avaliativo, modalidade que se deixa ficar cautelosamente sob o limiar do universalismo e da transcendência. Macintyre fundamenta sua ética (e não sua frase) pós-moderna numa noção da inclusão de toda a vida social e de toda a identidade individual em narrativas partilhadas e herdadas. "Só posso responder à pergunta 'O que devo fazer?' — declara Macintyre —, "se puder responder à pergunta precedente 'De que narrativa ou narrativas verifico ser parte?'[12]" Ele afirma que não existe dimensão natural na qual possamos justificadamente nos posicionar para permitir uma arbitragem racional entre a pluralidade de narrativas culturais e sociais concorrentes e justapostas. Tal como Rorty, Macintyre aconselha antes o ajuste local, pragmático, do que a tentativa de adjudicação universal, assumindo a necessidade de cada pessoa confiar nas suas narrativas herdadas em vez de suspeitar sistematicamente delas. Em flagrante contraste com a visão lyotardiana da incomensurabilidade dos jogos de linguagem, Macintyre concede a possibilidade, e mesmo a desejabilidade, de uma justaposição e uma acomodação mútua entre diferentes narrativas culturais e políticas. Entretanto, animada como é pelo desejo de transcendência que ainda ronda mudamente a obra de Lyotard, a perspectica comunitária de Macintyre e Rorty mantém a necessidade de que o indivíduo permaneça afirmativamente quem é e de que se recuse a submeter tradições e formas herdadas a um questionamento radical.

12. Alisdair Macintyre, *After Virtue: A Study in Moral Theology*, Londres, Duckworth, 1981, p. 201.

Kate Fullbrook sugeriu ultimamente que o modelo macintyriano de negociação ética é apropriado ao retrabalhar feminista das noções de valor. Isso porque, na sua opinião, ele resiste tanto ao perigo de um relativismo absoluto que negasse às feministas fundamentos para objetar à exclusão e à subordinação das mulheres em sistemas patriarcais de valor, como ao risco oposto mas relacionado do absolutismo do valor, evidenciado não só em moralidades oficiais herdadas como também nos "saltos feministas no pensamento místico, ou mesmo, em determinados momentos, totalitário" causados pelo "desejo de assegurar os fundamentos do pensamento ético" às mulheres (*FW*, 2). Fullbrook apresenta contra feministas como Daly, Chodorow, Cixous e Irigarya o ponderável argumento de que justamente ao tentar estabelecer e legitimar a *alteridade* absoluta da mulher e dos valores femininos, essas teóricas e teorias continuam a encarcerar as mulheres "num gueto psicológico, embora intencionalmente privilegiado, que as deixa de fora da construção do sentido, da cultura e da história" (*FW*, 3). Associando a noção de Macintyre e Rorty da progressiva evolução das narrativas com o pensamento ético de mulheres como Simone Weil e Iris Murdoch, e especialmente com sua defesa de "uma ética baseada não na adesão à tradição e à lei, mas na atenção à experiência, na memória e na intensa apreensão do outro", Fullbrook descobre na obra de algumas romancistas do século XX o modelo de um reprocessamento feminista de valores culturais:

> Essa dimensão ética da escritura feminina não tenta estabelecer um conjunto de regras intemporais ou de leis morais universais. Ela trabalha, em vez disso, para criar condições de haver julgamentos éticos alternativos no âmbito de situações históricas particulares — de modo geral consideradas de novas maneiras a partir de novas perspectivas — e, desse modo, criar novos futuros com base na consciência da possibilidade de revisão de valores (*FW*, 7-8).

O modesto pluralismo resultante dessa perspectiva está de fato bem distante da ética contra a ética proposta por Kristeva. Fullbrook resiste às hipostasias que sugerem ser possível sair de vez de sistemas de valor cultural e entrar em algum começo ético inteiramente novo. E se favorece uma virada para valores femininos, tais como a "profunda generosidade igualitária" evidenciada na obra de Gertrude Stein (*FW*, 67), a atenção política ao afetivamente particular na de Woolf (*FW*, 112) ou a fluidez e a flexibilidade evidenciadas na ficção feminina de modo mais geral, ela não o faz a fim de reproduzir sua personificação apenas nas mulheres, mas à medida que esses valores prometem um esquema do bem que permite o acesso da "inteireza da raça humana à participação em seu desempenho e projeto" (*FW*, 213).

A versão pragmática do pós-modernismo exemplificada na obra de Fullbrook é, portanto, bem distinta da de Kristeva, e em especial à medida que, ao declinar da afirmação de qualquer forma de valor absoluto, ela parece evitar a condição paralisante do paradoxo ou da autocontradição performativa que detectei em Kristeva. Há porém um curioso sentido em que a posição pragmática também reproduz o paradoxo. Porque enquanto Kristeva afirma implicitamente mas não pode asseverar de modo explícito o valor absoluto da negatividade, Fullbrook não pode deixar de afirmar formas de valor que parece já ter desacreditado de antemão. Parece estranho, em particular, passar tanto tempo resistindo à noção de normas universais, bem como defendendo a irredutível variedade da liberdade humana, para depois, numa frase conclusiva, afirmar o valor para "a inteireza da raça humana" da fluidez ética recomendada. Não é tanto que o universalismo e a variedade universal não possam ser pensados juntos (estou tentando, aqui e em outros lugares, afirmar que têm de ser) quanto que a forma do pragmatismo de Fullbrook parece mantê-los artificialmente apartados, o que determina certa irresolução em sua posição ou — talvez com maior precisão, visto que pode não ser uma questão particularmente de resolução e não-resolução — certo fracasso em termos de se ocupar da natureza específica de toda tentativa de pensar em termos coletivos e gerais sobre as maneiras pelas quais é possível resistir ao generalismo e restabelecer a autoridade do particular.

Algumas dessas dificuldades são diagnosticadas de forma útil numa recente crítica feminista do pós-modernismo ético de Macintyre. "Feminism and Postmodernism"(1989), de Sabina Lovibond, resiste ao que ela vê como o paroquialismo apático decorrente da recomendação macintyriana de que abandonemos a teoria ética universalisante, claro que à medida que ela envolva a tentativa de ter acesso a formas de verdade rigorosamente legitimada, não-contingente, que abandonemos a teoria como tal, dedicando-nos em vez disso à "construção de formas locais de comunidade no âmbito das quais a civilidade e a vida intelectual e moral possam ser sustentadas"[13]. Como vimos, isso parece significar trabalhar com normas, convenções e mitologias herdadas em vez de submetê-las em algum sentido radical a questionamento. Lovibond empenha-se em mostrar simultaneamente que tal esquema moral tem de levar ao quietismo e que, à medida que permite alguma possibilidade de revisão crítica de normas éticas, ele não pode, sem autocontradição, descartar a possibilidade de crítica universalista. Se Macintyre admite a possibilidade de revisão, de contenção e de debate corretivo no âmbito do seu esquema ético, Lovibond imagina mediante que processo de tato espontâneo essa crítica interior se impediria de fazer perguntas mais amplas ou mais inclusivas acerca de assuntos como a justiça dos estereótipos sexuais e a natureza da liberdade humana:

> Se as comunidades discursivas são capazes, em princípio, de autocrítica, poderíamos perguntar, quem deve ditar até que ponto elas devem ir? Não haveria sempre espaço para mais, visto que *toda* crítica inteligível pode ser dirigida à ordem moral ou cognitiva sob a qual vivemos? E o que é esse compromisso ilimitado com a

---

13. Ibid., p. 145.

> revisão dialética de teoria e prática a não ser precisamente o compromisso da Ilustração de levar todas as coisas da vida perante o tribunal da razão[14]?

Poderíamos fazer mais ou menos a mesma objeção à representação de Fullbrook do processo pelo qual os valores são submetidos a crítica e a revisão: "Os valores têm concepção humana, e somente a alteração da consciência das fraturas existentes no interior do pensamento aceito torna possível o processo de transformação de valores ... [Os romances escritos por mulheres no século XX] constroem quadros conceptuais com os quais as fraturas das idéias morais recebidas podem ser identificadas e valores alternativos estabelecidos" (*FW*, 7, 8). A partir de que regra, além de alguma estranha regra universal de não-universalidade, seria possível em princípio evitar que esse processo de crítica fosse além dos contextos locais e paroquiais e abrangesse questões de justiça e de liberdade humanas de uma perspectiva totalizante?

Por outro lado, a identificação desse gênero de contradição no interior da pragmática ética pós-moderna não precisa levar necessariamente ao ponto ao qual Lovibond mais tarde a conduz, ou seja, à relegitimação dos valores do Iluminismo como tais. Há um sentido em que o pragmatismo pós-moderno, tal como o seu primo menos comprometido, o teoricismo pós-moderno do tipo representado pela obra de Kristeva, ainda deseja apreender ou explicar a questão do valor de uma vez por todas, em vez de reconhecer a irredutível e paradoxal temporalidade de um processo que caminha produtivamente no interior e entre alternativas éticas sem jamais reduzi-las à instantaneidade da compreensão total. Se a ética feminista pós-modernista eleva de modo prematuro a heterogeneidade ao status de princípio, a simples reversão ao outro pólo do paradoxo do valor presente na defesa de Lovibond dos valores iluministas da universalização também permanece nas garras do "pensamento de identidade" de Adorno. A discussão entre modernidade e pós-modernidade tal como tem sido conduzida em recentes trabalhos feministas acerca da questão do valor ainda se acha muito presa à lógica da oposição não-cooperativa em que a modernidade ou a pós-modernidade ganham a parada, tendo como única terceira via formas de síntese ou de reconciliação que na verdade terminam reproduzindo a subordinação da heterogeneidade à identidade ou vice-versa.

Não obstante, há áreas da teoria feminista em que está sendo desenvolvido outro modo de pensar valorações alternativas do valor, a da *interimplicação sintética*. A alternância entre os valores da modernidade iluminista — que privilegia a identidade, a universalização e a verdade racional — e da crítica pós-moderna do Iluminismo — que privilegia a heterogeneidade, a particularidade e a invenção poética — codifica tipicamente uma divisão disciplinar (mas também cultural) entre duas

14. Lovibond, "Feminism and Postmodernity", pp. 20-1.

áreas distintas da vida social, entre a esfera do moral/cognitivo e do cultural-estético: para dizê-lo sem rodeios, o valor iluminista da verdade tende a confirmar a prioridade do discurso científico-racional sobre o poético e o artístico, ao passo que a crítica pós-moderna da verdade iluminista tende a inverter essa hierarquia. Vai ficar evidente que as reelaborações feministas do valor do valor não podem ser confinadas com facilidade à esfera do político, do ético ou do estético tais como tradicionalmente constituídos, visto que elas mal podem evitar a produção de abalos sísmicos na estrutura de diferenciação que vincula e distingue esses domínios entre si.

IRIGARAY E A ÉTICA DA DIFERENÇA

Ao contrário de outras teóricas feministas francesas da diferença que têm exercido enorme influência individual e coletiva na Inglaterra e nos EUA, Luce Irigaray tem mantido um controle teórico e estratégico sobre a questão do valor. Da sua estréia na crítica da tradição logocêntrica ocidental até seu trabalho mais recente sobre a ética da diferença sexual e cultural, Irigaray tem estado voltada não somente para a contestação de estruturas de valor patriarcais particulares que atuam no sentido de excluir ou silenciar as mulheres, como também para o exame do campo do valor como tal e em sua totalidade.

Contudo, o ponto importante disso é para Irigaray exatamente mostrar que o campo do valor não é uma totalidade, o que ela procura fazer apreendendo e articulando o fato de excluir radicalmente as mulheres. Irigaray segue a análise das estruturas elementares do parentesco de Claude Lévi-Strauss em certos povos primitivos, nas quais as mulheres funcionam antes como objetos do que como agentes de troca, mas generaliza as suas conclusões e, naturalmente, as submete a uma avaliação furiosamente negativa. Em dois ensaios da década de 70, "Women on the Market" e "Commodities among Themselves", mais tarde reunidos em sua coletânea *Ce sexe qui n'en est pas un* (1977), Irigaray afirma que as mulheres funcionam universalmente como objetos de todo tipo de troca — econômica, familiar, sexual, psíquica, estética, religiosa, lingüística. Longe de ser uma forma de organização social entre outras, sugere ela, essa assimetria é a condição fundadora de toda sociedade e de todos os sistemas de valores sociais e culturais, pois "a passagem para a ordem social, para a order simbólica, para a ordem como tal, é assegurada pelo fato de que homens, ou grupos de homens, circulam mulheres entre si" (*TS*, 170).

"Women on the Market" explica essa situação em termos de uma antropologia marxista ampliada em que a troca econômica de mulheres parecer receber um status fundacional. O ensaio começa acentuando a assimetria entre as relações dos homens e das mulheres com a troca, assimetria que determina serem as mulheres objetos de transação e de troca exclusivamente entre homens; se as mulheres ficam isentas de possuir e trocar mercadorias, os homem ficam isentos de ser usados e circulados como mercadorias. A conseqüência dessa assimetria é, apesar de todas as aparências contrárias, a proibição do comércio entre homens e mulheres; porque só pode haver comércio entre proprietários e compradores, e não entre estes e as mercadorias que compram e vendem. Ordens sociais fundadas na troca de mulheres (quer dizer, a ordem social em si) proíbem ao mesmo tempo a homossexualidade masculina, visto que isso abriria a possibilidade de os homens serem trocados em vez de efetuarem a troca, e depende dela, já que a "possibilidade da nossa vida social, da cultura, depende de um monopólio ho(m)mo-sexual ... A lei que ordena a nossa sociedade é a valorização exclusiva das necessidades/desejos dos homens, das trocas entre homens" (*TS*, 171). No ensaio "Commodities among Themselves", isso é repetido e ampliado com a alegação de que "A mulher só existe enquanto ocasião de mediação, de transação, de transição, de transferência, entre o homem e seu semelhante homem, entre o homem e si mesmo" (*TS*, 193).

O resto de "Women on the Market" é ocupado por uma tentativa de ler as condições da mercadização da mulher em termos da análise, constante do início de *O Capital*, da estrutura da mercadoria. Antes de tudo, Irigaray assinala um paradoxo advindo da comodização da mulher. As mulheres não têm para os homens valor em si mesmas, a partir da utilidade do seu corpo ou da sua natureza, mas em termos do seu valor relativo a outras mulheres-mercadorias, ou melhor, à escala abstrata de equivalência que permite que elas sejam trocadas dessa forma. Tal como a mercadoria que lembra (é?), a mulher é a um só tempo reduzida ao status de coisa mudamente material e expulsa do seu ser físico e de sua identidade para os propósitos da troca:

> Quando as mulheres são trocadas, o corpo da mulher tem de ser tratado como *abstração*. A operação de troca não pode ser efetuada em termos de algum valor intrínseco, imanente, da mercadoria. Ela só pode se processar quando dois objetos — duas mulheres — estão numa relação de igualdade com um terceiro termo que não é uma nem a outra (*TS*, 175).

A mulher é assim duplamente alienada: em primeiro lugar, de sua própria natureza física, na condição de mercadoria, e depois alienada, pela estrutura abstrata da intercambialidade, do seu próprio valor em si. Seu valor como mercadoria nunca pode ser conhecido em si, e sequer por meio de uma imagem especular de outra mulher-mercadoria, mas apenas através de alguma "referência ex(s)tática" a um "espelho proeminente que transcenda o mundo da mercadoria [que] garante a possibilidade de troca entre mercadorias" (*TS*, 181). Não fica muito claro como a analogia com a teoria marxista das operações do valor de troca opera aqui; enquanto, para Marx, é a forma-dinheiro como sistema abstrato de mensuração da força de trabalho que permite o intercâmbio entre mercadorias, Irigaray propõe que as mulheres sejam trocadas "como mulheres reduzidas a alguma característica comum — seu preço atual em ouro ou em falos —, e de que elas representariam uma qualidade superior ou inferior" (ibid.). Irigaray explica a surpreendente noção de "preço em falos" dizendo que as mulheres enquanto mercadorias representam quantidades variáveis de trabalho social e simbólico masculino. Mas isso parece tornar as próprias mulheres o meio de troca, uma espécie de força de trabalho abstrata; em termos da análise de Marx, elas teriam de ser identificadas não como mercadorias, mas como a própria forma-dinheiro. No resto do ensaio, Irigaray não tenta de fato resolver a questão de se as mulheres devem ser consideradas mercadorias alienadas ou o *equivalente geral* que permite a ocorrência da troca entre mercadorias, se são elementos da sintaxe da linguagem econômica ou a sintaxe mesma. Um dos problemas particulares desse relato da absorção das mulheres pelo mercado como mercadorias que representam o trabalho masculino é o fato de que ele parece tornar impossível falar da alienação do trabalho feminino pelo mercado simbólico-econômico. Pode ser de fato verdade que a coisa mais importante a se compreender acerca do trabalho feminino é que ele é de fato invisível em termos econômicos, alienado, por assim dizer, da alienação do mercado; mas, ao recusar absolutamente às mulheres o status de agentes econômicos ou de qualquer outra relação com o mercado além da de constituí-lo, a análise de Irigaray tende a reproduzir essa oclusão pelas estruturas econômicas da economia do trabalho feminino.

Contudo, embora possa irritar um purista em busca de uma analogia ponto por ponto entre a economia marxista e a crítica feminista, essa incerteza é antes benéfica do que prejudicial à argumentação de Irigaray, pois lhe permite teorizar sobre um número de diferentes maneiras pelas quais a mulher é cindida ao ser primariamente antes objeto do que agente de troca; cindida, antes de tudo, entre o seu "ser" natural e o seu ser como mercadoria; cindida igualmente, em sua condição de mercadoria, entre a sua função de "materialização de um trabalho humano abstrato ..., objetivização ou cristalização, como objeto visível, da atividade do homem" (*TS*, 179) e a sua dissolução num deslizamento espectral e inapreensível do valor mediante o qual a mercadoria, tal como o signo, só pode ser medida em termos de outras mercadorias — ausentes.

Irigaray generaliza esse modelo econômico a outras dimensões da vida cultural, se bem que, em "Women on the Market", pareça que o código econômico permanece como o dominante e determinante. Ela vê na noção do nome próprio ou do nome do pai o ponto em que as estruturas econômicas e lingüísticas se encontram. A mulher recebe do pai o seu nome e é trocada em termos do nome do marido: a "trans-formação do corpo da mulher em valores de uso e valores de troca inaugura a ordem simbólica" (*TS*, 189). Irigaray passa então a tornar manifesto o paralelo entre a mercadoria e o signo que estava latente ao longo do seu ensaio:

> As mulheres, animais dotados de fala, tal como os homens, asseguram a possibilidade do uso e da circulação do simbólico sem ser

recipientes dele. Seu não-acesso ao simbólico é o que estabelece a ordem simbólica. Pondo homens em contato uns com os outros, em relações entre si, as mulheres só desempenham esse papel renunciando ao seu direito à fala e até à animalidade (*TS*, 189-90).

A estrutura de exclusão econômica se estende ao domínio psicossocial. A sexualidade e o prazer sexual masculinos, escreve Irigaray, devem ser compreendidos em termos econômicos, de produtividade laboriosa, de abstração e de relações de rivalidade entre os competidores econômicos (edípicos) para e filho. "Consistirá o prazer, para a sexualidade masculina", pergunta ela, "em algo além do que a reapropriação da natureza, no desejo de fazê-la (re)produzir, bem como em trocas dos seus/destes produtos com outros membros da sociedade?" (*TS*, 184). Irigaray prefere não especificar se se trata de "um prazer essencialmente *econômico*" porque as estruturas econômicas trazem a marca da sexualidade masculina ou se as necessidades e desejos masculinos são "*o efeito de um mecanismo social*, em parte autônomo, que as produz como tais" (ibid.). O desejo feminino, por outro lado, parece compelido a ser o substituto ou mediação econômicos do desejo dos homens, sem nunca ter valor próprio: "Se a mulher é chamada a sustentar, a reviver, o desejo dos homens, o pedido deixa de enunciar o que implica no tocante ao valor do desejo dela. Um desejo de que ela não tem consciência" (*TS*, 27).

Em outro ponto, Irigaray especifica outras áreas da vida simbólica ou imaginária [o domínio daquilo a que ela denomina "aparência" (*semblance*) — *TS*, 171] que parecem legíveis em termos da estrutura econômica de exclusão analisada em "Women on the Market". Um dos mais importantes meios da exclusão psicológica das mulheres da troca é, por exemplo, a doutrina freudiana da inveja do pênis:

> Seu destino é o da "falta" da "atrofia" (do órgão sexual) e da "inveja do pênis", sendo o pênis o único órgão sexual de valor reconhecido. Por esse motivo, ela tenta de todas as maneiras se apropriar desse órgão para si: por meio do seu amor um tanto servil ao pai-marido, capaz de lhe dar um; por meio do seu desejo de uma criança-pênis, de preferência um menino; por meio do acesso aos valores culturais ainda reservados por direito apenas aos homens e, portanto, sempre masculinos (*TS*, 23-4).

Irigaray também está criticamente atenta, ao longo do seu trabalho, à exclusão da mulher da ação intelectual na filosofia ocidental, e, em obras recentes, chamou a atenção para a exclusão religiosa das mulheres dos atos de sacrifício (no cristianismo, por exemplo) que têm tipicamente inaugurado e sustentado a ordem social. As mulheres, escreve ela, são ao mesmo tempo excluídas desses ritos fundadores de sacrifício e participantes dele, exatamente por serem seus objetos sacrificiais ocultos: "não corresponde o sacrifício fundador justamente a essa *extradição* da celebração da religião, a esse exílio dos lugares em que são tomadas as decisões sociais últimas?[15]"

Contra todos esses tipos de exclusão, Irigaray defende a necessidade vital de as mulheres gerarem "uma religião, uma linguagem e ou uma moeda própria ou uma economia de não-mercado".[16] Logo, em contraste com as teóricas feministas que defendem a instalação de valores alternativos menos prejudiciais aos interesses das mulheres, ela advoga nada menos que uma mutação catastrófica da própria estrutura do valor. São dadas em seu trabalho diferentes respostas à questão de como conseguir isso. Em "Commodities among Themselves", ela examina a posição da homossexualidade feminina na psicanálise e na sociedade. Dada a exclusão das mulheres das relações de troca e o fato de que está "fora de questão a sua ida para o 'mercado' por si mesmas, fruir seu próprio valor entre si, falar umas com as outras, desejar umas às outras, livres do controle dos temas do vendedor--comprador-consumidor" (*TS*, 196), a homossexualidade feminina também é, em certo sentido, impossível, exceto como uma impostura da masculinidade pelas mulheres (*TS*, 193-4). Mas existe igualmente um potencial radical nessa impossibilidade, ou, ao menos, irrepresentabilidade. Porque, se a homossexualidade feminina existe, e é fato, não poderia ser ela representação de uma forma toda outra de economia ou estrutura de valor? No final do seu ensaio, Irigaray se lança numa evocação rapsódica dessa paradoxal outra economia, essa troca-além-da-troca:

> Trocas sem termos identificáveis, sem contas, sem fim ... Sem acréscimos nem acúmulos, um mais um, mulher após mulher ... Sem seqüência nem número. Sem padrão nem medida. *Virilidade* e *impostura* já não se diferenciariam por enganosos compartimentos que ocultam o seu valor. O uso e a troca seriam indistingüíveis. O maior valor seria ao mesmo tempo o menos mantido em reserva. Os recursos da natureza seriam empregados sem dilapidação, trocados sem trabalho, livremente dados, isentos de transações masculinas: fruição sem taxa, bem-estar sem dor, prazer sem posse. Quanto às estratégias e economias, às apropriações equivalentes ao roubo e ao estupro, à laboriosa acumulação do capital — como tudo isso seria irônico! (*TS*, 197).

Essa visão utópica tem paralelos com certa versão de utopia marxista em que os efeitos serializantes e homogeneizantes do valor de troca são profundamente anulados, a fim de liberar a abundância e as energias transformadoras do puro valor de uso, bem como com a concepção batailliana de uma economia do excesso soberano capaz de fazer em pedaços as estruturas do lucro e da acumulação. Tal como Bataille, Irigaray vê essa economia do excesso tanto enquanto a transcendência impossível de uma economia da

15. Luce Irigaray, "Women, the Sacred and Money", trad. Diana Knight e Margaret Whitford, *Paragraph*, nº 8, 1986, pp. 8-9.

16. Ibid., p. 9.

troca e da acumulação como quanto o seu princípio interior secreto, sugerindo que "essa modalidade de troca vem solapando a ordem do comércio desde o princípio — ao passo que a *necessidade de manter o incesto no reino da pura aspiração* tem se mantido no caminho de certa economia da abundância" (ibid.). Há analogias dessa forma de utopismo presentes em outros textos da teoria feminista. Jane Gallop, por exemplo, no curso de um complexo diálogo com Jacques Lacan e Stephen Heath, recorre, com ao menos uma aprovação parcial, a caracterização lacaniana da mulher como excessiva com relação a todas as estruturas do conhecimento e da autoridade:

> O *tout*, o contido, o universalizado, leva ao valor de troca, e não ao valor de uso. Lacan se refere à mulher como o *pas-tout* (não-tudo), termo que é um deslocamento, e não uma assunção, da noção freudiana da mulher como ser castrado, aqui, em termos marxistas, aquilo que excede o valor de troca ... Do lado do *pas-tout*, uma prática alternativa, fora do valor de troca: pensemos aqui na troca de mulheres de Lévi-Strauss. O sistema do nome-do-Pai implica a posse autorizada da mulher, que, uma vez possuída, pode ser trocada. A infidelidade é um valor de uso, o uso da mulher que não se possui, da mulher que não se está autorizado a trocar[17].

Margaret Whitford chamou ultimamente, de modo muito proveitoso, a atenção para a dimensão utópica do pensamento de Irigaray, afirmando que a evocação da troca além das atuais economias de valor é um desses momentos utópicos, ao qual, no entanto, é preciso atribuir uma força antes subjuntiva do que indicativa: "devemos ver [esses momentos utópicos] em termos do imaginário, e não como relatos literais de um futuro possível nem como um engajamento com teorias atuais (econômicas ou antropológicas) da troca"[18]. Mas existem na obra de Irigaray diferentes formas de utopia e de utopismo que vale a pena tentar distinguir. Aqui, nessa concepção do valor que vai além da troca ou da possibilidade de troca ou as supera, temos de fato uma utopia puramente imaginária, uma utopia que não apenas não tem concretude no momento como também é estritamente inconcebível em quaisquer circunstâncias, à medida que afirma o

---

17. Jane Gallop, *Feminism and Psychoanalysis:The Daughter's Seduction*, Londres, Macmillan, 1982. p. 49. Gallop refere-se nessa discussão à caracterização feita por Stephen Heath da caracterização do feminino na linguagem feita por Lacan; veja-se, respectivamente, "Difference", *Screen*, n. 19, 1978-9, p. 108 e *Le séminaire livre xx: Encore*, Paris, Seuil, 1975, p. 89.

18. Margaret Whitford, *Luce Irigaray: Philosophy in the Feminine*, Londres e Nova Iorque, Routledge, 1991, p. 186. Uma defesa similar de Irigaray é feita por Carolyn Burke, que, em "Irigaray through the Looking Glass", *Feminist Studies*, nº 7, 1981, pp. 288-306, sugere que a poética do corpo no trabalho de Irigaray não depende de alguma espécie de crença na natureza biológica essencial da mulher, e sim de uma evocação de formas de possível resistência às apropriações patriarcais do corpo feminino.

valor do transcender o que nunca pode ser transcendido sem que se negue de vez a possibilidade do valor, ou seja, a *própria* troca. Se fosse possível ir além da troca, com suas características necessárias de "termos identificáveis ... contas ... acréscimos e acúmulos ... sequência(as) nem número(s) ... padrão(ões) nem medida(s)" (*TS*, 197), ou seja, além da própria relatividade, deixaria de ser possível perceber ou afirmar o valor de tal superação, visto já não ser possível perceber ou afirmar o valor de qualquer coisa. Nisso, a visão de Irigaray se aproxima (e talvez seja melhor considerada como uma versão) da concepção bataillliana de uma transcendência da economia de acumulação, discutida no capítulo 4, que só pode ser afirmada em termos de uma positividade que demonstra a sua contínua dependência do sistema que alegadamente transcende[19]. O problema aqui tem uma exata congruência com o problema de toda utopia marxista que tenha como alvo ultrapassar os valores de troca para penetrar no domínio dos valores de uso puramente incomensuráveis. Como vimos no capítulo 6, um tal sonho nunca poderia se realizar, já que o valor de uso concebido dessa maneira siginificaria a aniquilação do valor como tal.

Esse utopismo puramente imaginário pode ser produzido na obra de Irigaray como reflexo necessário do que já é uma visão sobretotalizada de estruturas de troca. Se Marx insiste que o valor de troca vem a ser de modos específicos e em pontos específicos da história, Irigaray parece acreditar, em alguns dos seus trabalhos, que a redução das mulheres a valor de troca é primal e universal. Mas se fosse de fato primal e universalmente verdadeiro que todas as sociedades de todos os tipos têm sido fundadas e sustentadas sobre o sacrifício e o silenciamento das mulheres, e que a exclusão das mulheres da esfera da troca e sua redução a objetos de troca tem caracterizado toda área concebível de vida pública e privada no âmbito dessas sociedades, é muito difícil compreender não somente como essa situação poderia um dia ser modificada, mas também como ou por que ela deveria em algum momento vir criticamente à luz. (Irigaray poderia alegar que foram de fato necessários séculos para que ela viesse à superfície, mas a questão é que de algum modo, no final, e talvez também em vários momentos ao longo do caminho, ela *o fez*.) Visões de domínio total tendem a produzir utopias correspondentemente impossíveis, e creio ser esse o caso com a de Irigaray. Entretanto, é com certeza perigoso supor que as mulheres estejam inteira e inevitavelmente silenciadas e objetificadas na economia, na linguagem e na representação; fazê-lo supõe a homogeneidade e a auto-identidade de um sistema de exclusão que é e tem sido dominante, mas talvez em nenhum lugar tenha sido algum dia total[20]. Tem sido sempre e em toda parte impossível às

19. Veja-se acima, pp. 79-86

20. A total exclusão das mulheres da linguagem e da representação alegada por teóricas como Irigaray é criticada por Deborah Cameron em *Feminism and Linguistic Practice*, Londres, Macmillan, 1985.

mulheres determinar e representar valor umas para as outras e pelas outras, com e contra os homens, de alguma maneira que não como "*um espelho do valor do homem e para o homem*" (*TS*, 177)? Supondo uma espécie de barreira ontológica à participação das mulheres na formação do valor e dos valores, Irigaray por vezes corre o risco de perpetuar a própria condição de que se empenha por escapar, bem como, é claro, de negar a possibilidade da reavaliação que o seu próprio trabalho requer e representa de modo tão vigoroso.

Mas há outra forma de utopismo, que poderíamos denominar antes *virtual* do que *imaginário*. A partir do final dos anos 70, essa modalidade tem existido ao lado e pode talvez ter substituído gradualmente sua irmã mais sublime na obra de Irigaray. Essa forma de utopia afirma o valor não somente de ir além da troca em si, mas de ultrapassar as estruturas restritas e injustas hoje em vigor, estruturas que medem o valor de troca apenas em termos de um único padrão abstrato. Ela afirma o valor necessário de antes abrir do que transcender a troca. Ela tem como padrão a forma ideal de algo mais do que uma pseudo-utopia do outro mundo, ou seja, de uma utopia concebível nos termos das condições atuais e desencadeável a partir delas. Ironicamente, contudo, essa passagem de uma modalidade imaginária para uma modalidade virtual ocorreu precisamente como resultado de um surpreendente afastamento (alguns diriam afastamento ainda maior) da esfera das realidades políticas e econômicas. Enquanto seus primeiros trabalhos estavam centrados numa noção de troca fundamentalmente econômica, seu trabalho no decorrer dos anos 80 passou a ter por centro a questão da ética da diferença sexual. Se em seus trabalhos anteriores a exclusão econômica das mulheres da troca era o que estava por trás da possibilidade da reciprocidade entre os sexos, e a negava, em seus trabalhos mais recentes é precisamente a imagem e a possibilidade do amor sexual que parece prometer uma reavaliação da economia das relações entre os gêneros. Disso decorrem a inclinação desse trabalho na direção da ética, da teologia e da poética e seu afastamento da economia, da antropologia e da psicanálise.

Em seus trabalhos posteriores, particularmente em *Étique de la différence sexuelle* (1984), Irigaray continua a defender, como o fizera em *This Sex which is Not One*, o status da mulher como intervalo, indeterminação ou multiplicidade, em oposição à singularidade impositiva do falogocentrismo masculino. Tal como em seus trabalhos anteriores, essa condição é a um só tempo desvantagem sistemática e privilégio epistemológico, no sentido de que a extradição da mulher da autoposse lhe permite resistir à auto-identidade opressiva do falo ou rompê-la. A diferença parece estar no fato de a diferença feminina não ser mais o sinal e a promessa de uma economia feminina do significado e do valor que fosse totalmente alheia, transcendendo-os, aos sistemas patriarcais de valor. Ou não mais *apenas* isso, visto que o status da mulher como intervalo personificar agora a promessa de uma aliança ou interconexão entre os sexos. Enquanto os lábios da genitália feminina antes serviam de imagem ao "falar junto" interior da mulher, na autocomunhão que ia além das estruturas da troca, eles agora são lidos como "esse *limiar* que nunca foi examinado em seus próprio termos ... limiar sempre *semi-aberto* ... limiar e recepção da troca" (*EDS*, 24)[21]. Essa troca não é lida como a comensurabilidade dos iguais, pois Irigaray mantém a sua desconfiança com relação a uma noção abstrata de igualdade universal que tem sido empregada em favor do homem, mas uma troca ou reciprocidade que nunca poderia ser a "realização do consumo ... [visto que] um sexo não pode ser inteiramente consumido pelo outro" (*EDS*, 20). A ética da diferença sexual depende de uma noção, que Irigaray toma de Descartes, de *admiração*, o reconhecimento não-possessivo, não-apetitivo, daquilo que nunca pode ser submetido ao domínio de um conceito, o outro que nunca pode ser assimilado ao eu sem resíduo. Irigaray o caracteriza como "a paixão inaugurante do amor, da arte e do pensamento, o lugar do segundo nascimento do homem e da mulher, o nascimento para a transcendência do outro" (*EDS*, 84).

O fato da exclusão feminina da troca, econômica e simbólica, ainda requer, não obstante, que, num primeiro estágio, as mulheres entrem na troca em vez de ser o seu meio. Isso exige certo narcisismo feminino, ou amor entre mulheres; mas esse amor deixa de ser agora o oposto das relações com os homens, ao contrário do modo como, discutivelmente, estivera representado nos trabalhos anteriores de Irigaray, e se torna a própria condição de possibilidade da intersubjetividade masculino-feminino: "O envolvimento entre mãe e filha, filha e mãe, mulher e mulher, não será um fechamento, nem um encerramento, protegendo-se contra um 'para o outro' na sedução, e nem uma servidão que venha a abolir toda possibilidade de subjetividade. O amor ao mesmo, no mesmo, é o cuidado de uma interioridade que pode abrir-se ao outro sem perder o eu ou o outro no abismo sem fundo" (*EDS*, 70-1). E o desenvolvimento da interioridade ou identidade feminina não se traduz simplesmente em franquear às mulheres o acesso aos valores e sistemas de valores masculinos, mas sim na ação de as "mulheres instalarem novos valores correspondentes às capacidades criativas *delas*. A sociedade, a cultura e o discurso seriam então vistos como produtos de gêneros diferentes, monopolizados por um sexo que reconhece de maneira errônea os efeitos do corpo e de suas morfologias sobre a criação imaginária e simbólica" de valores universais (*EDS*, 70).

Nem se trata apenas de redefinir o valor da mulher nem a mulher para o valor. Embora, talvez compreensivelmente, Irigaray não dedique muito espaço às maneiras pelas quais tanto os homens como as mulheres são alienados pelo patriarcado, há momentos, mesmo em seus trabalhos anteriores, em que ela recorda o leitor de que a assimetria do campo de

21. As traduções de *EDS* são minhas.

valor significa que os homens estão aprisionados numa estéril economia do mesmo, estando negada a eles a possibilidade de um encontro intersubjetivo com as mulheres e uns com os outros; se eles "estão isentos de ser usados e circulados como mercadorias" (*TS*, 172), outro modo de dizê-lo é que eles "têm de *renunciar* à possibilidade de servir eles mesmos como mercadorias" (*TS*, 193 — ênfase minha). A passagem valorativa do privilégio (estar "isentos" da comodificação) para a desvantagem (ter de "renunciar" à possibilidade de comodificação) assinala aqui uma interessante ambivalência acerca da idéia de mercadoria, o que assinala a qualificação irigarayana da teoria marxista ortodoxa. Se a redução ao status de mercadoria é em certo sentido uma sombria negação das possibilidades da humanidade de cada um, também é verdade que, a fim de ter e representar valores para os outros em relações intersubjetivas, é igualmente necessário aceitar em algum sentido positivo a participação compartilhada — até como mercadoria — nas economias simbólicas e econômicas. A ética da diferença sexual na obra posterior de Irigaray está portanto voltada principalmente, mas de forma alguma exclusivamente, para os interesses das mulheres. Uma proposição semelhante foi feita há pouco tempo por Michèle le Doeuff, se bem que numa linguagem filosófica bem distinta. Numa interessante defesa do ideal discursivo de intersubjetividade não-dominativa, le Doeuff assinala que, em condições de diálogo restrito ou desigual, não é apenas o interlocutor suprimido ou objetificado que tem a sua liberdade negada, mas também aquele que obtém benefícios aparentes da supressão ou objetificação. Como só quando se está sujeito à força corretiva e transformadora da comunicação transpessoal pode-se ficar livre da obsessão, da ilusão, da ideologia e de todas as outras forças automatizantes e infantilizantes que tornam a liberdade impossível, os homens também são vítimas de uma situação em que o significado, o poder e o valor só residem do seu lado de uma troca desigual[22].

Irigaray enfrenta em *Éthique de la différence sexuelle* a dificuldade de escrever acerca da ética e da política do amor numa cultura que tradicionalmente expulsa o amor da esfera pública da ética e da politica, relegando-o aos domínios privados do estético e do afetivo. Contudo, está claro que, para ela, a relação de amor entre os sexos é um padrão e um exemplo da possibilidade daquilo a que ela denomina repetidas vezes "fecundidade", isso significa que o seu amor é a própria transcendência do valor tradicionalmente limitado do amor na tradição ocidental, numa "perpétua reavaliação em novas bases, num permanente vir-a-ser" (*EDS*, 33). De modo semelhante, a fecundidade da diferença sexual também envolve a "produção de uma nova era de pensamento, de arte, de poesia e de linguagem; a criação de uma nova *poética*" (*EDS*, 13). Isso deve em parte

22. Michèle le Doeuff, *Hipparchia's Choice: An Essay Concerning Women, Philosophy, Etc.*, trad. Trista Selous, Oxford, Basil Blackwell, 1991, pp. 278-9.

compreender uma nova inversão de valores na qual a arte e a poesia serão valorizadas ao lado do poder tecnológico. Mas se a ética-como-poética da diferença sexual de Irigaray tem realmente de ser vista como abrangendo a reavaliação, não basta somente ler o poético aqui como o que personifica "ficções de uma modalidade diferente de organização social", como o caracteriza Whitford, já que identificar o poético apenas com o ficcional é com certeza cair na dicotomia valorativa tradicional entre o ético-político e o estético-imaginativo que a obra de Irigaray exigiria ser desalojada[23]. O amor, para Irigaray, situa-se no ponto de junção entre o estético e o político, instabilizando e recombinando os valores dos dois.

Na realidade, há muito se reconhece que o trabalho de Irigaray, tal como o de Kristeva e Cixous, acentua a força política de todas as formas e experiências tradicionalmente relegadas ao status do pessoal, do psíquico e do estético, e o seu trabalho se une ao delas ao agitar essa estrutura da relegação e ao defender a impossibilidade de abstrair do político questões de linguagem, sentimento e identidade. Recentemente, no entanto, tem havido indícios de insatistação com a estetização do político (e vice-versa) tal como se manifesta em Irigaray e outros. Essa insatisfação se exprime de modo mais enfático no livro de Rita Felski, *Beyond Feminist Aesthetics* (1989), que adverte para o perigo de supor que se pode confiar que a linguagem, a arte e a representação gerem por si sós uma mudança emancipatória significativa na vida social e pessoal das mulheres. Felski argumenta com vigor que o feminismo e a estética devem existir antes numa relação dialética do que numa relação de simples identidade em que características estéticas como auto-reflexividade formal, do paradoxo estrutural, da indeterminação semântica e da desfamiliarização do real são tomadas como garantias necessárias de efeito progressivo. Para Felski, a sugestão de que a estética e a política estão sempre em exato alinhamento ignora a relatividade cultural da significação do estético; num dado momento, pode ser necessário subordinar questões de forma artística à premência das lutas culturais, ao passo que noutro pode haver boas razões políticas para resistir à instrumentalização do estético[24]. Vista sob essa ótica, a ênfase exclusiva antes na subversão estética do que na subversão política se assemelha ao que Terry Eagleton caracterizou como utopismo prematuro, a concepção de uma libertação perfeita permitida em condições de autonomia relativa do estético precisamente à medida que a separação burguesa entre o estético e o poder social e político torna nula a sua força[25]. Felski conclui, portanto, que:

> O valor de um texto como arte, se se designar por arte uma estrutura simbólica auto-reflexiva que gera múltiplos significados e não é diretamente redutível a interesses ideológicos, não consti-

23. Whitford, *Luce Irigaray*, p. 188.

24. Rita Felski, *Beyond Feminist Aesthetics: Feminist Literature and Social Change*, Londres, Hutchinson Radius, 1989, p. 178.

25. Veja-se discussão acima, pp. 146-7.

tui, conseqüentemente, base suficiente para os interesses e necessidades específicos de uma política feminista da cultura que também precisa situar-se de modo mais concreto com respeito às dimensões ideológicas do texto e dos interesses orientados para a prática de uma esfera pública feminista de oposição[26].

Tal crítica parece comprometer a ética-como-poética proposta por Irigaray em *Éthique de la différence sexuelle* e exemplificada especialmente no extraordinário capítulo final do livro, "A Fecundidade da Carícia", uma "leitura" rapsódica de uma curta seção de *Totalidade e Infinito* de Levinas[27]. O capítulo faz uma exploração de temas como a erótica do toque, a capacidade dos amantes de transcender o eu, o relacionamento entre amor e divindade, os vários atrativos e perigos da voluptuosidade que faz de um parceiro o objeto a ser consumido pelo outro e a obrigação/desobrigação do eu e do outro que é a promessa ética do amor. A resistência do texto à paráfrase seqüencial, a necessidade de Irigaray de evocar o efeito cambiante e intangível do que é em Levinas muito mais uma evocação do que algo que se pudesse chamar de descrição ou análise, parecem indicar que temos aqui um esforço antes de representar do que de simplesmente descrever a poética do ético.

"A Fecundidade da Carícia" poderia por conseguinte ser vulnerável à crítica de Felski em seu aparente deslocamento do político para o estético. Mas, do ponto de vista de Irigaray, seria possível dizer que essa crítica apenas continua a supor justamente aquilo cuja fragmentação é a atenção da ética-como-poética, ou seja, a necessária separação entre o estético e o político, o privado e o público, e a subordinação, em ambos os casos, do primeiro ao último, subordinação que, além disso, não é um efeito secundário acidental da opressão da mulher, mas a própria forma que ela assume. A exigência irigarayana de uma economia do valor cultural inteiramente nova e ampliada envolveria a suspeita com respeito à tentativa de formar uma esfera feminista contra-pública como a recomendada por Felski, à medida que isso aceita precisamente a própria organização do campo do valor "público" em oposição ao "privado" que se sustenta no sacrifício e no silenciamento das mulheres. Entretanto, um último lembrete é possível neste ponto: é na verdade Irigaray quem reproduz a oposição privativa entre privado e público exatamente ao desistir de tentar unir sua visão mística da comunidade-na-diferença, com a sua exaustão da "mais terrível exigência do ético ... [o] confronto, aqui e agora, com o mistério do outro" (*EDS*, 190), a um relato da vida coletiva e privada. A ironia da reivindicação de Irigaray de uma ética erótica que dissolve a fixidez de todo posicionamento ético, situada no

---

26. Felski, *Beyond Feminist Aesthetics*, p. 179.
27. Esse capítulo apareceu numa tradução para o inglês de Carolyn Burke em *Face to Face with Levinas*, ed. por Richard A. Cohen, Albany, SUNY Press, 1985, pp. 231-56.

limiar entre lugares fixos, está no fato de ela se pôr em prisão domiciliar, confinada ao belo mas obscuramente lugar privado do amor entre duas singularidades que se misturam; em nenhum ponto a relação ética parece compreender uma abertura propriamente intersubjetiva do eu ao outro coletivo.

FEMINISMO E A ÉTICA DO DISCURSO

Não obstante, essa dimensão tem a força de uma ausência determinada na ética de Irigaray, à medida que esta depende do desejo de criar as condições antes para uma "cultura da diferença" do que de uma cultura que recuse ou regule sistematicamente a diferença. Com efeito, seu trabalho mais recente mostra sinais de um afastamento da esfera privatizada da divindade erótica e um retorno à consideração da vida coletiva[28]. Nesse sentido, sua obra vem a ter uma interessante congruência com um corpo de crítica feminista que à primeira vista parece ter uma atitude bem distinta com relação à questão do valor para a mulher, o feminismo habermasiano exemplificado nos últimos anos na obra de autoras como Rita Felski, Nancy Fraser, Seyla Benhabib e Drucilla Cornell[29]. Essas escritoras de modo algum tentaram simplesmente anexar Habermas ao feminismo — nem, com efeito, vice-versa; mas, ao fazer perguntas feministas ao programa habermasiano da ética discursiva, ampliar esse programa, adaptando-o e transformando-o para os propósitos de uma teoria feminista da ética e da política do valor cultural. Para todas elas, a questão central do feminismo não é só como reverter ou modificar esses valores que personificam ou contribuem para o domínio e a exploração da mulher, revalorizando o que tem sido desvalorizado no contexto do patriarcado ou estabelecer valores "femininos" ao lado de ou contra valores "masculinos". Tal como Irigaray, as feministas habermasianas estão voltadas para intervir no campo do valor como tal, bem como em transformá-lo, teorizando as maneiras pelas quais a exclusão das mulheres da determinação coletiva do valor pode ser superada. É nesse aspecto que a crítica feminista pode recorrer à inclinação que Habermas imprime à teoria marxista na direção de uma preocupação com as operações do discurso, sua defesa da orientação utópica rumo à comunicação não-coercitiva e o consenso no âmbito de todo discurso e a sua identificação da liberdade com a emancipação universal das restrições discursivas de todos os tipos.

28. Veja-se Irigaray, *Je, tu, nous: pour une culture de la différence*, Paris, Grasset, 1990.

29. Os textos mais representativos aqui são Rita Felski, *Beyond Feminist Aesthetics*, Nancy Fraser, *Unruly Practices: Power, Discourse and Gender in Contemporary Social Theory*, Cambridge, Polity Press, 1989, e *Feminism as Critique*, ed. por Benhabib e Cornell.

No entanto, como vimos, há um perigo inerente ao empreendimento de Habermas, ou seja, o de que, ao definir o seu ideal discursivo, ele precisa perpetuar divisões e hierarquias de avaliação — por exemplo, entre o racional e o estético — que deveriam em princípio estar disponíveis para reavaliação. Nancy Fraser afirmou que uma das mais notáveis fixações contínuas do valor na teoria de Habermas é um modelo da determinação social do valor que parece sistematicamente cego ao gênero e que, em conseqüência, exclui as mulheres. Fraser mostra que, ao apegar-se em demasia ao que parece ser uma oposição absoluta entre o "sistema" do mundo público e o "mundo de vida" privado, bem como ao estimular uma identificação demasiado precipitada entre essas categorias analíticas e os domínios reais do trabalho e do lar, Habermas não dá suficiente atenção à crítica feminista à oposição público/privado que mostra com que abrangência o poder e a razão estratégica operam, especialmente no interesse dos homens, tanto no lar como no local público de trabalho. A defesa habermasiana do valor do mundo de vida e o seu desejo de descolonizá-lo das forças invasivas da racionalidade estratégica (por exemplo, na forma do estado burocrático do bem-estar social) dependem, portanto, de uma visão perigosamente sentimentalizada da esfera do mundo de vida tradicionalmente associada com a mulher. "Em suma", escreve Fraser, "as lutas e desejos das mulheres contemporâneas não são adequadamente esclarecidas por uma uma teoria que traça a linha básica de batalha entre sistema e instituições do mundo de vida. De uma perspectiva feminista, há uma linha de batalha mais básica a ser traçada entre as formas de domínio masculino que ligam 'sistema' a 'mundo de vida' *e nós*" ("What's Critical about Critical Theory?", *FC*, 55).

Não obstante, apesar de suas críticas a alguns aparatos conceptuais e pressupostos valorativos de Habermas, Fraser continua, nesse ensaio e em outros lugares, a reconhecer o valor do ideal habermasiano do discurso irrestrito e da "substituição de contextos normativamente garantidos de interação por contextos comunicativamente realizados" (*FC*, 53)[30]. A crítica de Fraser revela como o feminismo pode voltar a teoria de Habermas contra si mesmo; de fato, ela lança luz sobre o problema central da reflexividade no interior dessa teoria discutida no capítulo 5: o problema do estabelecimento de procedimentos intelectuais e instituições sociais que permitam a determinação irrestrita do valor sem supor, na própria forma desses procedimentos e instituições, estruturas valorativas que trabalhem elas mesmas para limitar ou restringir o diálogo intersubjetivo.

Um problema semelhante de reflexividade foi identificado por Seyla Benhabib em sua discussão da questão da "ética feminina" e de sua

30. Uma concepção mais positiva da utilidade de Habermas para o feminismo é articulada em "Toward a Discourse Ethics of Solidarity", *Praxis International*, nº 5, 1986, pp. 425-9.

relação com a obra de Habermas. Benhabib centra-se na notória controvérsia entre os psicólogos Lawrence Kohlberg e Carol Gilligan acerca da natureza da consciência moral em homens e mulheres. Ela começa fazendo uma distinção entre os diferentes tipos de consciência moral valorizados por Kohlberg e Gilligan em termos de suas respectivas constituições do relacionamento eu-outro. A ética "pós-convencional" valorizada por Kohlberg, que supostamente se descobriu ser dominante nos homens, depende de uma noção formal e legalista do outro como tendo precisamente os mesmos direitos e deveres que gostaríamos de prescrever para nós mesmos. O "outro generalizado" que é suposto e requerido por essa modalidade de teoria ética tem de ser abstraído das contingências e particularidades que constituem a real identidade pessoal do outro. Um dos problemas que um feminismo habermasiano tem de enfrentar é o de que Habermas não somente tem raízes comuns com Kohlberg na moralidade kantiana, como também, por vezes, muito se apóia no esquema kohlberguiano de evolução rumo à consciência moral pós-convencional, parecendo partilhar da concepção de Kohlberg da centralidade da relação ética com um outro generalizado com base na substitutibilidade abstrata. Em contrapartida, uma orientação ética para o "outro concreto", que Gilligan descobriu ser dominante nas mulheres, depende da responsividade não ao que há de generalizado na humanidade do outro, mas ao que há de mais particular nele. Na primeira forma ("masculina") de relacionamento, o eu está vinculado ao outro por "normas de *igualdade formal* e *reciprocidade*: cada um/uma pode esperar e supor de nós o que podemos esperar e supor dele ou dela"; na segunda forma ("feminina") de relacionamento, o eu está vinculado ao outro por "normas de *eqüidade* e *reciprocidade complementar*: cada um/uma pode esperar e supor do outro formas de comportamento mediante as quais o outro se sinta reconhecido e confirmado como ser individual concreto com necessidades, talentos e capacidades específicos" ("The Generalized and the Concrete Other", *FC*, 87)[31].

Há problemas evidentes com um esquema de moralidade que recusa toda forma de generalização ou se recusa a prescrever normas que governem os indivíduos abstratamente e antes de suas ações. Afinal, até que ponto deveríamos nos sentir obrigados a aceitar a "individualidade concreta" de um anti-semita? Que tipo de "ligação e partilhamento" se pensa dever haver na relação com o estuprador? Com que "simpatia e solidariedade" avaliamos "as necessidades, talentos e capacidades específicos" do comandante do campo de concentração? Ao dizer que a ética "interativa", e não "substitucionalista" de Gilligan confirma "não somente a sua *hu-*

31. Veja-se Lawrence Kohlberg, *The Psychology of Moral Development: The Nature and validity of Moral Stages*, São Francisco e Londres, Harper & Row, 1984. A crítica de Carol Gilligan às idéias de Kohlberg estão em seu livro *In a Different Voice: Psychological Theory and Women's Development*, Cambridge, Massachusetts, Harvard University Press, 1982.

manidade, como também a sua *individualidade humana*" (*FC*, 87), Benhabib corre o risco de negligenciar a dimensão coletiva intrínseca do pensamento ético. Por outro lado, de modo algum toda questão ética tem esse tipo de clareza, nem, com efeito, o desejo dessa clareza, e a propensão a distorcer os encontros éticos nela pode ser justamente um dos efeitos do domínio do modelo de Kohlberg. Porque, enquanto o modelo do "outro concreto" de Gilligan pode ser superindividualizado, o do "outro generalizado "de Kohlberg por certo superabstrai questões éticas. Benhabib mostra que a pressuposição da intercambialidade ética de agentes morais cooperativos ou conflitantes tende a tornar esse outro puramente abstrato, ao supor de modo kantiano que todo conhecimento acerca da identidade particular desse outro deve ser suspenso. Logo, ao supor o que Benhabib denomina "o apartado e desencarnado outro generalizado" (*FC*, 89), essa perspectiva ética abole efetivamente o outro ao fazer dele um reflexo exato do mesmo, tornando impossível a reciprocidade entre pontos de vista distintos.

Na verdade, ao contrário de outras teóricas feministas da ética, Benhabib não propõe simplesmente a instalação de uma ética feminina do tipo descrito por Gilligan no lugar da ética kohlberguiana do sujeito desencarnado, visto reconhecer a importância irredutível, para a ética e a política, da capacidade de ler o geral no particular. Por outro lado, ela também está ciente da fragilidade que é o mero acréscimo das qualidades do entendimento flexível e situacional à moralidade universalista[32]. Em lugar disso, ela propõe uma versão estrategicamente ampliada da ética comunicativa de Habermas. Nela, é necessário não apenas medir a conduta a partir de normas morais fixas, como também tornar disponíveis normas morais para escrutínio e para determinação coletiva:

> Do ponto de vista metaético e normativo, eu defenderia, portanto, a validade da teoria moral que nos permita reconhecer a dignidade do outro generalizado por meio do reconhecimento da identidade moral do outro concreto. O que importa não é justapor o outro generalizado ao outro concreto ou ver validade normativa numa ou noutra perspectiva. O ponto central é refletir acerca das limitações e inclinações ideológicas que surgem no discurso da moralidade universalista por meio dessa oposição não examinada. Duvido que uma integração

32. A questão da ética vem assumindo importância crescente para o feminismo nos últimos anos. Dentre as mais relevantes e representativas considerações do relacionamento entre feminismo e teoria ética estão Lesley Davies, *Caring: A Feminine Approach to Ethics*, Canterbury, University of Kent, 1990; *Science, Morality, and Feminist Theory*, ed. Marsha Hanen e Kai Nelson, Calgary, University of Calgary Press, 1987; Jean Grimshaw, *Philosophy and Feminist Thinking*, Mineápolis, University of Minnesota Press, 1986; *Women's Consciousness, Women's Conscience: A Reader in Feminist Ethics*, ed. por Barbara Hilkert Andolsen, Christine E. Gudorf e Mary D. Pellauer, São Francisco e Londres, Harper & Row, 1987; e *Feminist Ethics*, ed. Claudia Card, Kansas City, University of Kansas Press, 1991.

fácil desses dois pontos de vista, o da justiça e o do cuidado, seja possível sem antes se esclarecer o arcabouço moral que venha a nos permitir o questionamento de ambas as perspectivas e as suas pressuposições implícitas de gênero (*FC*, 92).

Essa mistura e esse autoquestionamento de valores pretendem ter mais do que uma simples força corretiva. Em contraste com a "reflexividade fechada" (*FC*, 94) dos modelos éticos propostos por Kohlberg, Rawls e, poder-se-ia acrescentar, Habermas, que supõem ser a situação da raciocínio moral coletivo governado por certos valores fixos, o valor não é delimitado e se desenvolve na "ética comunicativa das interpretações de necessidades" proposta por Benhabib. Porque esta ética teria como alvo não apenas a prescrição, atualização ou proteção do valor, como também a geração de novas formas de valor. Nela, "o domínio objetivo da teoria moral é ampliado de tal maneira que não somente os direitos mas as necessidades, não apenas a justiça mas modalidades possíveis de vida boa são levados para uma perspectiva antecipatório-utópica. O que esses discursos podem gerar são não só normas universalmente prescritíveis como vislumbres de alteridade, no presente, passíveis de levar ao futuro" (*FC*, 93).

Será esse o ponto em que a questão da dimensão estética do cultural, tradicionalmente tão ausente da teoria moral e política, é obliquamente assinalada? Porque, se a determinação racional do valor tem de ser ampliada para admitir tanto a reflexividade irrestrita como os vislumbres da alteridade, não haverá um curioso fracasso na reavaliação em novas bases na contínua exclusão do estético dessas negociações ou uma curiosa restrição a essa avaliação? Se o universal e o particular, o público e o privado, ao lado, poderíamos acrescentar, do real e do antecipatório, do sério e do não-sério, devem em algum sentido ser pensados uns com os outros e através dos outros, e não contra os outros, seria difícil saber com que fundamentos o estético deveria ser mantido fora da imaginação racional da liberdade. A esfera tradicionalmente constituída como o estético é talvez o mesmo tipo de ausência determinada, no relato de Benhabib, que a esfera da ação política coletiva no trabalho de Irigaray.

Parece pois haver aqui o vislumbre de uma maneira pela qual a ética-poética utópica da reavaliação em novas bases de Irigaray, Kristeva, Cixous e outras poderia ser lida ao lado de uma política produtiva da diversidade do tipo recomendado por Fraser e Benhabib. Tal *rapprochement* é com efeito sugerida por Drucilla Cornell e Adam Thurshwell, que defendem a necessidade de ir além do que por vezes parece, no trabalho de Kristeva e em outras formas de teoria ginocêntrica, ser uma ética da pura negatividade baseada num desejo de dar voz à mulher, mas capaz de articular-se somente numa total recusa de um sistema de valores supostamente "universalista" que tem excluído ele mesmo, de forma completa e sistemática, as mulheres. Cornell e Thruschwell propõem uma leitura de Kristeva através da dialética negativa de Adorno que permite pensar juntos, dando-lhes ao mesmo tempo coesão, os aspectos positivos e negativos da ética de Kristeva. Para Adorno, a negatividade não deve ser devolvida à autoridade positiva e autoperpetuadora do eu nem fetichizada como o outro absolutamente negativo. Em vez disso, a dialética negativa permite a abertura paradoxal de alguma alternativa entre o imperialismo ganancioso que assimila o outro em si e o imperialismo solitário que o expele para sempre para fora do seu alcance — ou além desses imperialismos. Para o feminismo, isso tem como implicação o fato de que as distinções convencionais entre universalismo e ginocentrismo, uma política do mesmo e uma política da diferença, sejam atualizadas numa interação dinâmica em lugar de envolverem escolhas totais e definitivas. "A desconstrução da categorização de gênero", escrevem elas, "afirma a multiplicidade e o 'concreto singular', ao mesmo tempo em que deixa aberta a possibilidade de uma liberdade comunicativa na qual o Outro não esteja presente como limite, mas como relação de apoio, como o 'solo' do meu próprio ser" ["Feminism, Negativity, Intersubjectivity" (Feminismo, Negatividade, Intersubjetividade), *FC*, 161].

Portanto, parece haver em ambos os lados do feminismo — o francês abrangendo a diferença, a desconstrução e o poético, e o habermasiano, o universalismo, a reconstrução e o político — um crescente imperativo não só de abrir um espaço para as mulheres na produção do valor, como também de abrir o próprio campo do valor a novas formas de troca e de produção em geral. Embora esses dois lados estejam orientados para a utopia, nenhum deles alimenta uma utopia puramente imaginária que dependa de alguma reversão ou transcendência de épocas de sistemas de valor; pelo contrário, é a inauguração em forma positiva e presente de novas maneiras de pensar a questão do valor que pode tornar concreta essa expansão do campo do valor como tal.

8

Ética sem *Ethos*: *Levinas, Derrida, Joyce*

Propor a questão do valor à teoria da desconstrução e juntamente com ela é dar origem a uma estranha e difícil conjuntura; porque, à primeira vista, pode parecer que as preocupações e debates tradicionalmente associados com a ética não têm muitas relações com o glamour incendiário da desconstrução. Se a desconstrução visa ir, numa trajetória nietzschiana, além do bem e do mal, prometendo libertação, liberação, renascimento, subversão, energia, a ética tem freqüentemente sido associada com tudo aquilo que se sustenta ser objeto de rejeição da desconstrução: a legislação, a restrição, a codificação, a responsabilidade. Não obstante, os últimos anos vêm testemunhando entre autores desconstrucionistas algumas tentativas de pensar em conjunto essas duas dimensões mutuamente resistentes do pensamento. Porque se é verdade que a desconstrução se caracteriza por seu rigoroso e por vezes antagônico escrutínio dos pressupostos metafísicos e de outro gênero que subjazem aos sistemas de ética, bem como ao pensamento sistemático em geral, também é o caso haver certa força ética irredutível no interior do próprio pensamento desconstrucionista — mesmo que essa força nem sempre se tenha tornado facilmente disponível a uma análise autoconsciente. Devemos observar de imediato que esse estímulo ético pode não levar necessariamente ao tipo de questão normalmente designado pelo ético. Porque discutir a ética da desconstrução é preocupar-se não com valores específicos compreendidos na desconstrução ou por ela prometidos, nem com princípios de conduta reta considerados implícitos a ela, mas com a força ou responsabilidade ética que já passa a existir sempre que se começa a realizar o trabalho de análise desconstrucionista. Em conseqüência, a investigação da ética da desconstrução está voltada para o tipo de interrogações primordiais propostas por Simon Critchley: "Por que se incomodar com a desconstrução? ... O que ou quem precisa da desconstrução? Que necessidade governa a obra de Derrida?[1]" Há na tentativa de responder a essas perguntas uma força ética envolvida, tal como o é na pesquisa sobre o que está em jogo nelas. Assim, trata-se, como disse Arkady Plotnitsky, de uma questão que envolve não somente uma desconstrução de todos os

1. Simon Critchley, "The Chiasmus: Levinas, Derrida and the Ethical Demand for Deconstruction", *Textual Practice*, nº 3, 1989, p. 91.

"valores permanentes, universais, absolutos, objetivos (ou, inversamente, subjetivos)", como também "o desenvolvimento de uma teoria que dê conta dos valores 'metafísicos', quer dizer, justamente do seu *valor* ou necessidade"; e, acrescentaríamos, o valor ou necessidade de tal teoria desconstrucionista do valor ou necessidade (e assim por diante)[2]. Na verdade, vai-se verificar que a ética da desconstrução envolve uma auto-reflexão característica no exame da ética da ética, bem como a análise fundamentada e sustentada da própria questão ética, que Derrida, em seu antigo ensaio sobre Emmanuel Levinas, denomina "uma comunidade da questão acerca da possibilidade da questão" (VM, 80). Em sua obra mais recente, Derrida tornou-se mais enfático em suas afirmações referentes à irredutibilidade do valor e da ética, tendo aceito sem resistências o fato de o escrutínio desconstrucionista dos valores e dos compromissos éticos de modo algum implicar uma negação simples ou definitiva da possibilidade do valor e da ética *per se*. Atacando, por exemplo, a força ético-política dos vários tipos de condições "não-sérias" de fala na teoria dos atos de fala, esse insiste que "essas condições que podem ser aéticas com relação a alguma ética dada nem por isso são antiéticas em geral. Elas podem mesmo abrir ou recuperar a abertura de uma nova ética"[3]. E, ao sofrer a oposição dos que, como Plotnitsky, aconselham a substituição nietzschiana do "valor de verdade" pelo "valor sem verdade", Derrida declarou que "o valor de verdade (e todos os valores com ele vinculados) nunca é destruído nem contestado nos meus escritos; é apenas reinscrito em contextos mais potentes, mais amplos e mais estratificados"[4].

Durante muito tempo, exigiu-se da desconstrução que demonstrasse um programa de metas e imperativos atingíveis e de resultados políticos desejáveis. Essas exigências tornaram-se particularmente prementes em função do progressivo colapso da aliança temporária, e sempre difícil, entre a crítica política da esquerda e as técnicas de desconstrução. Enquanto críticos políticos como Terry Eagleton começaram por acolher as possibilidades críticas apresentadas pela desconstrução (ainda que da maneira definitiva um dia lamentada por Christopher Norris[5]), seu trabalho ulterior é muito mais crítico acerca das pretensões radicais dela. Ao mesmo tempo, manifestou-se um desafio político vindo de outra direção, o liberalismo redivivo do neopragmatismo, com sua alegação de ter lançado fora o pensamento metafísico ou universalista em favor, não de um discurso de emancipação,

2. Arkady Plotnitsky, "Interpretation, Interminability, Evaluation: From Nietzsche toward a General Economy", in *Life After Postmodernism*, ed. por Fekete, pp. 120-1.

3. Jacques Derrida, "Afterword: Toward an Ethic of Discussion", in *Limited Inc.*, p. 122.

4. Plotnitsky, "Interpretation, Interminability, Evaluation", p. 137; Derrida, *Limited, Inc.*, p. 146.

5. Christopher Norris, *Deconstruction: Theory and Practice*, Londres, Methuen, 1982, pp. 79-84.

mas de práticas de auto-interesse prudente. Portanto, a desconstrução teve de enfrentar os desafios gêmeos de uma crítica política que não tolerava uma teoria que não se fundamentasse no que Derrida descreveu como "a coisa obscura e tranqüilamente denominada 'vida real'"[6], e o crescente prestígio de um pragmatismo pós-moderno que afirma que a vida real não requer nem admite nenhuma espécie de teoria.

O que, com efeito, ocorreu nesse entretempo foi o amplo e, para alguns, inesperado sucesso institucional do desconstrucionismo nos EUA e em outros lugares. Se é de fato verdade, como Derrida e outros sempre tinham pretendido, que a desconstrução é inimiga das instituições, que dizer desse sucesso institucional? Há com certeza certa pungência na sugestão de que alguns dos discursos arrolados sob a rubrica da desconstrução podem ter servido somente para fabricar e manter os efeitos energizantes da crise sem em nenhum momento pôr em risco a sua própria autoridade. Talvez em resposta a essas críticas e à desagradável consciência do fato do triunfo da teoria em geral e da desconstrução em particular, muitos escritores desconstrucionistas começaram a tentar suprir a dimensão ético-política regularmente considerada ausente do seu trabalho. Podemos citar aqui o trabalho de Barbara Johnson, cujo livro mais recente, *A World of Difference*, tenta abertamente, como ela o diz, "transferir a análise da diferença... do domínio da universalidade lingüística ou da alegoria desconstrucionista para contextos em que a diferença tem muito mais relevância para o 'mundo real'"[7]. A própria obra de Derrida apresentou uma inclinação igualmente mundana nos últimos anos, com seus escritos sobre as armas nucleares e sobre a política de raça. E, o que é mais notável, houve o caso Paul de Man, que, mais do que qualquer coisa, pôs em relevo questões muito importantes acerca da política da desconstrução[8].

O problema da crítica desconstrucionista desse tipo mundano foi, porém, como subjugar ou redimir em termos ético-políticos uma forma de crítica habitualmente caracterizada (se bem que nem sempre pelos seus praticantes) como resistente a toda forma de sedimentação do valor e cujas energias eram gastas primordialmente numa espécie de capacidade

6. Derrida, *Limited, Inc.*, p. 124.

7. Barbara Johnson, *A World of Difference*, Baltimore e Londres, Johns Hopkins University Press, 1987, p. 2.

8. Veja-se, por exemplo, de Derrida, "No Apocalypse, Not Now (full speed ahead, seven missiles, seven missives)", trad. de Catherine Porter e Philip Lewis, *Diacritics*, nº 14, 1984, pp. 20-31; "Racism's Last Word", trad. de Peggy Kamuf, *Critical Inquiry*, nº 12, 1985, pp. 290-9; e "But, Beyond ... Open Letter to Anne McClintock and Rob Nixon", trad. de Peggy Kamuf, *Critical Inquiry*, nº 13, 1986, pp. 155-70. Sobre a questão da colaboração de Paul de Man na época da guerra e o acirrado debate que provocou com respeito à política da desconstrução, veja-se, de Derrida, "Like the Sound of the Sea Deep within a Shell: Paul de Man's War", *Critical Inquiry*, nº 14, 1988, pp. 590-652, as réplicas reunidas em *Critical Inquiry* nº 15, 1989, pp. 765-811, bem como sua tréplica, "Biodegradables: Seven Diary Fragments", ibid., pp. 812-73.

negativa, na hermenêutica da suspeita, da resistência e da negação, e não na aceitação e na afirmação positiva. Um exemplo representativo da maneira como a questão do valor aparece no desconstrucionismo é dado por Plotnitsky, cujo estudo da questão do valor em Derrida faz uma distinção fundamental e, à primeira vista, bem surpreendente, entre interpretação e valoração. A valoração, diz ele, é o que leva a interpretação a parar. Se a interpretação é um processo aberto e transativo, um acompanhar interminável e sem origem de vestígios, bem como de vestígios de vestígios, a chegada a uma valoração sempre representa uma fixação ou prisão mais ou menos artificial desse processo. "Os limites das nossas interpretações são valorações", escreve Plotnitsky, "ou melhor, a valoração se inscreve em relação a esses limites. Começamos ou paramos em algum ponto e/ou selecionamos uma ou outra trajetória alternativa de vestígios a seguir porque, sob as restrições do momento, isso é 'o melhor' que podemos fazer"[9]. Alan Kennedy adota a distinção de Plotnitsky para seus próprios fins, propondo à luz dela uma distinção entre "ética" e "Valor". Alega Kennedy que a ética, por envolver crenças mantidas numa comunidade, sempre tem probabilidades de ser a esfera da ideologia, na qual o pensamento é de fato conduzido por meio da pré-compreensão. Contudo, estamos no domínio da ética sempre que tomamos algum tipo de decisão ou fazemos algum gênero de escolha. O pensamento do Valor, por outro lado, representa a tentativa de submeter os nossos próprios valores e investimentos éticos a escrutínio — avaliar o valor do valor mesmo:

> Quando efetuamos a determinação do valor ..., deixamos o domínio do Valor e entramos no plano do ético, ou reino do valor. No instante precedente à enunciação de uma declaração de valor, operamos no Valor — justamente à medida que consideramos, ou ficamos suspensos entre um conflito de valores, estamos genuinamente operando no Valor. A categoria do Valor é incerta, é uma categoria em que acontece o pensamento responsável sobre alternativas[10].

Kennedy dá então um exemplo do que isso poderia significar:

> Um discurso que diz "Não ao Aborto" é ético à medida que opera de acordo com valores ou sentimentos, ou com "valores sentidos". E o mesmo acontece com o que diz "Pelo Aborto". Nenhum deles é discurso do Valor. O discurso do Valor é aquele que pergunta se há ou não uma resposta à questão, uma resposta última, sobre matar fetos. Ocupar as duas posições talvez seja liberal em algum sentido, mas é a posição do Valor[11].

---

9. Plotnitsky, "Interpretation, Interminability, Evaluation", pp. 125-6.

10. Alan Kennedy, *Reading Resistance Value: Deconstructive Practice and the Politics of Literary Critical Encounters*, Basingstoke, Macmillan, 1990, p. 77.

11. Ibid., p. 81.

Essa espécie de exemplo é obviamente uma dádiva para o crítico radical ou político ávido por acusar o desconstrucionismo de posição "em cima do muro" liberal. Mas a irresolução não me perturba tanto quanto o fato de Kennedy fundar-se aqui, de modo tão inconsciente (e, como se poderia dizer, "indesconstrutivamente"), num dos lados da dicotomia familiar entre crítica "interessada" e exame "desinteressado" de princípios primeiros. Em algum lugar atrás disso está a noção kantiana de que só são realmente éticas as reflexões profundamente desinteressadas ou não-utilitárias. Mas essas negações da utilidade sempre acabam por se revelar meros adiamentos ou mudanças de marcha da utilidade, nas quais, caracteristicamente, uma forma limitada de ganho é sacrificada ou investida no interesse de um ganho maior e mais abrangente que se considera ter probabilidades de aparecer numa parte mais baixa da linha. Nesse exemplo, a suspensão do julgamento acerca da questão do aborto pretende claramente precipitar a investigação ou produção de valores ou princípios "superiores" que terão uma maior ou mais ampla utilidade e aplicação.

Esse tipo de alegação feita por Kennedy tornou-se típico de abordagens desconstrucionistas da questão do valor. Para Andrew Benjamin, por exemplo, a interrogação mais urgente da teoria crítica não é determinar o valor da escritura em geral, nem de exemplares específicos de escritura, visto que "toda redenção do valor deve ser predicada sobre a realidade de uma revaloração do próprio valor"[12]. Para Benjamin, isso envolve uma *Nachträglichkeit* da tradição, um trabalho exaustivo com a diferença, que parece exigir certa suspensão da necessidade de afirmar o valor ou a resistência a ela. Gregory S. Jay mostra uma atitude semelhante quanto à questão do valor em seu ensaio "Values and Deconstructions" (1987), no qual sugere que a resposta de Derrida à exigência de que a desconstrução estabelecesse os seus princípios éticos e políticos é começar uma genealogia da natureza desses princípios, numa "ativa retirada da lealdade a valores precedentes e uma tentativa de pensar não esse ou aquele valor, mas a essência da valoração"[13]. Mas, tal como ocorreu com o ideal valorativo semelhante proposto por Kennedy, não fica claro se se trata de uma fuga permanente das questões do valor ou uma promessa de sua eventual retomada. Jay conclui que "o estágio 'intermediário' do nosso pós-modernismo, na crítica e na política, pode nunca ter fim, o que talvez venha a se revelar de crucial valor, porque vai assinalar a interrupção do logocentrismo por uma historicidade resistente que vai antes gerar do que barrar a produção de novos valores"[14]. Logo, trata-se de mais um caso de utilidade adiada, o descarte contemporâneo

12. Benjamin, "Redemption of Value", p. 23.

13. Gregory S. Jay, "Values and Deconstructions: Derrida, Saussure, Marx", *Cultural Critique*, nº 8, 1987-8, p. 156.

14. Ibid., p. 196.

de questões do valor voltado para preparar a produção de valores novos e melhores em algum futuro estágio. Ao que parece, seja na desconstrução ou em outros campos, uma teoria que requeira a permanente suspensão do valor não pode se impedir de predicar o valor de tal suspensão de uma maneira que deixe em suspenso essa mesma suspensão.

Todas essas discussões desconstrucionistas sobre a natureza do valor e da escolha me dão a impressão de estar presas nas garras da dicotomia particular que existe entre uma suspensão ou disseminação absolutas e inflexíveis e uma traição ou comprometimento absolutos dessa suspensão numa ou noutra forma de fixação ou retorno (embora, como vimos, ao menos para Derrida tal impacto da disseminação e da afirmação do valor esteja longe de ser simplesmente catastrófico). A viabilidade da questão do valor para a desconstrução depende, creio eu, do alargamento do repertório de opções para permitir a emergência de alguma coisa distinta da alternância previsível entre essas duas formas absolutas.

ÉTICA CONTRA ÉTICA

Ultimamente ficou clara a grande importância da influência da obra de Emanuel Levinas na formulação de interrogações acerca da ética e do valor para a desconstrução. Trata-se de uma obra que apresenta de modo intenso as questões valorativas que acabamos de identificar. Essas perguntas não existem simplesmente como tema ou conteúdo do trabalho de Levinas, surgindo também na forma mesma de apropriação desse trabalho por autores como Derrida, porque essa apropriação traz à visibilidade o problema de derivar o valor positivo e concreto de um sistema ético que aparentemente tem como seu princípio próprio resistir a essa positivização. O projeto de Levinas se inicia com a apreensão heideggeriana da existência como *Dasein*, ou estar-no-mundo, e com a acusação à metafísica que isso envolve. Não existimos, e jamais poderíamos existir, apartados das condições da nossa experiência que o pensamento metafísico descartaria como contingentes, por exemplo, a espacialidade e a temporalidade. Não se trata de elementos acessórios, mas necessários ao nosso ser, e dele constitutivos. Mas Levinas acredita que, apesar de todo o seu alegado rompimento com a metafísica, o pensamento de Heidegger permanece metafísico, devido à sua ênfase na consciência objetivizante, cuja tarefa é apreender as condições do seu estar-no-mundo. Em sua obra inicial, Levinas empenha-se em compreender e articular a condição do *il y a*, o *existe*, termo com o qual ele designa a pura existência anterior à sua fixação e distribuição nas formas da objetividade e da subjetividade, ou sedimentada em existentes particulares:

> Ser consciente é ser apartado do *existe*, já que a existência de uma consciência constitui uma subjetividade, um sujeito da existência, isto é, em certa medida um mestre do ser, já um nome no ano-

> nimato da noite. O horror é de certo modo um movimento que priva a consciência de sua própria "subjetividade". Não a leva com tranqüilidade à inconsciência, mas lança-a numa *vigilância impessoal*, numa *participação*[15].

Em seu trabalho ulterior, Levinas desenvolve essa posição numa crítica rematada à tradição filosófica ocidental, que luta contra a força do *il y a* e contra a autêntica "participação" que Levinas diz que ele provoca. A filosofia consiste no domínio gradualmente crescente de uma ontologia do mesmo em que um eu cognoscente labuta para subordinar ao seu domínio os objetos alheios ao seu pensamento. O ser se torna, pois, o objeto, o alvo e o outro subordinado do conhecer. Levinas crê que a filosofia sempre tentou vencer o hiato entre o conhecer e o ser mediante formas de apropriação violenta: "O conhecido é compreendido e, assim, *apropriado* pelo conhecimento e, por assim dizer, *privado* de sua alteridade. Na esfera da verdade, o ser, enquanto o *outro* do pensamento, torna-se a *propriedade* característica do pensamento como saber"[16]. A modernidade significa para Levinas a tentativa de ir além da mera apropriação do ser pelo saber, alcançando uma condição em que eles se tornam absolutamente intercambiáveis, condição na qual "o idêntico e o não-idêntico se identificam" e "o trabalho do pensamento se sobrepõe à alteridade das coisas e dos homens"[17]. A prova disso está tanto na filosofia de Husserl e de Heidegger como na dominação da consciência tecnológica no século XX.

Levinas sugere que essa subjugação violenta do outro (pelo que designa não somente outros seres em particular, como também o próprio Ser em geral) sempre será levada a efeito por uma filosofia que subordine a ética à ontologia — que insista em primeiro saber o que o homem *é* para então tentar formular o que ele *deveria ser*. Segundo Levinas, o fato primordial do ser não é algo passível de ser formulado em termos de saber, de teoria ou mesmo de "experiência"; ele é, em vez disso, uma ansiosa abertura ao imediatismo do *il y a*. Tão logo possa ser conhecido ou conceptualizado, este já foi subjugado pela soberania do ego e pela dicotomia sujeito/objeto que ele põe em vigor. Outro modo de dizê-lo, no entanto, é que o próprio ego se forma em resposta a essa crise; ele é um tipo de tecido cicatrizado, ou seja, ao mesmo tempo uma autodefesa violenta e uma contínua ferida ética. "O ego", escreve Levinas, "é a própria crise do ser de um ser no domínio humano. Uma crise do ser ... porque começo a perguntar a mim mesmo se o meu ser se justifica, se o *Da* do meu *Dasein* já não é a usurpação do lugar de outrem"[18].

---

15. Emmanuel Levinas, "There is: Existence without Existents" (1946), reproduzido em *The Levinas Reader*, ed. por Séan Hand, Oxford, Basil Blackwell, 1989, p. 32.
16. Levinas, "Ethics as First Philosophy" (1984), ibid., p. 76.
17. Ibid., p. 78.
18. Ibid., p. 85.

Levinas deseja afirmar que a relação ética, e não a condição ontológica, é o dado primário, que a "ética é primeiro filosofia". Estranhamente, isso depende do que parece ser uma reivindicação ontológica acerca da primazia do encontro desguarnecido com o outro. Antes do ego, antes da consciência, antes do saber, diz Levinas, vem a exposição ao rosto "nu" do outro, bem como a proximidade e a ameaça que ele personifica. É uma ameaça não apenas em sua insuportável proximidade e nudez, mas também em sua aterrorizante vulnerabilidade. Ele representa o fato da morte, da morte do ego observador e da morte do rosto que ele observa. É ao pôr as defesas do ego em crise que isso se torna um relacionamento ético e, com efeito, para Levinas, a ética não tem como centro no ego autoconstituinte e livre-optante, mas a sua dilapidação no encontro com o outro:

> Em sua expressão, em sua moralidade, o rosto diante de mim me convoca, me chama, clama por mim, como se a morte invisível que deve ser encarada pelo Outro, a pura alteridade, separada, de algum modo, de qualquer totalidade, tivesse algo que ver comigo ... O Outro se torna o meu próximo precisamente por meio da maneira como o rosto me convoca, me chama, clama por mim, e, ao fazê-lo, lembra a minha responsabilidade, e me põe em questão[19].

Muitas pessoas passaram a ter a impressão de que, se a desconstrução tem uma ética, esta deve ser do tipo proposto por Levinas, ou seja, uma ética da alteridade, baseada não no princípio de identidade nem em considerações de utilidade, de auto-interesse racional nem do bem comum que possa dela advir, mas na própria crise de identidade. Para Simon Critchley, por exemplo, o que Levinas e Derrida têm em comum é uma tentativa "de deslocar e repensar novamente a ética ao localizar as suas condições de possibilidade e de impossibilidade no *Autrui*, o outro singular". Os dois têm como alvo "certo ponto de exterioridade com relação à conceptualidade filosófica tradicional, e os dois buscam esse ponto ao privilegiar uma matriz 'infra-estrutural' da alteridade (*Autre* ou *Autrui*), que, embora ainda dependa dos recursos do discurso filosófico, tenta deslocar esse discurso e mudar os seus fundamentos"[20]. Isso pode dar a impressão de pressupor e tornar previsíveis alguns resultados éticos

---

19. Ibid., p. 83.

20. Critchley, "The Chiasmus", p. 103. Robert Bernasconi, que tem sido um comentador sobremodo enérgico e cuidadoso da relação de Derrida com Levinas, talvez esteja mais atento à crítica de Derrida à noção de ética como filosofia primeira e tenha um sentido mais ambivalente da relação entre Derrida e Levinas: veja-se "Deconstruction and the Possibility of Ethics", in *Deconstruction and Philosophy: The Texts of Jacques Derrida*, ed. por John Sallis, Chicago e Londres, University of Chicago Press, 1987, pp. 135-6. Não obstante, Bernasconi vê a desconstrução como uma tentativa de manter a questão impossível da relação ética sem reduzi-la, pela violência, à conceptualidade, uma tentativa que é a representação da relação ética tal como formulada por Levinas.

especificáveis e desejáveis a partir da desconstrução: por exemplo, a redução do controle exercido por formas dominantes (ocidentais, logocêntricas) de pensamento e de linguagem, a abertura a áreas marginais e silenciadas de discurso e a dissolução de rígidas distinções hierárquicas — em resumo, a diminuição da violência discursiva e conceitual envolvida em toda forma de centralização. Alan Kennedy fica perfeitamente feliz em fazer esse tipo de reivindicação ética em favor da desconstrução: "A desconstrução descentra o mundo da literatura inglesa — não, observe-se, de modo que a não-literatura assuma o controle, mas de maneira que outra literatura possa ser vista. A desconstrução é uma descentração literário-crítica (bem como, é claro, filosófica etc.) que tem contribuído para uma grande mudança que resulta, por exemplo, na recente concessão do Prêmio Nobel a um escritor do Terceiro Mundo"[21].

Mas parece que a ética levinasiana herdada por certas formas de desconstrução também se veria forçada a resistir à sugestão de que o valor da relação ética pudesse um dia ser autenticamente mensurado em termos desses resultados benéficos no mundo real. Com efeito, como vimos, a ética com que se preocupa a desconstrução resiste à formalização em códigos de conduta e valores sociais especificáveis. Como observa Derrida, "A ética, no sentido de Levinas, é uma ética sem lei e sem conceito que só mantém a sua pureza não-violenta antes de ser determinada como conceitos e leis" (VM, 111). Para Jean-François Lyotard, que também reconhece uma grande dívida com o trabalho de Levinas, a ética não consiste na assimilação de um tipo de jogo de linguagem a outro — a subordinação da descrição ou denotação à prescrição ética, por exemplo, ou a avaliação do valor de uma atividade pelo seu resultado prático no mundo —, mas na recusa a permitir essa assimilação. É tal a distância entre o encontro ético e a obtenção de algum tipo de ganho em algum gênero de jogo de linguagem, econômico ou artístico, que o ganho sequer poderia ser representado sem falsificá-lo. A única descrição autêntica da relação ética seria, portanto, a que não tentasse "juntar uma perícia, uma experiência, um texto, àquilo que não tem texto, nem experiência nem perícia", mas fosse, em lugar disso, "o testemunho da fratura, da abertura para o outro que, no leitor, envia um pedido a Levinas, de uma responsabilidade perante o mensageiro que é o leitor" (*D*, 113). Logo, Levinas oferece, para Lyotard, uma espécie de ética vazia que recusa a orientação para o sucesso ou a aplicação prática que caracteriza toda outra forma de discurso: Lyotard especula que o gênero ético pode ser "aquele cuja regra é não admitir regras além da da obrigação sem condições" (*D*, 117).

Em sua resistência à objetificação da ética em lei e preceito, Levinas se aproxima estranhamente de Heidegger, contra cuja ontologia abstrativa violenta sua própria filosofia se desenvolve. Pressionado a dar uma articulação do sistema ético que parece implícito no conceito de *Mitsein*, ou

21. Kennedy, *Reading Resistance Value*, p. 41.

Ser-para-outros, em *O Ser e o Tempo*, Heidegger teve como resposta a "Letter on Humanism" (1947), em que afirma que a ontologia, o estudo do Ser, sempre deve vir antes da ética, a teoria das ações corretas. Mas o que há de espantoso no que ele diz sobre a questão dos valores na "Carta sobre o Humanismo" é o modo pelo qual antecipa o tema levinasiano da resistência à objetificação de conceitos e valores:

> Pensar contra os "valores" não significa afirmar que tudo o que é interpretado como um "valor" — a "cultura", a "arte", a "ciência", a "dignidade humana", o "mundo" e "Deus" — seja desprovido de valor. Em vez disso, é importante perceber finalmente que justamente por meio da caracterização de algo como um "valor" aquilo que é assim estimado vê-se privado do seu valor. Quer dizer, mediante a avaliação de alguma coisa como valor, o que é estimado só é admitido como objeto para a estimação do homem. Mas uma coisa que esteja no seu Ser não se exaure por ser um objeto, particularmente quando a objetividade toma a forma do valor. Toda valoração, ainda mesmo quando atribui um valor positivo, é uma subjetivização. Ela não deixa os seres ser. Em vez disso, avaliar deixa os seres ser válidos — apenas como objetos de seu fazer. Quando se proclama "Deus" definitivamente como "o valor supremo", degrada-se a essência de Deus. Aqui como alhures, pensar em valores constitui a maior blasfêmia imaginável contra o Ser. Pensar contra os valores não significa, pois, bater na tecla da ausência de valor ou da nulidade dos seres. Significa, a bem dizer, levar a luz da verdade do Ser perante o pensamento, opondo-se à subjetivização dos seres em meros objetos[22].

Levinas, assim como Heidegger, deseja fundar uma ética não na possibilidade da escolha racional ou prudente, ou seja, na escolha a serviço do ego auto-regulador, nem na devolução da vantagem ao mesmo, mas na fratura ou crise primal do ego. Portanto, para Levinas e, logo, para Heidegger, a busca da não-violência significa algo como o "deixar-ser" do outro e a desistência do domínio da identidade. Esse deixar-ser envolve a recusa a objetificar o outro ao dar-lhe um valor ou conceituar a relação não-conceituável do outro em termos de esquemas éticos. Assim, os valores e a ética, no sentido tradicional, assemelham-se a ardis do mesmo, maneiras de subordinar violentamente o outro ao mesmo. Heidegger, se bem que aparentemente mais voltado para como evitar infligir violência antes ao Ser do que às pessoas, fica tão atônito quanto Levinas pela redução e objetificação envolvidas nos valores e na valoração tal como concebidos convencionalmente. Com efeito, a proximidade entre Heidegger e Levinas aqui fica ainda mais evidente quando, num ponto ulterior de sua discussão, Heidegger

22. Martin Heidegger, "Letter on Humanism" (1947), in *Basic Writings from 'Being and Time' (1927) to 'The Task of Thinking' (1964)*, ed. por David Farrell Krell, Londres, Routledge & Kegan Oaul, 1978, p. 228.

escreve que "o pensar que pensa a verdade do Ser como o elemento primordial do homem, como alguém que eksiste (*eksists*), é por si só uma ética original" — embora logo o conteste ao dizer que "esse pensamento não é em primeiro lugar ética por ser ontologia"[23]. Não obstante, o problema da recursividade do valor positivo afeta Heidegger tanto quanto veremos afetar Levinas. Heidegger defende-se da acusação de que pensar o Ser, em oposição a atribuir valores objetivos, é algo puramente teórico e sem aplicação prática na nossa vida alegando que "esse pensar não é teórico nem prático. Ele vem a ocorrer antes dessa distinção ... Esse pensar não tem resultado. Ele satisfaz sua essência naquilo que ele é"[24]. Porém a noção de satisfação, mesmo de "satisfação de uma essência", com a sua implicação da possibilidade de alguma não-satisfação dolorosa ou relativamente indesejável, predica necessariamente uma forma de valor positivo. À medida que se recomende a alguém que dedique tempo a pensar o Ser, em vez de tomar parte em alguma brincadeira ou atividade de lazer, esse pensar sempre há de ser registrado em alguma escala de utilidade prática ou desejabilidade, e isso não como mero efeito secundário ou idiossincrasia de alguma natureza ou valor hipoteticamente "verdadeiros", mas como sua própria atualização.

A ética é o nome tradicional da filosofia da moral em geral, ou seja, a filosofia que trata de questões do certo e do errado, da responsabilidade e da escolha. A palavra "ética" deriva, com efeito, do grego *ethos*, que significa, no singular, "caráter" e, no plural, "usos" ou "costumes". Há, pois, contida na palavra, um conceito da continuidade entre o singular e o plural, entre caráter e costume e, de fato, a ética tem sido tradicionalmente considerada a teoria que tenta reunir esses dois domínios. Ocorrendo no ponto em que a singularidade e a generalidade do social convergem, os sistemas éticos muitas vezes dependem de ou levam a pressupostos acerca da natureza do vínculo entre o eu e a sociedade, bem como sobre alegações gerais a respeito da natureza dos dois. Ora, são justamente essas alegações que se vêem solapadas de modo habitual pelo fio que corre de Heiddeger a Levinas e deste a Derrida, para os quais, como vimos, o *ethos* é uma reificação injusta e limitadora do valor que evita sistematicamente o pensar o valor além do domínio do ego, constrangendo o dar-se ético do eu ao outro.

Mas será isso prejudicial a uma ética desconstrucionista? A suspeita de que pode ser impossível manter a pura separação entre o pensar o valor e os valores concretos como tais pode nos levar a imaginar se pode um dia haver tal valor puro, ou uma ética sem *ethos*. Ao ver de Tobin Siebers, isso é de fato impossível. Sua discussão da desconstrução em *The Ethics of Criticism* (1988) admite o impulso ético da desconstrução, mas alega que este é profundamente prejudicado pela sua resistência a reconhecer a idéia do "caráter" ético. A força ética da desconstrução é eviden-

23. Ibid., p. 235.
24. Ibid., p. 236.

te em sua minuciosa e conscienciosa atenção para com as formas de violência no discurso, na verdade, em sua idéia de que toda escritura, à medida que envolve oposição, diferença e estrutura, constitui uma espécie de violência. Assim é que, em seu ensaio sobre Lévi-Strauss em *Gramatalogia*, Derrida une à condenação rousseauesca de Lévi-Strauss aos efeitos intrusivos da escrita em culturas não-ocidentais uma condenação ao próprio Lévi-Strauss pela sua violência etnocêntrica de suas próprias suposições sentimentais acerca da natureza não-decaída dos índios Nhambiquara antes da chegada da escrita. Para Derrida, a violência da escrita é originária e universal; não poderia haver concebivelmente uma época de pura não-violência antes do advento da escrita[25]. A questão que Siebers deseja com acerto propor é: o que viola a violência universal da escrita se não existe coisa alguma antes ou fora dela? Siebers afirma que, se Derrida é um seguidor radical de Rousseau em sua atenção às modalidades de violência na escrita e na representação, nas próprias estruturas lingüísticas e sociais, ele priva a si mesmo da possibilidade de uma ética que resista à violência ao recusar-se a seguir Rousseau na proposição de alguma possibilidade de uma condição natural do homem, que um dia foi não-violento ou que poderia concebivelmente ser devolvido à condição de não-violência[26].

Siebers argumenta de modo paralelo acerca da obra de Paul de Man. A crítica de de Man é tão hipersensível à violência envolvida em toda vontade-de-sistema que a única teoria que ele está disposto a contemplar é uma teoria que resiste de modo absoluto ao sistema. O problema reside no fato de essa teoria ser tão potente e exaustiva ("nada pode superar a resistência à teoria porque a teoria *é* essa resistência", trombeteia de Man[27]) que corre o risco de sucumbir ela mesma à violenta condição do sistema e da ideologia. Na autopreservação ética, de Man se refugia naquilo que Siebers denomina a condição de "martírio" ético; ele designa com isso a auto-aniquilação voluntária de uma crítica que crê que toda forma de encontro com o outro tem probabilidades de se tornar uma forma de violência. Contudo, a aparente pureza dessa não-violência absoluta é em si mesma uma violência, exatamente por causa de sua recusa em se envolver com o outro:

> O único valor possível a ser conferido ao martírio consiste em sua recusa ao fundamento ético para opor-se aos impulsos agressivos e excludentes de algumas modalidades de pensamento sistemático. Uma vez que o martírio se torne uma teoria, contudo, ele não consegue dirigir a sua agressividade nem contra seus inimigos nem contra si mesmo. Ele vem a ser um sistema propenso à sua

25. Jacques Derrida, *Of Grammatology*, trad. de Gayatri Chakravorty Spivak, Baltimore e Londres, John Hopkins University Press, 1986, p. 19.

26. Siebers, *Ethics of Criticism*, pp. 94-7.

27. Paul de Man, "The Resistance to Theory", in *The Resistance to Theory*, Manchester, Manchester University Press, 1974, pp. 106-10.

> própria destruição como o primeiro passo para destruir a violência que associa com outros. Suas motivações são éticas, mas eticamente desencaminhadas, pois troca uma forma menos segura de violência por uma que se empenha em abranger tudo. O niilismo no mundo moderno pode ser definido como preferir o nada ao risco de cometer um ato de violência. Entretanto, como não podem escapar à equação, no âmbito da tradição filosófica, entre violência e negatividade, os niilistas têm de acusar também a si mesmos de violência[28].

O que vincula essa crítica de de Man à crítica de Siebers a Derrida é a crença de que a negação do eu, e da possibilidade de uma natureza humana parcial ou variavelmente exemplificada nesse eu, priva a desconstrução da possibilidade de uma ética. Pode haver um impulso ético na capacidade negativa da desconstrução, mas é precisamente essa capacidade que torna a sua ética viciada: "Uma filosofia moral que não inclua o eu pode parecer perfeita, mas a sua perfeição reside na realidade no enorme vazio deixado pela sua rejeição do humano. Remover o humano da ética deixa-o sem uma base de existência, visto que a ética é por definição profundamente antropocêntrica"[29]. Nesse relato, a desconstrução lembra uma dissolução sartriana da má fé e da inautenticidade característica do *en-soi* que foi levada à ação de escolha do *pour-soi*. Aqui, o ego ético só pode ser uma fagulha intermitente de negatividade, recusando-se a correr o risco da visibilidade que poderia trazer consigo a culpabilidade.

Siebers sem dúvida isolou aqui um dos mais relevantes problemas relacionados com a ética desconstrutiva e, poderíamos acrescentar, a ética de toda forma de teoria que desconfie por inteiro da categoria do eu ou da natureza humana. Não obstante, seu erro consiste em supor com demasiada precipitação que essa completa suspensão do eu e liquidação do valor nela personificada ocorrem de fato na desconstrução ou, com efeito, que ela esteja necessariamente implícita nesta. O paradoxo sugerido na análise que Siebers faz de de Man, por exemplo, que sugeriu que uma teoria puramente não-violenta poderia vir a ser uma forma de violência ética, é antecipada por Derrida num importante comentário da ética de Levinas:

> Implícito no discurso de *Totalidade e Infinito*, único elemento a permitir que *haja* outros em sua verdade, liberando o diálogo e o face-a-face, o pensamento do Ser está, portanto, o mais próximo possível da não-violência.
>
> *Não dizemos pura não-violência*. Tal como a pura violência, a pura não-violência é um conceito contraditório ... A pura violência, uma relação entre seres sem rosto, ainda não é violência, é pura não-violência. E inversamente: a pura não-violência, a não-relação do mesmo com o outro (no sentido entendido por Levinas)

28. Ibid., pp. 104-5.
29. Ibid., p. 110.

é pura violência. Só um rosto pode deter a violência, mas pode fazê-lo, em primeiro lugar, somente porque pode provocá-la (VM, 146-7).

Penso que Derrida diz aqui que o sonho da pura não-violência, a evitação absoluta do risco da violência por meio da evitação do contato com o outro, é por si mesma um tipo de violenta negação desse outro. Para dizê-lo por um momento nos termos de Lyotard: a justiça presente no princípio da incomensurabilidade absoluta entre as culturas, "mundos de nomes" e "regimes frasais", é injusta precisamente porque, à medida que proclama o princípio contraditório da incomensurabilidade *absoluta*, priva a si mesma da possibilidade de mensurar e manter a incomensurabilidade das culturas. O princípio da incomensurabilidade é contraditório porque é justamente ele que fornece a escala comum de comparação que indica a impossibilidade de toda escala comum de comparação. Essa escala comum é necessária para estabelecer o princípio da justiça contido no âmbito da incomensurabilidade, ainda que o contradiga. Portanto, o princípio da justiça é ele mesmo injusto; o princípio da inviolabilidade dos jogos de linguagem é em si uma espécie de violência.

Se é uma aporia, isso no entanto não é, penso eu, uma aporia letal que levasse simples e definitivamente ao fim do projeto ético da desconstrução. De fato, à medida que a ética da desconstrução envolve a contínua propensão a interrogar os próprios princípios da ética, pode ser que não haja nada que se enquadre sempre e de modo confiável à descrição da ética desconstrucionista; porque toda ética que siga escrupulosamente (eticamente) os seus próprios princípios tem probabilidades de deparar com esse gênero de problemas. Se se tornou o nome da subdisciplina que iria prever de antemão esses problemas, a desconstrução seria o próprio oposto de uma ética.

Se ainda permanece a questão "por que fazê-lo?", "por que ser ético?", pode ser que o próprio pôr a questão já suponha uma resposta ética. Em outros termos, o questionamento de idéias de valor, de lucro, de vantagem, de "bem" já está ele mesmo sempre na esfera do valor. Pois como se poderia dar a essa pergunta uma resposta negativa que não exemplificasse a contradição entre constativo e performativo, ou seja, que negasse valor ao que é dito, mas o afirmasse na própria afirmação de sua negação? Se se responder negativamente a "por que ser ético?" — se se disser que não se deveria nem se precisa ser ético, porque a ética é uma impostura (Nietzsche) ou porque o desejo de acumular valor é secundário com relação ao instinto de morte ou ao desejo de gasto (Freud, Bataille) —, se estará sempre estabelecendo uma ética da negação na negação mesma da ética. Porque sempre se terá entrado num discurso, que, à medida que sempre implica e corporifica relações a um só tempo de poder, de violência e de justiça, é sempre já ética. Não pode haver discurso inteiramente não-violento, mas também não pode haver discurso que não seja em algum grau a justa protelação da violência.

É porque a relação ética é primordialmente uma relação discursiva que pode ser possível ir um pouco mais além do, ou mergulhar um pouco mais profundamente no impasse representado, de modos distintos, pelas tentativas desconstrucionistas de repensar a questão do valor como tal, pela leitura de um texto que articula juntas as relações éticas e discursivas e que triangula curiosamente o encontro entre Levinas e Derrida. Tal desvio na temática textual e ética do vaguear e do retorno no *Ulisses* de Joyce pode mostrar ser, no final, o mais curto caminho para casa. Ao ler Derrida lendo Levinas por meio da leitura de um texto como esse, no qual as relações entre o ler, o falar e a responsabilidade são íntimas e intrincadas, poderemos chegar a um relato mais complexo e responsável das relações éticas entre o eu e o outro, bem como das maneiras pelas quais o estético e o ético se cruzam e se encontram nessas mesmas relações.

ULISSES JUDEU-GREGO

No ponto de encontro entre duas formas de extremo, o extremo do artifício e o extremo do realismo, *Ulisses* também insiste na importância das questões do direito e da responsabilidade, do valor e da prescrição; ou seja, nas questões éticas. Essa questões são incontornáveis porque toda tentativa de recusá-las no nível do caráter e da ação, daquilo que é representado no romance, só as pode deslocar ao fazer delas questões acerca da própria representação. Por que escrever este romance? Por que lê-lo? Que tipos de força e de valor ético estão presentes em seu dirigir-se aos leitores e na resposta destes a ele?

Para os críticos que empreenderam a tarefa de assimilar *Ulisses* às normas e funções do romance realista, a questão ética gira em torno da questão do eu e de suas relações e responsabilidades sociais. Para esse gênero de crítica — que podemos designar como "ético-realista" —, o problema central tratado em *Ulisses*, o da relação entre o artista Stephen e o cidadão Bloom, também é o problema central tratado *por Ulisses*. A complexidade extrema, por vezes quase inumana, da obra, que representa um desafio à autoridade da forma, é o que eventualmente permite uma humanização da forma, uma mediação ética entre abstração e atualidade, entre teoria e experiência. Para Charles Peake, a visão moral de *Ulisses* depende da "escrupulosa recusa a levantar questões de discriminação moral a partir do contexto desconcertante da vida ordinária". É uma visão "penetrante, extensiva e coerente. Sua complexidade pode ser de difícil apreensão numa primeira leitura, mas, devido ao fato de ser uma complexidade fundada na própria experiência de cada leitor, ela é em última análise não apenas compreensível como também esclarecedora e iluminadora". Ao ver de Patrick Parrinder, a "justificação moral" da particularidade de Joyce, se sua paródia, de sua zombaria do sistema, está em seu "desafio às pretensões da religião e da moralidade ortodoxa de apropriar-se antecipadamente do valor humano", bem como em sua rejeição das estruturas impessoais da história e do valor em favor da força unificadora da "consciência privada e da criação informal e não-oficial de sentidos"[30].

Para uma geração mais recente de críticos, o romance muitas vezes foi tomado como obra que dá um exemplo de ética *lingüística* que já não tem raízes na idéia de caráter ético, mas toma a sua força de sua recusa do fechamento das construções tradicionais do eu. Essa forma de crítica — que poderíamos chamar de "ético-lingüística" — deseja afirmar a primazia da linguagem e da representação, em toda a sua cambiante indeterminação, sobre a estreita ética cidadã do burguês; afirmar, por assim dizer, a ascendência ética do lingüístico sobre o ético.

Para autores impelidos por versões da ética lingüística como Julia Kristeva, o desgosto ético por definições estreitas de ética baseadas no eu singular, responsável, ou na comunidade coercitivamente coesiva é com freqüência tão grande que exige a proibição pura e simples da linguagem da ética, embora isso nunca seja suficiente para completar o ocultamento da força ética que serve de propulsor a essas discussões[31]. Tanto para o crítico ético-realista como para o ético-lingüístico, a questão do valor é primordial: para o primeiro, ela representa uma desnorteante contingência que tem de ser levada a uma coesão ética, e, para o último, trata-se da própria contingência da linguagem que garante sua força ética.

Pode-se considerar a leitura ético-realista de *Ulisses* governada por uma temática devolutiva do mesmo: isso envolve um ritmo ético em que o eu é retirado de sua contenção no abraço da alteridade apenas para ser devolvido a si mesmo, ampliado, pluralizado, mas reforçado. Tal relato poderia concentrar-se em particular na vacilante caracterização feita por Stephen, em oposição às sardônicas intervenções do Companheiro do Lynch, do auto-estranhamento do artista em "Circe":

> STEPHEN: Eis mais uma para você. (*Ele franze as sobrancelhas.*) A razão é que o fundamental e o dominante são separados pelo maior intervalo possível que ...

30. Charles Peake, *James Joyce: The Citizen and the Artist*, Londres, Edward Arnold, 1977, p. 339; Patrick Parrinder, *James Joyce*, Cambridge, Cambridge University Press, 1984, pp. 123, 125-6.

31. Um dos poucos relatos desconstrutivistas de Joyce a articular a questão da força ética ao lado de questões interpretativas em *Ulisses* é "Joyce, Derrida, and the Discourse of 'the Other'", de Christina van Boheemen-Saaf, in *The Augmented Ninth: Proceedings of the Ninth International James Joyce Symposium, Frankfurt, 1984*, ed. por Bernard Benstock, Syracuse, Nova Iorque, Syracuse University Press, 1988. "Em vez da questão tradicional 'O que isso significa?'", escreve ela, "o texto joyciano (assim como o derridiano) sugere outra interrogação: 'Qual a base da alteridade desse texto? O que torna desejável, possível ou necessário criar textos que pervertem o logos mediante uma auto-inscrição do Outro?'" (p. 93).

> O COMPANHEIRO: Que ...? Termine. Você não consegue.
> STEPHEN: (*com esforço*) Intervalo que. No maior eclipse possível. Coerente com. O retorno último. A oitava. Que.
> O COMPANHEIRO: Que ...?
>
> (*U*, 411)

Stephen esforça-se aqui por completar uma frase que, em suas próprias lacunas e hesitações, imita a série de "quintas vazias" que ele acabou de extrair sofrivelmente no piano do bordel (*U*, 410). De súbito, a frase é contraída, elipse completada em elipse,* quando Stephen exibe os processos encarnacionais de auto-alterização (*self-othering*) em termos religiosos, artísticos e comerciais:

> STEPHEN: (*abruptamente*) O que foi ao fim do mundo, a fim de atravessar não a si mesmo, Deus, o sol, Shakespeare, um caixeiro-viajante, tendo atravessado, na realidade, a si mesmo, se torna esse eu. Espere um pouco. Ao diabo com o barulho daquele cara na rua. Eu que foi ele mesmo inelutavelmente precondicionado a vir-a-ser. *Ecco*!
>
> (*U*, 412)

Comentando o capítulo "Circe", em que essa passagem aparece, Charles Peake escreve que "para cada um dos dois homens, o capítulo do bordel representa a dominante dos seus fundamentos, o afélio de suas órbitas ... Em seus extremos, quando seus caminhos se encontram, eles podem por meio desse encontro completar a realização dos seus eus potenciais"[32]. Mas o ritmo ou forma que Stephen esboça aqui pode descrever não somente a estrutura ética do livro como a sua estrutura estética; *Ulisses* é um livro que se salvaguarda do seu imenso dispêndio de tempo e de energia em minuciosas particularidades com a promessa de que essas particularidades terminarão por ter sentido e valor, terão sido devolvidas com proveito ao seu ponto de origem. O livro pode ser visto como uma aposta no seu retorno, no retorno de sua aposta. Se essa metáfora econômica generalizada pode ser vista em ação em todas as narrativas, visto que todas as narrativas se estendem e se expendem no tempo, com a promessa de um retorno de lucro estético no final do processo, o que com certeza caracteriza *Ulisses* é o *risco* extremo do empreendimento, a enorme distância e lapso de tempo entre o desembolso inicial e o retorno final. E, de fato, é justamente a razão entre esses dois elementos, ao lado do estreito relacionamento entre a idéia de caráter ético e a questão da forma no romance, que torna a questão do valor inescapável para ele.

A dicotomia entre dispêndio e retorno pode ser vista como um alótropo econômico da distinção lukácsiana familiar entre existência e essência, entre

---

*Connor faz aqui um jogo de palavras com os sentidos gramatical (*ellipsis*) e geométrico (*ellipse*) de "elipse", afirmando que a omissão (gramatical) é completada por uma "omissão" ainda maior (geológica). N. dos T.

32. Peake, *The Citizen and the Artist*, p. 273.

a fenomenalidade sensível do ser e as leis subjacentes que o governam. Terry Eagleton sugeriu recentemente outro tipo de analogia econômica para essa cisão em *Ulisses* no "curioso tempo da mercadoria" no capitalismo do início do século, a mercadoria que está, ao mesmo tempo, inteiramente presente como ser sensível e inteiramente constituída por processos econômicos abstratos. Nesse sistema, "os sujeitos humanos estão de um lado presos ao horizonte do imediatismo, são atomizados e dizimados pela mercadoria e suas operações, e, de outro, difusamente conscientes de si mesmos como estando submetidos ao domínio de leis de ferro globais com toda a fatalidade naturalizada do mundo do mito".[33] Com efeito, o que há de surpreendente em *Ulisses* é a pouca necessidade do recurso à analogia para avaliar o funcionamento do econômico em sua estrutura ético-narrativa precisamente porque o próprio livro toma de modo bem claro essa analogia como seu objeto, medindo a distância e a equivalência dialética não apenas entre fenômeno experiencial e princípio organizador na esfera do estético como também entre as próprias esferas do estético e do econômico. O livro nos dá uma alegoria disso, com efeito, no próprio relacionamento entre Stephen, o artista, e Bloom, o cidadão. O alargamento ético do estético consiste no encontro do artista com o mundo do econômico, o mundo do "caixeiro-viajante". E se o comercial é o palco do auto-estranhamento ético-econômico para o estético, do ponto de vista de Bloom o estético representa a possibilidade de um desvio econômico lucrativo para o comercial, como nos seus planos de turnês musicais remuneradas ou de ganhar dinheiro escrevendo histórias à maneira de Philip Beaufoy. Se Stephen dilapida capital artístico no mundo do comércio, Bloom faz uma inversão de recursos no mundo da arte. Em ambos os casos, o investimento é ao mesmo tempo econômico e ético.

Ou também poderíamos dizer que o ético parece ser aqui econômico, em sua própria sintaxe e funcionamento. A odisséia ética é um suplemento do fechamento estético, que constitui o lucro derivado de um dispêndio do eu que se mostra, sob todos os aspectos, um investimento sábio. Se em certo sentido o econômico é somente um estágio pelo qual o estético tem de passar, uma viagem comercial do princípio estético até os confins de si mesmo, em outro sentido a própria estrutura do encontro estético com o mundo e sua transfiguração é ela mesma uma estrutura econômica do começo ao fim.

O mais importante princípio desse autodistanciamento ético é o fato de ele ser uma odisséia com um ir para casa, uma ética que depende de um eventual retorno ao *ethos*. A característica essencial da metáfora da encarnação para Stephen enquanto artista não é a jornada exterior, mas o retorno da substância decaída do mundo à sua natureza divina através da função intermediária da arte. Na passagem de "Circe" citada, Stephen pode estar meditando sobre o processo mediante o qual o divino é atraído para

33. Terry Eagleton, "Modernism, Myth and Monopoly Capitalism", *News from Nowhere*, nº 7, 1989, p. 21.

as vicissitudes da história, mas a sua ênfase recai sobre a trajetória do retorno do eu ao "eu que foi ele mesmo inelutavelmente precondicionado a vir-a-ser" e depende do silenciamento das distrações daquele "barulho na rua" (*U*, 412). E se a Odisséia do dia representa para Bloom algumas oportunidades para a perda do eu no outro, todas elas são na verdade evitadas ou capitalizadas; Bloom é tentado pela brutalidade da fome em "Lestrigões"apenas a se comprometer com as urgentes exigências do corpo com seu modesto sanduíche de queijo e seu copo de borgonha. Do mesmo modo, ele é tentado a entrar numa discussão política com o Cidadão "Ciclopes", atraído pela lacrimosidade e pelo sentimento em "Sereias" e em "Nausícaa" e, de maneira mais notável, pelos sonhos de glória e de autolouvação grandiosa em "Circe". Em todos os casos, é mostrada a capacidade de Bloom de retornar a si-mesmo, preservado e engrandecido pelo encontro com o outro. Podemos tomar como paradigmática a desconfiança com relação ao pseudo-Odisseu no abrigo do cocheiro, com suas dúbias histórias de viagens pelo mundo e a substituição por uma idéia muito mais modesta de uma viagem a Londres através da Costa Sul, bem como a noção de uma "turnê de concertos de música de verão abrangendo os mais importantes recantos de lazer", que ele acha que "poderia mostrar-se altamente lucrativa" (*U*, 512). Talvez a mais extrema expedição ética de Bloom ao outro seja a sua adoção masoquista da identidade feminina em "Circe". Mas isso é claramente apresentado como uma fantasia masculina de feminidade, a voluptuosa entrega do eu à humilhação, à restrição e à punição, a fim de restabelecer a autoridade do eu em termos do seu princípio do prazer. Wayne Booth lê uma passagem de *Ulisses* em termos desse lucrativo retorno ao mesmo, embora desloque o engrandecimento ético do caráter no livro ao seu efeito ético no leitor. Booth usa *Ulisses* para exemplificar as maneiras pelas quais a ficção faz vir à tona, em formas de identificação e de projeção do leitor, o tipo de projeção do eu no outro que Stephen parece evocar em "Circe". Booth insiste que o efeito ético da leitura é transformar o eu, talvez até de comprometer a sua realidade essencial: "Pouco importa o que eu possa desejar ser ou me tornar — eu, o verdadeiro eu, a sincera pessoa de integridade, o 'eu' que já está contaminado pelo fato de eu ler essa coisa em vez de fazer o meu trabalho de missionário mórmon entre as almas perdidas de Chicago —, eu agora me tornei *um tanto* joyciano"[34]. Mas, apesar de toda a sua aparente rejeição da noção do eu essencial, e de sua aceitação da ética da alteridade, o relato de Booth permanece atado a uma ética da acumulação que no fundo é econômica no sentido de achar-se orientada para a produtividade e o retorno. O processo de leitura, diz ele, é um processo de estabelecer sínteses e amálgamas cada vez mais amplos de narrativas concorrentes, visto que "estar preso a qualquer história individual seria renunciar à maioria das coisas que prezamos". O eu, nesse relato, pode não ser o eu "essencial", mas é um eu cujas fronteiras nunca podem

34. Booth, *The Company We Keep*, p. 277.

ser derrubadas por sua "coleção em permanente expansão de mundos metafóricos"[35].

Mas se *Ulisses* se presta ricamente a essas leituras, isso ocorre precisamente porque ele também oferece uma clara resistência a elas. O romance parece recusar regularmente os consolos da totalidade, quer em termos do eu ou da forma artística. O exemplo mais interessante disso ocorre em "Ítaca", o próprio episódio que pretende representar o *nostos*, ou retorno ao lar, numa passagem que parece contradizer a visão de Stephen em "Circe" da volta ao lar ética e estética do eu. Bloom sente que as várias idéias para a continuidade do seu relacionamento com Stephen para além do seu encontro noturno "são tornadas problemáticas" pelas seguintes considerações:

> A irreparabilidade do passado: certa vez, num espetáculo do circo de Albert Hengler, na Rotunda, praça Rutland, Dublin, um intuitivo palhaço multicor em busca da paternidade penetrara, vindo do palco, um lugar na platéia em que Bloom, solitário, estava sentado, e declarara publicamente, a espectadores deliciados, que ele (Bloom) era seu (do palhaço) papai. A imprevisibilidade do futuro: certa feita, no verão de 1898, ele (Bloom) marcara um florim (2/-) com três riscos na parte serrilhada e o dera em pagamento de uma conta devida e recebida por J. e T. Davy, uma família de merceeiros de 1 Charlemont Mall, Grand Canal, para fazê-lo circular nas águas das finanças civis, para um possível, sinuoso ou direto, retorno.
> O palhaço era filho de Bloom?
> Não.
> A moeda de Bloom voltara?
> Nunca.
>
> (*U*, 571)

Essa passagem representa o fracasso e a zombaria de toda a aposta estética na especulação e no retorno que *Ulisses* apresenta; o pai é um impostor, a moeda nunca retorna, quer direta ou sinuosamente. Com efeito, a passagem pode sugerir uma economia totalmente distinta do ético, uma ética baseada não num retorno mas num dispêndio imprevidente, não no fechamento da totalidade, mas na abertura do infinito. Não se poderia pensar tal escritura em termos de investimento, mas como pura doação sem esperança de retorno que está presente até na estrutura da gratidão. Essa imprevidência é justamente a força da relação ética tal como definida por Levinas, a relação que Derrida considera tão fascinante e problemática em suas respostas a Levinas. É interessante que é evocando essa imprevidência em "Violence and Metaphysics" que *Ulisses* parece fazer sua primeira e subliminar aparição no texto de Derrida:

35. Ibid., p. 345.

> Na verdade, não temos de imaginar o *que* é esse encontro. Ele é *o* encontro, a única saída, o único aventurar-se fora de si mesmo rumo ao imprevisivelmente outro. *Sem esperança de retorno* ... Ao descrever a liturgia, o desejo e a obra de arte como rupturas da Economia e da Odisséia, como a impossibilidade de retorno ao mesmo, Levinas fala de uma "escatologia sem esperança do eu ou sem liberação no meu tempo" (VM, 95).

As metáforas de "economia" e "odisséia" empregadas aqui têm, é claro, amplas referências, mas vão mostrar, no final do ensaio de Derrida, ser particularmente compatíveis com *Ulisses*, o romance em que esses dois elementos são tão importantes em termos estruturais. Derrida aqui parece de fato sugerir que seria possível fazer uma leitura da ética num texto como *Ulisses* por meio desse princípio levinasiano de abertura e de obrigação primordial ao outro e para com o outro, como uma abertura constitutiva e não-lucrativa. Semelhante leitura teria de atentar outra vez para as grandes estruturas simbólicas do romance, especialmente as da Economia, da Odisséia e da Paternidade, e tentar criar uma diferença com relação à leitura tradicional desses símbolos como levando ao lucro, ao retorno ao lar e à unidade familiar[36]. O romance seria então considerado tão elaborado quanto um princípio contínuo, e não uma aberração esporádica, um dispêndio vão vagando sem retorno e totalmente alienado da relação ética do pai para com o filho. A passagem sobre o palhaço e a moeda que não volta seria, a partir disso, a alegoria interior de outro *Ulisses*, um texto em que o retorno lucrativo ao mesmo é negado e em que há uma pura abertura ao outro.

Há vários modos pelos quais tal ética poderia parecer estar sendo tematizada no texto de *Ulisses*. Há, de maneira mais notável, a tentativa, ao longo do livro, de evitar ou deslocar a força da violência — principalmente, com efeito, por meio do atenuado heroísmo cívico de Bloom. Bloom resiste à violência do Cidadão, protestando contra a "perseguição ... que perpetua o ódio nacional entre nações" (*U*, 271) e afirmando a superioridade do amor sobre a identidade nacional fixada de forma violenta. Para Bloom, a violência está com freqüência associada com o canibalismo, o autoconsumo do mesmo. Quando ele assiste à Sagrada Comunhão, as letras "I.N.R.I." se interpretam ao seu ver como "*Iron nails ran in*" [Unhas

36. Simon Critchley observou que Derrida parece estar respondendo aqui à ênfase levinasiana sobre o perambular do tipo abraâmico em detrimento do retorno ulissesiano para casa da filosofia: "*A Obra* pensada radicalmente é na verdade um movimento do Mesmo na direção do Outro que nunca retorna ao Mesmo. Ao mito de Ulisses voltando para Ítaca gostaríamos de opor a história de Abraão deixando a sua casa para sempre por uma terra ainda desconhecida e até proibindo o seu filho de ser levado de volta ao ponto de partida" ("The Trace of the Other", trad. de Alphonso Lingis, in *Deconstruction in Context*, ed. por Mark Taylor, Chicago, University of Chicago Press, 1986, p. 348, citado em Simon Critchley, "'Bois" — Derrida's Final Word on Levinas", in *Re-reading Levinas*, ed. por Robert Bernasconi e Simon Critchley, Londres, Athlone Press, 1991, pp. 163-4.

de ferro presas], ao passo que a recepção da Hóstia o faz refletir: "*Rum idea: eating bits of a corpse. Why the cannibals cotton on to it*" [Idéia estranha: comer pedaços de um cadáver. Por que os canibais começaram a gostar dela?] (*U*, 66). O episódio "Lestrigões" oferece outros exemplos dessa associação, em particular entre os rapaces carnívoros no restaurante Burton, o que o faz pensar: "Comer ou ser comido. Matar! Matar!" (*U*, 139). A raiva oral que Bloom testemunha aqui até parece enrijecer as capacidades expressivas do discurso, que é reduzido a um balbuciar congestionado e contido: "*Other chap telling him something with his mouth full ... I munched hum un thu Unchster Bunk un Munchday*" [Outro camarada lhe dizendo uma coisa com a boca cheia ... Mastiguei fazendo barulho *hum um thu ...*] (ibid.). Não admira que Bloom se vá pensando: "Cada um por si, unha e carne. Gulp. Grub. Gulp. Gobstuff" (ibid.). O tema do autoconsumo continua no episódio com Nosey Flynn cheirando até o fim sua gota bamboleante de orvalho e o terrier que "vomitou um pedaço nodoso de comida estragada no calçamento e o lambeu com gosto renovado" (U, 147); mas também se opõe à lembrança de Bloom da passagem de comida de uma boca para outra, no bolo de cominho partilhado com Molly em Howth Head (*U*, 144). Aqui como em outros lugares, a abertura ética ao outro no amor parece ser simbolizada na abertura do corpo ao exterior.

Os exemplos mais comumente dados do deslocamento da violência no livro são, naturalmente, a recusa de Joyce em fazer um paralelo com a matança dos pretendentes na *Odisséia*, recusa representada pela disposição de "abnegação" e "equanimidade" de Bloom ao chegar em casa, e seu sentido da futilidade da retribuição violenta diante da "letargia da matéria nesciente: a apatia das estrelas" (*U*, 604). Sua entrada no leito matrimonial fora "circunspecta", "prudente" e "reverente"; encontrando ali "a marca de uma forma humana, masculina, não sua", ele reflete calmamente sobre sua própria substituição, pensando que "cada qual que entra imagina ser o primeiro a entrar, quando sempre é o último termo de uma série precedente, e mesmo o primeiro termo de uma sucedente, cada qual imaginando ser o primeiro, último, único e exclusivo, quando não é nem o primeiro nem o último nem único nem exclusivo, numa série que se originou no infinito e se repete ao infinito" (*U*, 601).

Discutivelmente, Bloom mata os pretendentes reais e imaginários de Molly ao retomá-la gradualmente em seus pensamentos e fantasias no decorrer da longa fala noturna de Molly, insinuando-se pouco a pouco em lugar dos seus rivais. Mas isso não é um deslocamento absoluto nem violento do outro, nem uma colonização dos pensamentos de Molly. A seção final do monólogo de Molly parece juntar o episódio do bolo de cominho em Howth Head e uma lembrança anterior dela com relação ao Tenente Mulvey em Gibraltar. A retomada imaginativa de Molly por Bloom ocorre, portanto, se é que o faz, no âmbito de uma reminiscência transferencial em que nem o episódio de Howth Head nem o de Gibraltar têm prioridade. Uma matança não-violenta desse gênero obtém a sua vitória numa entrega ao outro.

Poderíamos alegar que essa abertura ao outro é também o que se tenta alcançar por meio da passagem para o discurso do feminino na seção final do livro, e talvez na obra de Joyce como um todo, como o sugere, por exemplo, Bonnie Kime Scott ao escrever que "*Ulisses* e *Finnegans Wake* levantam questões acerca da 'natureza moral' que tem tido ascendência na cultura ... Principalmente por meio de representações da consciência feminina, Joyce demonstra a vulnerabilidade dos absolutos racionais, a verdade das contradições, a força do desejo, a multiplicidade das linguagens e estilos".[37] Christine van Boheemen-Saaf faz afirmações ainda mais vigorosas. Embora deseje resistir ao que denomina "hipostasia do Outro" nas leituras críticas de Joyce, ela ainda pode declarar que "'Penélope' é a *mise en abyme* da alteridade de *Ulisses* ... embora 'Penélope' esteja fora e à parte ... ao repetir, esclarecer e intensificar o estilo de escrita no corpo do texto, [ela] afirma e assinala a alteridade de *Ulisses*"[38]. As leituras que afirmam que a linguagem feminina em "Penélope" e em *Ulisses* de modo geral representa uma espécie de pura prodigalidade, um excesso que não pode ser contido por estruturas conceptuais ou pelo pensamento logocêntrico podem ser consideradas congruentes com os argumentos de Levinas em favor da força ética da linguagem em geral; ele sugere que "a diferença absoluta, inconcebível em termos de lógica formal, é estabelecida somente pela linguagem. A linguagem estabelece uma relação entre termos que quebra a unidade de uma espécie ... A linguagem talvez deva ser definida como o próprio poder capaz de romper a continuidade do ser ou da história"[39].

Se Levinas oferece um modo de leitura da força ética da linguagem feminina presente em *Ulisses*, o seu trabalho também atribui um lugar central a outra preocupação do texto de Joyce, a paternidade. Lutando em *Time and the Other* (1947) com o problema de como conceber uma relação com o outro que não seja na verdade uma ou outra versão da violência egológica praticada pelo eu em suas tentativas de dominar o outro, Levinas se concentra, talvez de maneira um tanto surpreendente, na relação paternal entre pai e filho:

> A paternidade é o relacionamento com um estranho que, ao mesmo tempo em que é inteiramente Outro, sou eu mesmo, o relacionamento do ego com um eu mesmo que no entanto me é estranho. O filho, com efeito, não é simplesmente minha obra, como o é um poema ou um artefato, nem é ele propriedade minha. Nem as categorias do poder nem as do ter podem indicar a relação com o filho. Nem a noção de causa nem a de propriedade nos permite apreender o fato

37. Bonnie Kime Scott, *Joyce and Feminism*, Brighton, Harvester Press, 1984, p. 207.

38. Boheemen-Saaf, "Joyce, Derrida, and the Discourse of 'the Other'", pp. 102, 93-4.

39. Emmanuel Levinas, *Totality and Infinity: An Essay on Exteriority* (1961), trad. de Alphonso Lingis, Haia, Nijhoff, 1979, p. 195.

> da fecundidade. Não *tenho* o meu filho; *sou* de alguma forma o meu filho ... Mais uma vez, pois, o filho não é um evento qualquer que me acontece — como o seriam, por exemplo, minha tristeza, minha provação, ou meu sofrimento. O filho é um ego, uma pessoa. Por fim, a alteridade do filho não é a do alter ego. A paternidade não é uma simpatia mediante a qual eu possa me pôr no lugar do filho. É por meio do meu ser, e não da minha simpatia, que sou o meu filho. O retorno do ego a si mesmo, que começa com a hipostasia, não é, portanto, sem remissão graças à perspectiva do futuro aberta por eros. Em vez de alcançar essa remissão por intermédio da impossível dissolução da hipostasia, conseguimo-la através do filho[40].

Aqui, a paternidade, enquanto remissão do retorno do ego a si mesmo, se aproxima da experiência de eros, que, para Levinas, é um paradigma da relação ética não por transcender a singularidade do eu na fusão, mas justamente porque consiste numa "insuperável dualidade dos seres". Em eros, "o outro como outro não está presente aqui como objeto que se torna nosso ou se torna nós; pelo contrário, ele se recolhe ao seu mistério"[41].

A preocupação com a paternidade em *Ulisses* já foi, naturalmente, discutida à exaustão, sendo um tópico que evidencia a cisão entre uma ética recursiva e uma ética digressiva. Para Sheldon Brivic, a paternidade e filiação na escritura de Joyce representam uma batalha de vida ou morte que termina por ser superada por uma espécie de fusão entre pai e filho, transformando a perda em vitória, a morte em vida:

> A longo prazo, o papel do filho é vencer, enquanto o do pai é perder. Na fase inicial, do "Herói", a obra de Joyce é impelida por uma necessidade de ter razão às expensas do mundo. Na fase ulterior, no entanto, aceita a possibilidade de ser subjugada pela experiência. A vitória inevitável do filho tende a ser destrutiva para outras pessoas, ao passo que a derrota do pai é criativa. O filho toma vida enquanto o pai dá. Mas as vitórias da condição de filho se justificam em última análise como preparação para a de pai, e Joyce só se tornou sua própria causa ao aceitar a identidade secreta e fatídica do seu inimigo[42].

Lido de uma perspectiva lacaniana, o intercâmbio pai-filho em Joyce pode dar a impressão de ter menor probabilidade de se fundamentar em alguma identidade reunida ou reconciliada como se projeta aqui. Para Jean-Michel Rabaté, *Ulisses* é movido pelo desejo de "sintonia" pai/filho, a que, contudo, sempre resiste tanto, pois "toda a concepção da paternidade como algo fundado no vazio e na incerteza descarta toda reunião

40. Levinas, "Time and the Other", in *Levinas Reader*, p. 52.

41. Ibid., p. 49.

42. Sheldon Brivic, "The Father of Joyce", in *The Seventh of Joyce*, ed. por Bernard Benstock, Brighton, Harvester Press, 1982, p. 80.

desse gênero e acentua a diferença". Ellen Carol Jones afirma de modo semelhante que a lei do pai, enquanto *logos*, *lex eterna*, cede lugar, em *Ulisses*, à "lei da disseminação, um semear da infinita repetição, proliferação e suplementação"[43]. Podemos dizer que leituras da paternidade em *Ulisses* por meio de Lacan destacam o solapamento da lei do pai do ponto de vista do filho insubordinado, em que a leitura levinasiana da paternidade assume a posição do pai, a fim de imaginar e projetar o solapamento e engrandecimento ético do eu paternal. Mas seja de que tipo for, essa preocupação com a paternidade de um filho [e não de uma filha] sempre é, com efeito, vulnerável à acusação que Luce Irigaray parece lançar contra ela, a de que ela pode ser uma forma de o ego masculino devolver-se a si mesmo por meio da figura intermediária da mulher, aqui reduzida a mero intervalo do circuito masculino do egotismo: "O aspecto de fecundidade que só é testemunhado no filho oblitera o segredo da diferença. Na qualidade de meio de retorno a si mesmo fora de si mesmo do amante [e não da amante], o filho fecha o círculo. O caminho de uma ética solidária que terá encontrado, para a sua própria necessidade, sem realização nupcial, a mulher irresponsável, a amada"[44]. Derrida parece antecipar essa crítica numa nota de rodapé a "Violência e Metafísica"; nela, observa, com extraordinária irreverência, que Levinas, em *Totalidade e Infinito*, "leva tão longe o respeito à dissimetria que nos parece impossível, essencialmente impossível, que pudesse ter sido escrito por uma mulher. Seu sujeito filosófico é o homem" (VM, 320-1). O fato de a observação ter sido provocada por uma referência à expressão "intuição feminina" (*woman's reason*) em *Ulisses* parece sugerir que a associação dos dois textos pode ser mais do que simplesmente adventícia e que Derrida vê também *Ulisses* como um texto masculino justamente à medida que este deseja a descentralização do homem. Veremos adiante que Derrida retorna, em seu último ensaio sobre Levinas, a essa nota de rodapé que tanto abre como fecha precipitadamente a questão da ética da diferença sexual.

Isso nos faz voltar a uma versão do problema que tem sido recorrente ao longo da discussão. Porque assim que é tornada visível na linguagem, a relação ética foi traída; a relação ética, na qualidade de "exposição e sensibilidade extremas de uma subjetividade a outra", só pode ser congelada em rigidez e distância pela remoção para o domínio da utilidade e do evento moral concreto[45]. Assim como a relação ética tal como descrita de maneira tão exaustiva por Levinas nunca pode ser projetada de forma conceptual ou persuasivamente exemplificada sem ser submetida a uma

43. Jean-Michel Rabaté, "Paternity, Thy Name is Joy"; Ellen Carol Jones, "'Writing the Mystery of Himself': Paternity in *Ulisses*", in *The Augmented Ninth*, ed. por Benstock, pp. 230, 231.

44. Irigaray, "The Fecundity of the Caress", p. 245.

45. Richard Kearney, "Dialogue with Emmanuel Levinas", in *Face to Face with Levinas*, ed. por Cohen, pp. 29-30.

violenta redução, assim também a personificação em *Ulisses* de uma estética da alteridade, uma abertura ao infinito do outro, sempre seria reter a possibilidade do seu próprio ganho ou vantagem estética. A possibilidade de uma antieconomia ética baseada no puro gasto e contingência, que parece presente no episódio do palhaço impostor paternal e da moeda que não retorna é, portanto, solapada no mesmo momento em que é apresentada. Para *Ulisses*, a contingência do valor exemplificada nessa passagem vem a ter esse valor estratégico de contingência para o próprio livro, o livro cuja estrutura mesma depende desse tipo de especulação com a contingência. Nesse sentido, essa passagem e a heterogeneidade que ela personifica não constituiriam tanto uma fragmentação pura ou autônoma da economia do retorno quanto a sua mais arriscada, porém mais lucrativa, especulação.

O que Bloom pratica aqui é uma versão do jogo do fort:da descrito por Freud em *Além do Princípio do Prazer*, pois envolve uma entrega de si mesmo na esperança de um retorno que garanta o domínio sobre a ausência e a perda. Mas, ao mesmo tempo, esse momento da narrativa de *Ulisses* representa uma entrega *do próprio Ulisses* no interesse da autoridade, do prazer e do lucro narrativos, que são ainda mais intensos devido à sua estada na morte e na ausência. Nisso, podemos dizer de *Ulisses* o que Derrida diz de modo tão apropriado do relato freudiano do fort:da, ou seja, a estrutura do jogo descrito por Freud representa o, ou se desenrola exatamente na direção do, relacionamento entre o jogo e sua narração em *Além do Princípio do Prazer*. Freud conta essa história a fim de descartá-la da sua discussão, para mostrar que ela não é um bom exemplo de qualquer coisa além do princípio do prazer, mas, tal como o carretel que é lançado fora pelo seu neto para ser recuperado, o jogo volta insistentemente à discussão de Freud acerca da inter-relação de vida e morte, da mesma maneira como retorna insistentemente, tal como o carretel, ao discurso psicanalítico (TSF, 355). Se a força da moeda que não retorna e do falso filho é fragmentária para Bloom, um estranhamento ético (no sentido de Levinas) do eu naquilo que "Ítaca" chama de identidade "aliorrelativa" em vez de "ipsorrelativa" (*U*, 581), o modo pelo qual *Ulisses* faz tão escrupulosamente a sua própria pergunta sobre a alteridade, dando-lhe uma resposta, o faz retornar à sua própria órbita, devolvendo essa alteridade a si mesmo e dominando o fato da ausência ao dar-lhe o sentido de ausência.

O que isso parece implicar é que *Ulisses* não tolera uma leitura que simplesmente substitua a ética do mesmo por uma ética levinasiana orientada para o outro. Com efeito, como vimos, Derrida alega, em "Violência e Metafísica", que há uma espécie de violência abstrativa implícita na própria exatidão dessa divisão entre a violência do mesmo e a não-violência da alteridade que alegadamente a precede. Nesse sentido, nunca pode haver uma ética pura, ou puramente não-violenta, da alteridade. Parece que

> a expressão "infinitamente outro" ou "absolutamente outro" não pode ser enunciada e pensada ao mesmo tempo; que o outro não

> pode ser absolutamente exterior ao mesmo sem cessar de ser outro; e que, em conseqüência, o mesmo não é uma totalidade fechada em si mesma, uma identidade que joga consigo mesma, que apenas tem a aparência de alteridade, naquilo que Levinas chama de economia, trabalho e história. Como poderia haver um "jogo do Mesmo" se a alteridade já não estivesse *no* Mesmo? (VM, 126).

Já não é possível, devido a isso, opor ipseidade a alteridade, visto que a diferença entre elas é na realidade diferença no interior de cada uma delas. A conseqüência disso é que também é impossível fundar uma ética na noção de uma abertura puramente não-violenta do ego ao outro. Porque o outro não pode ser tido como *puramente* outro, não pode ser completamente inocentado do fato de ser reapropriado como um *alter ego* (se bem que Levinas veja isso como a violência egológica do mesmo), já que sua alteridade absoluta só poderia ser registrada à medida que se reconhecesse ser ele um ego como o meu ego — "O outro como alter ego significa o outro como outro, irredutível ao *meu* ego, precisamente porque é um ego, porque tem a forma de um ego" (VM, 125). Ou seja, a absoluta alteridade do outro, em que se baseia o ideal da não-violência ética, não é de modo algum um absoluto. A pura não-violência sempre requer uma certa violência no ato mesmo de reconhecer o outro como tal. A negação de toda violência seria a negação de todo relacionamento, que é em si mesmo violento. [Poderia haver uma alegoria disso na sinistra piada de Mr. Deasy, que diz ser a Irlanda "o único país que nunca perseguiu os judeus ... Porque nunca os deixou entrar" (*U*, 30)].

Se a pura não-violência sempre envolve contraditoriamente a violência, do outro lado, a violência pura ou absoluta, ou seja, um relacionamento entre "seres sem rosto", relacionamento em que o ego nega a condição de alteridade do outro, nunca poderia ser de fato violência, visto que a violência exige o reconhecimento do outro. Como o diz Derrida, "Só um rosto pode deter a violência, mas ele pode fazê-lo, em primeiro lugar, somente porque pode provocá-la" (VM, 147).

Essa contraditoriedade presente no centro do pensamento de Levinas também tem um vínculo crucial com a questão da linguagem. Levinas afirma que a relação ética de obrigação para com o outro é primacialmente uma relação discursiva: "A relação entre o mesmo e o outro, a metafísica, é primordialmente representada como conversa (*discours*) em que o mesmo, reunido em sua ipseidade como um 'eu', como um existente ímpar e autóctone particular, abandona a si mesmo"[46]. A principal característica ética da linguagem é para Levinas a *vocatividade*; muito embora a linguagem sempre tenha a capacidade de objetificar violentamente o outro, o que é ético para Levinas é a força de sua interpelação (*address*):

> A palavra que se apropria do Outro como tema parece conter o Outro. Mas ela já é dita ao Outro que, como interlocutor, deixou

46. Levinas, *Totality and Infinity*, p. 39.

> o tema que o abrangia, e se ergue inevitavelmente por trás do dito ... No discurso, a divergência que se forma inevitavelmente entre o Outro como meu tema e o Outro como meu interlocutor, emancipado do tema que pareceu por um momento contê-lo, contesta imediatamente o sentido que atribuo ao meu interlocutor. A estrutura formal da linguagem anuncia, dessa maneira, a inviolabilidade ética do Outro[47].

Mais uma vez, porém, o que Levinas propõe como uma cisão fundamental entre o conteúdo objetificante da linguagem e a forma ética de sua vocatividade é lido por Derrida como paradoxal. Porque se é verdade para Levinas, como escreve Derrida, que "a dimensão dativa ou vocativa que abre a direção original da linguagem não pode prestar-se sem violência à inclusão no e à modificação pela dimensão acusativa ou atributiva do objeto" (VM, 95), toda a exposição de Levinas de sua filosofia ética tem de ser justamente esse tipo de violência. A própria noção de *exterioridade*, por exemplo, que é tão importante como metáfora para Levinas, significando como o faz a abertura ética do ego para além do fechamento da sua ipseidade, pertence ela mesma, recapitulando-a, à violenta espacialização das relações existenciais na linguagem que visa transcender. Para Levinas, a luta por articular a relação ética é uma luta contra o *logos* grego, uma linguagem conceptual que equaciona verdade com absoluta inteligibilidade ou presença; a linguagem grega, diz ele, sempre concebe a verdade como "o que pode ser representado em algum aqui e agora eterno, exposto e desvelado em pura luz"[48]. Isso representa um congelamento da temporalidade e da história em totalidade, uma totalização que é sempre violenta. A tarefa do pensador ético é, pois, tentar recuperar um léxico não-grego ou judaico da alteridade do âmbito dessa linguagem dominante de conceitos.

Mas isso é tão impossível, na prática, quanto tentar separar as funções vocativa e referencial da linguagem, porque é sempre necessário falar de alteridade de acordo com o léxico grego de inteligibilidade, o que se traduz em fechamento ou totalidade. Derrida critica Levinas por tentar efetuar tal separação pura de duas línguas misturadas, embora o louve por iniciar uma "ruptura do logos", por tentar ouvir outra voz no interior da voz grega. Com efeito, o que a obra de Levinas na verdade promete é uma introvisão do entrelaçamento insolúvel do grego e do judaico, da presença e da alteridade, da violência e da paz, no âmbito do próprio *logos*:

> Por definição, se o outro é o outro, e se toda fala é para o outro, nenhum *logos* enquanto conhecimento absoluto pode *compreender* o diálogo e a trajetória na direção do outro. Essa incompreensibilidade, essa ruptura do *logos*, não é o começo do irracionalismo, mas a ferida ou inspiração que abre a fala e torna possível todo

47. Ibid., p. 195.
48. Kearney, "Dialogue with Emmanuel Levinas", p. 19.

> *logos* ou todo racionalismo. Um *logos* total ainda teria, para ser *logos*, de deixar ser proferido na direção do outro para além de sua própria totalidade (VM, 98).

Uma das principais linhas do primeiro ensaio de Derrida sobre Levinas é uma defesa de Heidegger da acusação levinasiana de que a sua ontologia é uma filosofia da violência. Essa defesa tem como base o fato de a obra de Heidegger na verdade produzir no âmbito da ontoteologia grega a ruptura íntima do *logos* que Levinas deseja iniciar. Eis por que Derrida conclui "Violência e Metafísica" não com a simples expulsão do judaico (como "o sonho de um pensamento puramente *heterológico*. Um *puro* pensamento da *pura* diferença" — VM, 151) da casa da filosofia grega, naquilo que seria uma reafirmação da ontologia contra a ética, Heidegger contra Levinas, mas com uma imagem da recepção a contragosto, incerta mas hospitaleira, do judaico na casa do grego. Trata-se de uma imagem que alude ao encontro final entre Stephen e Bloom, cristão e judeu, que sempre devem encontrar-se no terreno do *logos*; "ainda menos poderia o grego ausentar-se, tendo emprestado sua casa e sua linguagem, enquanto o judeu e o cristão se encontram em sua casa" (VM, 152).

O parágrafo final do ensaio apresenta uma série de questões concernentes ao encontro das tradições filosóficas judaica e grega. As questões representam, mas também são geradas por ela, a dificuldade particular de dar à questão da identidade filosófica uma moldura advinda de algum ponto de vista ético. Se perguntamos "Somos judeus? Somos gregos?", podemos sempre estar supondo uma resposta grega ou judaica. Se respondermos, como o faz Derrida, citando o Companheiro do Lynch no episódio "Circe" de *Ulisses*, "Judeugrego é gregojudeu. Os extremos se encontram" (*U*, 411), teremos de perguntar se a mutualidade entre o judeu e o grego é judaica ou grega:

> Terá o estranho diálogo entre o judeu e o grego, a própria paz, a força da lógica especulativa, absoluta, de Hegel, a lógica viva que *reconcilia* tautologia formal com heterologia empírica ... ? Ou, pelo contrário, tem essa paz a forma de separação infinita e de transcendência impensável, indizível, do outro? (VM, 153).

Se estivermos fazendo essa pergunta apenas de *Ulisses*, em vez de empregá-lo para dirigi-la à filosofia como um todo (embora ainda tenhamos de usar a filosofia para fazer a pergunta, via *Ulisses*, *da* filosofia), poderemos estar perguntando: a reconciliação ou reunião de opostos em Stephen e Bloom pertencem a uma metafísica violenta? Representa a união das divergências em acordo, a junção das heterogêneas particularidades desse texto em totalidade, o que Derrida denomina expressivamente "a asfixia do mesmo", a "sintaxe autista" do sonho grego dos opostos fundidos (VM, 149, 152)? Seria a tão celebrada hospitalidade ética com que é recebido o contingente e o indeterminado em *Ulisses* apenas uma forma extrema do rapace apetite da modernidade pelo impensado?

Ou deveria essa reconciliação entre contingência e estrutura ser lida, contra si mesma, como uma abertura judaica à história, à contingência e à alteridade que ela parece anular[49]? Representa a convergência de Stephen e Bloom o reconhecimento violento/pacífico do outro como ego, que é o único meio de um reconhecimento em última análise violento/ pacífico da liberdade do outro como outro?

Uma leitura do segundo tipo teria de dar atenção a todas as cômicas resistências à reconciliação incluídas no encontro final de Stephen e Bloom na rua Eccles, e talvez, em especial, à passagem em que eles trocam idéias sobre o irlandês e o hebraico e as semelhanças entre o catolicismo e o judaísmo em "sua dispersão, perseguição, sobrevivência e revivescência", bem como sobre as possibilidades de um retorno a uma pátria (*U*, 564). De fato, aqui como alhures, Joyce põe em relevo a incompletude e a insatisfatoriedade da experiência partilhada da diáspora e da aspiração de volta ao lar, por exemplo, no hino que Bloom canta (que mais tarde seria o hino do estado de Israel) "parcialmente em antecipação da consumação múltipla, etnicamente irredutível" e que é interrompido "em conseqüência de uma mnemotécnica deficiente" (ibid.) A réplica de Stephen é cantar a balada de "Little Harry Hughes", que descreve o assassinato de uma criancinha por uma irmã judia. Seu comentário sobre a balada e a reação de Bloom podem parecer o ato de opor a auto-identificação egoística à recusa da identidade. Stephen lê a balada em termos do seu próprio sentido grandioso de missão e de traição, e a dimensão vocativa do seu discurso traz claramente em si algum tipo de ameaça ao seu anfitrião:

> Um entre todos, o menor de todos, é a vítima predestinada. Uma vez por inadvertência, outra por desígnio, ele desafia o seu destino. Vem quando ele é abandonado e o desafia relutante e, qual uma aparição de esperança e juventude, o retém, sem resistir. Leva-o a uma casa estranha, ao apartamento de um infiel secreto, e ali, implacável, o imola, com o consentimento dele (*U*, 567).

A violência de Stephen é aqui de dois tipos: em primeiro lugar, na apropriação da experiência da balada como sua e, em segundo, em sua assimilação de Bloom ao papel de outro, como um "infiel secreto". Bloom nada comenta, mas, de uma maneira que lhe é típica, resiste internamente à violência da história e do comentário, defletindo-a: "Ele desejava que a história de uma façanha fosse contada de uma façanha não por ele [dele] não fosse por ele contada" [*He wished that a tale of a deed should be told*

49. Uma recente tentativa de reivindicar uma ética judaica para *Ulisses* está em Ira B. Nadel, *Joyce and the Jews: Culture and Texts*, Basingstoke, Macmillan, 1989. Nadel associa *Ulisses* com o Talmude a partir de sua textualidade aberta; a natureza ética do Talmude reside, diz ele, não tanto em algum corpo de lei moral que ele possa conter quanto em seu status de texto inacabado e na responsabilidade que transmite de continuar a interpretar a sua ética (p. 117).

of a deed not by him should by him not be told] (*U*, 567). A melhor maneira de entender essa frase enigmática seria dividi-la entre a sua décima-primeira e décima-segunda palavras [*told/of*], com a segunda oração, que começa em "*of a deed*", sendo gramaticalmente conseqüente com relação às palavras iniciais, "*he wished that a tale*". A frase significaria então: "Ele desejava que a história de uma façanha fosse contada (por Stephen), mas também desejava que ele (Stephen) não tivesse contado a história de uma façanha que não era dele (de Bloom)", isto é, não tivesse atribuído violentamente a Bloom a violência que ele tinha. Mas a frase também poderia significar que ele (Bloom) desejava que ele (Stephen) não tivesse contado a história de uma façanha que não era dele (de Stephen), ou seja, desejava que Stephen não tivesse se identificado em seu comentário. Mas isso de modo algum esgota os sentidos possíveis dessa estranha frase, que parece ao mesmo tempo tão gramaticalmente deficiente e excessiva. Com efeito, o próprio ponto essencial da frase parece ser sua ansiosa indeterminação acerca de quem está falando a quem acerca da façanha de quem, pois ela inverte e complica as estruturas da referencialidade e da vocatividade. Como a um só tempo ferida, reprovação ética e delicada recompensa, a frase representa um sismo no princípio da identidade que governa a concepção que Stephen tem do artista e da ética da reconciliação promovida ao longo de *Ulisses*. A linguagem de Bloom parece fazer os dois testemunhar a dolorosa resistência quer a habitar a sua identidade quer a permitir a simples fusão de identidades. Poderíamos sugerir que ocorre aqui uma espécie de transferência ética em que identidades mudam sem nunca ter sido inteiramente *dadas* (em todos os sentidos).

Como já vimos, mesmo que fosse possível multiplicar exemplos desse tipo a partir do texto de *Ulisses*, isso nunca poderia equivaler à demonstração da presença de uma ética levinasiana em seu interior. É antes em alguma modalidade de vocatividade do texto, em sua resistência à ética do mesmo, que tal relação pode ser, no máximo, intuída. Tal resistência poderia ser representada no interior de toda leitura como parte do seu movimento contra a totalidade, porém jamais poderia ser o resultado demonstrável de uma leitura desse gênero. Em vez de usar *Ulisses* para ajudá-lo a preferir o grego ao judeu, o mesmo ao outro, Derrida emprega o romance para ler o que está envolvido nessa escolha. Assim é que, quando Joyce é identificado, nas palavras finais de "Violência e Metafísica", como "talvez o mais hegeliano dos romancistas modernos", já não podemos ter certeza do que isso significa — se o encontro entre grego e judeu é aqui um encontro grego ou um encontro judeu, se é uma assimilação do tipo "judeugrego" ou "gregojudeu". A impossibilidade de uma simples decisão em favor de uma ou da outra resposta ética que começamos distinguindo entre si sugere que a compulsão ética de *Ulisses* na verdade envolve a própria questão de como ler a questão da ética, como, de modo não-violento, dentro de uma economia discursiva da violência, ler a questão da alteridade no âmbito do mesmo. É essa oscilação de categorias induzida pelo chamado a fazer a pergunta ética, ao mesmo tempo em que se questiona o que essa pergunta é e como tem de ser feita, e em que se é, na realidade, interpelado pela necessidade de questionar essa questão, que constitui a ética de *Ulisses*.

EM PERFORMANCE: GUERRA E PAZ

A crítica de Derrida à noção de uma alteridade absolutamente realizada é retomada e ampliada em seu segundo ensaio sobre Levinas, "At This Very Moment in This Work Here I Am". O ensaio parece responder inadvertidamente e, por assim dizer, de antemão, ao ensaio "Wholly Otherwise", contribuição de Levinas ao volume de ensaios em que a versão inglesa do texto de Derrida apareceu pela primeira vez; isso porque Levinas encerra seu ensaio defendendo respeitosamente da desconstrução a pura alteridade de sua filosofia ética. Ele o faz insinuando que, apesar de todas as precauções, Derrida recai na forma daquilo de que tenta escapar — a temática do Ser formulada numa linguagem positiva de conceitos. É certo, concede ele, que Derrida submete cada conceito desses e cada ambição do Ser autopresente dessas a uma rigorosa suspeita; mas mesmo assim pergunta: "Não é a tentativa de uma enunciação positiva do fracasso da presença a si mesma ainda uma maneira de retornar à presença com a qual essa positividade se funde?[50]" Assim, mantém Levinas, Derrida permanece na ordem da ontologia, em vez de irromper na ordem da ética; ou, o que é outro modo de dizer a mesma coisa, permanece no domínio do Dito constativo, sem dar atenção à relação ética pressuposta em cada exemplo de Dizer vocativo ou performativo.

Mas esta última questão é justamente o que é considerado em "At This Very Moment". O ensaio e o seu título são compostos a partir da reunião de algumas citações da obra de Levinas; em quase todas essas citações, este último parece estar tentando afirmar uma espécie de puro Dizer, a abertura imediata e firme ao outro capaz de romper ou interromper o fio do discurso conceitual. A crítica de Derrida à performatividade de Levinas tem como paralelo sua crítica, em *Limited Inc*, à noção de autopresença performativa na teoria dos atos de fala de John Searle (e, com efeito, na ética discursiva de Habermas). Em outras palavras, essa crítica depende da demonstração da necessidade estrutural da iteração em cada performativo, o que significa, entre outras coisas, que nenhum enunciado performativo, por mais insuficientemente determinado pelo seu contexto que pareça — na presença de um "eu" falante e intencionado, de um outro capaz de compreender e da existência de condições partilhadas para interpretar ou validar o enunciado — pode evitar a possibilidade de ser deportado do seu contexto próprio e reinstalado em novos contextos. Se é impossível ter certeza da autopresença intrínseca dos performativos de Searle, também é impossível ter certeza da

50. Emmanuel Levinas, "Wholly Otherwise", trad. Simon Critchley, in *Rereading Levinas*, ed. por Bernasconi e Critchley, p. 7.

alteridade não-contaminada dos performativos éticos de Levinas. A capacidade de ser repetido de todo enunciado no agora e a partir do agora, toda tentativa de personificar ou exemplificar o puro Dizer na linguagem do Dito, significa que um performativo do tipo levinasiano não é menos imune à reversão, ao deslocamento e à traição do que um do tipo searliano. Para demonstrá-lo, Derrida cita uma passagem de *Otherwise Than Being, or Beyond Essence* (1974) em que a expressão "neste momento" ocorre duas vezes, de forma quase idêntica, mas com pesos absolutamente distintos. Eis a passagem:

> Claro que se objetará que, se puder existir entre a Alma e o Absoluto alguma relação além da tematização, não significaria o ato de falar e de pensar sobre isso *neste exato momento* [itálicos de Derrida], o fato de envolvê-lo em nossa dialética, que a linguagem e a dialética são superiores a essa Relação?
> Mas a linguagem da tematização, que *neste momento* [itálicos de Derrida] estamos usando, talvez só tenha se tornado possível por meio dessa Relação, sendo somente ancilar (citado em ATVM, 23, sem indicação de página).

A primeira ocorrência, "neste exato momento", anuncia a traição da relação ética pela falsa positividade da linguagem: nas palavras de Derrida, ela "tematiza a tematização que envolve, encobre ou dissimula a Relação" (ATVM, 24). A segunda, "neste momento", faz o oposto: ela "tematiza o intematizável de uma Relação que não permite um maior envolvimento sob o tecido do mesmo" (ibid.). Isso permite a Derrida demonstrar o modo pelo qual a própria performance do performativo produz uma duplicação no texto de Levinas, unindo o Dizer e o Dito, o vocativo e o temático, o ético e o ontológico:

> Embora haja, entre os dois "momentos", um intervalo cronológico, lógico, retórico e até ontológico — à medida que o primeiro pertence à ontologia, ao passo que o segundo escapa dela ao torná-la possível — trata-se do *mesmo momento*, escrito e lido em sua diferença, em sua dupla diferença, um pertencendo à dialética e o outro diferente e diferindo (*différant*) do primeiro, infinitamente e de antemão transbordando-o (ATVM, 24).

Quer dizer, é necessário ter em conta a irredutível interligação das duas dimensões distinguidas e associadas pela expressão repetida por Levinas, o que significa afirmar o que foi afirmado em "Violence and Metaphysics", a possibilidade inalienável de passagem entre o ético e o não-ético, entre a não-violência e a violência. A crítica de Derrida a Searle e, por trás dele, à ética do discurso de Habermas, é que ele supõe que as relações intersubjetivas podem ser apreendidas e formalizadas no âmbito do pensamento conceitual e postas sem risco a serviço de uma racionalidade (estreitamente concebida). Se bem que por vezes (mas ainda assim com freqüência) se diga que a obra de Derrida abandona a racionalidade e, portanto, abandona também a socialidade e a intersubjetividade, a crítica derridiana à teoria dos atos de fala depende em larga medida de um sentido levinasiano da vocação intersubjetiva de todo discurso, ao lado de um sentido do excesso inapreensível que essa intersubjetividade representa para todo pensamento conceitual e consensual. Mas, aqui, ao responder a Levinas, Derrida também se vê obrigado a mostrar os limites da doutrina levinasiana do excesso inapreensível da intersubjetividade quando indica que esta nunca pode ser inteiramente imune à recaptura pela "tematização" a que ele parece se opor em Searle, Habermas e outros.

Para elaborar essa crítica a Levinas, Derrida tem de adotar de modo mais amplo do que o usual a técnica da crítica imanente, explicando a obra de Levinas a partir de dentro, a fim de revelar-lhe os limites, em vez de afirmar que ocupa com relação a ela uma posição de exterioridade. Portanto, a própria performance ou representação de sua crítica por Derrida encena ou representa o que ele deseja demonstrar, a pura auto-identidade e a pura diferença que nunca podem ser pensadas em separado e em estrita oposição. Eis por que "At This Very Moment" é tão impelido e posto em perigo pelos problemas do dar, da obrigação e da gratidão, o problema de como render homenagem a Levinas de um modo que retome a irreversível abertura ao outro que é reivindicada por essa obra, e, portanto, evite em todos os sentidos reinstituir uma economia do mesmo ao simplesmente devolver-lhe essa mesma obra. O radical altruísmo de Levinas parece, em resumo, proibir a gratidão. O problema que Derrida propõe a si mesmo aqui parece ser antecipado em algumas observações anteriores feitas por ele mesmo acerca da escritura de Joyce, se bem que não tanto em *Ulisses* quanto em *Finnegans Wake*. Essa escritura poderia ser considerada, conjetura ele, um gesto na direção de uma dádiva puramente não-restituível e não-lucrativa:

> Há antes de tudo a grandeza daquele/a que escreve a fim de dar, em dar e, portanto, a fim de dar para esquecer a dádiva e o dado, o que é dado e o ato de dar, o que é a única maneira de dar, a única maneira possível — e impossível. Mesmo antes de qualquer restituição, simbólica ou real, antes de toda gratidão, a simples lembrança, na verdade a mera consciência da dádiva, por parte do doador ou do receptor, anula a própria essência da dádiva. A dádiva tem de ser sem retorno, sem um esboço, ainda que simbólico, de gratidão (TWJ, 146).

A resposta ao problema de como escrever com gratidão sobre a dádiva filosófica de Levinas (e, talvez, também de Joyce) parece ser que, para permanecer fiel a ele, Derrida deve em certo sentido ser infiel, visto que simplesmente devolver a Levinas o seu próprio trabalho para homenageá-lo seria desfigurar a sua verdade e, quem sabe, roubá-la dele. Dizer apenas sim à obra de Levinas seria na verdade dizer não a ela, estabelecer uma relação de pura subordinação com o seu domínio. Mais uma vez, esse problema parece ser resolvido mediante a leitura de Joyce por Derrida. Porque a sugestão de que *Finnegans Wake* poderia representar um movimento de pura dádiva ou dispêndio é quase imediatamente refutada pelo argumento de que o próprio escopo enciclopédico do romance, seu recordar-se-de-antemão "hipermnésico" da interligação de todas as línguas é o que na realidade condena todo leitor a "a estar na memória" de Joyce, produzindo um sentido de gratidão forçada, de dívida não paga (TWJ, 147). A leitura que Derrida faz de *Finnegans Wake* concentra-se numa passagem do romance que evoca a desintegração de Babel e, em particular, das duas guerras, "*he war*" na passagem em tela[51]. Essas duas palavras juntas formam "verdade e violência" ["*war*" do alemão, terceira pessoa do singular, imperfeito de "*sein*" ("*to be*" = "ser"), e "*wahr*" ("*true*" = verdadeiro) e "*war*" (= "guerra")]. Elas representam, diz Derrida, a voz de IAHWEH instituindo a queda de Babel e, portanto, "toda a babélica aventura do livro" (TWJ, 153). Quando elas são ditas em voz alta, desaparecem as ambigüidades translingüísticas e "a multiplicidade permanece controlada por uma língua dominante, o inglês" (TWJ, 156). Mas, na página, a multiplicidade de línguas embutida nas palavras "*he war*" na verdade solapa a força aguerrida e centrante do enunciado autoritativo de Deus, numa "contaminação da língua do mestre pela língua que ele afirma subjugar, à qual ele declarou guerra" (ibid.).

Essa alternância entre pureza e contaminação, entre unidade e multidade (*multeity*), guerra e paz, serve de alegoria à forma como um "todo" de *Finnegans Wake*, esse texto que é simultaneamente dádiva pacífica ao outro e violenta preocupação dele. Como tal, *Finnegans Wake* é a um só tempo uma recapitulação e um exceder de *Ulisses*. É

> um filhinho, um netinho da cultura ocidental em sua totalidade circular, enciclopédica, ulissesiana e mais do que ulissesiana. E assim é, simultaneamente, muito maior do que mesmo a sua odisséia, ele a abrange e isso a impede, puxando-a para fora de si mesma numa aventura inteiramente singular, de fechar-se sobre si mesma e sobre esse evento (TWJ, 149).

Mas, no mesmo "momento", essa radical exteriorização, e, poderíamos dizer, alteriorização de *Ulisses* em e por meio de *Finnegans Wake*, a reavaliação em novas bases de sua totalidade aguerrida em dádiva pacífica, é ela mesma pré-abrangida num círculo de gratidão a *Ulisses*, cujo "sim" feminino conclusivo já pertence a uma economia diferencial da ipseidade e da alteridade, da lei e da transgressão. A tênue expressão "*he war*", conclui Derrida, forma tanto uma assinatura como uma contra-assinatura: "Ela diz

51. James Joyce, *Finnegans Wake*, Londres, Faber & Faber, 1939, p. 258, 1. 12.

'nós' e 'sim' no final ao Pai ou ao Senhor que fala em voz alta, mal havendo alguém além Dele, mas deixa a última palavra à mulher, que, por sua vez, terá dito 'nós' e 'sim'" (TWJ, 158). Num trecho bem mais longo sobre *Ulisses*, Derrida amplia exponencialmente a força do *sim* de Molly (e de outros) no romance, detectando na força performativa da palavra uma fragmentação da estrutura da reversão econômica à plenitude que é, por outro lado, tão compelativo nele, visto que esse *sim* marca a abertura de todo discurso em responsabilidade com relação ao outro[52]. O ponto principal, portanto, é que tal dádiva pura não é possível, e muito menos no *sim* que Derrida diz à obra de Levinas, porque tal dádiva pura iria abolir o relacionamento de diferença que estabelece e torna inescapável a responsabilidade com relação ao outro desde o começo.

Isso antecipa a maneira pela qual, em "At This Very Moment", o necessário entrelaçamento entre a doação e a reversão egotista — entre paz e guerra — também se vincula à questão da diferença sexual. Apoiando-se na, ou talvez de certo modo apropriando-se da, acusação de teóricas como Irigaray, de que Levinas também se apropria em vez de abrir-se antenticamente ao feminino, Derrida tenta, ao que parece, proteger-se desse efeito ou revertê-lo ao dar as páginas finais do seu ensaio a uma voz feminina. Isso lhe permite, a um só tempo, articular a crítica à ética apropriativa de Levinas e abrir o seu próprio texto (num gesto de substituição ingrata que ainda assim visa ser essencialmente fiel à qualidade de autodistanciamento da própria obra de Levinas) à voz do outro tal como personificado na mulher.

Nisso, com efeito, Derrida faz sombra à aparente entrega de Joyce, em *Ulisses*, ao discurso feminino de Molly Bloom, que tanto interrompe como completa a obra, e, ao desfazer-lhe a trama, reúne todos os seus fios. A força unitiva e desagregadora, presente em "At This Very Moment" nas metáforas do rasgar, do ligar e do atar, que permite a Derrida evocar as relações, como o diz Simon Critchley, "entre vincular e desvincular, entre estar preso à linguagem ontológica ou logocêntrica e, no mesmo momento, não o estar a essa linguagem" e ver nesse ritmo de vincular e desvincular "a absoluta prioridade da obrigação ética"[53], pode ser o testemunho silencioso da presença de Molly/Penélope na obra. Entretanto, as estranhas palavras finais do texto de Derrida, ao contrário das de *Ulisses*, não são masculinas nem femininas, representando em vez disso um entretecer ou "entre(rrelaciona)laçamento" [*inter(el)acing*] de vozes masculinas e femininas que produz um movimento de enunciação que talvez seja tão beckettiano quanto joyciano no modo como a insistência performativa das palavras se combina com uma radical indeterminação da forma e com uma incerteza ou multiplicidade de origens:

52. Jacques Derrida, "Ulysse gramophone: l'oui-dire de Joyce", in *Genèse de Babel: études présentés par Claude Jacquet*, Paris, CNRS, 1985, pp. 227-64.

53. Critchley, "'Bois'", p. 178.

> *Ela não fala o inominável mas você a ouve melhor do que antes de mim neste exato momento em que não obstante do outro lado da obra monumental teço a minha voz de maneira que ela seja obliterada* (ATVM, 47).

Creio que Critchley confunde o movimento do texto de Derrida, ao concluir o seu ensaio admirável e vastamente instrutivo a seu respeito, com uma celebração da consecução ou manutenção não-ambígua da alteridade[54]. Apesar de reconhecer a irredutível diferença da diferença sexual para Derrida, Critchley é levado, ao descrever a assimetria discursiva de "At This Very Moment", a propor a existência de uma separação absoluta entre a lógica do mesmo e a lógica do outro em termos de uma diferenciação fixa do sexual:

> O primeiro momento da leitura, feita pela voz do Mesmo (um leitor), se empenha numa repetição do texto levinasiano, em que o leitor produz um comentário que diz a mesma coisa que Levinas e mostra como funciona a sua obra. O segundo momento da leitura, feita pela voz do Outro (uma leitora), do texto levinasiano, interrompe as intenções e mostra como o seu trabalho não funciona[55].

É verdade que, um momento depois, Critchley observa que "essas duas leituras e esses dois leitores não constituem uma oposição ou antinomia"[56]. mas acredito que isso não seja suficiente para proteger o seu ensaio dos efeitos de uma divisão categórica entre os dois "momentos" performativos do mesmo e do outro, que, ao negligenciar a diferença da diferença, ao lado do próprio relato derridiano de "um performativo sem um evento presente, um performativo cuja essência não pode ser considerada em termos de presença"| (ATVM, 34-5), reverte à lógica mutiladora do mesmo. Assim, Critchley devolve a Levinas o sonho de uma alteridade pura e absoluta a que o texto de Derrida, tanto na intenção como na performance, presta tributo, mas que, ao mesmo tempo, ele demonstra ser impossível. Logo, o relato de Crithley parece alinhado com a obra de Levinas em sua tentativa de salvar a integridade ética desintegradora do Dizer contra as recuperações do Dito, em vez de com a insistência de Derrida em sua indivisibilidade e entre(rrelaciona)laçamento. Manter, como Levinas e, seguindo ele, Critchley, um sentido do valor e da força absolutos do Dizer ético acima do valor do Dito, ao lado de um sentido da catastrófica e incontornável vulnerabilidade do Dizer `a traição no ser Dito, é ser apanhado na violenta e paradoxal infelicidade de que Levinas acusa Derrida e a desconstrução[57]. Derrida não tem menos consciência do que Levinas do paradoxo do valor envolvido nessa vulnerabilidade incontornável do Dizer ético às tematizações do Dito, mas

54. Ibid., p. 172.
55. Ibid., pp. 171-2.
56. Ibid., p. 172.
57. Levinas, "Wholly Otherwise". p. 7.

onde Levinas reproduz interminavelmente o paradoxo pela intensidade dos esforços que faz para dele escapar, Derrida o habita de uma maneira diferente: não numa forma de aquiescência que, no final, iria dissolver o paradoxo, mas numa atitude de tolerância determinada, comprometida em pensar por meio do e com o paradoxo do valor, reconhecendo a interdependência entre dádiva e retribuição, paz e guerra, ética e ontologia, o calculável e o incalculável e, por conseguinte, permitindo que o pensamento ético, em algum sentido, regule e seja dono do seu movimento inexorável de deslizamento e de expropriação.

É essa tolerância determinada que significa que, no final (embora seja um final ético ainda por começar), o pensamento de Derrida sobre a ética da ética, e sobre o valor do valor, resista à pura suspensão do valor que, como vimos no início deste capítulo, veio a caracterizar certa linha influente e poderosa de teoria desconstrutiva. Nesse sentido, ele também resiste à abstração e à associalidade da ética levinasiana (bem como das éticas que, como a de Irigaray, reproduzem esses efeitos), e exige que o pensamento da eticidade se torne possível, concreto, institucional, social[58]. Sem simplesmente devolver o *ethos* à ética, ou fazer voltar à existência, num passe de mágica, o caráter ético cuja ausência é pranteada por Tobin Siebers, Derrida parece reconhecer cada vez mais que a sede do paradoxo do valor, em que o valor é sempre apanhado entre e o desejo de transcendência e a reversão ao mesmo, é precisamente o espaço do social e do histórico. A recusa a permitir que o pensamento da ética prossiga sob a rubrica de uma absoluta transcendência do eu, ou da sociedade, e a recusa a permitir que o outro abstrato ocupe o lugar do social, é o que torna o próprio pensamento desconstrutivista da questão do valor comprometida e inequivocamente político. O desvio que, a fim de retornar por fim a questões do ético e do político, Derrida faz pelo *Ulisses* de Joyce, ele mesmo um dos grandes exem-

58. Para um claro exemplo desse compromisso com o valor instituído da reavaliação em novas bases de todos os valores, podemos recorrer ao ensaio de Derrida a respeito do papel da universidade, "The Principle of Reason: The University in the Eyes of its Pupils", trad. de Catherine Porter e Edward P. Morris, *Diacritics*, nº 13, 1983, pp. 3-20. Nesse ensaio, Derrida afirma que o principal propósito da universidade deveria ser "interrogar a essência da razão e do princípio da razão, o valor do básico, do principal, da radicalidade, da *arkhe* em geral, devendo ela tentar extrair todas as possíveis conseqüências desse questionamento" (p. 16). Se isso parece fornecer os ingredientes para uma crítica tradicional da alegada associabilidade e negação do valor na desconstrução, na maneira como parece pôr a questão do valor e o resultado ético sob um controle indefinido, permitindo a prioridade da pesquisa "pura" ou "desinteressada" acima da pesquisa aplicada ou de orientação política, o ensaio também está voltado para a inescapabilidade dos resultados prático-éticos para todo trabalho intelectual e para a necessidade de submeter toda pretensão de desinteresse a uma rigorosa suspeita. O que Derrida propõe aqui é uma abrangente reflexão interessada (e, num sentido modificado, institucional) sobre a oposição entre o desinteressado e o interessado, entre o isento de valor e o utilitário.

plos do poder do desvio ético e estético deste século, também conduz o texto de Joyce a esse destino ético-político. Ele o faz não ao conseguir uma simples identificação entre o estético e o ético-político ou uma passagem completa de um para o outro, mas sim ao demonstrar a sua vinculação/desvinculação mútua. Sua exploração desconstrutiva do imperativo de repensar todo imperativo ético e político, do valor da suspensão de todo valor, indica o valor irredutível do próprio desvio, bem como a permanente necessidade política de pensar o ético e o político por meio do e com o dizer, o responder e a responsabilidade dirigidos para o outro de outros discursos como o literário.

9

Além do Valor Cultural: *A Escritura do Outro*

Venho mantendo ao longo do livro certa hesitação estratégica entre o que pode ser denominado os usos antropológico e crítico da palavra "cultura" e, em conseqüência, da expressão "valor cultural". Se o uso antropológico da expressão nomeia todo o conjunto de hábitos, crenças e costumes de um grupo social identificável, o uso crítico implica um emprego mais restrito da palavra, destinado a designar coletivamente as atividades, tradições e monumentos desse grupo. No primeiro uso da expressão, não se tenta distinguir entre, nem avaliar, as diferentes formas interligadas que compõem uma cultura, visto que tudo o que faz parte de uma cultura, dos seus costumes nupciais à sua organização do trabalho e às suas práticas estéticas e representativas mais típicas, tem de ser considerado "cultural". O segundo uso, por vezes assinalado, quando culturas ocidentais são discutidas, pela expressão "alta cultura", tem por base a distinção entre as formas e atividades que apenas caracterizam uma cultura ou as formas e atividades, tipicamente na esfera da arte, da religião e da representação, que representam o "melhor eu" dessa cultura ou o sentido do seu melhor eu.

Com efeito, essa distinção não é simplesmente metodológica, visto que também parece marcar uma diferenciação entre duas formas fundamentalmente distintas de sociedade, as sociedades avançadas em que o processo de especialização econômica produziu uma divisão entre a atividade artística e as demais áreas da vida sociossimbólica, e as sociedades tradicionais, nas quais essa separação faz pouco sentido. Contudo, ao fazer uma distinção tão ampla, temos de permanecer conscientes do fato de que a distinção entre cultura e alta cultura é produto da nossa própria cultura, devendo por isso ser ela mesma, parcialmente, expressão das nossas própria necessidades, dos nossos próprios valores e das nossas próprias ansiedades culturais, em vez de alguma espécie de representação "isenta de valores" do estado de coisas efetivamente existente. É notável, por exemplo, que os dois sentidos concorrentes da palavra "cultura", que são mantidos em estreita proximidade nos relatos da cultura do início do século XIX, e em especial na noção do espírito nacional ou folclórico de um povo avançada por J. G. Herder, se cristalizam separados um do outro, com um intervalo de poucos anos entre si, naquele mesmo século, nas definições alternativas oferecidas por *Culture and Anarchy*

(1869), de Matthew Arnold, e *Primitive Culture* (1871), de E. B. Tylor. Para Arnold, cultura é definida como a "busca desinteressada da perfeição ..., a simples tentativa de ver as coisas tal como são, a fim de aceitar o melhor e fazê-lo prevalecer"; e, mais uma vez, "permitir a si mesmo, seja mediante a leitura, a observação ou o pensamento, chegar o mais próximo possível da firme lei inteligível das coisas e, desse modo, formar a base de uma ação menos confusa e de uma perfeição mais completa do que temos no presente"[1]. A grande inovação de *Primitive Culture*, de E. B. Tylor, é, por outro lado, a sua abrangência, como o indica a sua afirmação inicial de que "Cultura ou Civilização, tomadas em seu sentido etnográfico amplo, são o todo complexo que inclui o conhecimento, as crenças, hábitos artísticos, costumes legais e quaisquer outras capacidades e hábitos adquiridos pelo homem como membro da sociedade"[2]. Refutando a austera distinção de Arnold entre o "maquinário" ou meios da cultura e os seus fins desinteressados, transcendentes, Tylor supõe a ampla sinonímia entre as palavras "cultura" e "civilização".

Mas, apesar das diferenças, há um nível em que Arnold e Tylor estão articulando uma experiência compartilhada. George Stocking detalhou os modos pelos quais o relato da cultura de Tylor, embora evidentemente concebido como uma espécie de réplica ao de Arnold, na realidade depende de um privilégio teleológico similar atribuído ao ideal da civilização avançada e de uma tendência a avaliar as culturas selvagens ou bárbaras em termos de sua distância ou proximidade desse ponto mais alto do desenvolvimento cultural[3]. Para os dois, bem como para muitos outros críticos do século XIX, a noção de cultura também encarna um ideal de desenvolvimento na direção da integralidade, um ideal afirmado diante da crescente consciência da cisão ou fragmentação cultural. O ideal arnoldiano de "perfeição harmoniosa da nossa humanidade" se une, por conseguinte, à apreensão metodológica de Tylor da unidade do processo de desenvolvimento cultural das culturas primitivas para as avançadas. Como disse James Clifford de Arnold e de Tylor, bem como do seu legado conjunto à antropologia, "uma forte estrutura de sentimento continua a ver a cultura, onde quer que ela se faça presente, como um *corpo* coerente que vive e morre. A cultura é antes duradoura, tradicional e estrutural do que contingente, sincrética, histórica. A cultura é um processo de ordenamento, não de fragmentação" (*CP*, 235).

Essa associação entre o estético e o antropológico seria consolidada no primitivismo maduro de boa parte da teoria modernista, que, ao voltar-

1. Matthew Arnold, *Culture and Anarchy* (1869), ed. por John Dover Wilson, Cambridge, Cambridge University Press, 1988, pp. 82, 163.

2. E. B. Tylor, *Primitive Culture*, 2 vols., Londres, John Murray, 1871, vol. 1, p. 1.

3.George Stocking, "Arnold, Tylor, and the Uses of Invention", in *Race, Culture and Evolution: Essays in the History of Anthropology*, Nova Iorque, Free Press, 1968, pp. 72-90.

-se para a arte e a música de culturas tradicionais ou "primitivas", tenta a síntese impossível entre o ideal da pura autonomia estética e o ideal de uma arte que esteja antes no centro do que à margem de sua sociedade. O importante, tanto para a teoria cultural modernista como para a teoria cultural arnoldiana, é que a sistemática ligação dos domínios econômico e simbólico em sociedades tradicionais ou não-avançadas é lida de acordo com uma ideologia estética que é o reflexo da dissociação entre os dois sentidos de cultura; assim, por exemplo, a vinculação complexa ou a indiferenciação são lidas como "integralidade", "unidade" e assim por diante. O problema terminológico da cultura vem à superfície justamente quando a própria cultura se torna visível como um problema para a sociedade do século XIX. A elaborada panóplia de teorias concebidas para medir a distância entre as culturas ocidentais, em que a "cultura" se cindiu entre o seu sentido inclusivo (antropológico) e o seu sentido especializado (estético), e as culturas não-ocidentais em que a integralidade permaneceu incorrupta, é ela mesma, em conseqüência, a medida e a expressão dessa dissociação. Como advertiu Pierre Bourdieu, a extrema diferenciação entre as esferas econômica e artística nas culturas ocidentais avançadas produz os perigos gêmeos do etnocentrismo estético, de um lado, que permite ao teórico fantasiar como puramente estéticas práticas populares ou primitivas, e do etnocentrismo economicista, que é cego às formas complexas e altamente simbólicas que o comportamento econômico pode assumir em sociedades primitivas. As maneiras pelas quais as culturas ocidentais teorizam a relação entre a atividade econômica e simbólica em sociedades não-ocidentais estão propensas a reduzir essas relações quer a uma estreita determinação do simbólico pelo interesse econômico, quer a uma fantástica transcendência do econômico pelo puro e desinteressado excesso do simbólico[4].

A idéia de sua sociedade cindida, em que a especialização da atividade econômica produz uma antonomização da experiência estética ou cultural funciona, pois, para a antropologia e para a cultura pós-antropológica, como uma espécie de maquinário produtor de mitos, com a experiência da perda e da alienação gerando regularmente novas contraformações do estado pré-divisão em que o econômico e o estético, a sociedade e a cultura são indistintos. Se é possível enfrentar e tomar precauções, autoconscientemente, contra o mito primitivista que esse estado de alienação produz, também podemos ser atingidos pela recursiva insistência desse mito. No relato acautelatório de Bourdieu a que acabamos de aludir, por exemplo, a teoria da consciência fragmentada do observador ocidental é fundamental para o seu relato dos efeitos alienantes ou alucinatórios dessa consciência, permanecendo pois o mito da Queda necessário à análise das compreensões errôneas de cunho mítico resultantes dessa Queda.

4. Bourdieu, *Outline of a Theory of Practice*, pp. 177-8.

As definições antropológica e crítica de cultura contidas nas respectivas formulações de Tylor e Arnold envolvem por sua vez duas atitudes distintas com respeito à questão do valor, se bem que, em ambos os casos, se deva considerar "cultura", em certo sentido, sinônimo de "valor". No sentido antropológico do termo, a atividade cultural representa o jogo do valor, todos os sistemas múltiplos e sobrepostos de equivalência e troca que servem de mediação às diferentes esferas da atividade econômica e simbólica. No começo do século XX, é razoável dizer, o que vem a seguir tornara-se a autodesignação normativa da disciplina antropológica: "A atitude antropológica é relativista no sentido de que, em vez de começar com uma hierarquia herdada de valores, supõe que toda sociedade busca, e em certo sentido encontra, por intermédio da sua cultura, valores, e de que o objeto da antropologia abrange o escopo, a variedade, a constância e as inter-relações desses valores inumeráveis"[5]. Contudo, no uso crítico e diferencial do termo, representado numa forma extrema por *Culture and Anarchy*, de Arnold, a cultura é definida como valor a certa distância ou oposição resistente em termos de outros registros como o econômico; com efeito, essa definição do valor da alta cultura habitualmente lhe dá o status de valor em si. Na primeira definição, o valor é relativo, dinâmico e sob transação; na segunda, é fixo, concentrado e afirmado como absoluto. O relato antropológico, que, como vimos, identifica a cultura com o jogo do valor, não tenta impor ao seu material hierarquias valorativas — embora isso não signifique que essas abordagens, seja na antropologia ou na sociologia de modo mais geral, sejam elas mesmas, em algum sentido, isentas de valor. A definição crítica de cultura, por outro lado, se orienta para a valoração, quer dizer, em torno da seleção, da preferência e dos juízos de qualidade. Se é raro encontrar esses dois relatos alternativos da cultura em sua forma pura ou ideal, também é verdade haver entre elas certa oposição residualmente obstinada, oposição que se concretiza, por exemplo, na tensão entre estudos culturais e estudos literários, os primeiros se apoiando no que caracterizamos como definição antropológica de cultura e os outros ainda comprometidos amplamente com a definição crítica. Trata-se de uma versão do conflito, ou melhor, descompasso, entre interpretação e valoração que iniciamos no capítulo 2 diagnosticando como a condição das humanidades[6].

---

5. A. L. Kroeber e Clyde Kluckhohn, *Culture : A Critical Review of Concepts and Definitions*, Cambridge, Massachusetts, Peabody Museum of American Archeology and Ethnology, 1952, p. 150.

6. Ninguém contribuiu mais para a análise do desenvolvimento e da sobreposição dos dois sentidos de cultura do que Raymond Williams, que oferece úteis etimologias sociais do termo ao longo de *Culture and Society* (Londres, Chatto & Windus, 1958) e de *Keywords: A Vocabulary of Culture and Society* (2ª ed., Londres, Fontana, 1976, pp. 87-93). A ambição de Williams pela sociologia da cultura, inaugurada em larga medida pelo seu trabalho, a de que ela operasse num ponto de convergência dos dois sentidos, lidando tanto com o "modo de vida

Entretanto, nos últimos anos esse problema tem sido representado de modo mais crucial não no campo das culturas individuais, mas através das e entre as culturas. Ou seja, a questão do valor cultural tem sido perpassada com profundas questões relativas ao valor de culturas autóctones e locais como tais, à natureza das transações de valor entre diferentes culturas e ao relacionamento entre modos universalistas e particularistas de modelar e regular essas transações de valor. O nosso é hoje um mundo em que faz pouco sentido considerar questões de arte ou de estética em termos puramente nacionais ou mesmo étnicos, ou simplesmente à luz de formas particulares de herança ou tradição cultural. Não falo apenas de coisas como a crescente disseminação e homogeneização de formas de cultura de massa (principalmente ocidentais), da coordenação cada vez maior, por sobre fronteiras nacionais e mesmo continentais, do mercado internacional de arte nem da ampliação do público leitor e de redes de distribuição de publicações ficcionais, tudo isso fatores que podemos reunir na denominação *globalização* da cultura. Estão envolvidos aqui, igualmente, a radical pluralização da cultura e das culturas, o profundo emaranhamento da cultura no sentido valorativo-afirmativo acima especificado com a experiência intensificada da diferença cultural, processo que podemos especificar alternativamente como *interculturação*[7]. Já não se trata da questão das "metades apartadas" da arte e da cultura de massa de Adorno, que, embora não formem um todo, apresentam sua descontinuidade no âmbito do que ainda pode ser vivenciado potencialmente como uma única cultura, mesmo em sua calamitosa condição de clivagem. Porque agora a ruptura dos dois sentidos de cultura é parte de um recorte e de uma multiplicação mais gerais não somente de formas culturais, mas também de definições do que podem ser a cultura e o valor cultural: uma proliferação, deve-se portanto dizer, não apenas de valores culturais como das próprias economias do valor cultural, uma atração

---

total" de uma sociedade como com seus produtos intelectuais e artísticos mais destacados e valorizados, não foi, a meu ver, realizada (veja-se *Culture*, Londres, Fontana, 1981, pp. 10-14). Isso pode se dever em parte ao fato de que os compromissos descritivos e valorativos exigidos de tal sociologia não poderem ser reconciliados em termos da suave "convergência" que Williams imagina.

7. O encontro sobre "Valor Cultural" realizado em 1988 no Birkbeck College, que assinalou o começo do meu interesse sobre a questão do valor na teoria contemporânea, forneceu um importante exemplo desse emaranhamento. Logo ficou claro que os participantes estavam dramaticamente divididos em sua compreensão do alcance do tema do encontro. Metade deles acreditava que "valor cultural" se referia à renovação da questão do estético na teoria contemporânea, ao passo que a outra metade supunha que o que estava em jogo eram justamente os valores políticos e éticos da cultura e das culturas como tais. O notável e sintomático era o fato de que essas duas dimensões, da estética pós-moderna e da política pós-colonial, do valor intracultural e do valor intercultural, não podiam ser mais separadas do podiam ser adequadamente unidas.

para o circuito da troca do próprio meio de troca pelo qual o valor cultural é constituído. De fato, um dos mais importantes efeitos dessa convolução das economias do valor cultural é a recente visibilidade da dimensão global ou extracultural em ação mesmo nos debates endógenos acerca do valor cultural no século XIX, deixando clara a estreitíssima vinculação entre o valor da cultura como tal no sentido de Arnold com um sentido de identidade nacional, o que vem a gerar uma ansiosa refutação dos modelos alternativos de cultura que a etnologia estava encontrando. Eis o que liga de maneira tão enfática a definição elevada e restritiva de cultura de Arnold com a definição contrastantemente expansionista de Tylor.

Um sintoma desse novo interenvolvimento de questões culturais-estéticas com questões pertinentes às relações recém-complexas entre culturas é o recente cruzamento bilateral de fronteiras entre a teoria literária e cultural e a etnografia pós-moderna associado mais especificamente com Clifford Geertz e James Clifford. O que reúne esses dois domínios da teoria literária e da etnografia é um sentido fortalecido do relacionamento entre ação e representação. Do lado literário, isso envolve uma nova percepção das maneiras pelas quais textos literários e representações culturais em geral não só representam o mundo sociopolítico, como também, em algum sentido primordial, o constituem ou lhe dão vida. Do lado etnográfico, isso é testemunhado no interesse intensificado pelas práticas representacionais e por costumes e rituais considerados enquanto significação, ou, na frase de Nelson Goodman, "formas de feitura do mundo", ao lado de uma autoconsciência mais profunda acerca da força significativa e retórica da escrita em todo o conhecimento etnográfico[8].

CLIFFORD GEERTZ: O DESCOBRIR NA TRADUÇÃO

Na obra de Clifford Geertz, a atenção às formas e à força da significação cultural se aproxima de uma estetização da vida cultural e dos procedimentos usados para interpretá-la, embora seja importante observar o sentido deveras específico que Geertz dá ao termo "estético". Ele afirma ser necessário, ao considerar a atividade artística, evitar os dois tipos de falsificação etnocêntrica: o que implica a realização, em sociedades primitivas, da visão schilleriana de uma existência totalmente estética e o que supõe que a posição da arte nessas sociedades é tão altamente especializada quanto na nossa. Contra a primeira falsificação, é necessário admitir os graus relativos de especialização da atividade artística e estética no âmbito de diferentes culturas, mesmo que, contra a segun-

8. Nelson Goodman, *Ways of Worldmaking*, Indianápolis e Cambridge, Massachusetts, Hackett, 1978; *Writing Culture: The Poetics and Politics of Ethography*, ed. por James Clifford e George E. Marcus, Berkeley, Los Angeles e Londres, University of California Press, 1986.

da, se mantenha a sensibilidade para com as maneiras como a qualidade ou valor particular do estético em toda sociedade tem que ver com o seu lugar num panorama cultural geral.

A mais importante função ou valor da atividade artística é, para Geertz, o fato de dar forma concreta à experiência. Seu famoso ensaio "Deep Play": Notes on the Balinese Cockfight" (1973) afirma que o propósito da briga, considerada como processo artístico, é tornar os vários tipos de experiência compartilhada "visíveis, tangíveis, apreensíveis — 'reais', no sentido das idéias. Imagem, ficção, modelo, metáfora, a briga de galos é um meio de expressão; sua função não é mitigar paixões sociais nem intensificá-las ... mas, em meio a penas, sangue, multidões e dinheiro, exibi-las" (DP, 444). Num ensaio posterior, sobre a "Art as a Cultural System" (1986), Geertz sugere ser somente o fato de "certas atividades parecerem em toda parte ser especificamente concebidas para demonstrar que as idéias são visíveis, audíveis e — precisamos criar uma palavra aqui — tactíveis (*tactible*), que elas podem ser moldadas em formas em que os sentidos, e por meio deles as emoções, possam dirigir-se reflexivamente a elas", o que justifica a consideração de que a arte ou atividade estética têm uma natureza comum em diferentes culturas (*LK*, 118-19). Para que isso não seja lido como outro gênero de etnocentrismo, em seu privilegiar o valor da forma estética sobre outros aspectos da atividade artística, Geertz nos adverte que a característica mais importante dessa objetificação estética não é a sua fixação ou reificação de idéias, experiências ou relações, mas o fato de subseqüentemente tornar essas experiências, de alguma maneira, disponíveis para uma valoração diferencial, no grupo como um todo, à luz de experiências e valores distintos e levando-se em conta as contingências do tempo. Ele dá o exemplo do chefe Bamileke que, ao assumir o cargo, tem esculpida uma estátua que, depois de sua morte, vai sendo erodida pelo tempo da mesma maneira como a sua lembrança se esvaece entre o seu povo. "Onde está a forma aqui? Na configuração da estátua ou na configuração de sua [da estátua] carreira?" pergunta Geertz, alegando em seguida que "nenhuma análise da estátua que não leve em conta o seu destino, destino tão intencional como o é o arranjo do seu volume ou o polimento de sua superfície, poderá compreender o seu sentido ou captar-lhe a força" (*LK*, 119).

O propósito desse exemplo não é, creio eu, defender alguma definição particular de arte ou do seu valor, quer em termos formais ou processuais — por assim dizer, invertendo o reconhecimento errôneo da arte balinesa como modernista mediante a sua simples assimilação a um paradigma pós-moderno de processo e passagem —, mas estabelecer para a arte certa liminaridade definicional. Nem meramente refletindo ou sendo funcionalmente redutíveis aos costumes ou crenças, nem permanecendo misteriosamente à parte dos contextos e da história que as informam, as práticas culturais parecem existir para Geertz no ponto de articulação entre essas duas dimensões, equilibradas entre dependência e autonomia, imanência e transcendência. Essa indeterminação quanto à categoria é uma importante característica de outro exemplo de arte não-ocidental discutida por "Art as a Cultural System", de Geertz, o discurso poético do islamismo. Dada a centralidade no islamismo da noção de retórica divina e dado o fato de o Alcorão ser considerado não como uma representação de segundo grau da sacralidade, mas como a personificação da própria sacralidade, a atividade da criação mundana em palavras assume nas sociedades islâmicas um caráter sobremodo ambivalente. Porque a poesia imita, ao mesmo tempo em que parece comprometer, a sacralidade da palavra divina, instituindo e habitando um limiar entre o divino e o mortal: "[Os poetas] fazem a língua de Deus servir aos seus próprios fins, o que, se não é bem um sacrilégio, se aproxima dele; mas, ao mesmo tempo, eles exibem o poder incomparável daquela, o que, se não é bem um culto, dele se aproxima" (*LK*, 111). Embora Geertz não formule a questão explicitamente em termos de valor, parece claro que a ambivalência da poesia personifica na verdade um paradoxo valorativo: "A poesia, rivalizada somente pela arquitetura, se tornou a bela arte cardinal na civilização islâmica ... ao mesmo tempo em que margeia a mais grave forma de blasfêmia" (ibid.). Esse paradoxo, teríamos pensado, dificilmente é tolerável numa cultura fundada, desde a época medieval, em distinções absolutas e em distinções do absoluto: uma cultura em que, como diz Geertz "todas as asserções eram vistas quer como verdadeiras ou falsas ... [e] a soma de todas as asserções verdadeiras, como um corpus fixo irradiado do Quran, que ao menos implicitamente as continha a todas, era [considerada] conhecimento" (*LK*, 111-12). Geertz não é inteiramente claro sobre como julgar a poesia islâmica nesse aspecto. Se às vezes a vê como uma suave interfusão entre o cotidiano e o sacro, uma confirmação paradigmática da inseparabilidade entre questões terrenas e celestes, Geertz permanece fascinado pelo "status incerto e pela força estranha" desse perigoso híbrido "para-Quran" (*LK*, 117). A poesia islâmica, nessa definição, paira entre valor integrativo e forma desintegrativa, marcando certa pausa ou hesitação do próprio valor[9].

---

9. Adotar uma perspectiva como essa torna possível ler a condenação islâmica ortodoxa de *The Satanic Verses*, de Salman Rushdie, que está explicitamente voltado, em tema e em substância, para essa questão do entrelaçamento do sagrado e do sacrílego, da escritura e da blasfêmia, como uma tentativa (impossível) e violenta de exteriorizar o que existe como complexidade interior no cerne da cultura islâmica, de proteger e integrar o valor sagrado e o valor do sagrado por um ato de expulsão desintegrativa. As defesas ocidentais do livro que se concentraram na alegada incapacidade dos leitores islâmicos de entender o status de ficção passaram, pois, bem longe do alvo. A definição rushdieana do caráter provisoriamente sagrado da obra literária em seu fornecimento de um espaço para a luta ou jogo de dessacralização com certeza equivale, em certo sentido, a uma crítica exteriorizante e dessacralizadora ao islamismo (e outros sistemas absolutos de valor) a partir do seu exterior metropolitano ocidental. Mas em outro

A discussão mais desenvolvida em favor da função liminar do estético está no ensaio anterior de Geertz, "Deep Play". A briga de galos está no centro da vida balinesa, em sua estrutura radicalmente atomística de eclosões alternadas de sentido e de vacuidade: nesse sentido, ela não é "uma imitação do caráter pontuado da vida social balinesa, nem uma descrição sua, e sequer uma expressão dela, mas um exemplo dela, cuidadosamente preparado" (DP, 446). Mas, ao mesmo tempo, a briga de galos é uma inquietante negação da vida e dos valores balineses, sobremodo diferente, em sua "agressividade decidida, cabeça a cabeça (ou espora a espora)", da obliqüidade elaborada e cerimonial dos modos e do comportamento social balineses. Aqui, "uma potente apresentação da vida social tal como os balineses mais profundamente não a desejam ... é posta no contexto de um exemplo dela tal como eles de fato a têm" (ibid.). De modo semelhante, Geertz afirma que a briga de galos produz a colisão entre o valor balinês do *ramé* — ou a ativa plenitude da vida social e das relações sociais ordenadas — e o desvalor do *paling* — ou a perda vertiginosa do sentido de espaço social relativo; a briga de galos, com a complexa organização de sua estrutura de status e a crescente confusão dos galos em luta, "é simultaneamente algo em continuidade com a vida social comum e uma negação direta desta" (DP, 446).

Em conseqüência, o argumento de Geertz é de que o valor do estético na vida balinesa reside em certo ultrapassagem do funcional ou utilitário, ou num pôr em jogo desses valores. No caso da briga de galos, esse pôr em jogo é mais do que uma metáfora, porque a centralidade que tem nela o apostar engendra uma interessante congruência entre o estético e o econômico. O "jogo profundo" da briga de galos balinesa se manifesta precisamente porque as somas de dinheiro tipicamente apostadas no centro da rinha são tão enormes que vão aparentemente além do cálculo racional dos meros ganho e perda; para um homem que aposta a metade da sua fortuna no resultado de uma briga, realmente não há a mínima possibilidade de algum resultado financeiro positivo ou do simples domínio do princípio do prazer: para cada apostador, "a utilidade marginal do valor que pode ganhar é claramente inferior à desutilidade marginal do que pode perder", de forma tal que "tendo se reunido em busca de prazer, eles entabularam uma relação que vai dar aos participantes, considerados coletivamente, antes um ganho líquido do que um prazer líquido" (DP, 433). O propósito desse "jogo profundo" é aumentar as apostas em tudo o mais que está simbolicamente na rinha durante a briga de galos — o status, a honra, o orgulho etc. A briga de galos se transforma num

sentido, marcado por uma maior profundidade, ela se apóia no sentido que alguém de dentro tem da perigosa e inextricável proximidade entre verdade e heresia na própria cultura islâmica. Veja-se "Is Nothing Sacred?", in *Imaginary Homelands: Essays and Criticisms, 1981-1991*, Londres, Granta/Penguin, 1991, pp. 415-29.

profundo "drama avaliativo" precisamente porque joga com os limites, com a transgressão, com o desvalor. Claro que é sempre possível ler esse aparente transcender dos valores culturais reconduzido à estrutura da troca econômica e do lucro, de acordo com o princípio da positividade geral examinado no capítulo 4, visto que, na realidade, tem de haver, em oposição a essa aparente desutilidade da briga de galos, um valor ou utilidade mensuráveis para os participantes em termos não-econômicos[10]. Mas o elemento importante envolvido nesse exemplo particular do estético é o fato de ele institucionalizar um hiato ou hesitação entre valor e desvalor, fatores que pertencem ao, e transcendem o, campo do valor no interior da cultura balinesa (mas que, em sua transcendência, pertencem ainda mais completamente a ele).

Estranhamente, portanto, o valor do estético parece estar em sua apresentação à avaliação do próprio valor do estético. A obra de arte ou processo artístico (e para Geertz, essa é a mais vasta categoria, compreendendo todas as atividades de organização e de plasmação da cultura humana, o que inclui até mesmo, como veremos, a instituição da lei) é elevada a uma espécie de valor intrínseco ou autônomo, em sua ação de trazer para o primeiro plano a sua própria substância formal, mas é esse valor que o torna necessária e instantaneamente disponível para ser reabsorvido pelo elemento destrutivo das estimativas e avaliações relativas. Em vez de ser a marca de uma distância fixa e forçada com relação às preocupações cotidianas, a qualidade autônoma e aparentemente autogeradora da arte é o elemento mesmo que a capacita a tornar-se um portador dos valores e preocupações de sua sociedade. A arte é tanto extrínseca como intrínseca, ocupando o cerne da vida social exatamente por constituir uma espécie de parênteses no seu âmbito. A briga de galos balinesa deve ser vista, por conseguinte, como um "comentário metassocial" sobre a organização social do status e do valor, "uma leitura balinesa da experiência balinesa, uma história que fala aos balineses dos próprios balineses" (DP, 448).

Esse relato do valor da arte em culturas não-ocidentais está bem distante de certo paraíso marxista de relações pré-capitalistas em que fato e valor se acham docemente unidos e não existe nenhuma estrutura de troca para contaminar a incomparabilidade pura das coisas em si. O fato de muitas das instituições e atividades das sociedades arcaicas poderem ser descritas nos termos estéticos que Geertz adota não se configura como fundamento para a suposição de uma unicidade edênica entre ser social e prática artística nessas sociedades. Se afirma o valor dessa modalidade de cultura, Geertz o faz a partir, não de alguma unidade entre os dois sentidos de cultura que temos discutido (a cultura como modo de vida total e a cultura como excelência artística), mas, ao que parece, da transação particularmente rica e complexa entre essas duas dimensões do valor que ela parece tornar possível.

10. Veja-se acima, pp. 79-84.

Uma das características distintivas da obra de Geertz é a sua sensibilidade à natureza da tradução envolvida nesse tipo de comentário acerca da obra artística de outra cultura. A tradução é uma metáfora produtiva para esse processo por causa de sua ambivalência inerente. Como todos os seus praticantes e participantes cedo ou tarde descobrem, a tradução é uma arte impossível. Mas essa apreensão da impossibilidade da tradução nunca pode ser meramente teórica, tendo de ser renovada, interminavel e diversificadamente, pelas dificuldades particulares encontradas no próprio ato tradutório. Em outras palavras, apenas o ato necessário e irresistível da tradução pode revelar a sua impossibilidade. Para Geertz, a ambivalência da tradução é uma representação do problema do relativismo cultural. Porque, se é verdade, em certo sentido, que nunca podemos conhecer outra cultura de maneira tão integral como conhecemos a nossa, esse conhecimento também tem de ser, por definição, parcial e incompleto, já que, se de fato *pudéssemos* não saber coisa alguma sobre outra cultura, a *fortiori* nunca poderíamos de fato *saber*, de modo absoluto e indubitável, que nada podemos saber sobre outras culturas. Ou seja, formas absolutas da doutrina do relativismo cultural precisam conceder parcialmente aquilo que negam, visto que o único meio de avaliar as limitações do nosso conhecimento sobre outra cultura é tentar em primeiro lugar ir além delas. Para afirmar a incognoscibilidade e intraduzibilidade de outras culturas, faz-se necessário, de certo modo, saber o que é que não se sabe, apreender aquilo que, nelas, resiste à tradução em nossos termos. Ter consciência das próprias limitações implica alguma transcendência (em si limitada) delas. Se a forma mais egrégia de etnocentrismo é a suposição, implícita em boa parte da história da antropologia ocidental, de que outras culturas podem ser subsumidas sem resíduo pelas nossas estruturas de conhecimento, o pressuposto contrário de que nada se pode saber dessas culturas é ele mesmo outro tipo de etnocentrismo e, possivelmente, de uma modalidade mais sutilmente reacionária.

O importante para Geertz é que o ato da tradução constitui mais do que um veículo ou procedimento de compreensão de outra cultura, mais do que um conjunto de preliminares que poderiam levar, num estágio ulterior, a uma revelação plena e translúcida da verdade da cultura que desejamos entender. A compreensão etnográfica está ligada indissoluvelmente ao processo tradutório, é tanto "achada" como "perdida" nele. Quando tentamos apreender outra cultura, diz Geertz, "fazêmo-lo não olhando *por trás* das aparências que nos vinculam com ela, mas olhando *através* delas" (*LK*, 44). No ensaio "Found in Translation: On the Social History of the Moral Imagination", Geertz toma como exemplo um relato da prática balinesa do *suttee*, ou queima de viúvas, feito por L. V. Helms, viajante dinamarquês do século XIX, e isola a descentração e desorganização de percepções induzidas pela experiência de sua narração, que espreitam entre a admiração reverente diante da dignidade e do esplendor do espetáculo do *suttee*, o horror perante o seu significado e os seus efeitos e a justificação reacionária do regime imperial coercitivo. Apesar de todas as alterações ocorridas a partir do relato de Helms, escrito em 1882, a supressão do *suttee* pelos holandeses, a profissionalização dos processos de narração etnográfica e a consistente penetração na vida balinesa de missionários, poetas, fotógrafos e turistas, a cultura de Bali ainda tem a capacidade, diz Geertz, de desorientar da mesma maneira as percepções ocidentais ao reunir o paradisíaco e o horrível.

No século XX, essa desorientação afetou em especial as noções ocidentais da natureza social da arte e daquilo que Geertz denomina "o status moral do gênio artístico" (*LK*, 51). Bali tem funcionado simultaneamente como "uma imagem da vida real de uma sociedade em que é dada ao impulso estético plena liberdade, a livre expressão de sua natureza interior" (ibid.) e como a origem de imagens de crueldade, de ódio e de brutalidade (e é com certeza na obra de Artaud que essas duas dimensões estéticas são reunidas). O efeito desordenador na conjugação desses opostos não deve ser compreendido nem em termos da projeção etnocêntrica européia nem da absoluta inacessibilidade da vida estética balinesa, mas na própria estrutura da convolução hermenêutica que conecta e desconecta a consciência balinesa e a européia. A interpretação da festividade e da forma cultural balinesas deve ser, portanto, auto-reflexiva, trabalhando por meio e com os empecilhos à compreensão e à tradução, em vez de afastá-los de si ou projetar-se voluntaristicamente para além deles.

Alguns comentadores têm podido sugerir que essa atitude cautelosa mas ainda assim benigna com relação à possibilidade de uma compreensão intercultural oculta uma forma de dominação interpretativa. Numa leitura crítica do ensaio sobre a briga de galos balinesa, Vincent Crapanzano se queixa de que a atitude de autoconsciência interpretativa mais tarde recomendada por Geertz está bem longe de se fazer presente aqui. O diálogo de tradução entre culturas ocorre no ensaio numa única direção e em benefício do etnógrafo que interpreta e dos seus leitores. Esse efeito é alcançado, diz Crapanzano, por meio de uma assimetria pronominal em que o "eu" não-ostensivo, não-autoconsciente, mas mesmo assim profundamente autoritário serve de mediação à experiência de um "eles" indiferenciado (os balineses) a que não se permite a co-participação dialógica na elaboração do sentido da briga de galos: "Jamais há uma relação eu-tu, um diálogo, duas pessoas próximas uma da outra lendo o mesmo texto e discutindo-o face a face, mas somente uma relação eu-eles" (HD, 74).

Crapanzano considera especialmente inconvincente e forçada a interpretação de Geertz da briga de galos como uma forma de arte passível de ser discutida nos mesmos termos de *Rei Lear* e *Crime e Castigo*. O que há de errado em tal interpretação, acredita Crapanzano, é que, na nossa cultura, *Rei Lear* e *Crime e Castigo* são cultural e lingüisticamente distinguidos como determinados tipos de representação artística, ao passo que Geertz não apresenta provas de que a briga de galos seja assinalada desse mesmo modo na cultura balinesa. Na ausência dessas provas, temos de supor que "as brigas de galos são por certo, para os balineses, brigas de galos — e não imagens, ficções, modelos e metáforas. Elas não estão marcadas como estas últimas coisas, embora possam ser lidas assim por um estrangeiro para quem 'imagens, ficções, modelos e metáforas' tenham valor interpretativo" (HD, 73). Entretanto, como costuma suceder, o descarte por Crapanzano de um pressuposto etnocêntrico parece se apoiar num outro de natureza igualmente dúbia. Porque, se é ilegítimo supor que as formas culturais balinesas possam ser discutidas nos mesmos termos em que o são as obras de arte ocidentais, parece igualmente ilegítimo supor que as únicas formas culturais balinesas passíveis de ser lidas desse modo seriam as que fossem lingüística e culturalmente marcadas da mesma maneira como o são as formas artísticas ocidentais como a tragédia e o romance. Talvez a questão aqui, e questão referente a muito do que Geertz e outros, como Victor Turner e Richard Schechner, escreveram acerca da natureza paraestética de formas culturais e rituais não-ocidentais, é que as distinções claramente marcadas entre arte e experiência, representação e realidade, da cultura ocidental não funcionam precisamente do mesmo modo em outras culturas. Mas isso está muito longe de dizer que nada distingue ou assinala formas culturais como a briga de galos balinesa do que seria possível ver, em suma, como a esfera das praticalidades imediatas. Crapanzano sem dúvida tem razão de dizer que, para os balineses, a briga de galos é na verdade briga de galos, em vez de um drama trágico; mas o que *é*, afinal, uma briga de galos?

Ao criticar a arrogação de Geertz de autoridade interpretativa e lamentar o fato de que "Deep Play" só ofereça "a compreensão elaborada do ponto de vista elaborado do nativo elaborado" (HD, 74), Crapanzano tende a supor a possibilidade de alguma compreensão pura do nativo do ponto de vista do nativo. Não constitui necessariamente reduzir a força da crítica que Crapanzano faz às caracterizações mais ultrajantemente euro(falo)cêntricas de Geertz da subjetividade balinesa — por exemplo, à sua tentativa de assimilar a experiência balinesa da briga de galos à experiência ocidental do espectador de *Macbeth* ou de uma corrida de cães — sentir que se oculta nessa crítica uma nostalgia imprópria de um ponto de vista nativo "real" em oposição a um ponto de vista "elaborado". Porque, como vimos, Geertz afirma que o que acontece na briga de galos é exatamente antes a elaboração do que a simples expressão de um ponto de vista. O que Geertz diz ao afirmar que a briga de galos pode ser vista como uma forma de arte é que ela tem o valor não tanto de uma experiência intensa quanto de uma intensa e inquietante suspensão da experiência, um ato de revestimento ou de enquadramento da experiência, uma espécie de metacomentário, uma valoração do valor. Crapanzano cita o comentário de Geertz de que "encenada e reencenada, a briga de galos permite aos balineses, tal como, lida e relida, *Macbeth* nos permite, ver uma dimensão de sua própria subjetividade" (DP, 450) e objeta "Quem disse a Geertz? Como pode todo um povo partilhar uma mesma subjetividade?" (HD, 74). Essa crítica atinge o alvo, porque há com efeito algo suspeitamente organizado no modo pelo qual a leitura alegórica do etnógrafo da briga de galos e o seu oferecimento dela como exercício exemplar de leitura de dados culturais têm como contraparte a afirmação de que a própria briga de galos funciona como uma espécie de alegorização autoconsciente, para os participantes balineses, dos seus próprios valores culturais. Mesmo assim, mais uma vez, também há algo inconfundivelmente insistente na objeção de Crapanzano à idéia de ser possível dizer que todo um povo partilhe "uma mesma subjetividade", visto que a peculiaridade subjetiva é exatamente aquilo que, de acordo com o argumento de Geertz, a experiência da briga de galos torna duvidoso, ao submeter as formas e valores da subjetividade a certo gênero de escrutínio coletivo.

Se é de fato verdade que a leitura geertziana dessa manifestação só pode ser considerada um diálogo num sentido bem especializado e abstrato, tendo mesmo de ser tida por uma espécie de apropriação cultural cujo efeito é demonstrar a força do domínio alegórico do etnógrafo em vez de lhe permitir uma real reflexão acerca do "emaranhado de envolvimentos hermenêuticos" (*LK*, 45) em que ele se vê aprisionado, nem por isso a sua obra deixa de ter algo importante a dizer acerca das relações entre, de um lado, o complexo valor das formas culturais, e, de outro, as complexas formas de valoração efetuadas por e entre culturas. Com efeito, não é a implicação menos relevante do seu trabalho o fato de não haver uma distinção clara ou permanente entre essas duas dimensões. Isso significa que as transações de valor no interior das culturas, que podem ocorrer por meio de formas paraestéticas como a briga de galos, lembram e prefiguram as transações de valor através de e entre culturas. Porque uma cultura nunca é completa em si mesma, ocupando-se de e definindo-se em atividades de auto-exteriorização ou auto-etnografia, de modo que o ataque interpretativo do etnógrafo ocidental nunca é uma pura invasão de uma totalidade auto-idêntica advinda de um exterior absolutamente separado; como diz Geertz numa frase a que Crapanzano objeta devido ao modo como ela parece colocar o antropólogo numa posição de autoridade oculta sobre os seus objetos narrativos (HD, 74), "A cultura de um povo é um conjunto de textos, eles mesmos conjuntos, que o antropólogo se empenha em ler por cima do ombro daqueles a quem eles propriamente pertencem" (DP, 452). Dentro ou fora da cultura, o valor subsiste paradoxalmente na suspensão temporária do valor, um questionamento encenado do eu de uma cultura que ocorre tanto no interior como fora dessa cultura. O valor da valoração intercultural cruza de maneira enfática com os cruzamentos intraculturais do valor encontrados em atividades como a briga de galos.

Deve-se no entanto admitir que os trabalhos anteriores de Geertz restringem as implicações dessa multiplicidade interpretativa ao sugerir que as atividades estéticas de auto-representação servem principalmente para permitir que as culturas se sustentem e constituam como totalidades que se reconhecem a si mesmas. Isso reinstitui uma estrutura de interioridade e exterioridade bem mais simples do que é sugerido pela análise que Geertz faz da sobreposição cultural, de modo que ele pode declarar, nas frases conclusivas de *The Interpretation of Cultures*, que "as sociedades, assim como as vidas, contêm suas próprias interpretações. Basta apenas aprender a ter acesso a elas" (DP, 453). Eis o que torna seus trabalhos anteriores vulneráveis às acusações, de Crapanzano e outros, de que ele essencializa o funcionamento das culturas, a fim de melhor constituir a sua própria autoridade sobre elas, autoridade exercida não numa leitura coletiva ou participativa dessa cultura ao lado dos seus habitantes, mas numa espécie de acesso hermenêutico forçado.

Todavia, os trabalhos ulteriores de Geertz são informados por uma consciência bem distinta da inevitabilidade desse processo de interferência cultural representada *in petto* na obra do etnógrafo. Convencido como está de que "ninguém está deixando ninguém sozinho e nunca mais vai deixar" (*LK*, 234), Geertz também está otimisticamente inabalável diante de previsões de uma crescente homogeneidade global ou de racionalização universal da cultura em favor dos interesses do capitalismo multinacional. Sua concepção, tal como a de Lyotard, cujos pressupostos ele parece partilhar parcialmente, é de uma crescente pluralidade e heterogeneidade de formas culturais, e ele sugere que "dirigimo-nos mais para as convulsões de alfa do que para as resoluções de ômega" (*LK*, 216). Assim como Lyotard, Geertz se orienta pela noção wittgensteiniana de um mundo de jogos de linguagem separados e autônomos, mas é impelido muito mais do que Lyotard pela necessidade de preservar a singularidade absoluta desses jogos de linguagem. Porque são as inevitáveis colisões e interferências da cultura globalizada que impossibilitam manter os jogos de linguagem, ou conhecimentos locais, inteiramente seqüestrados uns dos outros (muito embora esse seja também o processo que acentua a ansiosa percepção de sua diferença ou comensurabilidade imperfeita). Enquanto Lyotard aconselha a heterogeneidade radical, Geertz afirma a necessidade da hibridização, embora de um tipo que antes preserva e multiplica distinções do que tenta sintetizá-las.

Mas tanto para Geertz como para Lyotard, a consciência das diferenças entre culturas induz e acompanha uma consciência das diferenças interiores no âmbito das culturas, e o problema da tradução cultural está presente em ambas as sintaxes da diferença. Talvez seja por isso que, tal como alguns membros da geração mais nova de etnógrafos pós-modernos, Geertz tenha apresentado em obras mais recentes a tendência de enfocar não somente os problemas da mediação intercultural como também os da compreensão da "nossa própria" cultura cada vez mais híbrida[11]. O ensaio conclusivo do volume *Local Knowledge*, por exemplo, concentra-se numa análise comparativa de sistemas e de práticas legais, com vistas a estabelecer uma estrutura quase-estética como "parte de uma maneira distintiva de imaginar o real" (*LK*, 184). Geertz compara o direito com a poesia, na definição oferecida por Frank O'Hara, visto que o direito, em vez de atuar numa mera manutenção funcional dos sistemas sociais, "torna tangíveis, restaurando-lhes os detalhes, os eventos nebulosos da vida" (*LK*, 182). A lei prova ser um objeto fértil para a variedade de "antropologia interpretativa" de Geertz, aproximando-se, em sua natureza e em seus efeitos, de tópicos como a briga de galos balinesa; porque é no direito que as culturas medeiam entre as esferas do que, em termos ocidentais, seriam a prática e o princípio, o fato e o valor, explorando a questão de "Como, dado aquilo em que acreditamos, temos de agir; em que, dada a maneira como agimos, temos de acreditar" (*LK*, 180). Se o direito é como a arte não apenas por personificar o valor, mas também por tornar concretos e visíveis os processos de sua negociação, a análise comparativa do direito não deveria levar a uma busca de princípios absolutos e universais do bem, mas a um intercâmbio relativizador entre diferentes formas de direito, ou seja, diferentes sistemas de relacionar fato e valor.

Geertz continua a ter claro que o propósito dessas modalidades de intercâmbio não é lançar dúvida sobre todas as crenças e valores que constituem e sustentam os sistemas legais do Ocidente, mas sim "que unamos os processos de autoconhecimento, auto-aperfeiçoamento, autocompreensão aos de alter-conhecimento, alter-percepção e alter-compreensão; que identifiquemos, ou cheguemos bem perto disso, destacando, quem somos e no meio de quem estamos" (*LK*, 182-2). Em seu livro mais recente, *Works and Lives: The Anthropologist as Author* (1988), Geertz faz profissão declarada de sua crença de que esse tipo de perquirição envolve o etnógrafo no atentar não apenas para formas sociais consideradas artefatos simbólicos ou quase-estéticos, como também para a inescapabilidade do artifício do seu próprio discurso. A obra que examina a exemplificação estética do valor em outras culturas é ela mesma justamente uma exemplificação estética dessa espécie:

> Se houver alguma maneira de se opor à concepção da etnografia como um ato iníquo ou um jogo impossível, essa maneira terá de envolver, ao que parece, o reconhecimento do fato de que, tal como a mecânica quântica ou a ópera italiana, ela é uma obra da imaginação, menos extravagante do que esta e menos metódica do que aquela. A responsabilidade pela etnografia, ou o crédito, só pode ser atribuída aos romancistas que a conceberam (*WL*, 140).

11. E, o que é mais importante, isso uniu a obra de Geertz ao projeto pós-moderno de antropologizar a própria antropologia; veja-se seu livro *Works and Lives: The Anthropologist as Author*, Cambridge, Polity Press, 1988.

Para continuar a existir e florescer, a etnografia tem de produzir uma "arte comparável" (*WL*, 139), participando do processo rortyano de consolidação e extensão de uma "cultura poetizada". Isso significa que a etnografia tem de tomar consciência daquilo a que, nas páginas finais de *Works and Lives*, Geertz se refere ambiguamente como "as fontes do seu poder" (*WL*, 149), que significa, evidentemente, seu repertório de efeitos retóricos que lhe concede autoridade. Para a geração mais jovem de etnógrafos pós-modernos, essa visão das coisas deixa muito distantes todas as outras "fontes de poder", de caráter político e econômico, que sempre estão por trás do etnógrafo e de sua retórica. Porque, apesar da forte influência e do precedente que a obra de Geertz lhes proporcionou, autores como Talal Asad, James Clifford, Vincent Crapanzano, Kevin Dwyer e Stephen A. Tyler partilham a suspeita de que as assimetrias discursivas do encontro etnográfico não se dissolvem simplesmente pela poetização da etnografia quando essa poetização permanece a serviço do eu ocidental dominador, por mais que ele seja atenuado e relativizado pela sua polida deferência para com o outro que constitui o seu objeto discursivo[12].

JAMES CLIFFORD: ARTE-VALOR, CULTURA-VALOR

Talvez seja na obra de James Clifford que a negociação do valor cultural nas condições do intercâmbio cultural venha sendo analisada de maneira mais persuasiva e influente bem como a exploração das possibilidades de uma etnografia muito mais radicalmente descentrada ou deslegitimada. Essa etnografia evitaria os tipos de autoridade interpretativa corporificados na figura do exegeta distante que penetraria nos emaranhados mistérios de outra cultura, a fim de trazer à luz um sentido oculto não somente do observador como também dos próprios participantes dessa cultura. Isso exigiria que a disciplina renunciasse à crença de que qualquer grau de

---

12. Veja-se Talal Asad, *Anthropology and the Colonial Encounter*, Londres, Ithaca Press, 1973; Vincente Crapanzano, *Tuhani: Portrait of a Moroccan*, Chicago e Londres, University of Chicago Press, 1980: Kevin Dwyer, *Moroccan Dialogues: Anthropology in Question*, Baltimore e Londres, Johns Hopkins University Press, 1982; Stephen A. Tyler, *The Unspeakable: Discourse, Dialogue, and Rhetoric in the Postmodern World*, Madison, University of Wisconsin Press, 1987. Uma crítica mais aguda à "modalidade exclusivamente textual de representação etnográfica", que evita que se dê uma atenção adequada ao funcionamento do poder bem como à produção e manutenção material de sistemas simbólicos, é oferecida por Bob Scholte em "The Charmed Circle of Geertz's Hermeneutics: A Neo-Marxist Critique" *Critique of Anthropology*, nº 6, 1986, pp. 5-15, e estendida ao trabalho dos pesquisadores associados com o volume *Writing Culture* em "The Literary Turn in Contemporary Anthropology", *Critique of Anthropology*, nº 7, 1987, pp. 33-47.

saturação em outra cultura pode obliterar a distância entre observador e observado, bem como à ficção de invisibilidade conseguida pela ação de expurgar, do eventual relato teórico, todas as condições precárias, desconfortáveis e discursivamente tensas da pesquisa de campo. Chegando a um acordo com a idéia de que outras culturas não mais devem ser apreendidas tão simples e integralmente quanto a nossa é, os etnógrafos também estariam desistindo de suas aspirações de ser os hermeneutas da totalidade cultural. Clifford opõe à "autoconstrução etnográfica" heróica da tradição de campo inicial — evidenciada na obra de autores como Bronislaw Malinovski, Edward Evans-Pritchard e Margaret Mead — uma tradição alternativa, exemplificada em especial pelas obras de autores franceses como Marcel Griaule e Michel Leiris. Essa tradição resiste ao triunfo do veredito final, seja de outra cultura ou do eu interpretante. Para Michel Leiris em especial, a etnografia tem vínculos indissolúveis com a prática interminavelmente renovada mas estritamente interminável da autobiografia, à medida que o eu cético, incansável, se recusa a subtrair suas próprias experiências inconclusivas do relato que oferece do Outro africano. E, o que tem mais importância, Clifford resiste aos perigos da apropriação romântica evidente nesse gênero de trabalho ao ansiar por uma estratégia etnográfica de heteroglossia, "uma utopia de autoria plural que atribua aos colaboradores não somente o status de enunciadores independentes como também o de autores" (*PC*, 51).

Para Clifford, tal como para Geertz, essa tradição e essa possibilidade etnográficas alternativas estão intimamente ligadas com questões culturais-estéticas. Clifford também partilha com Geertz um interesse pelas maneiras como o encontro com outras culturas poderia desorganizar produtivamente as distinções de valor entre cultura e alta cultura que há tanto tempo vêm definindo esse encontro. Clifford identifica nas sociedades avançadas do Ocidente um sistema de diferenciação e relacionamento entre "arte" e "cultura", sistema que põe em vigor uma clivagem disciplinar entre as ciências antropológicas e sociológicas, de um lado, e as humanidades, de outro, ao mesmo tempo em que responde pela classificação dos objetos culturais de maneira mais geral. A arte, sugere Clifford, é identificada com a forma ideal de obras-primas autênticas e duradouras, normalmente trabalhos de artistas originais e singulares. A cultura, seguindo a divisão Arnold/Tylor no uso do termo, significa o domínio da prática tradicional ou coletiva, se bem que, como vimos, de acordo com a lógica que o próprio Clifford identificou, a cultura artística singular e a cultura no sentido tyloriano de um modo de vida completo, estão vinculadas pela noção de "autenticidade". A maioria dos objetos culturais são classificados nos termos de uma ou de outra dessas alternativas. Definidos quer como artefatos culturais quer como obras de arte, eles são exibidos de distintas maneiras nas diferentes instituições do museu etnográfico e do museu de arte — embora isso não proíba em certos momentos uma "migração controlada" entre as duas regiões (*PC*, 228).

Clifford tem especial interesse pelo movimento mediante o qual os artefatos culturais têm atribuído a si o status de obra-de-arte, visto ser o movimento nessa direção que revela com maior clareza as diferenças em formas de valor entre culturas colecionadoras e culturas colecionadas — diferenças, podemos dizer, no valor do valor. Clifford critica a tendências das coleções ocidentais de "arte primitiva" de abstrair objetos de todo contexto explicativo, bem como de avaliar o valor artístico de um artefato em termos do ponto até o qual é possível fazer essa mesma abstração. Assim, atribui-se à arte primitiva um valor advindo de uma estética distintivamente modernista que acentua a autoposse completa e autotélica de obras de arte, relegando a um status dependente e puramente comprobatório objetos que parecem depender do seu contexto para ser compreendidos. Na verdade, porém, a distinção entre valor estético e valor cultural (este último no sentido pós-tyloriano) não passa de uma variação entre cognatos, visto que o colecionar e o exibir artefatos estéticos e culturais de outras culturas partilham de algumas características fundamentais. A partir da obra de Susan Stewart e de Jean Baudrillard, Clifford vê tanto a coleção artística como a etnográfica governadas pela psicologia do acréscimo e da acumulação, que depende da abrupta retirada do objeto colecionado dos seus contextos originais, bem como a sua colocação num campo secundário de valor rigorosamente separado daqueles[13]. Parece que há um efeito de complementaridade intrínseco a esse sistema, em que não apenas as distinções categoriais entre diferentes espécies de valor têm como propósito e resultado manter distinções entre objetos, como também a função recíproca dos objetos exemplares consiste em manter as distinções categoriais de valor. Por outro lado, pode-se dizer que o sistema de valor assim movimentado mantém uma distinção permanente entre aqueles a quem cabe a avaliação e aqueles cujas culturas são submetidas a valoração. Como afirmou recentemente Sally Price, os museus e colecionadores ocidentais de arte primitiva tendem a trabalhar com o pressuposto de que, como toda arte arcaica ou tribal é coletiva, anônima e não autoconsciente, não faz sentido falar senão em termos do valor meramente funcional dessas obras para a sua cultura de origem. A atribuição de valor só pode ocorrer como resultado do seu transplante para um campo ocidental de valor (e, em particular, da autorização estética da obra sob a assinatura individual do colecionador ou *connoisseur*) que vem a representar a possibilidade do valor *como tal*. "De acordo com as pessoas que seguem esse ponto de vista", escreve Price, "o *connoisseur*

---

13. Clifford recorre à pesquisa de vida curta mas imensamente sugestiva de Baudrillard acerca da semiótica social do valor atribuído a objetos em *Le Système des objets*, Paris, Gallimard, 1968, e à análise do fetichismo no impulso de colecionar apresentada por Susan Stewart em *On Longing: Narratives of the Miniature, the Gigantic, the Souvenir, the Collection*, Baltimore e Londres, Johns Hopkins University Press, 1984.

ocidental faz pelas máscaras africanas (para ficar num único exemplo) o que Marcel Duchamp fez pelos urinóis"[14].

Isso se aplica de modo intenso e conspícuo à retirada dos objetos culturais dos seus contextos de origem com o fito de estabelecer o seu valor estético, mas o mesmo acontece com as coleções de artefatos culturais que partem do seu valor ilustrativo ou exemplar para a ciência antropológica. Em ambos os casos, os objetos são apartados do tempo e instalados no eterno presente imaginário da exposição do museu. A "Família da Arte" sugerida por exposições sincréticas como "'Primitivismo' na Arte do Século XX: Afinidades entre o Tribal e o Moderno", realizada do Museu de Arte Moderna de Nova Iorque em 1984-5, se toca com limpidez na tecla da noção da história universal e da essência do Homem.

Clifford alega que, em ambos os casos, podemos discernir a presença atuante de um paradigma de salvação. De acordo com esse paradigma, os artefatos culturais estão sempre sendo resgatados de culturas cujo ser autêntico ou está perdido no passado arruinado ou prestes a desaparecer. O ato de colecionar recupera e redime os produtos dessa cultura autêntica, mas, ao fazê-lo, participa de sua destruição ou negação. Talvez possamos ver aqui uma dramatização intercultural do paradoxo do valor estético como tal no modernismo, em que o estético só pode substituir o valor genuíno como resultado da própria exclusão do estético da cultura como um todo, exclusão que refuta sua própria reivindicação de autenticidade proléptica ou recuperada. Se o fascínio com a arte primitiva é uma expressão do "desejo e do poder incansáveis do Ocidente moderno de colecionar o mundo" (*PC*, 196), também é verdade que essa fixação efetua uma autodivisão no interior da cultura ocidental, numa incapacidade de conceber o valor exceto como certo tipo de autocoleta e numa separação entre a cultura estética e a cultura no sentido mais amplo. O valor da obra de Clifford reside em seu diagnóstico desse paradoxo tal como se manifesta entre culturas e entre as duas categorias instaladas pelo termo "cultura", o paradoxo de que o valor só possa existir nas formas fixadas ou fetichizadas que na realidade testemunham a perda ou supressão do próprio valor.

Para Clifford, o escândalo mais provocativo desse sistema cultural-estético é a noção de que a cultura tribal poderia não apenas pertencer à história (e, portanto, àqueles a quem pertence a história) como também possuir um história própria e dela participar. Clifford apresenta como modelo disso o tipo de atividade artística e cultural hibridamente incômoda que ocorre entre culturas tribais ou tradicionais que não desapareceram simplesmente sob as várias pressões do imperialismo, mas se adaptaram, de maneiras por vezes surpreendentemente inventivas, a elas, assimilando e transformando materiais e estilos culturais vindos do "exterior" de sua cultura. Trata-se de um processo que o paradigma da

14. Sally Price, "Others' Art – Our Art", *Third Text*, nº 6, 1989, p. 70.

salvação julgaria uma contaminação, termo que designa somente uma versão acelerada do tipo de adaptação irregular que sempre caracteriza, seja como for, as culturas em seu "interior". Essa concepção do valor continuado da arte e da cultura tradicionais enfatiza antes a sua vívida inventividade do que a necessidade de sua redenção pelos órgãos seletivos do valor ocidental. Acentua, nas palavras de Chinua Achebe que Clifford cita, "o valor estético antes como *processo* do que como *produto*". A opinião de Achebe de uma arte Igbo em perpétua composição (bem como, dados os "formidáveis órgãos de dissolução" do clima tropical, em decomposição) lembra o exemplo de Geertz da arte processual cujo valor emerge antes de sua carreira temporal do que de uma fixação atemporal em sua forma, e sugere a Clifford "não a alegoria modernista da redenção (um anseio de tornar as coisas íntegras, de pensar arqueologicamente), mas uma aceitação da serialidade infinita, um desejo de manter coisas à parte, dinâmicas e históricas" (*PC*, 208-9)[15].

Ao derrubar as distinções estritas entre cultura moderna e tradicional, esses modelos também destroçam, ou ao menos comprometem, as distinções interiores entre os sentidos artístico e antropológico da cultura no Ocidente. A questão, no entanto, não é restaurar uma concepção mais unificada de cultura em que a vida e a a arte, a história e a forma, comungariam numa edênica unicidade — porque, como vimos, o sonho da cultura unificada é já um subproduto do sistema modernista de valor contestado pela obra de Clifford. Em vez disso, Clifford propõe como analogia para o processo de adaptação cultural que admira o que constitui *per se* um efeito da hibridização cultural, bem como a grotesca união de esferas de valor distintas, ou seja, a etnografia surrealista, ou surrealismo etnográfico, que se associa com Georges Bataille, Michel Leiris e o Collège de Sociologie. Clifford concentra-se no período inicial, utópico, que foi dos anos 20 ao início dos anos 30, em que os projetos do surrealismo e da etnografia ainda não tinham se endurecido em seus respectivos profissionalismos, época na qual as páginas dos *Documents* de Bataille podiam dividir-se entre artigos sobre escultura e prática etnográfica africana e subversões surrealistas das práticas da vida cotidiana moderna (*PC*, 117-35). Nesse momento, o impulso etnográfico que "proporcionou um estilo de nivelamento cultural cientificamente validado, a redistribuição de categorias carregadas de valor como 'música', 'arte' 'beleza', 'sofisticação', 'limpeza' etc." (*PC*, 131) se uniu a uma prática artística e a uma crítica cultural dedicadas a uma desfamiliarização extrema da vida e da consciência ocidentais; tanto a etnografia como a arte envolviam "um radical questionamento de normas, e um apelo ao exótico, ao paradoxal, ao *insólito*" (*PC*, 129). Mais uma vez, podemos detectar no surrealismo

15. Clifford cita de "Foreword", de Chinua Achebe , a *Igbo Arts: Community and Cosmos*, ed. por H. M. Cole e C. C. Aniakor, Los Angeles, Museum of Cultural History, UCLA, 1984, p. ix.

etnográfico desse período uma fragmentação da economia das relações de valor no âmbito das culturas e entre as culturas: se é impossível ter certeza dos meios de diferenciação entre arte e cultura, também o é manter distinções de valor estáveis entre culturas.

Por volta de 1937, os efeitos dessa colisão utópica de esferas na França estavam em larga medida destruídos, com a crescente especialização que devolvera o surrealismo ao mundo da arte e fizera da etnografia e do seu objeto uma profissão científica; o símbolo dessa cisão foi a instituição do Musée de l'Homme em 1937, e sua separação definitiva da ordem cultural representada pelo Musée d'Art Moderne (*PC*, 140). Mas, mesmo por um breve momento, a etnografia e o surrealismo tinham se unido na década precedente para formar uma "ciência do risco cultural", uma "teoria e prática da justaposição" (*PC*, 147). Nesse tipo de intercâmbio, era possível ler culturas e formas de cultura umas com as outras e em confronto entre si; por exemplo, ler a mistura feita por Picasso de máscaras africanas com fisionomias européias em *Les Demoiselles d'Avignon* não, ou não somente, como uma invasão da sagrada unidade daa cultura tradicional, mas como um paralelo da ultrajante carnavalização do críquete praticada nas Ilhas Trobriand, que transforma o jogo mais cerebral e abstrato numa louca mistura de agressão, extravagância e paralogismo (*PC*, 148).

Aqui, então, uma forma ulterior dominante de conjugação entre a etnografia, a escritura da cultura, com a produção artística da cultura, conjugação em que tanto a cultura como a arte são definidas por formas de abstração, de distância e de exterioridade (o etnógrafo que fala em favor, mas à distância, da cultura que ele ou ela estudam, o objeto de arte cujo valor estético deriva de sua separação do seu contexto cultural), é contestada por uma conjuntura alternativa que *The Predicament of Culture* tem como projeto, na realidade, restaurar e renovar. Aqui, o valor como processo e paródia, consistindo na fragmentação interior de categorias de arte e cultura, corresponde a uma forma radicalmente dialógica de escritura da cultura que ocorre intercultural e intraculturalmente. Trata-se de uma visão que não abole distinções nem põe por terra distâncias nem entre culturas nem no interior de culturas, visto que isso seria apenas o produto invertido das fixações absolutas de valor característico do modelo ulterior. Em vez disso, ela torna possível, sob condições que precedem e ultrapassam o enrijecimento do valor da arte e da cultura nas formas do fetiche, a transação coletiva do valor cultural.

Se não se deve esperar o atingimento da simetria nesses relacionamentos de ajuste cultural, há no entanto diferenças entre os dois tipos de processo cultural inventivo, a cultura surrealista do Ocidente e o jogo de críquete criativamente travestido dos habitantes das Ilhas Trobriand, que merecem atenção. Porque, se é verdade que o surrealismo e a etnografia que o acompanha devem ser vistos como elementos que vão além dos valores do eu conhecido e cognoscível, alcançando o domínio da heterologia, do *Unform* kantiano ou do *informe* batailleano, podem ser vistos, em suma, como uma tentativa de "valorizar — quando ele acontece — o outro não classificado, não buscado" (*PC*, 147), mesmo assim também é o caso de esse desejo de dissolução da identidade ser um desejo carateristicamente modernista, estando o seu acolher a morte do ego sempre predisposto a assumir a inflexão de um encontro heroicamente estimulante do eu com o extremo. Nessa qualidade, ele envolve seus próprios riscos de apropriação e de violenta alucinação, exigindo que o outro já não funcione como um eu proteticamente pleno ou primariamente unificado, mas personifique o ideal da dispersão pós-moderna. Se o projeto cultural pós-moderno visa inverter a estrutura do fetiche que caracteriza o modernismo, em certo sentido ele também o reconstitui, visto que uma das mais estranhas características da projeção fetichista é o fato de a sua inversão equivaler a repetição. Encontrar a própria morte através da mediação imaginária do outro é, em algum sentido profundo, parte do mesmo processo de substituir essa morte pela atribuição ao outro de uma plenitude idealizada e compensatória de vida. Aqui, a morte do ego é o próprio meio de sua vida mais ávida; sua dissolução do valor é o próprio fundamento do valor[16]. Uma das mais perturbadoras coisas na alegação de Clifford, retrabalhando o título da exposição de 1985 no MOMA, em favor de uma "afinidade entre o tribal e o pós-moderno", e no seu programa de uma heterologia renovada da prática dos museus é precisamente a sua natureza programática, o fato de o "outro não classificado, não buscado" ser aqui tão meticulosa e intencionalmente procurado:

> Precisamos de exposições que questionem as fronteiras da arte e do mundo artístico, e do influxo de artefatos "exteriores" realmente indigestos. As relações de poder mediante as quais uma parcela da humanidade pode selecionar, valorizar e colecionar os produtos puros dos outros precisam ser criticadas e transformadas. Isso não é uma tarefa fácil. Por ora, podemos ao menos imaginar espetáculos que exibam as produções impuras, "inautênticas", da vida tribal passada e presente; exposições tradicalmente heterogêneas em sua mistura global de estilos; exposições que se situem em pontos específicos de contato multicultural; exposições em que a natureza permaneça "a-natural"; exposições cujos princípios de incorporação sejam abertamente questionáveis (*PC*, 213).

A obra de Clifford na verdade padece de certo deslocamento do requisito do valor. Embora se deva distinguir com muita clareza a sua posição da ocupada por Lyotard, já que para ele não se trata de uma questão da multiplicidade de jogos de linguagem singulares, mas dos seus cruzamentos determinados e combinações mutatórias, Clifford termina por cair na

---

16. Tentei examinar algumas formas diferentes da estrutura "perclusiva" da teoria pós-moderna, que esvazia a sua própria autoridade apenas para reconstituí-la mais efetivamente em meu livro *Postmodernist Culture* [*Cultura Pós-Moderna*].

estranha aquiescência característica da visão lyotardiana da cultura, aquiescência que resulta de uma certa vontade de desfazer que não pode reconhecer sua própria autoridade imperativa. O ideal de um dialogismo absoluto de povos, ou, por assim dizer, uma pura interferência de vozes, é autocontraditório, à medida que promove a oclusão das questões de ação, de compromisso e de responsabilidade. Quem tem e assume a responsabilidade por realizar o ideal de uma escritura descentrada coletiva da cultura? Quem sustenta ou justifica o valor absoluto da dispersão dos absolutos? Se Clifford e os outros autores associados com o projeto de uma etnografia pós-moderna começam por uma crítica da suposta invisibilidade dos processos de formação de valor em ação na escritura de outras culturas pelo Ocidente, sua forma particular de relativismo autoconsciente também corre o risco de privar-se de uma linguagem imperativa do valor. O resultado disso poderia ser o reachatamento do campo do valor num domínio antropológico de relatividades puramente funcionais em que os valores são observados de fora, a partir de uma posição que jamais pode apreender a si mesma e aos seus imperativos.

Essa tendência se evidencia no esquema do valor cultural oferecido na obra de Clifford, esquema elaborado em termos do sistema de negações e constrastes de quatro pontos do quadrado semiótico de A. J. Greimas (o relacionamento entre arte e cultura acima discutido é apenas parte desse esquema). O esquema permite a Clifford relacionar a arte (definida como a "região de obras-primas autênticas") não somente com a cultura ("a região de artefatos autênticos") como também com a não-arte ("a região de artefatos inautênticos", como a arte para turistas) e com a não--cultura ("a região de obras-primas inautênticas", oxímoro com o qual Clifford designa coisas como falsificações, invenções e antiarte dadaísta — *PC*, 223-4). Essas quatro posições são, naturalmente, formas idealizadas do que existe na maioia dos casos nas regiões de transição entre elas.

O sistema da arte-cultura: uma máquina para produção de autenticidade (James Clifford, *The Predicament of Culture*, p. 224)

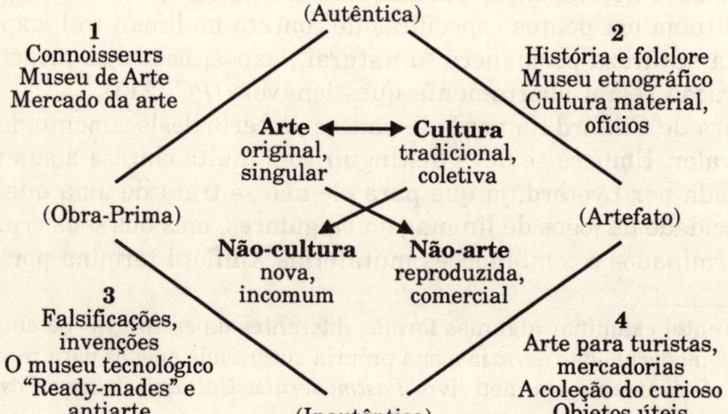

A versão cliffordiana do retângulo de Greimas parece basear-se em larga medida no uso feito dele por Fredric Jameson em *The Political Unconscious* (1981) (*PU*, 46-9, 166-8, 254-5)[17]. Como vimos, Jameson também emprega esse quadrado semiótico para delimitar a tematização da questão do valor em *Lord Jim*, de Conrad. Clifford observa que o sistema de valor que esboça na realidade funciona tanto excluindo como incluindo formas culturais — não fica claro, por exemplo, onde e como formas culturais religiosas se enquadrariam nele (*PC,* 226). Contudo, tanto no mapeamento do campo do valor cultural feito por Jameson como no feito por Clifford, a questão da força valorativa do próprio mapeamento não pode figurar nem figura no esquema. Para Jameson, isso ocorre porque o sistema é produzido a partir de contradições objetivas em que a atividade e o valor são considerados contraditórios e irreconciliáveis; a delimitação do valor é portanto o sinal da ausência ou impossibilidade de um valor "real" num mundo alienado. A consecução de tal valor real só poderia acontecer como resultado da transcendência dialética da contradição entre atividade e valor que produz a dinâmica textual de *Lord Jim*; não há, pois, lugar para o valor como tal no quadrado semiótico que mapeia as mutações e trocas do valor. Ao contrário de Jameson, Clifford não está comprometido com nenhum trabalho de síntese cultural nem de superação dialética, mas, de modo semelhante, certo tipo de valor real ou imperativo não pode ser incluído no quadrado, que, pretendendo ser "uma máquina para produção de autenticidade", está limitado à designação de relações puramente funcionais. Mas quando Clifford fala da luta de Claude Lévi-Strauss para obter reconhecimento para as "obras-primas cada vez mais raras" dos artefatos tribais (*PC*, 239), fica-se pensando se a asserção incondicional de valor aqui implicada poderia ter atribuída a si a sua posição puramente relativa no quadrado semiótico. E, o que é mais importante, fica-se imaginando como o valor da transgressão ou hibridização de categorias poderia ser representada, se é que o pode, a não ser com a versão jamesoniana da problemática do valor, com uma dissolução do sistema e do esquema que o representa.

Essa irrepresentabilidade do valor é o que torna a etnografia pós-moderna de Clifford, no final, eticamente subespecificada, porque incapaz de trazer à visibilidade valorativa os imperativos que a motivam. Essa incapacidade não é tanto um fracasso em escapar ao paradoxo do valor mediante o qual é necessário afirmar em termos absolutos a contingência de todos esses absolutos quanto uma falta de condições de habitá-lo apropriada e plenamente, de reconhecer por inteiro os próprios imperativos e investimentos de valor necessários de cada um. No tocante a isso, a obra de Clifford talvez seja vulnerável à mesma acusação feita por Geertz aos etnógrafos cuja obra costuma ser tomada como exemplo da escritura etnográfica dialogicamente autoconsciente que Clifford recomen-

17. Ver discussão acima, pp.154-9.

da. Geertz critica no trabalho de Vincent Crapanzano, Paul Rabinow e Kevin Dwyer certa dissolução hiperinterpretativa do eu observador e registrador em estruturas de culpa. Sobre a tentativa de Kevin Dwyer no sentido de registrar o encontro entre o eu ocidental e o outro marroquino, em *Moroccan Dialogues* (1982), por exemplo, Geertz escreve: "Como a meta nesse caso é expor o terreno movediço em que todas as interações dessa espécie se apóiam, um tecido de carreirismo, engano, manipulação e de microimperialismo, o eu, em vez de ser retoricamente engrandecido, é, não menos retoricamente, solapado. O 'eu' de Dwyer nem flutua pelo seu texto nem o engolfa. Ele simplesmente pede desculpas por estar presente" (*WL*, 95). A força da crítica de Geertz à geração que ele denomina "Filhos de Malinowski" não é lançada de modo direto aos seus "pecados de auto-exibição", ao contrário do que Clifford parece pensar em sua frágil defesa deles em *The Predicament of Culture* (*PC*, 113), mas a uma espécie de fracasso irresponsável, apesar de toda a autoconsciência saturada dos seus textos, em ocupar o encontro, exceto na forma de um mal-estar automutilador, mas em última análise autoprotetor. As principais notas do discurso deles são, em conseqüência, as de "estranhamento, hipocrisia, impotência, domínio, desilusão. Estar Ali não é só difícil na prática. Há algo de corrupto envolvendo a coisa toda" (*WL*, 96). A continuidade da obra da etnografia nessas condições poderia parecer outra versão da autocontradição performativa que detectamos em toda parte na teoria contemporânea do valor cultural, se bem que, na realidade, o que há de singular aí é justamente a tendência desse extremo de autoconsciência cauterizar a si mesmo contra a dor e o ônus de uma responsabilidade assumida de maneira mais aberta. Quando a auto-exibição incessante produz invisibilidade e inviolabilidade, *qui s'excuse, s'accuse*.

Geertz está tão convencido quanto todos aqueles cujos trabalhos critica da necessidade de a etnografia ajudar a "ampliar a possibilidade de um discurso inteligível entre pessoas bem diferentes umas das outras em termos de interesses, de perspectiva, de riqueza e de poder, e, não obstante, contidas num mundo em que, lançadas como estão numa interminável conexão, é cada vez mais difícil de fugir ao universo umas das outras" (*WL*, 147), e, no processo, permanecer com um grande grau de autoconsciência acerca do seu próprio poder e dos seus próprios efeitos. Mas, para Geertz, a força e o valor éticos desse empreendimento é inseparável de um reconhecimento da nossa própria posição e identidade cultural, por mais provisória e prejudicada que elas possam ser. O paradoxo do valor intercultural para Geertz reside em como envolver-se com as vozes, experiências e valores dos outros sem se sentir a tentação de formas de auto-imolação imunizante: é a "dupla percepção de que a nossa não é senão uma voz entre muitas e que, como é a única que temos à nossa disposição, temos necessariamente de falar com ela" (*LK*, 234). É verdade que a autoposse deveras genial de Geertz está ela mesma aberta à objeção de ser um meio de imunizar o eu contra toda forma de descentração violenta ou radical. Mas o seu trabalho indica de maneira útil a dificuldade de mediação da questão do valor seja do ponto de vista do eu que se completa a si mesmo no desvio do outro, seja do eu que usa de modo grandioso o outro para celebrar a sua *manque à être*. Como Derrida observou, referindo-se à ética antiegológica de Levinas, não é possível evitar a violência abolindo-se o eu violador, visto que essa atitude constitui uma recusa do compromisso ético do eu com o outro que é ela mesma uma espécie de violação; diante disso, a não-violência absoluta do não-contato é um gênero de guerra (VM, 146-7). Porque a força e a necessidade éticas do encontro entre culturas não se concentram em torno do valor da auto-identidade ou da auto-identidade do valor nem em torno da dispersão e relativização absolutas de todo valor. Elas são governadas, em vez disso, pela exigência irredutível de causar um impacto sobre essas duas dimensões do valor, a da consolidação do valor da dispersão e a da dispersão do valor da consolidação. É nesse aspecto que os problemas evocados pela interculturação do valor cultural se envolvem nessa complexa hélice de questões que tem formado o objeto e o destino recorrentes dessa pesquisa acerca da natureza e das teorias do valor em nosso mundo contemporâneo. A vívida condição que tentei repetidamente evocar aqui, e que o nosso mundo tem de continuar a encontrar e a explorar, é que o valor nunca pode estar sob o total controle da teoria, visto que isso seria sempre destruir ilegitimamente a excitação inerente ao seu jogo de esconde-esconde; mesmo que, mais do que nunca, a vocação da teoria tenha de ser resistir ao esvaziamento do valor, tenha de ser, na realidade, instituir e ocupar de maneira permanente as instâncias de sua passagem.

Bibliografia

Adorno, Theodor e Horkheimer, Max, *Dialectic of Enlightenment* (1944), trad. de John Cumming, Londres, Verso, 1986.

Andolsen, Barbara Hilkert, Gudorf, Christine E. e Pellauer, Mary D. (eds.), *Women's Consciousness, Women's Conscience: A Reader in Feminist Ethics*, São Francisco e Londres, Harper & Row, 1987.

Arnold, Matthew, *Culture and Anarchy* (1869), ed. por John Dover Wilson, Cambridge, Cambridge University Press, 1988.

Asad, Talal, *Anthropology and the Colonial Encounter*, Londres, Ithaca Press, 1973.

Barthes, Roland, *The Pleasure of the Text* (1973), trad. de Richard Miller, Oxford, Basil Blackwell, 1990.

Bataille, Georges, *Sur Nietzsche*, Paris, Gallimard, 1945.

——, "Hegel, la mort et le sacrifice", *Deucalion*, nº 5, 1955, pp. 21-43.

——, *Eroticism* (1957), trad. de Mary Dalwood, Londres, John Calder, 1962.

——, "La valeur d'usage de D. A. F. de Sade (lettre ouverte à mes camarades actuels), in *Oeuvres Complètes*, vol. 2, Paris, Gallimard, 1970, pp. 54-69.

——, "L'Économie à la mesure de l'univers", in *Oeuvres Complètes*, vol. 7, Paris, Gallimard, 1976, pp. 7-16.

——, *Literature and Evil* (1957), trad. de Alistair Hamilton, Londres, Marion Boyars, 1985.

——, *Visions of Excess: Selected Writings 1927-1939*, trad. de Allan Stoeckl, com C. R. Lovitt e D. M. Leslie. Manchester, Manchester University Press, 1985.

——, *The Accursed Share* (1949), trad. de Robert Hurley, Nova Iorque, Zone Books, 1988.

——, *Inner Experience* (1943), trad. de Lesley Anne Boldt, Albany, State University of New York Press, 1988.

Battersby, Christine, *Gender and Genius: Towards a Feminist Aesthetics*, Londres, Women's Press, 1989.

Baudrillard, Jean, *Le Système des objets*, Paris, Gallimard, 1968.

——, *For a Critique of the Political Economy of the Sign* (1972), trad. de Charles Levin, St. Louis, Telos Press, 1981.

——, *The Mirror of Production* (1973), trad. de Mark Poster, St. Louis, Telos Press, 1975.

——, *L'échange symbolique et la mort*, Paris, Gallimard, 1976.

Baudrillard, Jean, *Selected Writings*, Vários tradutores, ed. por Mark Poster, Cambridge, Polity Press, 1988.

Beckett, Samuel, *Collected Poems in English and French*, Londres, John Calder, 1977.

——, *Disjecta: Miscellaneous Writings and a Dramatic Fragment*, ed. por Ruby Cohn, Londres, John Calder, 1983.

——, *Worstward Ho*, Londres, John Calder, 1983.

——, *Stirrings Still*, Londres e Nova Iorque, John Calder e New Moon, 1989.

Benhabib, Seyla, *Critique, Norm, and Utopia: A Study of the Foundations of Critical Theory*, Nova Iorque, Columbia University Press, 1989.

——, "The Generalized Other and the Concrete Other: The Kohlberg--Gilligan Controversy and Feminist Theory", in *Feminism as Critique*, ed. por Benhabib e Cornell, pp. 77-95.

—— e Cornell, Drucilla (eds.), *Feminism as Critique: Essays on the Politics of Gender in Late-Capitalist Societies*, Cambridge, Polity Press, 1987.

Benjamin, Andrew, "The Redemption of Value: Laporte, Writing as Abkürzung", *Paragraph*, nº 12, 1989, pp. 23-36.

Benstock, Bernard (ed.) *The Augmented Ninth: Proceedings of the Ninth International James Joyce Symposium, Frankfurt, 1984*, Syracuse, Nova Iorque, Syracuse University Press, 1988.

Bernasconi, Robert, "Deconstrucion and the Possibility of Ethics", in *Deconstruction and Philosophy: The Texts of Jacques Derrida*, ed. por John Sallis, Chicago e Londres, University of Chicago Press, 1987, pp. 122-39.

——, e Critchley, Simon (eds.), *Re-reading Levinas*, Londres, Athlone Press, 1991.

Berstein, Jay M. "Aesthetic Alienation: Heidegger, Adorno, and Truth at the End of Art", in *Life After Postmodernism*, ed. por Fekete, pp. 86-119.

Boheemen-Saaf, Christine van, "Joyce, Derrida, and the Discourse of the 'Other'", in *The Augmented Ninth*, ed. por Benstock, pp. 88-102.

Bond, E. J., *Reason and Value*, Cambridge, Cambridge University Press, 1983.

Booth, Wayne C., *The Company We Keep: An Ethics of Fiction*, Berkeley, Los Angeles e Londres, University of California Press, 1988.

Bourdieu, Pierre, *Outline of a Theory of Practice*, trad. de Richard Nice, Cambridge, Cambridge University Press, 1977.

——, *Distinction: A Social Critique of the Judgement of Taste* (1979), trad. de Richard Nice, Londres e Nova Iorque, Routledge & Kegan Paul, 1984.

Brivic, Sheldon, "The Father in Joyce", in *The Seventh of Joyce*, ed. por Bernard Benstock, Brighton, Harvester Press, 1982, pp. 74-80.

Burke, Carolyn, "Irigaray through the Looking Glass", *Feminist Studies*, nº 7, 1981, pp. 288-306.

Cameron, Deborah, *Feminism and Linguistic Practice*, Londres, Macmillan, 1985.

Card, Claudia (ed.), *Feminist Ethics*, Kansas City, University of Kansas Press, 1991.

Clifford, James, *The Predicament of Culture: Twentieth-Century Ethnography, Literature, and Art*, Cambridge, Massachusetts e Londres, Harvard University Press, 1988.

——, e Marcus, George E. (eds.), *Writing Culture: The Poetics and Politics of Ethnography*, Berkeley, Los Angeles e Londres, University of California Press, 1986.

Cohen, Richard A. (ed.), *Face to Face with Levinas*, Albany, State University of New York Press, 1986.

Cole, H. M. e Aniakor, C. C., *Igbo Artists: Community and Cosmos*, Los Angeles, Museum of Cultural History, UCLA, 1984.

Connor, Steven, *Samuel Beckett: Repetition, Theory and Text*, Oxford, Basil Blackwell, 1988.

——, *Postmodernist Culture: An Introduction to Theories of the Contemporary*, Oxford, Basil Blackwell, 1989. [Edição brasileira: *Cultura Pós-Moderna: Introdução às Teorias do Contemporâneo*, São Paulo, Loyola, 1992, trad. de Adail Sobral e Maria Stela Gonçalves.]

——, "Between Earth and Air: Value, Culture and Futurity", *Block*, 1992.

Corn, Tony, "La Negativité sans emploi (Derrida, Bataille, Hegel)", *Romanic Review*, nº 76, 1976, pp. 65-75.

Cornell, Drucilla e Thurschwell, Adam, "Feminism, Negativity, Intersubjectivity", in *Feminism as Critique*, ed. por Benhabib e Cornell, pp. 143-62.

Crapanzano, Vincent, *Tuhani: Portrait of a Moroccan*, Chicago e Londres, University of Chicago Press, 1980.

——, "Hermes' Dilemma: The Masking of Subversion n Ethnographic Description", in *Writing Culture*, ed. por Clifford e Marcus, pp. 51-76.

Critchley, Simon, "The Chiamus: Levinas, Derrida and the Ethical Demand for Deconstruction", *Textual Practice*, nº 3, 1989, pp. 91-106.

——, "'Bois' - Derrida's Final Word on Levinas", in *Re-reading Levinas*, ed. por Bernasconi e Critchley, pp. 162-89.

Culler, Jonathan, "Communicative Competence and Normative Force", *New German Critique*, nº 35, 1985, pp. 133-44.

Daly, Mary, *Gyn/Ecology: The Metaethics of Radical Feminism*, Londres, Women's Press, 1979.

Davies, Lesley, *Caring: A Feminine Approach to Ethics*, Canterbury, University of Kent, 1990.

de Courtivron, Isabelle e Marks, Elaine (eds.), *New French Feminisms*, Nova Iorque, Schocken, 1981.

Delphy, Christine, "Protofeminism and Antifeminism", in *French Feminist Thought*, ed. por Moi, pp. 80-109.

de Man, Paul, *The Resistance to Theory*, Manchester, Manchester University Press, 1986.

Derrida, Jacques, *Of Grammatology*, trad. de Gayatri Chakravorty Spivak, Baltimore e Londres, Johns Hopkins University Press, 1974.

——, *Writing and Difference*, trad. de Alan Bass, Londres, Routledge & Kegan Paul, 1978.

——"Violence and Metaphysics: An Essay on the Thought of Emmanuel Levinas", ibid., pp. 79-153.

——, *Margins of Philosophy*, trad. de Alan Bass, Brighton, Harvester Press, 1982.

——, "The Principle of Reason: The University in the Eyes of its Pupils", trad. de Catherine Porter e Edward P. Morris, *Diacritics*, nº 13, 1983, pp. 3-20.

——, "Two Words for Joyce", trad. de Geoff Benington, in *Post-structuralist Joyce: Essays from the French*, ed. por Derek Attridge e Daniel Ferrer, Cambridge, Cambridge University Press, 1984, pp. 145-59.

——, "No Apocalipse, Not Now (full speed ahead, seven missiles, seven missives)", trad. de Catherine Porter e Philip Lewis, *Diacritcs*, nº 14, 1984, pp. 20-31.

——, "Racism's Last Word", trad. de Peggy Kamuf, *Critical Inquiry*, nº 12, 1985, pp. 290-9.

—— "Ulysse gramophone l'oui dire de Joyce", in *Genèse de Babel: études présentés par Claude Jacquet*, Paris, CNRS, 1985, pp. 227-64.

——, "But, Beyond ... Open Letter to Anne McClintock and Rob Nixon", trad. de Peggy Kamuf, *Critical Inquiry*, nº 13, 1986, pp. 155-70.

——, "To Speculate — on 'Freud'", in *The Post-Card: From Socrates to Freud and Beyond*, trad. de Alan Bass, Chicago e Londres, University of Chicago Press, 1987, pp. 259-409.

——, *Limited Inc*, 2ª ed., ed. por Gerald Graff, trad. de Jeffrey Mehlman e Samuel Weber, Evanston, Illinois, Northwestern University Press, 1988.

——, "Like the Sound of the Sea Deep within a Shell: Paul de Man's War", *Critical Inquiry*, nº 14, 1988, pp. 590-652.

——, "Biodegradables: Seven Diary Fragments", *Critical Inquiry*, nº 15, 1989, pp. 812-73.

——, "At This Very Moment in This Work Here I Am", in *Re-reading Levinas*, ed. por Bernasconi e Critchley, pp. 11-48.

Dewey, John, *Theory of Valuation*, in *John Dewey: The Later Works, 1925-1953*, ed. por Jo Ann Boyditon e Barbara Levine, Carbondale e Edwardsville, Southern Illinois University Press, 1988, vol. 13, pp. 189-270.

Dwyer, Kevin, *Moroccan Dialogues: Anthropology in Question*, Baltimore e Londres, Johns Hopkins University Press, 1982.

Eagleton, Terry, *Criticism and Ideology: A Study in Marxist Literary Theory*, Londres, Verso, 1976.

——, *Literary Theory: An Introduction*, Oxford, Basil Blackwell, 1983.

——, "Poetry, Pleasure and Politics", in *Against the Grain" Selected Essays 1975-1985*, Londres, Verso, 1986, pp. 173-80.

——, “Modernism, Myth and Monopoly Capitalism”, *News from Nowhere*, nº 7, 1989, pp. 173-80.

——, *The Ideology of the Aesthetic*, Oxford, Basil Blackwell, 1990.

Easthope, Antony, “The Question of Literary Value”, *Textual Practice*, nº 4, 1990, pp. 376-89.

Federman, Raymond and Graver, Lawrence (eds.), *Samuel Beckett: The Critical Heritage*, Londres, Routledge & Kegan Paul, 1979.

Fekete, John (ed.), *Life After Postmodernism: Essays on Value and Culture*, Basingstoke e Londres, Macmillan, 1988.

Felski, Rita, *Beyond Feminist Aesthetics: Feminist Literature and Social Change*, Londres, Hutchinson Radius, 1989.

Flax, Jane, “Postmodernism and Gender Relations in Feminist Theory”, *Signs: Journal of Women in Culture and Society*, nº 12, 1987, pp. 621-43.

Foucault, Michel. ‘Preface to Transgression”. In *Language, Counter--Memory, Practice: Selected Essays and Interviews,* ed. por Donald F. Bouchard, trad. de Donald F. Bouchard e Sherry Simon (Oxford: Basil Blackwell, 1977), pp. 29-52.

——, ‘On the Genealogy of Ethies: An Overview of Work in Progress’. In *Michel Foucault: Beyond Structuralism and Hermeneutics*, ed. por H. Dreyfus e Paul Rabinow (Chicago e Londres: University of Chicago Press, 1983), pp. 229-52.

Fraser, Nancy. ‘Toward a Discourse Ethic of Solidarity”. *Praxis International*, 5 (1986): 425-9.

——, ‘What’s Critical about Critical Theory? The Case of Habermas and Gender’. In *Feminism as Critique,* ed. Benhabib and Cornell, pp. 31-56.

——, *Unruly Practices: Power, Discourse and Gender in Contemporary Social Theory.* Cambridge: Polity Press, 1989.

Freud, Sigmund. *Jenseits des Lustprinzips* (1920). In *Gesammelte Schriften* (Leipzig, Viena e Zurique: Internationaler Psychoanalytischer Verlag, 1925), vol. 6, pp. 191-257.

——, *Aus der Anfãngen der Psychoanalyse.* Londres: Imago, 1950.

——, *Beyond the Pleasure Principle* (1920). In *The Standard Edition of the Psychological Works of Sigmund Freud*, trad. de James Strachey (Londres: Hogarth Press, 1953-73), vol. 18, pp. 1-64.

——, ‘The Economic Problem of Masochism’ (1924). Ibid., vol. 19, pp. 155-70.

Fry, Roger. ‘An Essay in Aesthetics’ (1909). Repr. in *Modern Art and Modernism: A Critical Anthology*, ed. por Francis Frascina e Charles Harrison (Londres: Harper & Row, 1982), pp. 79-87.

Fullbrook, Kate. *Free Women: Ethics and Aesthetics in Twentieth-Century Women’s Fiction*. Hemel Hempstead: Harvester Press, 1990.

Gallop, Jane. *Feminism and Psychoanalysis: The Daughter’s Seduction*. Londres: Macmilan, 1982.

Geertz, Clifford. ‘Deep Play: Notes on a Balinese Cockfight’. In *The Interpretation of Cultures* (Nova Iorque: Basic Books, 1973), pp. 412-53.

Geertz, Clifford, *Local Knowledge: Further Essays in Interpretive Antropology*. Nova Iorque: Basic Books, 1986.

——, *Works and Lives: The Anthropologist as Author*. Cambridge: Polity Press, 1988.

Gench, Peter. *Mental Acts: Their Content and their Objects*. Londres: Routledge & Kegan Paul, 1957.

Gilligan, Carol. *In a Different Voice: Psychological Theory and Women's Development* Cambridge, Mass.: Harvard University Press, 1982.

Goodman, Nelson. *Ways of Worldmaking*. Indianapolis and Cambridge, Mass.: Hackett, 1978.

Grimshaw, Jean. *Philosophy and Feminist Thinking*. Minneapolis: University of Minnesota Press, 1986.

Habermas, Jürgen. 'What is Universal Pragmatiocs?' (1976). In *Communication and the Evolution of Society*, trans. Thomas McCarthy (Londres: Heinemann, 1979), pp. 1-68.

——, 'Reply to my Critics'. In *Habermas: Critical Debates,* ed. J. Thompson e D. Held (Cambridge, Mass.: MIT Press, 1982), pp. 219-83.

——, 'Questions and Counter-Questions', *Praxis International*, 4 (1984): 229-50.

——, *The Theory of Communicative Action*. Vol. 1: *Reason and the Rationalization of Society*. Vol. 2: *Lifeworld and System: A Critique of Functionalist Reason*. Boston: Beacon Books; Cambridge: Polity Press, 1984, 1987.

——, *The Philosophical Discourse of Modernity: Twelve Lectures*. Trad. de Frederick Lawrence. Cambridge: Polity Press, 1987.

Hanen, Marsha e Nelson, Kai (eds). *Science, Morality, and Feminist Theory.* Calgary: University of Calgary Press, 1987.

Hans, James S. *The Question of Value: Thinking through Nietzsche, Heidegger, and Freud.* Carbondale and Edwardsville: Southern Illinois University Press, 1989.

Harvey, David. *The Condition of Postmodernity: An Enquiry into the Origins of Social Change.* Oxford: Basil Blackwell, 1989.

Heath, Stephen. 'Diference'. *Screen,* 19 (1978-9): 50-112.

Heidegger, Martin. 'Letter on Humanism' (1947). In *Basic Writings from 'Being and Time' (1927) to 'The Task of Thinking' (1964)*, ed. por David Farrel Krell (Londres: Routledge & Kegan Paul, 1978), pp. 193-242.

Irigaray, Luce. *Ethique de la différence sexualle.* Paris: Editions de Minuit, 1984.

——, *This Sex which is Not One*. Trad. de Carolyn Burke e Catherine Porter. Ithaca, NY: Cornell University Press, 1985.

——, 'The Fecundity of the Caress: A Reading of Levinas, *Totality and Infinity* section IV, B, 'The Phenomenology of Eros'". Trad. de Carolyn Burk. In *Face to Face with Levinas*, ed. Cohen, pp. 231-56.

——, 'Women, the Sacred and Money'. Trad. de Diana Knight e Margaret Whitford. *Paragraph*, 8 (1986):6-17.

——, *Je, tu, nous: pour une culture de la différence*. Paris: Grasset, 1990.

Jameson, Fredric. *The Political Unconscious: Narrative as a Socially Simbolic Act.* Londres e Nova Iorque: Methuen, 1981.

——, 'Pleasure: A Political Issue'. In Tony Bennett et al., *Formations of Pleasure* (Londres: Routledge & Kegan Paul, 1983), pp. 1-14.

Jay, Gregory S. 'Values and Deconstructions: Derrida, Saussure, Marx'. *Cultural Critique*, 8 (1987-8): 153-96.

Johnson, Barbara. *A World of Difference*. Baltimore e Londres: Johns Hopkins University Press, 1987.

Jones. Ellen Carol. "'Writing the Mystery of Himself': Paternity in *Ulisses*". In *The Augmented Ninth*, ed. Benstock, pp. 226-32.

Joyce, James. *Ulysses*. Ed. Hans Walter Gabler. Harmondsworth: Penguin, 1986.

——, *Finnegans Wake*. Londres: Faber & Faber, 1939.

Kant, Immanuel. *The Critique of Judgement* (1790). Trad. de James Creed Meredith. Oxford: Clarendon Press, 1952

Kaplan, Carey and Rose, Ellen Cronan. *The Canon and the Common Reader*. Knoxville: Tennessee University Press, 1990.

Kaplan, Cora. *'The Thorn Birds:* Fiction, Fantasy, Femininity'. In *Sea Changes: Essays on Culture and Feminism* (Londres: Verso, 1986), pp. 117-46.

——, "Wild Nights: Pleasure/Sexuality/Feminism", ibid., pp. 31-50.

Kearney, Richard, "Dialogue with Emmanuel Levinas", in *Face to Face with Levinas*, ed. por Cohen, pp. 13-34.

Kellner, Douglas, *Jean Baudrillard: From Marxism to Postmodernism and Beyond*, Cambridge, Polity Press, 1989.

Kennedy, Allan, *Reading Resistance Value: Deconstructive Practice and the Politics of Literary Critical Encounters*, Basingstoke, Macmillan, 1990.

Kohlberg, Lawrence, *The Psychology of Moral Development: The Nature and Validity of Moral Stages*, São Francisco e Londres, Harper & Row, 1984.

Kristeva, Julia, "The Ethics of Linguistics", in *Desire in Language*, trad. de Thomas Gora, Alice Jardine e Leon S. Roudiez, Oxford, Basil Blackwell, 1980, pp. 23-35.

——, "Woman Can Never Be Defined", in *New French Feminisms*, ed. por de Courtivron e Marks, pp. 137-41.

——. "Psychoanalysis and the Polis", trad. de Margaret Waller, in *The Politics of Interpretation*, ed. por W. J. T. Mitchell, Chicago e Londres, University of Chicago Press, 1983, pp. 83-98.

Kroeber, A. L. e Kluckhohn, Clyde, *Culture: A Critical Review of Concepts and Definitions*, Cambridge, Massachusetts, Peabody Museum of American Archeology and Ethnology, 1952.

Lacan, Jacques, *Le séminaire livre xx: Encore*, Paris, Seuil, 1975.

Lacan, Jacques, "On the Subject of Certainty", in *The Four Fundamental Concepts of Psycho-Analysis*, trad. de Alan Sheridan, Harmondsworth, Penguin, 1979, pp. 29-41.

Laplanche, J. e Pontalis, J.-B., *The Language of Psycho-Analysis*, Londres, Hogarth Press, 1983.

Leclerc, Annie, "Parole de Femme" (1974). Condensação reproduzida em *French Feminist Thought*, ed. por Moi, pp. 73-9.

le Doeuff, Michèle, *Hipparchia's Choice: An Essay Concerning Women, Philosophy, Etc.*, trad. de Trista Selous, Oxford, Basil Blackwell, 1991.

Le Guin, Ursula, *Dancing at the Edge of the World: Thoughts on Words, Women, Places*, Nova Iorque, Grove Press, 1989.

Levinas, Emmanuel, *Totality and Infinity: An Essay on Exteriority* (1961), trad. de Alphonso Lingis, Haia, Nijhoff, 1979.

——, "The Trace of the Other", trad. de Alphonso Lingis, in *Deconstruction in Context*, ed. por Mark Taylor, Chicago e Londres, University of Chicago Press, 1986, pp. 345-59.

——, *The Levinas Reader*, ed. por Séan Hand, Oxford, Basil Blackwell, 1989.

——, "Wholly Otherwise", trad. de Simon Critchley, in *Re-reading Levinas*, ed. por Bernasconi e Critchley, pp. 5-10.

Lovibond, Sabina, "Feminism and Postmodernism", *New Left Review*, nº 178, 1989, pp. 5-28.

Lyotard, Jean-François, *Economie libidinale*, Paris, Editions de Minuit, 1974.

——, *The Postmodern Condition: A Report on Knowledge* (1979), trad. Geoff Bennington e Brian Massumi, Manchester, Manchester University Press, 1984.

——, *Le Postmoderne expliqué aux enfants: Correspondances 1982-1985*, Paris, Galilée, 1986.

——, *The Differend: Phrases in Dispute*, trad. de Georges Van Den Abbeele, Manchester, Manchester University Press, 1988.

——, "Time Today", trad. de Geoff Bennington e Rachel Bowlby, *Oxford Literary Review*, n. 11, 1989, pp. 3-20.

—— e Thébaud, Jean-Loup, *Just Gaming*, trad. de Brian Massumi, Manchester, Manchester University Press, 1985.

McCarthy, Thomas, *The Critical Theory of Jürgen Habermas*, Cambridge, Polity Press, 1984.

Macintyre, Alasdair, *After Virtue: A Study in Moral Theology*, Londres, Duckworth, 1981.

Mauss, Marcel, *The Gift: Forms and Functions of Exchange in Archaic Societies*, trad. de I. Cunnison, Nova Iorque, Norton, 1967.

Meyer, Leonard B., "Some Remarks on Value and Greatness in Music" (1959). Reproduzido em *Aesthetics Today*, ed. por Morris Philipson e Paul J. Gudel, ed. rev., Nova Iorque e Scarborough, Ontário, Meridian, 1980, pp. 267-86.

Middleton, Peter, "Linguistic Turns", *Oxford Literary Review*, n. 11, 1989, pp. 37-67.

Miller, J. Hillis, *The Ethics of Reading: Kant, de Man, Eliot, Trollope, James, and Benjamin*, Nova Iorque, Columbia University Press, 1987.

Moi, Toril (ed.), *French Feminist Thought: A Reader*, Oxford, Basil Blackwell, 1989.

Mulvey, Laura, "Visual Pleasure and Narrative Cinema", *Screen*, nº 16, 1975, pp. 6-18.

Nadel, Ira B., *Joyce and the Jews: Culture and Texts*, Basingstock, Macmillan, 1989.

Nicholson, Linda J., *Feminism / Postmodernism*, Londres, Routledge, 1990.

Norris, Christopher, *Deconstruction: Theory and Practice*, Londres, Methuen, 1982.

Nussbaum, Martha, "Perceptive Equilibrium: Literary Theory and Ethical Theory", in *The Future of Literary Theory*, ed. por Ralph Cohen, Nova Iorque e Londres, Routledge, 1989, pp. 58-85.

Oelmüller, Willi (ed.), *Normenbegrundung und Normendurchsetzung*, Paderborn, Schöningh, 1978.

Parker, Roszika e Pollock, Griselda, *Old Mistresses: Women, Art and Ideology*, Londres, Routledge, 1981.

Parrinder, Patrick, *James Joyce*, Cambridge, Cambridge University Press, 1984.

Peake, Charles, *James Joyce: The Citizen and the Artist*, Londres, Edward Arnold, 1977.

Plesu, Andrei, "Elements for a Restoration of Ethics", *Cahiers Roumains d'Études Littéraires: Revue Trimestrielle de Critique, d'Esthétique et d'Histoire Littéraires*, n º 1, 1987, pp. 110-17.

Plotnitsky, Arkady, "Interpretation, Interminability, Evaluation: From Nietzsche Toward a General Economy", in *Life After Postmodernism*, ed. por Fekete, pp. 120-41.

Price, Sally, "Others' Art — Our Art", *Third Text*, n) 6, 1989, pp. 65-71.

Priz, Jessica, "The Fine Art of Inexpression: Beckett and Duchamp", in *Beckett Translating / Translating Beckett*, ed. por Alan Warren Friedman, Charles Rossman e Dina Sherzer, University Park e Londres. Pennsylvania State University Press, 1987, pp. 95-106.

Rabaté, Jean-Michel, "Paternity, Thy Name is Joy", in *The Augmented Ninth*,ed. por Benstock, pp. 219-25.

Rajchman, John, "Lacan and the Ethics of Modernity", *Representations*, nº 15, 1986, pp. 45-56.

——, "Ethics After Foucault", *Social Text*, nº 13/14, 1986, pp. 165-83.

Richards., I. A., *Principles of Literary Criticism* (1924). Reimpressão, Londres, Routledge & Kegan Paul, 1983.

Rorty, Richard, "Le Cosmopolitisme sans émancipation: en réponse de Jean-François Lyotard", *Critique*, nº 41, 1985, pp. 570-83.

Rorty, Richard, "Habermas and Lyotard on Postmodernity", in *Habermas and Modernity*, ed. por Richard Bernstein, Cambridge, Massachusetts, MIT Press, 1986, pp. 161-76.

——, *Contingency, Irony, and Solidarity*, Cambridge, Cambridge University Press, 1989.

Rushdie, Salman, "Is Nothing Sacred?", in *Imaginary Homelands: Essays and Criticism, 1981-1991*, Londres, Granta/Penguin, 1991, pp. 415-29.

Said, Edward, "Opponents, Audiences, Constituencies, and Community", in *The Politics of Interpretation*, ed. por W. J. T. Mitchell, Chicago e Londres, University of Chicago Press, 1983, pp. 7-32.

Scholte, Bob, "The Charmed Circle of Geertz's Hermeneutics: A Neo-Marxist Critique", *Critique of Anthropology*, nº 6, 1986, 5-15.

——, "The Literary Turn in Contemporary Anthropology", *Critique of Anthropology*, nº 7, 1987, pp. 33-47.

Scott, Bonnie Kime, *Joyce and Feminism*, Brighton, Harvester Press, 1984.

Siebers, Tobin, *The Ethics of Criticism*, Ithaca, Nova Iorque e Londres, Cornell University Press, 1990.

Smith, Barbara Herrnstein, *Contingencies of Value: Alternative Perspectives for Critical Theory*, Cambridge, Massachusetts e Londres, Harvard University Press, 1988.

Soper, Kate, "Postmodernism, Subjectivity and the Question of Value", *New Left Review*, nº 186, 1991, pp. 120-8.

Spivak, Gayatri Chakravorty, "Scattered Speculations on the Question of Value", in *In Other Worlds: Essays in Cultural Politics*, Nova Iorque e Londres, Methuen, 1987, pp. 154-75.

Stewart, Susan, *On Longing: Narratives of the Miniature, the Gigantic, the Souvenir, the Collection*, Baltimore e Londres, Johns Hopkins University Press, 1984.

Stocking, George, "Arnold, Tylor, and the Uses of Invention", in *Race, Culture and Evolution: Essays in the History of Anthropology*, Nova Iorque, Free Press, 1968, pp. 72-90.

Trilling, Lionel, "The Fate of Pleasure" (1963). Reproduzido em *Beyond Culture: Essays on Literature and Learning*, Londres, Secker & Warburg, 1966, pp. 27-87.

Tyler, Stephen A., *The Unspeakable: Discourse, Dialogue, and Rhetoric in the Postmodern World*, Madison, University of Wisconsin Press, 1987.

Tylor, E. B., *Primitive Culture*, 2 vols., Londres, John Murray, 1871.

White, Stephen, K., *The Recent Work of Jürgen Habermas: Reason, Justice and Modernity*, Cambridge, Cambridge University Press, 1988.

Whitford, Margaret, *Luce Irigaray: Philosophy in the Feminine*, Londres e Nova Iorque, Routledge, 1991.

Williams, Bernard, *Ethics and the Limits of Philosophy*, Cambridge, Massachusetts, Harvard University Press, 1985.

Williams, Raymond, *Culture and Society*, Londres, Chatto & Windus, 1958.

——, *Keywords: A Vocabulary of Culture and Society*, 2ª ed., Londres, Fontana, 1876.

——, *Culture*, Londres, Fontana, 1981.

Wolin, Richard, "On Misunderstanding Habermas: A Response to John Rajchman", *New German Critique*, nº 49, 1990, pp. 139-54.

Índice Remissivo

A

absolutismo 11, 40
Adorno, Theodor 48 49, 50, 51, 55, 131, 152, 153, 154, 192, 237
alteridade 172
anarquismo 170
aporia 11
Aristófanes 106, 107
Aristóteles 166
Arnold, Matthew 66, 116, 234, 236, 238, 250
Artaud, Antonin 244
Asad, Talal 249
Austen, Jane 58
Austin, John 111

B

Bakhtin, Mikhail 21, 58, 111
Barthes, Roland 54, 55, 57, 58, 59, 60, 61, 62, 63
Bataille, Georges 12, 15, 65, 68, 79, 81, 82, 84, 85, 86, 87, 88, 94, 96, 99, 100, 101, 102, 103, 105, 107, 108, 179, 206, 253
Battersby, Christine 166
Baudelaire, Charles 160
Baudrillard, Jean 80, 148, 149, 150, 151, 152, 251
Beckett, Samuel 12, 65, 68, 88, 89, 90, 91, 92, 94, 95, 96, 97, 99, 105, 107, 108
Benhabib, Seyla 113, 114, 187, 188, 189, 190, 191
Benjamin, Andrew 197
Benjamin, Walter 29, 152, 154
Bergson 49
Bernstein, Jay M. 153
Blake, William 82, 84
Boheemen-Saaf, Christine van 215
Booth, Wayne C. 27, 28, 29, 30, 31, 109, 211
Bourdieu, Pierre 43, 58, 63, 83, 101, 102, 235
Breton, André 86
Brivic, Sheldon 216
Brontë, Emily 82
Burke, Edmund 56, 57, 61
Bush, George 117

C

Cézanne 124
Chaplin, Charlie 49
Chinua 253
Chodorow 172
Cixous, Hélène 169, 172, 185, 191
classe 26
Clifford, James 234, 238, 249, 250, 251, 252, 253, 255, 256, 257, 258
comunismo 146
Conrad, Joseph 154, 155, 257
Corn, Tony 101
Cornell, Drucilla 170, 187, 191
Crapanzano, Vincent 244, 245, 246, 247, 249, 258
Critchley, Simon 193, 200, 228, 229
Cronan, Ellen 163
Culler, Jonathan 130

D

Daly, Mary 164, 165, 172
Dante 142
Dasein 198
de Man, Paul 29, 135, 195, 204, 205
Deleuze, Gilles 140
Delphy, Christine 167, 168
Derrida, Jacques 20, 25, 73, 74, 78, 80, 82, 86, 88, 92, 100, 101, 104, 106, 107, 127, 130, 131, 132, 153, 193, 194, 195, 196, 197, 198, 200, 201, 203, 204, 205, 206, 207, 212, 213, 217, 218, 220, 221, 223, 224, 225, 226, 227, 228, 229, 231, 259
Descartes 183
desconstrução 195
desconstrucionismo 20, 109, 195
Dewey, John 25
différance 13
Duchamp, Marcel 67, 68, 90, 252
Dwyer, Kevin 249, 258

E

Eagleton, Terry 31, 32, 33, 43, 44, 109, 124, 135, 140, 141, 142, 143, 145, 146, 147, 151, 153, 155, 160, 161, 185, 194, 210
Easthope, Antony 31, 32, 33, 34
Elliot, George 29, 142
essencialismo/historicismo 12
Evans-Pritchard, Edward 250

F

Fechner, G. T. 48
Fekete, John 17
Felski, Rita 185, 186, 187
Feminismo 187
feminismo 20, 109, 139, 163, 164, 166, 168, 169, 192
Fish, Stanley 20, 31, 32, 33
Flax, Jane 169, 170
Foucault, Michel 21, 25, 80, 99, 111, 127, 130, 171
Fraser, Nancy 187, 188, 191
Freud, Sigmund 12, 47, 48, 49, 58, 63, 65, 68, 69, 70, 71, 72, 73, 74, 75, 76, 77, 78, 79, 81, 82, 92, 96, 97, 98, 104, 105, 106, 107, 108, 170, 206, 218
Fry, Roger 45
Fullbrook, Kate 163, 172, 173, 174

G

Gallop, Jane 180
Geertz, Clifford 16, 238, 239, 240, 241, 242, 243, 244, 245, 246, 247, 248, 249, 253, 257, 258
Genet, Jean 84, 85
Gilligan, Carol 189, 190
ginografia 165
Goethe 105
Goodman, Nelson 238
Greimas, A. J. 156, 256, 257
Griaule, Marcel 250

H

Habermas, Jürgen 24, 35, 109, 111, 112, 113, 114, 115, 116, 117, 118, 119, 120, 121, 122, 123, 124, 125, 127, 128, 129, 130, 131, 132, 133, 134, 136, 187, 188, 189, 190, 191, 224, 225, 226
Hans, James S. 79
Hardy 142
Harvey, David 159, 160, 161
Heath, Stephen 180

Hegel 88, 101, 123, 131, 221
Heidegger 21, 79, 160, 198, 199, 201, 202, 203, 221
Helms, L. V. 243, 244
Herder, J. G. 233
hipostasia 63
Homero 32, 33
homossexualidade feminina 179
Horkheimer, Max 48, 49, 51, 56
humanismo 26
Hussein, Saddan 117
Husserl, Edmund 199

I

Iluminismo 118, 168, 174
inveja do pênis 178
Irigaray, Luce 169, 172, 175, 176, 178, 179, 180, 181, 182, 183, 184, 185, 186, 187, 191, 217, 228, 230
Iser, Wolfgang 20

J

Jakobson 135
James, Henry 29
Jameson, Fredric 22, 60, 61, 62, 63, 135, 140, 153, 154, 155, 156, 157, 158, 159, 161, 162
Jay, Gregory S. 197
Johnson, Barbara 195
Johnson, Samuel 43
Jones, Ellen Carol 217
Joyce 124, 142, 193, 207, 214, 215, 216, 222, 226, 227, 228, 233

K

Kant 15, 43, 56, 57, 66, 119, 123, 144, 151
Kaplan, Carey 163
Kaplan, Cora 58, 59, 60
Keats 51
Kellner, Douglas 150
Kennedy, Alan 196, 197, 201
Kohlberg, Lawrence 189, 190, 191
Kristeva, Julia 80, 110, 169, 170, 171, 172, 173, 174, 185, 191, 192, 208

L

Lacan, Jacques 54, 180, 217
Landor, Walter Savage 142
Laplanche, J. 59, 69
Lawrence 142
le Doeuff, Michèle 184
le Guin, Ursula 163
Leclerc, Annie 166, 167
Leiris, Michel 250, 253
Lévi-Strauss, Claude 175, 180, 204, 257
Levinas, Emmanuel 21, 186, 193, 194, 198, 199, 200, 201, 202, 203, 205, 207, 212, 213, 215, 216, 217, 219, 220, 221, 224, 225, 226, 228, 229, 259
logocentrismo 197
Lovibond, Sabina 59, 173, 174
Lyotard, Jean-François 11, 25, 56, 57, 58, 103, 104, 109, 111, 118, 119, 120, 121, 122, 123, 124, 125, 126, 127, 128, 130, 136, 140, 146, 147, 158, 169, 171, 201, 206, 247, 256

M

MacCabe, Colin 110
MacCullough, Colleen 59
Macintyre, Alisdair 171, 173
Malinovski, Bronislaw 250

Marcuse 152
Marx 86, 143, 144, 145, 146, 147, 150, 151, 157, 158, 159, 160, 161, 176, 177, 181
Marx, Irmãos 49
Marxismo 139
marxismo 20, 109, 139, 168
materialismo 26
Mauss, Marcel 80
Mead, Margaret 250
mérito literário 26
metaética 165
Meyer, Leonard B. 47
Michelet 82
Miller, J. Hillis 29, 30
modernidade 174, 199
modernismo 252
Moi, Toril 110
Molloy 90
Mulvey, Laura 51, 52, 53, 58
Murdoch, Iris 172

N

neopragmatismo 194
Nietzsche 15, 21, 68, 79, 110, 151, 152, 156, 165, 206
Norris, Christopher 194

O

O'Hara, Frank 248

P

Parker, Roszika 166
Parrinder, Patrick 207
Peake, Charles 207, 209
Pêcheux, Michel 111
Picasso 254
Platão 106, 110
Plotnitsky, Arkady 193, 196
Pollock, Griselda 166
Pontalis, J.-B. 59, 69
pós-modernidade 174
pós-modernismo 168, 169, 171, 172, 173
pós-moderno 174
pragmatismo 174
Price, Sally 251
Prinz, Jessica 90

R

Rabaté, Jean-Michel 216
Rabinow, Paul 258
Rawls 191
relativismo 11, 40
Richards, I. A. 45, 46, 47-261, 48, 49, 51, 52, 53, 54, 58, 131
Rorty, Richard 38, 109, 111, 127, 128, 129, 131, 132, 171
Rousseau 204
Rückert 105
Rushdie, Salman 240

S

Sade 82, 86, 87, 88
Said, Edward 111
Sartre 84
Schechner, Richard 245
Schiller 105
Schoenberg 124
Scott, Bonnie Kime 215
Searle, John 111, 224, 226
Shakespeare 27, 28, 209
Siebers, Tobin 110, 203, 204, 205, 231
Smith, Barbara Herrnstein 21, 22, 23, 33, 34, 35, 36, 37, 38, 39, 40, 67, 68, 69, 72, 73, 83, 84, 85, 99, 100, 101, 107, 112, 113, 126, 150

Sontag, Susan 20
Soper, Kate 26, 40
Spivak, Gayatri 158
Stein, Gertrude 172
Stephen 208, 209
Stewart, Susan 251
Stocking, George 234
Stoekl, Allan 83

T

Tasso 105, 106
teoricismo 174
Thurschwell, Adam 170, 191
Tobin 231
transcendência 26, 171
Trilling, Lionel 50, 51
Trollope, Anthony 29
Turner, Victor 245
Tyler, Stephen A. 249
Tylor, E. B. 234, 236, 238, 250

U

universalismo 171, 173, 192
universalismo/particularismo 12

V

valor de uso/valor de troca 12
valor intransitivo/valor transitivo 12
valor intrínseco/contingência 12
Virilio, Paul 160

W

Warhol, Andy 152
Weber, Max 156, 157
Weber, Samuel 122
Weil, Simone 172
White, Stephen K. 129
Whitford, Margaret 180, 185
Williams, Raymond 139, 140
Wollin, Richard 116
Wollstonecraft, Mary 58, 59
Woolf 172
Wordsworth, William 142, 143

Y

Yeats 142

DISTRIBUIDORES DE EDIÇÕES LOYOLA

Acre – M. M. PAIM REPRESENTAÇÃO E COMÉRCIO
Rua Rio Branco do Sul, 331 – 69908-340 **Rio Branco,** AC
☎ (068) 224-3432

Amazonas e Roraima
METRO CÚBICO LIVROS E REV. TEC. LTDA
Rua 24 de maio, 415 – 69010-080 **Manaus, AM**
☎ (092) 234-3030 e 234-4617/ Fax: (092) 233-8655

Bahia
DISTR. BAIANA DE LIVROS COM. E REPR. LTDA
Rua Clóvis Spínola, 40 – Orixás – center loja II
Pav. A – 40080-240 **Salvador, BA**
☎ (071) 321.8617
Colégio Antonio Vieira – 40145-000 **Salvador,** BA
☎ (071) 245-4434

LIVRARIA E DISTRIBUIDORA MALDONADO LTDA.
Rua Direita da Piedade, 203
Bairro Piedade – 40070-190 **Salvador, BA**

DISTR. DE LIVROS SALVADOR LTDA.
Rua Rui Barbosa, 43 – Ed. Adelmo Prado
Cx. P. 1.498 – 40020-070 **Salvador, BA**
☎ (071) 243-3655

EDITORA VOZES LTDA
Rua Carlos Gomes, 698A – Conj. Bela Center – loja 2
40060-330 **Salvador,** BA
☎ (071) 241-8666/ Fax: (071) 241-8087

EDIÇÕES PAULINAS
Av. 7 de setembro, 680 – São Pedro
40110-001 **Salvador,** BA
☎ (071) 243-2477/ 243-2805/ Fax: (071) 321-5133

Brasília – EDITORA VOZES LTDA.
CRL/Norte – Q. 704 – Bloco A n. 15
70730-731 **Brasília,** DF
☎ (061) 223-2436/ Fax: (061) 223-2282

LETRAS E LÁPIS
SCS Quadra 01 Bloco D loja 11 Ed. JK
70350-731 **Brasília,** DF
☎ / Fax: (061)223-2684

EDIÇÕES PAULINAS
Bl. C – Lojas 18/22 – SCS – Q. 05
70300-909 **Brasília,** DF
☎ (061) 225-9595/ 225-9664/ 225-9219
Fax: (061) 225-9219

Ceará – LIVRARIA ARLINDO LTDA.
Praça Waldemar Falcão – Cx. P. 692
60055-140 **Fortaleza** – CE
Tels.: (085) 226-1596 e 231-7415

EDITORA VOZES LTDA.
Rua Major Facundo, 730 – 60025-100 **Fortaleza,** CE
☎ (085) 231-9321/ Fax: (085) 221-4238

EDIÇÕES PAULINAS
Rua Major Facundo, 332 – 60025-100 **Fortaleza,** CE
☎ (085) 226-7544/ 226-7398/ Fax: (085) 226-9930

Espírito Santo – "A EDIÇÃO" LIVRARIA E DISTRIB.
Rua Nestor Gomes, 277 salas 101/102 – Ed. Anchieta
Cx. P. 1256 – 29015-150 **Vitória,** ES
☎ (027) 223-4096 e 223-4777

EDIÇÕES PAULINAS
Rua Barão de Itapemirim, 216 – 29010-060 **Vitória,** ES
☎ (027) 223-1318/ Fax: (027) 222-3532

Goiás – EDITORA VOZES LTDA.
Rua 3 n. 291 – 74023-010 **Goiânia, GO**
☎ / Fax: (062) 225-3077

LIVRARIA EDIT. CULTURA GOIÂNA LTDA
Av. Araguaia, 300 – 74030-100 **Goiânia,** GO
☎ (062) 229-0555./ Fax: (062) 223-1652

Maranhão – EDIÇÕES PAULINAS
Rua de Santana, 499 – Centro – 65015-440 **São Luís,** MA
☎ (098) 221-5026/ Fax: (098) 232-2692

Mato Grosso – EDITORA VOZES LTDA.
Av. Getúlio Vargas, 381 – Centro
78005-600 **Cuiabá, MT**
☎ (065) 322-6869 e 322-6967/ Fax: (065) 322-3350

Mato Grosso do Sul – EDITORA VOZES LTDA.
Rua Barão do Rio Branco, 1231
79002-175 **Campo Grande**, MS
☎ / Fax: (067) 384-1535

Minas Gerais – EDITORA VOZES LTDA.
Rua Tupis, 114 – 30190-060 **Belo Horizonte,** MG
☎ (031) 273-2538/ Fax: (031) 222-4482

EDITORA VOZES LTDA.
Rua Espírito Santo, 963 – 36010-041 **Juiz de Fora,** MG
☎ / Fax: (032) 215-8061

ACAIACA DISTR. DE LIVROS LTDA.
Rua da Bahia, 478 – loja 11
30160-010 **Belo Horizonte**, MG – ☎ (031) 271-4999

EDIÇÕES PAULINAS
Av. Afonso Pena, 2.142 – 30130-007 **Belo Horizonte,** MG
☎ (031) 261-6623/ 261-7236 / Fax: (031) 261-3384

EDIÇÕES PAULINAS
Rua Curitiba, 870 – 30170-120 **Belo Horizonte,** MG
☎ (031) 224-2832/ Fax (031) 261-3384

EDIÇÕES PAULINAS
Rua Januária, 552 – 31110-060 **Belo Horizonte,** MG
☎ (031) 444-4400/ Fax: (031) 444-7894

LIVRARIA CATEDRAL LTDA.
Rua Brás Bernardino, 221 – 36010-220 **Juiz de Fora,** MG
☎ (032) 215-3139/ Fax: (032) 215-0524

Pará – EDIÇÕES PAULINAS
Rua Santo Antonio, 278 – Bairro do Comércio
66010-090 **Belém,** PA
☎ (091) 241-3607/ 241-4845/ Fax: (091) 224-3482

Paraná
EDITORA VOZES LTDA
Rua 24 de maio, 95 – Centro – 80230-080 **Curitiba,** PR
☎ (041) 233-1392/ Fax: (041) 233-1513

EDITORA VOZES LTDA.
Rua Piauí, 72 – Loja 1 – 86010-390 **Londrina,** PR
☎ / Fax: (0432) 37-3129

A LORENZET DISTRIB. E COM. DE LIVROS LTDA.
Av. São José, 587 loja 03 – 80050-350 **Curitiba,** PR
☎ (041) 262-8992

EDIÇÕES PAULINAS
Rua Voluntários da Pátria, 225 – 80020-000 **Curitiba,** PR
☎ (041) 224-8550/ Fax: (041) 226-1450

EDIÇÕES PAULINAS
Av. Getúlio Vargas, 276 – 87013-130 **Maringá,** PR
☎ (0442) 24-9263/ Fax: (0442) 26-4250

Pernambuco, Paraíba, Alagoas, R. G. do Norte e Sergipe
EDITORA VOZES LTDA.
Rua do Príncipe, 482 – Boa Vista – 50050-410 **Recife,** PE
☎ (081) 221-4100/ Fax: (081) 221-4180

EDIÇÕES PAULINAS
Av. Norte, 3.892 – 52110-210 **Recife,** PE
☎ (081) 268-2164/ 268-0540

EDIÇÕES PAULINAS
Rua Frei Caneca, 59 – Loja 1 – 50010-120 **Recife,** PE
☎ (081) 224-5812/ 224-6609/ Fax: (081) 224-9028

R. G. do Sul – EDITORA VOZES LTDA.
Rua Riachuelo, 1280 – 90010-273 **Porto Alegre,** RS
☎ (051) 226-3911/ Fax: (051) 226-3710

EDITORA VOZES LTDA.
Rua Joaquim Nabuco, 543
93310-002 **Novo Hamburgo,** RS – ☎ / Fax: (051) 593-8143

ECO LIVRARIA E DIST. DE LIVROS
Rua Visconde do Herval, 575
90130-151 **Porto Alegre,** RS – ☎ (051) 231-7393

EDIÇÕES PAULINAS
Rua dos Andradas, 1.212 – 90020-008 **Porto Alegre, RS**
☎ (051) 221-0422/ Fax: (051) 224-4354

Rio de Janeiro
ZÉLIO BICALHO PORTUGAL CIA. LTDA
Av. Presidente Vargas, 502 – 17º andar
20071-000 **Rio de Janeiro,** RJ
☎ (021) 233-4295/ 263-4280

EDITORA CRESCER
Rua Joaquim Palhares, 227 fundos
20260-080 **Rio de Janeiro,** RJ
☎ (021) 273-3196/ Fax: (021) 293-2961

EDITORA VOZES LTDA
Rua Senador Dantas, 118-I
20031-201 **Rio de Janeiro,** RJ – ☎ / Fax: (021) 220-6445

EDITORA VOZES LTDA
Rua Frei Luís, 100 – Cx. P.l 90023
25685-020 **Petrópolis,** RJ
☎ (0242) 43-5112/ Fax: (0242) 42-0692

EDIÇÕES PAULINAS
Rua 7 de setembro, 81-A – 20050-005 **Rio de Janeiro, RJ**
☎ (021) 224-3486/ Fax: (021) 224-1889

EDIÇÕES PAULINAS
Rua Doutor Borman, 33 – Rink – 24020-320 **Niterói,** RJ
☎ (021) 717-723/ Fax: (021) 717-7353

Rondônia – EDIÇÕES PAULINAS
Rua Dom Pedro II, 864 – 78900-010 **Porto Velho,** RO
☎ (069) 223-2363/ Fax: (069) 223-2362

Santa Catarina — Pedidos ao seguinte endereço:
LIVRARIA SÃO PAULO
Pça. Irineu Bornhausen, s/n – Cx. Postal 2167
88304-970 **Itajaí,** SC – ☎ / Fax: (0473) 44-216

LIVRARIA DA TORRE LTDA.
Rua XV de novembro, 963 – 89010-003 **Blumenau,** SC
Tel/Fax: (0473) 22-3471

LIVR. EDIT. SANTUÁRIO DE AZAMBUJA LTDA.
Rua Azambuja, 1076 sala 04 – 88350-000 **Brusque,** SC

LIVRARIA DA CATEDRAL LTDA.
Rua dos Príncipes, 690 – 89201-972 **Joinville,** SC
☎ (0474) 22-0460

São Paulo
DISTRIBUIDORA DE LIVROS LOYOLA LTDA
Rua Senador Feijó, 120 – 01006-000 **São Paulo,** SP
☎ (011) 232-0449/35-7618/ Fax: (011) 35-2668

EDITORA VOZES LTDA.
Rua Senador Feijó, 158/168 – 01006-000 **São Paulo,** SP
☎ (011) 35-7144/ Fax: (011) 37-7948

EDITORA VOZES LTDA
Rua Haddock Lobo, 360 – 01414-000 **São Paulo,** SP
☎ (011) 256-0611/ 256-2831/ Fax: (011) 258-2841

EDITORA VOZES LTDA
Av. Rodriguez Alves, 10-37 – 17015-002 **Bauru,** SP
☎ / Fax: (0142) 34-2044

EDITORA VOZES LTDA
Rua Barão de Jaguará, 1164/1166
13015-002 **Campinas,** SP – ☎ / Fax: (0192) 8-9316

EDIÇÕES PAULINAS
Rua Domingos de Morais, 660
04010-100 **São Paulo,** SP
☎ (011) 549-9777 – R. 213/ 214/ Fax: (011) 549-9772

EDIÇÕES PAULINAS
Rua 15 de Novembro, 71 – 01013-001 **São Paulo,** SP
☎ (011) 36-4418/ 36-0602/ 36-3535/ Fax: (011) 36-3535

EDIÇÕES PAULINAS
Via Raposo Tavares, km 19,5 – 05577-200 **São Paulo,** SP
☎ (011) 810-1444/ Fax: (011) 810-0972

EDIÇÕES PAULINAS
Av. Marechal Tito, 981 – São Miguel Paulista
08020-090 **São Paulo,** SP
☎ (011) 956-0162

EDITORA BRASILIENSE
Av. Marquês de São Vicente, 1771/A – Loja Térreo
01139-003 **São Paulo,** SP
☎ (011) 67-9171/ Fax: (011) 826-8708

Sergipe – MOTA & GONÇALVES LTDA.
Rua São Cristóvão, 34 – 49010-380 **Aracaju,** SE
☎ (079) 222-7691

Portugal – MULTINOVA UNIÃO LIV. CULTURAL
Av. Santa Joana Princesa, 12 E — 1700 **Lisboa,** Portugal
Fax: 848-3436/ 88-3365

Se o(a) senhor(a) não encontrar este ou qualquer um de nossos títulos em sua livraria preferida ou em nosso distribuidor, faça o pedido por reembolso postal diretamente a:

Edições Loyola
Rua 1822 nº 347 — Ipiranga
04216-000 São Paulo — SP
Caixa Postal 42.335
04299-970 São Paulo — SP
☎ (011) 914-1922